잊혀져가는 흔적을 찾아서

-퉁구스족(에벤키족) 씨족명 및 문화 연구

엄순천

러시아어학 박사. 현재 성공회대 외래교수이다.

연구 분야는 알타이어계 소수민족 언어이다. 주요 논문으로는 「퉁구스 민족명의 어원 및 자명(自名) 분석: 에벤키족과 에벤족을 중심으로」, 「에벤키족 씨족명 어근을 중심으로 시베리아 토착민족 씨족명 분석」, 「퉁구스족의 기원지에 관한 가설 분석」 등이 있으며, 주요 역서로는 『러시아 문서 번역집 VII, X, XV, XX』, 『북아시아 설화집 III』 등이 있다.

서강학술총서
083

잊혀져가는 흔적을 찾아서

—퉁구스족(에벤키족) 씨족명 및 문화 연구

엄순천 지음

서강대학교출판부

서강학술총서 083

잊혀져가는 흔적을 찾아서

퉁구스족(에벤키족) 씨족명 및 문화 연구

초판 발행 | 2016년 4월 11일
지 은 이 | 엄순천
발 행 인 | 유기풍
편 집 인 | 우찬제
발 행 처 | 서강대학교출판부
등록 번호 | 1978년 9월 28일 제313-2002-170호

주 소 | 서울특별시 마포구 백범로 35번지
전 화 | (02) 705-8212
팩 스 | (02) 705-8612

ISBN 978-89-7273-307-2 94380
ISBN 978-89-7273-139-9(세트)

값 33,000원

* '서강학술총서'는 SK SUPEX 기금의 후원으로 제작됩니다.

책머리에

에벤키족은 우리에게는 퉁구스족이라는 이름으로 더 잘 알려져 있다. 에벤키족은 러시아의 시베리아와 극동, 중국의 내몽골자치구와 헤이룽성, 몽골에 산재해 있다. 중국의 에벤키족은 어룬춘족(鄂倫春族)이라고 불린다. 이들이 러시아의 에벤키족과 중국의 어룬춘족으로 나누어지게 된 것은 17세기 중엽 러시아가 헤이룽 강 유역을 침략하면서부터이다. 이처럼 에벤키족은 17세기 이후 주변의 강한 민족에 의해 운명이 좌우되는 힘든 처지에 놓이게 되었다.

에벤키족은 누구일까? 에벤키족은 어디에서 왔을까? 이에 대한 답을 찾기 위해 오랫동안 많은 연구자들이 심혈을 기울이고 있지만 아직 확실하게 밝혀진 바는 없다. 에벤키족의 기원 문제와 무관하게 한 가지 분명한 사실은 동(東)시베리아 전역에 에벤키족의 발길이 닿지 않은 곳이 거의 없다는 것이다. 먼 북쪽의 투루한 강에서부터 서쪽의 예니세이 강 너머까지, 동쪽의 오호츠크해와 사할린까지, 20세기 초까지도 거의 알려지지 않았던 오지의 툰드라와 타이가에까지 에벤키족의 발길이 닿지 않은 곳은 거의 없다. 이렇게 활동 범위가 넓은 만큼 시베리아 여러 종족에 대한 에벤키족의 영향은 놀라울 정도다. 에벤키족은 퉁구스어권에 속하는 에벤족, 네기달족, 나나이족, 울치족, 오로크족, 오로치족, 사모예드어권의 느가나산족, 튀르크어권의 돌간족의 출현에 결정적인 기여를 했다. 에벤키족의 이런 엄청난 활동력은 어디에서 나오는 것일까? 어쩌면 이에 대한 답은 아주 간단할 수도 있다. 에벤키족의 낙천적인 성정과 생태적 자연철학에서 그 답을 찾을 수 있지 않을까?

본고를 집필하는 동안 스스로 왜 에벤키족을 연구해야 하는가? 소수종족이기 때문에? 사라질 위기에 처했기 때문에? 한국어와 에벤키어의 친연관계를 규명하기 위해? 등과 같은 자문을 하면서 이에 대한 답을 찾으려 나름 애를 썼다. 필자가 찾은 이에 대한 답은 다음과 같다. 첫 번째, 폴리바노프나 람스테트, 포페 등 서구 학자들에 의해 주도되었지만 한국어가 에벤키어와 같은 알타이어계에 속할 수도 있다는 가설 때문이다. 언어적으로 친연 관계에 있다는 사실은 먼 고대 공통의 조상에서 기원한다는 사실과 연결되기 때문에 이는 한민족 및 한국어의 기원과 관련하여 중요한 문제이다. 두 언어 사이의 친연관계에 대해 아직 규명된 바는 없지만 민속, 문화, 고고학, 인류학, 생물학, 언어학 등 다방면에서의 연구가 쌓이다 보면 언젠가는 이에 대한 답을 찾게 될 것이다.

두 번째, 에벤키족의 생태적 자연관이 현대를 살아가는 우리에게 많은 이야기를 들려주기 때문이다. 자연에 대한 에벤키족의 태도는 특별하다. 에벤키족은 동식물을 사람과 동일시한다. 에벤키족에게 사람은 자연보다 우월한 존재, 자연을 지배하는 존재가 아니라 동식물처럼 자연의 한 부분일 뿐이다. 자연을 지배하려 해서도 자연의 원리를 거슬러도 안 된다. 에벤키족은 곰, 늑대, 순록 등 몇몇 동물을 사람으로 간주한다. 이 동물들 사냥에는 금기 사항이 뒤따를 뿐만 아니라 필요 이상 사냥해서도 안

된다. 비단 동물뿐만 아니라. 풀 한 포기, 열매 한 알에 대한 태도도 다를 바 없다.

에벤키족의 이러한 생태적 자연관은 설화를 통해서도 알 수 있다. 에벤키족 설화에 의하면 자작나무가 사람을 낳기도 하고 동물의 똥이 사람이 되기도 하며 동물 뼈나 진흙으로 사람을 만들기도 한다.

"자작나무가 소녀를 낳았다. 소녀는 자작나무 수액을 먹으면서 자랐다..."(Devochka-chutkost')

"강가에 있던 거위들이 똥을 쌌다. 할머니는 거위 똥을 집에 가지고 와 요람에 올려놓고 흔들었다. 똥은 점점 아이를 닮아가더니 결국 아이처럼 울기 시작했다..."(Korendos, Un'jany)

"형은 무척 말랐는데 곤충을 만들면서 살았고 동생은 사람을 만들면서 살았다. ... 동생은 동물 뼈로 사람들을 만들었다. ..."(Dva brata)

또 사람의 육체가 자연물인 땅이 되어 식물들이 자랄 수도 있다.

"할아버지 혼자 살고 있었다. 얼마나 늙었는지 콧구멍에서 이끼가 자라고 귀에서 자작나무가 자라고 있었다..."(Dikimdoli)

"할머니가 살았는데 얼마나 늙었는지 콧구멍에서 이끼가 자라고 귀에서 도토리 나무가 자라고 있었다."(Dikimdoli)

이처럼 에벤키족은 자연에서 사람이 만들어지고 사람에서 자연이 만들어진다고 생각한다. 세 번째, 에벤키족은 사라져 갈 위기에 처한 소수

종족으로 인류 문화의 다양성 보존을 위해 이들에 대한 연구가 필요하기 때문이다. 에벤키족은 17세기 초 러시아 제국주의 팽창정책의 틀 안으로 편입되기 전까지 수천 년 동안 비교적 평온한 삶을 유지했다. 6~7세기 튀르크족의 북상, 12~13세기 몽골족의 성장으로 원거주지를 떠나는 부침을 겪었지만 생존을 뿌리 채 흔드는 아픔을 동반하지는 않았다. 하지만 17세기 초 시베리아에 등장한 러시아인은 특별했다. 에벤키족을 문명과는 동떨어진 야만인, 자연물을 숭배하고 샤머니즘으로 무장한 미개한 종족으로 치부하면서 러시아 문화와 기독교 개종을 강요했다. 이 과정에서 자연친화적, 생태적이었던 에벤키족의 삶은 점점 피폐화되어 갔다. 어느 순간부터는 언어와 문화마저 잃어버리면서 부지불식 간에 종족정체성, 집단정체성을 상실해 갔다. 문명과 종교를 앞세운 제국주의의 논리 앞에 인류문화에서 아주 소중한 종족의 문화가 사라져가는 안타까운 현실이 벌어진 것이다. 과연 서구 문화가 이들 토착문화보다 우월하다고 말할 수 있을까? 비단 이는 에벤키족만의 운명은 아니었다. 이미 흔적도 없이 역사 너머로 사라져간 종족도 제법 많다. 이는 인류사의 커다란 손실이자 아픔으로 기억될 것이다. 이들이 지금 당장 사라지지 않는다 할지라도 인류 문화의 다양성 보존을 위해 이들에 대한 대중적 관심을 환기시켜야 할 때이다. 이제 에벤키족과 같은 소수종족 연구는 학문적 차원이 아니라 대중운동의 방향으로 전개되어야 할 것이다.

본고에서는 씨족명을 자료로 에벤키족의 거주지, 이주 경로, 문화적 특성 등을 규명하고 있다. 씨족명은 기대했던 것보다 훨씬 많은 정보를 가지고 있었다. 에벤키족 씨족의 기원지, 이주과정과 경로, 씨족 간의 관계, 씨족의 분화 과정 등 에벤키족에 대한 정보뿐만 아니라 시베리아 소수종족 사이의 관계도 알려 주었다.

본고를 집필하는 동안 오로지 씨족명만 가지고 시베리아 지도에서 에벤키족이 머물렀던 곳, 에벤키족의 이주 경로를 수백 번 이상 그리고 지웠다. 그러는 사이 어떤 날은 에벤키족이 시베리아의 타이가를 달리는 모습이 눈앞에 생생하게 그려지기도 했다. 또 어떤 날은 낯선 문명과 함께 들이닥친 불행의 그림자 속에서 에벤키족이 흘리는 고통의 흐느낌 소리가 들리기도 했다. 에벤키족과 함께 한 지난 시간이 파노라마처럼 스치고 지나간다. 본고를 집필한 목적은 보다 많은 사람이 에벤키족의 삶에 관심을 가져주기를 바라는 마음에서였다.

본고가 세상에 나오기까지 감사드릴 분들이 많지만 충북대 최성호 선생님께 특히 감사드린다. 선생님의 격려와 응원이 큰 힘이 되었다. 본고가 에벤키족 연구자분들에게 조금이나마 도움이었으면 하는 소박한 바람이 있다. 본고에서 발견되는 오류는 오롯이 필자의 미숙함과 연구 부족에 의한 것이니 아낌없는 질책과 조언 부탁드린다.

2016년

저자 엄순천

일러두기

1. 본고는 에벤키족에 대한 문헌 기록이 발견되는 17세기 초부터 에벤키족의 이주가 마무리되는 20세기 초까지의 시기를 아우른다.
2. 시베리아 소수종족 거주지 구분 시 엄밀한 의미에서 바이칼 호수 지역과 프리바이칼리예, 바이칼 호수 동쪽 지역과 자바이칼리예, 앙가라 강 유역과 프리앙가리예, 아무르 강 유역과 프리아무리예는 범위가 일치하지 않으며 후자의 범위가 더 넓다. 두 용어는 분명한 차이가 있으므로 본고에서는 두 용어를 구분하여 사용한다.
3. 본고에서 도보퉁구스는 라무트라고도 불리는 에벤족을 가리킨다.
4. 러시아 문서보관소와 고문헌에 기록된 종족명, 씨족명, 지명, 인명은 원문 그대로 표기한다.
5. 문서보관소의 문서는 러시아 문서보관소의 공통적인 문서 분류방식에 따라 문서군(폰드, f.), 목록(오피시, o.), 문서철(젤로, d.), 쪽(리스트, l.) 순으로 표기했으며 쪽 숫자 표기 뒤에 붙어 있는 'ob.'는 '뒷장'을 뜻한다.
6. 러시아어의 한국어 표기는 국립국어원 외래어표기법을 따른다.

목　차

제1부

에벤키족 연구사

제1부
에벤키족 연구사

1931년 시베리아 소수종족1에 대한 명칭이 공식적으로 확정되기 전까지 에벤키족은 퉁구스라고 불렸다. 하지만 오늘날 퉁구스라는 용어는 어떤 특정한 종족을 지칭하는 것이 아니라 다양한 종족의 공통성을 의미하는 데 사용된다. 첫째, 기원과 문화에서 서로 친연관계에 있는 에벤키족과 에벤족을 가리킨다. 둘째, 에벤키족과 에벤족을 포함하여 프리아무리예와 사할린 섬의 퉁구스어 사용 종족들, 여진족과 만주족 등 퉁구스어권에 속하는 모든 종족을 가리킨다. 셋째, 19~20세기 인류학, 민속학 등의 문헌에서는 현대 에벤키족과 등가 개념으로 사용된다. 이로 인해 퉁구스라는 용어 사용에 혼란이 초래되면서 연구자에 따라 퉁구스족을 에벤키족과 등가개념으로 사용하기도 하고 에벤키족과 에벤족을 함께 가

1 종족(Ethnic group)이라는 용어와 관련하여 종족은 흔히 공통의 조상, 공통의 사회·문화·역사적 경험에 근거하여 서로를 동일시하는 인간 집단으로 규정된다. 20세기 말부터 중국 학계에서는 '민족(Nationality)'과 '족군'의 사용을 놓고 논쟁을 벌여 왔으며, 최근에는 '족군'의 사용이 일반화되어 가고 있다. 참고: 김예경, 「중국의 소수민족 정의와 그 정치적 함의: 민족과 족군 논쟁을 중심으로」, 『국제지역연구』, 2007, pp. 91~111). 국내에서는 족군이라는 용어 대신 민족과 종족이라는 용어를 주로 사용하고 있으며 종족이 본고의 취지에 보다 부합하여 종족이라는 용어를 사용하기로 한다.

리키는 용어로 사용하기도 하며 퉁구스어권에 속하는 모든 종족을 지칭하는 용어로 사용하기도 한다. 러시아인이 시베리아에 출현한 17세기 초 퉁구스어권 제 종족은 에벤키족을 퉁구스족이라 불렀고, 에벤족은 라무트 혹은 도보 퉁구스라고 불렀다. 17세기~20세기 초 시베리아에 관한 기록이나 문헌에 퉁구스족이라고 기록된 종족은 주로 에벤키족을 가리킨다고 할 수 있다.

퉁구스어권에는 시베리아 혹은 에벤키 분파에 속하는 네기달족, 에벤키족, 에벤족, 솔론족, 퉁구스 북부 분파에 속하는 나나이족, 울치족, 우데게이족, 오로치족, 오로크족, 만주 분파에 속하는 만주족과 시버족이 속한다. 이 중 에벤키족은 시베리아 북서쪽 올레뇩 강과 아나바라 강의 삼림툰드라 지역에서 느가나산족과 돌간족의 출현에 결정적인 역할을 했고 아무르 강 하류, 사할린, 프리모리예 지역에서 나나이족, 울치족, 네기달족, 오로크족, 오로치족, 우데게이족 등 퉁구스어권 제 종족의 형성에 지대한 역할을 했다. 따라서 에벤키족은 퉁구스어권 종족 형성의 첫 번째 중요한 연결고리이다. 이러한 점을 고려하여 본고에서는 퉁구스어권 제 종족 중 에벤키족 연구에 한정하고 있다.

제1장
국내 연구사

제1장
국내 연구사

시베리아 소수종족이 국내에 알려진 것은 20세기 초 육당 최남선에 의해 「살만교차기(薩滿教箚記)」(『계명(啓明)』 19, 1927)가 발표되면서부터이다. 이후 1970년대 말 이필영의 「북아시아 샤마니즘과 한국무속 비교연구」(1979), 「샤만과 무당의 호칭에 대하여」(1984) 등이 발표되면서 시베리아 소수종족에 대한 연구가 조금씩 관심을 받기 시작했지만 퉁구스어권 제 종족에 대한 연구는 아직 요원했다. 하지만 1990년 한국과 러시아 사이에 외교관계가 수립되면서 한민족의 기원 규명은 그야말로 핫한 이슈가 되었다. 이러한 분위기와 맞물려 알타이연구가 싹을 틔우면서 퉁구스어권 제 종족에 대한 관심의 씨앗이 뿌려졌다. 이후 알타이의 경계를 넘어 퉁구스어권 개별 종족에 대한 연구물이 발표되었는데 임봉길의 「동북시베리아지역 퉁구스족 민족정체성의 형성과 변화」(1994), 중국학자 임수산의 연구물을 번역한 「소련학자가 보는 퉁구스-만어민족의 기원」(1994, 강인욱 옮김) 등을 들 수 있다.

2000년 이후에는 구체적인 연구에 기반한 개별 연구자들의 연구물이 발표되었는데 종교 의례에 관한 국립민속박물관의 『퉁구스족의 곰 의례』(2014), 신화에 관한 곽진석의 『시베리아 만주 퉁구스족 신화론』(2011) 등을 들 수 있다. 이처럼 아주 조금씩 연구 분야와 범위를 넓혀가고 있지만 이는 퉁구스어권 개별 종족의 수나 문화 스펙트럼과 비교할 때 빙산의 일각에 불과하다. 게다가 에벤키족 연구는 샤머니즘에 관한 곽진석의 「에벤크족 샤먼 북에 나타난 상징」(2009)과 엄순천의 「에벤키 씨족명 접미사 분석」(2015), 「에벤키족 씨족명 어근을 중심으로 시베리아 토착민족 씨족명 분석」(2015) 이외에는 거의 없다고 할 수 있다. 이처럼 1990년대 이후 현재까지 퉁구스어권 제 종족과 에벤키족 연구는 질적, 양적으로 소폭 성장했지만 문화 전반, 의식구조 등에 대한 종합적인 연구로 이어지지는 못하고 있다. 일부 연구의 경우 미국, 유럽, 러시아 등 서구의 문헌에 기반을 두고 서구 중심적 시각과 편향성이 반영된 채 수행되고 있다는 한계를 보여주고 있다.

제2장

국외 연구사: 러시아 연구사를 중심으로

제2장
국외 연구사: 러시아 연구사를 중심으로

1. 17세기 이전: 시베리아 탐색기

이 시기 중세 유럽과 동양의 교류가 이루어지면서 동양 특히 모피가 풍부한 시베리아에 대한 유럽의 관심이 급증했다. 아랍 칼리프(9~10세기) 시대에 무역이 꽃피면서 모피가 풍부한 시베리아와의 교류는 필수적이었고 아랍은 이곳으로 가는 길과 토착민들에 대한 정보를 수집해야만 했다. 가르디지(Gardizi)와 마르바지(Marvazi)는 7, 9, 11세기 아랍의 기록을 이용하여 키르키즈에서 쿠리칸으로 갔으며 가르디지는 앙가라 강 좌측 지류의 종족들, 마르바지는 튀르크어권 종족의 북쪽에 거주하면서 사냥에 종사하는 종족에 대한 기록을 남겼다.[1]

13세기경 시베리아를 경유하여 중국으로 갔던 유럽의 여행객과 사절단은 당시 시베리아의 종족이나 부족에 대한 기록을 남겨 놓았다. 1247년 몽골과 외교관계 체결을 위해 유럽의 수도승 플라노 카르피니(Plano

1 Bartol'd V. V. *Istorija turets-mongol'skih narodov,* Tashkent: Izd. KVPI, 1928, p. 337.

Karpini)가 시베리아를 찾았으며 8년 뒤에는 루브룩(Rubruk)이 시베리아를 방문했다. 그들은 몽골족으로부터 전해 들은 시베리아 토착민에 대한 정보를 유럽에 알린 최초의 사람들이다. 특히 루브룩은 몽골 북쪽에 거주하는 도보 사냥꾼 우량하이족에 대한 정보를 전해 주고 있다. 1271~1295년까지 24년 동안 동양에 체류했던 마르코 폴로(Marko Polo)는 순록 사냥꾼 멕리족(혹은 벡리족)에 대한 정보를 남겨 놓았다. 토볼스크에서 발견되어 1780년에 출간된 아불 가지(Abul'-Gazi)의 수기[手記]도 이 시기에 해당한다. 아불 가지는 멕리족을 몽골족이나 위구르족과 전혀 섞이지 않은 매우 특별한 종족이라고 적고 있다.[2] 이러한 과정을 거치면서 에벤키족을 비롯한 퉁구스어권 제 종족이 조금씩 세상에 알려지게 되었다. 하지만 이후부터 17세기 초까지 에벤키족을 비롯한 시베리아 토착민에 대한 기록을 거의 찾을 수가 없어 무척 아쉽다.

2. 17세기~19세기 말: 자료 수집 및 축적기

여러 자료에 근거할 때 이 시기 시베리아 관련 기록이나 문헌에 등장하는 퉁구스족은 에벤키족을 가리킨다. 이 시기 에벤키족 연구는 학술적 연구라기보다는 여행객이나 사절단에 의한 현상 기록의 성격이 짙지만 에벤키족 연구에서 중요한 기초자료의 역할을 하고 있다.

러시아 고문서 보관서에 보관되어 있는 1638년 팔리친(A. F. Palitsin)의 레나 강 목록, 1639년 모스크비틴(I. Moskvitin)과 페트로프(S. Petrov)

---

2 Abul'-Gazi. "Rodoslovnoe derevo tjurkov", Perevod G. Sablukova, *Izvestija Obshchestva Arheologii, Istorii, Etnografii* 21~22, 1906, p. 38, p. 52.

의 시베리아 강 목록 등은 에벤키족 씨족과 생활양식을 전해 주는 매우 귀중한 자료들이다.[3] 1657년 러시아와 폴란드의 전쟁에서 패한 뒤 포로로 잡힌 폴란드인들은 시베리아로 보내졌다. 그들 중 아담 카멘스키-둘루직(Adam Kamenskij-Dluzhik)은 앙가라 강과 야쿠티야 지역의 에벤키족을 포함하여 시베리아 토착민에 대한 기록을 남겼는데 앙가라 강 에벤키족에 대해서는 이렇게 적고 있다.

> "앙가라 강과 그 지류에 거주하며 여름에는 술 장식이 달린 허리띠만 차고 다니고 사냥에 종사하는데 무척 민첩하다. 사냥은 주로 혼자 하며 제법 많은 개가 끄는 썰매를 타고 다닌다. 바람 부는 날이면 썰매에 돛을 세우고 개를 옆에 앉힌 뒤 매우 빠른 속도로 달려간다."(*Polevye materialy V. A. Tugolukova*, 1965)

전혀 알려지지 않은 길을 이용해 다우리야를 거쳐 중국에 간 러시아 사절 스파파리이(N. Spafarij, 1675~1678)는 앙가라 강과 아르군 강의 에벤키족에 대한 정보를 전해 주고 있다. 반면 이데스(I. Ides, 1695)는 앙가라 강, 예라브닌스크, 네르친스크, 아르군 강의 에벤키족뿐만 아니라 그 북쪽 지역의 종족에 대한 정보를 모두 전해 주기 때문에 그의 저작은 17세기 시베리아 소수종족에 대한 최초의 총서라고 할 수 있다. 이데스와 함께 동행한 브란드(Brand, 1698)는 자바이칼리예 에벤키족에 대한 기록을 남겼다. 1692년 출판된 니콜라이 비트센(Nikolaj Vitsen)의 북방과 동방의 타타르족(*Severnaja I Vostochnaja Tatarija*)도 중요한데 에벤키족에 대한 부분은 이데스의 자료를 상당히 많이 이용하고 있다. 이처

---

3 Kosven M. O. "Materialy po istorii rannej russkoj etnografii (12~13 vv.), Ocherki istorii russkoj etnografii (12~13vv.)", *Trudy Instituta Etnografii AN SSSR* 30, 1956, p. 47.

럼 이데스의 자료들은 이후에도 오랫동안 이 분야에서 기초자료의 역할을 했으며 지금도 계속하고 있다. 이데스와 카멘스키-들루직의 관찰은 많은 부분 일치한다. 예를 들어 두 연구자 모두 예라브닌스크 현물세 징발소의 말 사육 에벤키족은 주된 생산 활동이 사냥이라는 점에서 다른 지역의 에벤키족과 유사하지만 생활 방식과 장례 풍습은 확연히 다르다는 점을 지적하고 있다.

표트르 1세 때 러시아는 비약적인 발전을 하면서 제국으로서의 위상을 더 강화시켜야만 했다. 이에 표트르 1세는 메세르시미트(D. T. Messershmidt)를 시베리아로 파견하면서 시베리아 토착종족들의 거주 현황 및 언어, 문화를 기록하라는 명령을 내렸다. 메세르시미트는 1721년 스웨덴인 포로 스트랄렌베르크(혹은 타베르트, F. I. Tabbert)를 조수로 채용하여 톰스크~아바칸~크라스노야르스크~예니세이스크의 노정을 탐사했다. 1723년에는 메세르시미트 홀로 예니세이 강~투루한스크~니즈나야 퉁구스카 강~레나 강~이르쿠츠크의 노정을 조사했고 1725년에는 자바이칼리예로 갔다. 메세르시미트의 자료들은 스트랄렌베르크, 팔라스(P. Pallas), 클라프로트(I. Klaprot)의 연구에 적극 이용되었다.

1733~1743년 캄차카 원정은 시베리아 토착종족과 에벤키족 연구 범위를 비약적으로 확대시키는 계기가 되었다. 원정대의 일원이었던 밀러(G. F. Miller)는 지질, 토양, 생태, 여러 토착종족의 풍습, 의식 등에 대한 기록을 남겼다. 원정대에 통역관으로 참가한 린데나우(Lindenau)는 우다 강 에벤키족과 오호츠크해 라무트(에벤족)에 대한 기록을 남겼다. 캄차카 원정대는 에벤키족과 에벤족이 활동한 지역을 따라 북동쪽으로 이동하면서 그들에 대해 자세하게 기록했다. 퉁구스학(에벤키족과 에벤족)에서 흥미롭고 소중한 연구물로는 메세르시미트의 일기가 포함된 게오르기(Georgi, 1775~1779), 스트랄렌베르크(1730), 그멜린(S. Gmelin, 1785),

밀러(1937, 1941), 린데나우(1744~1745) 등을 들 수 있다. 스트랄렌베르크는 에벤키족을 사육동물에 따라 순록, 말, 개 사육 에벤키족으로 분류했는데 이는 이데스와 17세기 공식 문헌의 분류법과 일치한다.[4]

2차 캄차카 원정 이후 팔라스의 지휘 하에 자연과학자와 인류학자들이 참가한 새로운 학술 원정대가 조직되었다. 팔라스는 크라스노야르스크로 가는 도중 조수 소콜로프(Sokolov)에게 특수 임무를 맡겨 자바이칼리예로 파견했다. 자신은 이르쿠츠크~바이칼 호수~캬흐타~셀렌가 강~이르쿠츠크의 노정을 답사한 뒤 그 기록물을 세 권의 책으로 출판했다.[5] 게오르기는 에벤키족을 특별한 종족으로 분류하면서 경제활동에 따라 순록 사육, 야생동물 사냥, 말 사육, 가축 사육 에벤키족으로 나누었고 교통수단의 특징에 따라 순록, 말, 개 에벤키족으로 나누었다.[6]

밀러의 시베리아의 역사(*Istoija Sibili*) 중 현대 예니세이 강, 자바이칼리예 에벤키족에 대한 부분이 특히 흥미를 끈다. 밀러의 기록에 의하면 17세기 초 에벤키족은 예니세이 강 서쪽 지역에도 거주했으며 생활의 기본 단위는 가족이기 때문에 대규모 그룹을 만나게 되는 경우는 아주 드물었다.[7] 18세기 4차 빌링스(Billings)-사리체프(Sarychev) 원정(1785~1792)이 끝나면서 야쿠티야 지역 에벤키족에 대한 새로운 정보가 수집되었다.[8]

4 Vasilevich G. M. *Evenki: Istoriko-etnograficheskie ocherki XVIII~nachala XX v.*, L.: Nauka, 1969, p. 21.

5 Pallas P. S. *Puteshestvie po raznym plovintsjam Rossijskogo gosudarstva*, SPb.: Imperatorskaja Akademija nauk, 1788.

6 Vasilevich G. M. *Evenki: Istoriko-etnograficheskie ocherki XVIII~nachala XX v*, L.: Nauka. 1969, p. 21.

7 Miller G. F. *Istorii Sibiri* 1, 2, L. 1937, p. 46.

8 *Puteshestvie flota kapitana Sarycheva po severo-vostochnoj chasti Sibiri, Ledovitomu morju i*

18세기 에벤키족 연구에서는 개인의 업적을 빼놓을 수 없다. 스트랄렌베르크는 메세르시미트의 원정에 참가하기 전에 시베리아 지도를 작성했는데 이는 1730년 파리에서 출판되었다.[9] 1760년대 이르쿠츠크 주지사 브릴(Bril')은 바르구진 강~우다 강 에벤키족에 대한 기록을 남겼고 이를 칼라체프(I. Kalachev)가 100년 후에 출간했다. 이 기록에 의하면 당시 에벤키족은 아직 소총을 사용하지 않았다. 메세르시미트 이후 포포프(U. G. Popov)의 초나 강~니즈나야 퉁구스카 강~일림페야 강 사이의 예르보고촌 에벤키족에 대한 기록은 매우 소중하다.[10] 여기에는 최초로 샤먼의 주문, 씨족 간 충돌 이유 등이 기록되어 있으며 투루한 강 에벤키족과 니즈나야 퉁구스카 강 에벤키족의 차이를 강조하고 있다.

19세기 초 자바이칼리예 에벤키족에 관해 제법 많은 양의 자료가 축적되었고, 예니세이 강 에벤키족, 야쿠티야와 오호츠크 해안의 에벤키족과 에벤족에 대한 정보도 일정 정도 수집하게 되었다. 19세기부터 천연자원 연구가 활기를 띠면서 시베리아 지역학 전문가들이 시베리아 토착종족에 대해 체계적으로 연구하기 시작했다. 이 시기 지역학 연구자들 중 에벤키학에 지대한 공헌을 한 스파스키(G. I. Spasskij)는 1818~1824년 정기간행물 시베리아 연보(*Sibirskij vestnik*)를 출판했다. 이 저널은 이후 아시아연보(*Aziatskij vestnik*)로 개명했다. 스파스키는 네르친스크 말 사육 에벤키족의 일상생활과 역사를 비롯하여 다수의 논문을 이 저널에 게재했다. 이 시기 예니세이 주지사 스테파노프(A. P. Stepanov, 1835)와 페스토프(I. Pestov, 1833)의 예니세이 강 에벤키족에 관한 저작이 출판되었

Vostochnomu okeanu pod nachal'stvom flota kapitana Billingsa s 1785 po 1793 g. 1~2, SPb., 1802.

9 Berg L. S. *Istorija geograficheskogo oznakomlenija s Jakutskim kraem*, L., 1927.

10 Akty Arhivov Jakutskoj Oblasti 1650~1899 gg.

다. 또 니즈냐야 퉁구스카 강 에벤키족에 대한 메세르시미트의 일기와 어휘 기록에 기초한 클라프로트(1823)의 비교언어학 저작이 출판되었다.

1828년 러시아 외무성은 동 시베리아 지국에 아무르 강 지역의 토착종족에 관한 정보를 최대한 수집하라는 명령을 내렸다. 이에 러시아와 미국 합작회사는 이들에 대한 연구에 착수했다.[11] 1846년 이 회사는 오호츠크해 남부 연안을 탐색하기 위해 선박을 파견했다. 그 뒤를 이어 오를로프의 지휘 아래 아얀 강에서 육로로 상업 원정대가 파견되었는데 원정대는 최초로 오호츠크 남부 해안의 토착민과 중국과의 교류에 대한 기록을 남겼다.

19세기 중반 에벤키학 분야에서 미덴도르프(A. F. Middendorf), 카스트렌(M. A. Kastren), 비추린(N. Ja. Bichurin)을 빼놓을 수 없다. 미덴도르프의 원정(1843~1844)은 시베리아 동부 지역 연구에서 가장 대규모 사업이었다. 아무르 강과 중국 국경지역에 대한 관심이 커지면서 미덴도르프는 아무르 강 원정까지 감행하게 되었다. 1844년 겨울 미덴도르프는 타이미르 강~예니세이스크~이르쿠츠크~야쿳스크 노선으로 2차 원정을 떠났다. 2차 원정 당시 미덴도르프는 미지의 땅이었던 타이미르, 일림페야 강, 알단 강, 부례야 강~암군 강, 제야 강에 거주하는 에벤키족을 만났다. 미덴도르프가 수집한 자료들은 엄청난 양이었고 미덴도르프와 여러 분야의 전문가들이 그 자료를 정리하는 데만 30년이 걸렸다. 특히 에벤키어에 대한 그의 기록은 시프너(A. Schiefner, 1859)의 에벤키어 연구에 중요한 역할을 했다.

카스트렌은 시베리아 제 종족과 그들의 언어를 익힌 유일한 학자였다. 카스트렌은 핀우그르어와 사모예드어, 핀우그르어와 튀르크어 사이의 관

11 Tihmenev P. *Istoricheskoe obozrenie obrazovanija Rossijsko-Amerikanskoj kompanii* 2, SPb., 1863.

련성을 규명한 뒤 사모예드어를 통해 핀족과 퉁구스족(에벤키족과 에벤족)의 관련성을 밝혀냈다.[12] 비추린은 베이징 수도원의 선교사절단(1808~1812)이었는데 당시 엄청난 양의 책을 수집하여 이후 러시아에서 번역 출판했다. 이런 모든 연구물을 종합하기 위해 미덴도르프의 원정이 종결되던 1844년 러시아지리협회(RGO)가 창설되었다.

1840년대 가축 사육 에벤키족이 거주하는 자바이칼리예 남부 네르친스크로 파견된 파르신(V. Parshin, 1844a, b)은 그 지역 에벤키족의 문화적 특성과 야쿠트족과의 관계에 대해 기록하고 있다. 1848년 아무르 강 연안과 사할린 섬에 대해 기록하라는 공식 제안을 받은 대령 네벨(Nevel')과 위관 카자케비치(Kazakevich)는 해당 지역의 에벤키족과 여러 종족에 대해 기록했다.[13] 이들의 기록에 의하면 당시 사할린에는 퉁구스어권 종족 중 오로크족만이 거주했다. 이 시기는 시베리아 개별 소수 종족과 그들 간의 관계에 대해 보다 정밀하게 연구할 수 있는 언어학, 문화인류학 자료의 광범위한 학문적 수집기라고 할 수 있다.

1854년 과학아카데미는 아무르 강 하류로 시렌크(L. Shrenk) 인류학 원정단을 파견했다. 이들은 2년 6개월 동안 그곳에 체류하면서 아무르 강 유역에 거주하는 종족들의 지리적 분포와 시기별 경계 변화를 연구했다. 그 결과는 시렌크의 저작(1883, 1899, 1903)에 기술되어 있다. 동시에 러시아지리협회 시베리아지국은 마악(P. Maak) 원정단을 파견했고 그 결과는 3권의 저작으로 출판되었다. 이 출판물에는 빌류이 강의 종족 지도가 첨부되어 있는데 마악은 당시 빌류이 강 연안의 에벤키족은 주로 앙가라 강 출신이라는 사실을 밝혀냈다. 마악은 빌류이 강 에벤키어 방

---

12 *M. Castren's Reisen und Forschungen*, Bd.12, S. 8, Petersburg, 1857, pp. 160~161.

13 Tihmenev P. *Istoricheskoe obozrenie obrazovanija Rossijsko-Amerikanskoj kompanii* 2, SPb., 1863.

언에서 800개의 어휘, 짧은 노래, 일부 문장 등을 기록했다. 이후 마악은 러시아지리협회 시베리아지국이 조직한 아무르 원정대(1855~1856)에 참가했고 후일 아무르 강 상류와 중류 에벤키족에 대한 기록을 남겨 놓았다.[14] 마악과 동행한 게르스트펠드(O. Gerstfel'd)는 아무르 강 중류에서 활동하던 에벤키족 마네기르, 비라리 씨족에 대해 집중적으로 조사했다.[15] 마악원정대와 동시에 지리협회는 1855~1862년까지 라데(G. Radde), 오를로프(A. S. Orlov), 우솔체프(A. F. Usol'tsev) 등이 참가한 시베리아 원정단을 조직했는데 이들도 인종학, 민속학 자료를 수집했다. 라데는 프리바이칼리예 북부에서 도보 사냥에 종사하는 상당수의 에벤키족을 만났다. 프리아무리예 동쪽에서는 라데 자신이 몽골족 출신의 에벤키족이라고 규정한 마네기르와 비라리를 만났다. 오를로프는 바운트 호수, 아무르 강 상류의 오로촌과 마네기르에 대해 조사했고 바운트 호수~비팀 강 에벤키족의 생활 연보를 상세하게 기록하고 있다. 우솔체프는 제야 강 우측 지류인 올도이 강, 길류이 강, 일리칸 강 등에서 아무르 강~제야 강 에벤키족을 만났다.[16]

1851년에는 모르드비노프(A. Mordvinov, 1851)의 자바이칼리예 오로촌에 대한 조사와 파르가체프(Pargachev)의 아무르 강 상류 원정이 있었다.[17] 클라르크(P. Klark, 1863, 1864)는 레나 강 상류 에벤키족 원정을

---

14 *Puteshestvie po Amuru I Vostochnoj Sibiri A. Michi s pribavleniem statej ih puteshestvija G. Radde, R. Maaka,* SPb., 1868.

15 Gerstfel'd. "O pribrezhnyh zhiteljah Amura". *Vestnik Russkogo Geograficheskogo Obshchestva* 20, 1857; *Puteshestvie po Amuru i Vostochnoj Sibiri A. Michi s pribavleniem statej ih puteshestvija G. Radde, R. Maaka,* SPb., 1868.

16 Vasilevich G. M. *Evenki: Istoriko-etnograficheskie ocherki XVIII~nachala XX v.*, L.: Nauka, 1969, p. 26.

17 "Poezdka zimnim putem vverh po Amuru ot Nikolaevskogo posta do ust'ja Strelochogo, sovershenija v 1856-1857 gg. Pragachevskim", *Vestnik Russkogo Geograficheskogo Obshchestva*

수행했는데 당시 그들은 러시아 식 농가에서 거주했으며 말과 암소를 길렀다. 서쪽에서는 코스트로프(N. Kostrov, 1856, 1857, 1858, 1863, 1865), 모르드비노프(1860), 크리보샤프킨(M. F. Krivoshapkin, 1865)이 수차례 투루한 주 원정을 감행했다. 상술한 모든 연구자들은 예니세이 강 인접 지역에서 유목하는 에벤키족이 인종이나 방언적 특성 상 세 그룹으로 나누어지지만 동일한 종족이라고 주장한다.

에벤키족의 사냥과 어로문화에 대해서는 1865년 크리보샤프킨의 예니세이 지역과 생활 (*Enisejskij okrug I ego zhizn'*) 2부의 기록이 가장 완벽하고 흥미롭다. 하지만 종족명, 사냥과 어로 도구를 밝히지 않고 있어서 아쉽다. 1857년 지리협회는 로파틴(Lopatin)의 지휘 아래 역사학자이자 인류학자인 샤포프(Shapop)가 참가한 투루한 강과 포드카멘나야 퉁구스카 강 사이 지역의 원정대를 조직했다.[18]

1860~1870년대 만주에 대한 관심이 급증하면서 만주원정대는 만주 지역의 에벤키족인 오로촌에 대한 새로운 정보를 전해 주었다. 1865년 크라포트킨은 논니 강과 간 강 연안에서 정착생활을 하는 오로촌에 대한 기록을 남겼다.[19] 1870년 지리협회는 팔라지(K. Pallazi) 만주원정대를 조직했고 팔라지는 에벤키-솔론족과 만주족에 대해 조사한 내용을 상세하게 기록했다. 1873~1875년 지리협회는 체카놉스키(A. L. Chekanovskij)가 선봉에 서고 밀러가 동행하는 올레뇩 강 원정대를 조직했다.[20] 원정

21, 1857.

18 Vasilevich G. M. *Evenki: Istoriko-etnograficheskie ocherki XVIII~nachala XX v.*, L.: Nauka, 1969, p. 26.

19 Krapotkin P. "Poezdka iz Zabajkal'ja na Amur cherez Man'chzhuriju", *Russkij Vestnik* 57, 1865.

20 Miller F. F. *Olenskaja ekspeditsija* 2. SPb., 1875, pp. 21~26; "Severnaja chas' Vostochnoj Sibiri. Tungusy", *Zhivopisnaja Rossija* 12(1), 1895, pp. 235~236.

대는 예르보고촌, 나카놉스키, 빌류이 강 상류, 올레뇩 강 에벤키족의 생활관습에 대해 새로운 정보를 제공해 주었다. 이 원정대에 의해 처음으로 일림페야 강 하구에서 씨족 간 물물교환 야시장이 기록되었다. 또 에벤키족은 장거리 유목을 가는 경우도 많아서 앙가라 강에서 북쪽으로 니즈냐야 퉁구스카 강 뒤편까지, 빌류이 강에서 북빙양 북부 연안까지도 유목을 간다는 사실, 야쿠트족과 러시아인과의 상호교류에 대해서도 밝혀졌다.[21]

19세기에 수집한 에벤키족 자료들은 에벤키족의 총체적인 삶의 모습을 해명하기에는 충분했다. 하지만 아직 아주 소규모 씨족은 연구 대상이 아니었다. 1882년 체르스키는 예르보고촌 에벤키족과 러시아 상인의 상호관계에 대해 면밀하게 관찰했고 처음으로 부랴트족의 음악보다 에벤키족 음악이 더 수준 높다는 평가를 내렸다.[22]

1886년 바이칼 호수 북부 에벤키족을 연구한 키릴로프(E. O. Kirillov)는 프리바이칼리예 에벤키족은 순록 사육보다 어로에 종사하는 비율이 더 높고 이로 인해 다툼이 많다는 사실을 밝혀냈다. 1894~1896년 지리협회는 시비랴코프에게서 자금을 지원받아 마이노프(I. I. Majnov), 페카르스키(E. K. Pekarskij), 이오헬손(V. Iohel'son), 보고라즈(V. G. Bogoraz) 등이 포함된 야쿠티야 원정대를 조직했다. 원정의 목적은 북방 종족의

21 Vasilevich G. M. *Evenki: Istoriko-etnograficheskie ocherki XVIII~nachala XX v.*, L.: Nauka, 1969, p. 27.

22 Cherskij I. D. "Estestveno istoricheskie nabljudenija i zametki, delannye na puti ot Irkutska do cela Preobrazzhenki na Tunguske", *Izvestija Vostochno-Sibirskogo Otdela Russkogo Geograficheskogo Obshchestba* 16(1~3), 1885, p. 274.

생활 풍습을 파악하고 절멸된 종족의 경우 절멸 원인, 러시아 식민화와 공업화 정책이 비팀 강~올룍마 강 토착민에게 미치는 영향을 규명하는 것이었다. 연구 결과에 의하면 주변 환경의 변화에도 그 지역 에벤키족과 야쿠트족의 생활 조건이나 방식은 변하지 않았다. 사판니코프(M. P. Saf'jannikov)는 네르친스크와 우룰긴스크 지역 가축 사육 에벤키족의 역사를 연구하면서 오논 강과 인고다 강 상류의 에벤키족은 가축 사육자로 전환했지만 여전히 생산 활동에서 사냥이 가장 중요한 위치를 차지한다는 사실을 밝혀냈다. 이 시기 심케비치(P. Shimkevich)는 만주퉁구스족의 샤머니즘과 자바이칼리예 오로촌 연구에 집중했으며 스테파노프(N. Stepanov)는 에벤키족의 사냥 문화 규명을 위해 비팀 강과 추야 강 하구를 찾았다.[23]

19세기 말 그룸-그르지마일로(T. E. Grum-Grzhmajlo)와 다데시켈리아니(K. N. Dadeshkeliani)는 아무르 강 에벤키족을 연구했다. 아무르 강 좌측 지류 연안에 철도 공사를 위해 파견된 다데시켈리아니의 보고서는 부레야 강과 비르 강 에벤키족에 대한 것이다. 그는 당시 이들의 씨족 체계, 가족관계, 이들과 야쿠트족 및 중국인들과의 물물교환에 대해 기록하고 있다.[24]

19세기 말의 가장 큰 사건은 1897년 인구조사 목록 작성이다. 에벤키족의 목록은 파트카노프(S. Patkanov)가 작성했는데 그는 이 목록에 에벤키족 및 다른 퉁구스어권 제 종족 분포도를 첨부했다. 이후 이 목록에 대한 구체적인 분석은 세레브레닌코프(I. I. Serebninkov, 1914)의 몫이었

---

23 Vasilevich G. M. *Evenki: Istoriko-etnograficheskie ocherki XVIII~nachala XX v.*, L.: Nauka, 1969, p. 28.

24 Dadeshkeliani K. N. "Opisanie Amurskoj oblasti mezhdu rr. Bureej i Amgunoj", *Sbornik Geograficheskih, topograficheskih i statisticheskih Materialov po Azii* 32, 1888.

다. 이 시기 세스틴(S. Shetin)은 러시아 정부가 국경 수비를 위해 사얀 산맥 동쪽의 이로 강으로 이주시킨 에벤키족 원정을 감행했다. 세스틴에 의해 이로 강 혹은 사얀 산맥 에벤키족이 처음 세상에 알려지게 되었다. 세스틴(1898)에 의하면 이로 혹은 사얀 에벤키족은 러시아인과 인접해서 거주했고 이미 19세기에 러시아인에게 동화되었다.

이렇게 해서 19세기 말에는 예니세이 강, 비팀 강~올룍마 강, 네르친스크~치틴스크, 넬칸 지역, 아얀 강 에벤키족을 종합적으로 파악할 수 있는 정보가 수집되었다. 프리바이칼리예 에벤키족으로부터 암가 강과 알단 강, 우추르 강~투구르 강~부레야 강 수원, 제야 강 중류, 바르구진 강, 바운트 호수 지역의 에벤키족에 대한 정보를 얻게 되었다. 이에 더하여 만주 지역의 에벤키족에 대해서도 단편적이나마 정보를 수집하게 되었다. 하지만 여전히 오지의 타이가 지역, 포드카멘나야 퉁구스카 강, 니즈나야 퉁구스카 강, 올룍마 강, 예니세이 강 서쪽 지역, 야블로니산맥, 스타노보이 산맥의 에벤키족에 대해서는 거의 연구되지 않았다.

3. 19세기 말~20세기 초: 학문적 연구의 개화기

19세기 말~20세기 초 여전히 오지의 에벤키족에 대한 원정이나 연구는 이루어지지 않았지만 적어도 전문적인 분야에서 상세한 학문적 연구가 시작되었다. 샤머니즘 분야에서는 미하일롭스키(V. A. Mihajlovskij), 샤시코프(S. Shashkov), 심케비치(1895), 아르세니예프(V. Arsen'ev) 등이 있다. 구트(G. Gut, 1901)는 처음으로 예니세이 강~앙가라 강 에벤키족의 노래와 설화 텍스트를 분석하였다.

19세기 말~20세기 초는 자바이칼리예 에벤키족에게 관심이 집중되는 시기였다. 도브로미슬로프(Dobromislov)는 자바이칼리예 에벤키족은 부랴트족과는 전혀 공통점이 없고 오히려 야쿠트족에 더 가깝다고 주장했다. 탈코 그린체비치(Ju. D. Tal'ko-Gritsevich, 1904)는 자바이칼리예 에벤키족 설화에 근거할 때 이로 강 에벤키족은 사얀 산맥 출신이며 에벤키어를 사용하지 않지만 에벤키족의 특성을 고스란히 보존하고 있고 몽골족과는 전혀 다르다고 주장했다.[25]

1900년대 접어들면서 협회나 대학, 박물관 등을 중심으로 학문적 차원에서 조직적으로 시베리아 토착종족을 연구하기 시작했다. 페테르부르크에서는 러시아박물관 산하에 민족학 분과를 설치했고 모스크바에서는 다시코프 박물관(후일 민족학 박물관)을 설립했다. 1903~1904년 원정 이후 몇 편의 학술 논문이 발표되었다. 오스트롭스키흐(P. E. Ostrovskih, 1903)는 니즈냐야 퉁구스카 강에서 북쪽 호수 지역으로 이주한 에벤키족에 대한 연구물을 발표했다. 그에 의하면 투라 강 에벤키족은 동쪽 일림페야 강 에벤키족, 서쪽 예니세이 강 에벤키족과는 무척 다르기 때문에 에벤키족이 아닌 퉁구스어권의 독자적인 종족으로 보아야 한다. 프티친(V. Ptitsin, 1903)은 바이칼 호수 남쪽 지역의 에벤키어 방언사전을 집필했다. 리치코프(K. M. Rychkov, 1917, 1922)는 예니세이 강 에벤키족의 일상생활, 관습, 종교관, 경제생활 등을 매우 심도 깊게 연구했으며 최초로 심 강 에벤키족의 곰 축제를 기록했다.

1912~1913년 시로코고로프 부부(S. M. Shirokogoroff, 1924, 1926, 1929)는 자바이칼리예 에벤키족의 종교, 샤머니즘, 사회적 관계, 고고학

25 Vasilevich G. M. *Evenki: Istoriko-etnograficheskie ocherki XVIII~nachala XX v.*, L.: Nauka, 1969, pp. 30~31.

유물과 관련된 자료를 수집했는데 비팀 강과 아무르 강 우안 중간 지류에 대한 자료들은 매우 소중하다. 솔랴르스키(Soljarskij, 1916)는 추미칸 지역 에벤키족을 포함하여 아무르 강 하류 종족들의 일반적인 규범이나 경제에 관한 자료를 수집했다.

1912~1914 영국인 차플리카는 예니세이 강을 여행한 뒤 1914년 저서 시베리아의 토착민(*Aboriganal Siberia*)을 발표했다. 1916년 볼세비키 당원으로 정치범이었던 구벨만(M. I. Gubel'man)은 올룍마 강 하류 에벤키족에 대한 연구물을 발표했다. 당시 올룍마 강 하류의 에벤키족은 유목이동생활과 순록 사육에 종사했지만 야쿠트어를 사용했다고 한다. 일부는 순록을 잃어버린 뒤 정착 생활을 하기 위해 암소를 구입했고 야쿠트식 집에 거주하면서 농경에 종사하려고 노력했지만 결국 실패했다고 한다.[26]

19세기 말~소비에트 정권 초기 에벤키족의 문화적 특성에 대한 현상 위주의 기술이 다수를 차지했다. 하지만 에벤키족의 다양한 지역 그룹과 개별 씨족에 대한 정보를 확보하게 되었고 어느 정도까지는 지역에 따른 언어적, 문화적 차이점을 구별해 낼 수 있게 되었다. 1920년대 이후에는 주제가 다양해지면서 도브로바-야드린체바(Ji. H. Dobrova-Jadrintseva) & 시헤이더(A. R. Shhejder)의 사회 환경의 변화가 에벤키족의 생활관습에 미친 영향(1928), 라포(D. E. Lappo)의 봉건적 씨족 사회의 붕괴(1927) 등의 연구물이 발표되었다. 1920년 말~1930년 초 시베리아 여러 지역 에벤키족의 전통문화에 대한 연구물들이 발표되었는데 페트리 베게토프(B. E. Petri)의 에벤키족의 사냥과 순록 사육 연구(1930), 니쿨신(N. P. Nikulyshin)의 에벤키족 유목 공동체의 구조와 기능 연구(1939),

26 Grebenshchikov A. V. *V Buhtu i Mergen' po r. Nonni/ iz puteshestvie po Hejluntsjanskoj provintsii*, Harbin, 1910, pp. 150~157.

아니시모프(A. F. Anisimov)의 포드카멘나야 퉁구스카 강 에벤키족 씨족의 구조와 종교 연구(1936, 1949, 1958) 등이 있다. 또 에벤키족 지역 그룹의 관습과 의식에 관한 아파시예프(A. Afanas'ev, 1928), 멜레틴(K. Meletin, 1930), 바실례비치(1927) 등의 연구물이 발표되었다.

1920~1930년대 아주 소규모 에벤키족 씨족에 대한 연구가 시작되었다. 코뱌진(N. M. Kovjazin, 1931)의 코모 강 에벤키족 연구, 샤틸로프(M. B. Shatilov)의 나림 강 에벤키족 연구(1927), 페트리 베게토프의 투구르 강 에벤키족 연구(1930), 바실례비치의 톡민 강 에벤키족 연구(1930) 등이 대표적이다. 이상의 연구물이 가지는 중요성은 이 연구물에 기록된 에벤키족의 전통 문화 중 상당부분이 이후 수십 년의 시기를 거치면서 소실되었다는 점에 있다.

20세기 중반 에벤키학의 발전에 바실례비치가 끼친 영향은 지대하다. 그의 연구 분야는 언어학, 문학, 민속학, 역사학, 고고학의 전 분야를 아우르는 것이었다. 그는 개별적, 산별적으로 진행되던 에벤키학을 집대성했다는 성과를 올렸다. 그는 1958~1965년 야쿠티야 어문학 역사연구소에서 다른 연구자들과 함께 직접 에벤키어 연구에 참가했다. 전체적으로 바실례비치의 연구는 두 시기로 나누어진다. 초기는 전쟁 전까지로 언어학적 관점에서 에벤키어 연구에 전념했다. 이후 30년은 에벤키족의 인류학, 민속학, 문화적 특성 규명에 심혈을 기울였다. 1969년 출판된 저서 에벤키(*Evenki: Istoriko-etnograficheskie ocherki XVIII~nachala XX v.* L.: Nauka)는 다양한 지역 에벤키족의 물질문화뿐만 아니라 정신문화까지 총체적으로 집대성하고 있다. 바실례비치(1949, 1951, 1957, 1958, 1971, 1972)는 에벤키족의 설화, 수수께끼, 격언, 비언어적 특성을 지닌 의식, 타부 등에 대해서도 연구했다.

1950년대 중반부터 오클라드니코프(A. P. Okladnikov, 1968), 오클라드니코프(A. L. Okladnikov, 1943, 1958), 투로프(M. G. Turov, 1998) 등에 의해 에벤키족의 인종형질학적 재구를 위한 연구가 다양한 관점에서 수행되었다. 1940년대 후반부터 돌기흐(B. O. Dolgih, 1946, 1960), 투골루코프(V. A. Tugolukov, 1958, 1960, 1970, 1974, 1979, 1985)에 의해 포드카멘나야 퉁구스카 강 및 여러 지역 에벤키족 씨족 연구가 활발하게 진행되었다. 투골루코프는 인종학적 관점에서 퉁구스어권 종족의 기원 문제를 주로 연구했다. 레나 강~예니세이 강 사이 에벤키족의 씨족 구조와 사회조직(1970, 1985), 에벤키족의 일상 의례와 문화(1980a, 1980b), 소비에트 시기 에벤키족의 변화 과정(1971) 등에 관한 연구물도 있다. 카를로프(V. V. Karlov)는 20세기 이전 에벤키족의 사회와 경제구조, 에벤키족 사회의 구조적 단위로서 유목 공동체 연구(1971, 1982)를 발표했다.

1980년대 발부터 연구자들은 에벤키족 전통문화의 생태학적 특성에 관심을 가지기 시작했다. 투로프(1990, 1997)는 주로 이르쿠츠크 에벤키족에게서 수집한 자료를 기초로 에벤키족의 자연 활용 체계를 연구했다. 그는 토착문화의 태생적 생태성보다는 인간과 자연의 상호관계에 영향을 미치는 실질적인 메커니즘에 주목하고 있다.

1990년대는 아주 소규모 에벤키족 씨족에 대한 연구가 확대되는 시기이다. 특히 막시모바(I. E. Maksimov)의 심 강~케트 강 에벤키족 연구(1994), 시리나(A. A. Sirina)의 카탄 지역 에벤키족의 문화적 특성, 이동경로, 자연활용법 연구(1995) 등이 있다. 현대에 와서는 에벤키족의 행동문화에 관한 연구물이 다수 발표되고 있다. 쿨렘진(V. M. Kulemzin, 1996), 예고로바(A. I. Egorova, 1996), 페레발로바(E. V. Perevalova, 1992) 등이 대표적이다. 하지만 이 분야에서는 에벤키족의 행동문화를 연구한 라피나(M. A. Lapina, 1998)의 연구가 특히 두드러진다. 그는 전통적인 에티켓을 심리, 사회문화적 동인과 관련시킨다. 이와 같은 러시아의 선행연구는 현지 탐사, 공개 미공개 출판물, 설화, 에벤키족과의 실제적인 인터뷰 자료 등에 기초하고 있기 때문에 구체성, 현실성, 사실성이 매우 뛰어나다.

이상의 내용을 종합하면 제정러시아 시기 러시아의 에벤키족 연구는 지배와 편입이라는 제국주의 식민화 정책의 일환으로 수행되었다. 소비에트 성립 이후에는 퉁구스어권 제 종족의 사회주의 체제 편입이라는 틀 속에서 수행되었으나 소비에트 중후반을 거치며 점차 학술적 목적의 연구가 주를 이루었다.

제2부

에벤키족의 상징과 역사

제1장

에벤키족의 문장과 깃발

제1장
에벤키족의 문장과 깃발

그림1은 에벤키족의 문장과 깃발인데 문장 안의 원은 샤먼 의식용 북으로 우주를 상징한다. 에벤키족은 이곳에 에벤키족의 수호신이 모여 있다고 생각한다. 중앙에는 에벤키족 신화 속의 새인 흰 까마귀가 자리하고 있다. 원의 위는 노란색, 아래는 청색이다. 원 윗부분의 흰 톱날이 달린 붉은 반원은 태양을 상징하고 아랫부분에는 에벤키족의 과거와 현재가 합쳐지는 강이 흘러가고 있다. 에벤키족의 깃발은 위에서부터 북방의 밤낮을 상징하는 하늘색, 흰색, 청색으로 나누어진다. 중앙에는 태양을 상징하는 쿠말란이라는 둥근 원이 있다.

그림 1. 시베리아 지도
출처: http://www.freeworlamaps.net. 검색일: 2015.11.30.

출처: http://www.my.krskstate.ru
검색일: 2015.06.26.

출처: http://www.evenkiya.krasu.ru/
검색일: 2015.06.26.

그림 2. 에벤키족의 문장과 깃발

출처: http://www.aucland.ru
검색일: 2015.06.25.

그림 3. 에벤키족을 상징하는 기호들

에벤키족의 특징 묘사도
출처: http://www.rus-img.com
검색일: 2015.07.7.

에벤키 소년소녀
출처: http://katanga-evenki.blogspot
검색일: 2015.07.07.

그림 4. 에벤키족의 모습

제2장

에벤키족의 시대별 분포 현황

제2장
에벤키족의 시대별 분포 현황

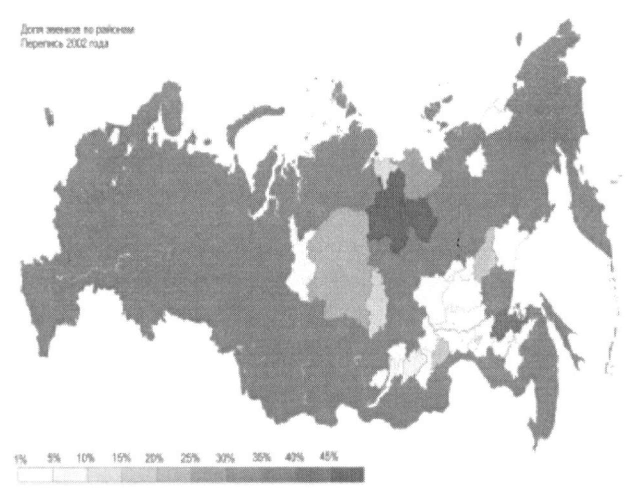

색의 농도와 에벤케족의 밀집도는 비례한다.
출처: http://www.proxy2014.net. 검색일: 2015.06.24.

그림 5. 에벤키족의 분포도

에벤키족은 알타이어계 만주퉁구스어권 시베리아분파에 속하는 소수 종족으로 러시아의 시베리아와 극동, 중국의 내몽골자치구와 헤이룽성,

몽골에 산재해 있다. 러시아인이 시베리아에 등장한 17세기 초 에벤키족의 수는 대략 4만 명 이내였던 것으로 추정된다. 돌기흐(1960)은 현물세 납세자 목록을 토대로 36,135명이라고 주장한다. 다른 연구자들의 주장도 돌기흐와 큰 차이가 없다. 투골루코프(1982)는 17세기 초 에벤키족의 수는 39,400명이었으며 이 중 순록 사육 에벤키족이 19,400명, 가축 사육 에벤키족이 16,900명, 개 사육 에벤키족이 3,100명이라고 주장한다.[1] 투골루코프의 주장에 근거할 때 17세기 초 에벤키족의 구체적인 분포 지역과 수는 표 1과 같다.

표 1. 17세기 초 에벤키족의 분포 현황

서쪽 지역	수(명)	동쪽 거역지역지	수(명)
프리바이칼리예	3,600	알단 강 중류-오호츠크해 연안	2,000
프리바이칼리예 중부와 하부	1,700	프리아무리예 중부와 하부	10,400
포드카멘나야 퉁구스카 강	400	알단 강 상류-프리아무리예 북부	11,400
니즈나야 퉁구스카 강	2,300	자바이칼리예 북부	2,300
동시베리아의 북서 지역	4,000	자바이칼리예 남부	700
예니세이 강 좌안	600		
계	12,600		26,800
총계	39,400		

투골루코프의 주장에 의하면 러시아인이 시베리아에 등장한 17세기 초 에벤키족은 이미 사육 동물에 따라 순록, 말, 개 에벤키족으로 분류되었다. 그렇다면 17세기 이전에 사육동물에 따른 에벤키족의 분화가 이미

1 Tugolukov V. A. "Evenki", *Etnicheskaja istorija narodov severa*, Instituta etnografii im. N. N. Mikluho-Maklaja AN SSSR, 1982, p. 129.

마무리 된 것으로 추정된다.

17세기와는 달리 19세기 에벤키족의 수에 대한 연구자들의 주장은 다소 차이가 난다. 스트랄렌베르크는 19세기 에벤키족의 수를 7~8만 명으로, 카스트렌은 1840년대 에벤키족의 수를 53,000명으로, 가게메이스테르는 1850년대 에벤키족 수를 35,000~40,000명으로, 리티흐는 1870년대 에벤키족의 수를 68,000명으로 추정한다. 그런데 1897년 인구조사 목록에 의하면 에벤키족과 에벤족을 합한 퉁구스족은 모두 62,068명이었다. 이 중 유목 생활을 하면서 사냥에 종사하는 퉁구스족은 28,472명, 유목 생활을 하면서 말과 가축 사육에 종사하는 퉁구스족은 29,737명, 정착생활을 하는 퉁구스족은 495명, 국경의 카작인[2]에 포함된 퉁구스족은 3,045명, 러시아 귀족 명부에 등록된 퉁구스족은 319명이었다.[3]

사실 20세기 이전 에벤키족의 수를 정확히 산출하는 것은 불가능하다. 이는 유목 이동 생활이라는 삶의 특징, 현물세 납세를 피하기 위한 고의적 신고 누락뿐만 아니라 러시아인이 에벤키족과 에벤족을 분명하게 구별하지 않고 함께 계산하는 경우가 많았기 때문이다. 러시아의 통계에 근거하면 20세기 에벤키족의 수는 1926년 39,000명, 1970년 25,149명, 1979년 28,000명, 2002년 35,527명, 2010년 38,396명이다. 2010년 현재

2 카작인은 16세기 이후 러시아의 대외전투에서 용맹한 용병 역할을 했다. 카작인은 선거를 통해 수장을 뽑아 모든 중요한 문제를 합의로 결정하는 민주적인 자치를 행했다. 공동으로 러시아, 폴란드, 리투아니아 같은 봉건 제후와 이웃한 튀르크 타타르계 유목민과 싸워 자신들의 영토를 확장했지만 스스로 국가를 이룬 적은 없었다. 카작인은 국가보다는 종족명으로 더 유명하고 자신들도 종족으로의 정체성을 더 강조한다. 16~17세기 타타르 및 튀르크족의 침입에 위협을 느낀 러시아, 폴란드, 리투아니아는 카작인들에게 무기, 탄약, 식량, 자금을 주어 국경을 지키게 했다. 이때부터 카작인은 러시아와 깊은 관계를 갖게 되었다. 참고: 서길수, 『아시아의 진주 알타이』, 서울: 학연문화사, 2009, p. 482.

3 Vasilevich G. M. *Evenki: Istoriko-etnograficheskie ocherki XVIII~nachala XX v.,* L.: Nauka, 1969. p. 7.

러시아의 에벤키족은 극동연방관구에 69.7%인 24,761명, 시베리아 연방관구에 28.4%인 10,089명이 집중적으로 거주한다. 에벤키족의 구체적인 거주지는 에벤키 민족자치구, 이르쿠츠크 카탄 지역, 야쿠티야 지역 남쪽, 불트-몽골 자치공화국, 치타 주, 하바롭스크 주 아얀 지역과 추미칸 지역, 아무르 강 하류, 아무르 주와 사할린 주이다(표 2 참고).

표 2. 2010년 기준 에벤키족의 분포 현황

지역	수(명)	지역	수(명)
극동연방관구(69.7%)			
야쿠티야(사하) 공화국	18,232	하바롭스크 주	4,533
아무르 주	1,501	사할린 주	243
프리모르 주	103	유대인 자치주	72
소계	24,761		
시베리아 연방 관구(28.4%)			
크라스노야르스크 주	4,632	부랴티야 공화국	2,334
자바이칼 주	1,492	이르쿠츠크 주	1,431
톰스크 주	103		
소계	10,089		
기타 지역(1.9%)			
북서 연방관구 (상-페테르부르크 140명)	218	중앙 연방관구 (모스크바 74명)	165
우랄연방관구 (튜멘주 109명)	139	포볼연방관구	73
남연방관구	62	북캅카즈 연방관구	18
소계	675		
총합	38,396(명)		

제3장

에벤키족의 기원과 자명

제3장
에벤키족의 기원과 자명

1. 에벤키의 어원을 통해서 본 에벤키족의 기원

에벤키족은 16세기부터 이미 러시아의 기록에 등장하지만 그들이 누구인지, 어디에서 왔는지는 여전히 풀리지 않는 문제이다. 같은 퉁구스어권 종족인 울치족, 우데게이족, 나나이족은 여진족의 후손이고 이들의 출현에 에벤키족이 결정적인 역할을 했다는 사실은 거의 정설로 굳어졌지만 에벤키족의 기원은 아직 밝혀지지 않고 있다. 이는 에벤키족의 삶의 특성에 기인한 측면이 크다. 에벤키족은 사냥과 순록 사육을 위해 시베리아의 타이가와 툰드라 지역을 끊임없이 이동하기 때문에 특정 공간에 머무르는 시간이 길지 않았다. 이로 인해 에벤키족은 고고학 유물과 유적을 남길 수 없었다. 이에 더하여 이들에게는 문자마저 없었다. 따라서 에벤키족의 기원 문제는 상당한 어려움을 내포하고 있는데 현재적 상황에서 가장 합리적인 방법은 언어 자료를 이용하는 것이다. 먼저 에벤키의 어원 규명을 통해 에벤키족의 기원에 좀 더 가까이 가보자. 대다수의 에벤키족 연구자들은 에벤키의 어원을 중국 토착종족과 관련시킨다. 그 가운데 오환족 기원설과 선비족 기원설이 대표적이지만 오환족 기원설이 더 설득력을 얻고 있다.

1) 오환족 기원설

퉁구스족(에벤키족과 에벤족)은 과거 자신들은 예본(Evon), 선조들은 예본 혹은 돈키(Donki)라 불렸다고 주장한다.[1] 돈키에 대해 살펴보면 음성적으로 돈키가 퉁구스에 상응하고 퉁구스가 중국 고대 동호족에서 상응한다는 사실은 어렵지 않게 알 수 있다. 동호의 중국 상고음/중고음/현대음 발음을 살펴보면 각각 tooŋgaa/tuNÄuo/dōngHú'이다.[2] 동호족이 활동했던 시기가 주로 기원전 700년~200년으로 중국 상고음 시기에 해당되므로 돈키와 음성적으로 유사하다. 또 돈키는 퉁구스와 음성적으로 유사하므로 동호→돈키→퉁구스의 연결 관계가 성립될 수 있다.[3]

그렇다면 퉁구스에 함의된 의미는 무엇일까? '퉁'의 구체적인 어원 파악은 힘들지만 축치어에 '적'이라는 의미의 '탕기트(tangit)'란 단어가 있고 티벳족에 '탕구트(tangut)'라는 씨족이 있다.[4] 탕기트와 탕구트는 '어근 탕(tan)-+접미사 -기트/구트(git/gut)'의 구조인데 두 단어의 의미를 근거로 '탕'의 의미를 '사람, 인간'이라고 유추할 수 있다. '탕'과의 음성적 유사성에 근거해 '퉁'도 같은 맥락에서 파악한다면 '퉁'의 초기 의미는

---

1 Georgi I. G. *Opisanie vseh v Rossiskom gosudarstve obitajushchih narodov, takzhe ih zhtejskih obrjadov, obyknovenij, zhilishch, uprazhnenij, zabav, veroispovedanij i drugih dostoprimechatel'nostej* 2, SPb.: Russkaja Simfonija, 1777, p. 34.

2 본 논문에서 중국어 발음은 http://www.eastling.org를 참고했다. 검색일: 2014.10.12~11.01.

3 엄순천, 「퉁구스 민족명의 어원 및 자명(自名) 분석: 에벤키족과 에벤족을 중심으로」, 『비교문화연구』 39, 2015, p. 200.

4 Vasilevich G. M. *Evenki: Istoriko-etnograficheskie ocherki XVIII~nachala XX v.*, L.: Nauka, 1969, p. 10.

'사람, 인간'이라고 할 수 있으며 알타이어권 종족명이나 씨족명에서 공통적으로 발견되는 '사람, 인간'이라는 의미의 '단/잔(dzhan)~', '주/추(chu)'~, '탄/탕(tan/tan)~'과 같은 범주의 어휘에 포함시킬 수 있다.[5] 이 단어들은 알타이어계뿐만 아니라 우랄어계, 예니세이어계, 고시아어 등에서 발견되기 때문에 기원을 개별 어계[語界]의 경계를 뛰어넘어 고대 고아시아제어에서 찾아야 한다. 그렇다면 퉁구스의 '퉁'은 고아시아제어에서 '사람, 인간'의 의미를 지녔을 것이다. 이후 알타이어권에 차용된 뒤 알타이어권 제 종족의 생활 문화적 특성에 맞게 숲, 삼림, 타이가라는 의미가 더해지면서 자연히 퉁구스는 '숲, 삼림, 타이가의 주민'을 의미하게 된 것으로 추정된다.

그런데 러시아인은 퉁구스라는 단어를 언제 누구로부터 들은 것일까? 퉁구스족과 인접해서 생활한 야쿠트족으로부터 들었을까? 하지만 러시아인이 야쿠트족에게서 퉁구스라는 단어를 들었을 가능성은 적다. 러시아인의 시베리아 이동 경로는 서 → 동인데 퉁구스족은 야쿠트족보다 더 서쪽에 거주한다. 러시아인은 퉁구스족을 조금 더 동쪽에 있는 야쿠트족보다 먼저 마주칠 수밖에 없다. 그런데 13세기부터 퉁구스족은 이르티시 강 유역에서 타타르족과 인접해서 생활했다. 이 점을 근거로 투골루코프는 "러시아인은 이르티시 강 유역의 타타르족으로부터 퉁구스라는 단어를 처음 들었다."[6]고 주장한다. 타타르어에는 퉁구스와 음성적으로 유사한 '둔기즈(dungyz)'라는 단어가 있는데 돼지라는 의미다.[7] 하지만 에벤

---

5 한국어의 '단군'도 같은 맥락에서 파악할 수 있다.

6 Tugolukov V. A. "Tungusy sredi tatar i hantov na Irtyshe i Obi v XVI-XVII vv.", *III Vsesojuznaja tjurkologicheskaja konferentsija. Literaturavedenie i istorija. Tezisy ii dokradov i soobshchenij*, 1980c, p. 170.

7 *Tatarsko-russkij slovar'*, Sost. K. S. Abdrazakov I dr. M.: Sovetskaja entsiklopedija, 1966, p. 641.

키족은 돼지를 사육한 적도 없고 돼지 사육 문화도 발달하지 않았기 때문에 당시 타타르족이 돼지라는 의미로 퉁구스라는 단어를 사용하지는 않았을 것이다. 타타르족이 퉁구스라는 단어를 사용하던 시기 퉁구스는 이미 고유한 의미를 지니면서 에벤키족과 에벤족, 더 나아가 퉁구스어권 제 종족들을 지칭하고 있었을 것이다.

이번에는 예본에 대해 살펴보자. 예본은 음성적으로 에벤키족보다는 에벤족과 더 유사하며 영어로는 owen, 러시아어로는 oven인데 밀러, 피셔(I. E. Fisher), 게오르기는 7세기 훨씬 이전 중국 문헌에 등장하는 오환족과 관련시킨다.[8] 오환족은 순록 사육을 익히 알고 있었고 순록을 운송수단으로 이용했다고 알려져 있다. 예본이 음성적으로 에벤과 더 유사하다면 에벤이 에벤키보다 더 먼저 생긴 단어이고 에벤족이 에벤키족보다 더 먼저 형성된 종족이어야 한다. 하지만 일반적으로 에벤키족이 에벤족보다 선행하고 에벤키족에서 에벤족이 분리되었다고 알려져 있다. 이는 에벤키족과 에벤족의 의식을 통해서도 알 수 있다.

> "에벤족은 에벤키라는 단어가 자신들의 종족성으로 더 확실하게 규정해 준다는 생각에 자신들을 의식적으로 에벤키라고 부른다. 에벤키족 중 자신을 에벤이라 부르기를 원하는 사람은 없다."(Sokolova Z. P. & Tugolukov V. A. "Starye i novye nazvanija narodov severa". *Sovetskaja Etnografija* 1. M.:Nauka. 1983. p. 83)

8 Bichurin N. Ja. *Sobranie svedenij o narodah, obitavshih v Srednej vremena* 2, M.-L.: Izd. AN SSSR, 1950, p. 350.

그렇다면 어느 시점까지 에벤키는 에벤키족과 에벤족을 함께 가리키는 용어였다. 또 과거 퉁구스족의 자명이었던 '예본'은 현재의 에벤과 등가 개념이 아니라 에벤키족과 에벤족이 분리되기 전에 이들을 함께 지칭하던 용어라고 보아야 한다. 예본은 어디서 기원하며 그 의미는 무엇일까? 7세기 훨씬 이전의 문헌에서 선비라는 단어와 함께 발견되는데 고대 중국에서는 오벤(oven)이나 예벤(even)으로 발음했다는 오환족에서 실마리를 찾아보자.[9]

"12세기 중국 역사서에 근거할 때 바이칼 동쪽 산악 타이가에 살았던 순록 사육 종족인 오환족이 에벤키족과 에벤족의 선조로 추정된다."(Tugolukov V. A. "Etnicheskie korni tungusov", *Etnogenez narodov Severa*, M.: Nauka, 1980a, p. 159)

오환의 중국 상고음/중고음/현대음 발음이 qaagʷaan/ouúwan/wūhuán이므로 발음상 예본에 가깝다. 그런데 과연 오환족이 에벤키족, 에벤족과 관련이 있을까?

"5~7세기경 자바이칼리예와 프리아무리예에는 실위족이 거주했고 그들의 남쪽에는 거란족이 거주했다."(Bichurin N. Ja. *Sobranie svedenij o narodah, obitavshih v Srednej vremena* 2, M.-L.: Izd. AN SSSR, 1950, p. 92)

"7세기 비팀 강과 올룍마 강 수원에서 탈것을 이용하여 50일 정도

9 Shavkunov E. V. *Gosudarstvo Bohaj i pamjatniki ego Kul'tury v Primor'e*, L.: Nauka, 1968, pp. 117~121.

북동쪽으로 이동하면 순록 사육과 사냥에 종사하는 오환족이 있었다."(Kytmanov D. A. "Fuktsional'nye nevrozy sredi tungusov", *Sovetskij Sever 7~8*, 1930, p. 51)

"에벤키족 에댠 씨족의 설화에 의하면 오논 강과 아뉴이 강 서쪽 산악 지역에서 동쪽으로 유목을 떠나던 중 자신들과 언어와 외모가 비슷한 사람들을 만났는데 실위족과 거란족이었다. 거란족은 말과 순록을 가지고 있었다. 에벤키족은 그들에게서 아내를 맞이한 뒤 아내와 순록 몇 마리를 데리고 집으로 돌아왔다."(Vasilevich G. M. Istoricheskij fol'klor evenkov. *Skazanija ii predanija*, M.: Nauka, pp. 59~93)

중국 고대 종족의 계보는 무척 복잡하지만 동호족은 오환족과 선비족으로 나누어지며 선비족 아래에 훗날 몽골족이 된 실위족이 있었다는 사실은 이미 널리 알려져 있다. 위 텍스트에 의하면 고대 퉁구스족의 초기 거주지라고 알려진 바이칼 호수 지역과 아무르 강 인근에 5~7세기 전후 동호족의 후예인 오환족, 선비족, 실위족, 거란족 등이 거주했다. 이들은 에벤키족과 유사한 순록 사육문화를 영위했으며 거란족은 에벤키족의 선조들과 족외혼 관계에 있었다. 따라서 오환족과 에벤키족의 관련성은 충분히 가능해 보이는데 개 숭배 문화도 두 종족의 상관관계를 말해 준다.

"17세기 앙가라 강을 여행했던 이데스는 개를 제물로 바치는 광경을 목격했다. 1659~1660년 앙가라 강을 여행한 폴란드인 아담 카멘스키-들루직은 죽은 이의 무덤 옆에서 그 가족들이 개를 죽이는 광경을 목격했다. 당시 에벤키와 에벤이라 불리는 사람들 대다수의 에이프런에는 개 모양의 테두리가 있었다."(Vasilevich G. M. "Evenkijskaja ekspeditsija", *Kratkie*

Soobshchenija Instituta Etnografii AN SSSR 5, 1949, pp. 93~97)

에벤키족의 개 숭배문화는 17세기 훨씬 이전인 먼 고대 사냥에 개를 동반하면서 시작되었으며 1930년대까지도 이어진 것으로 추정된다. 중국문헌 삼국지 오환편에 의하면 "오환족은 사람이 죽으면 ... 살찐 개 한 마리에게 상여를 끌게 하고... 개에게 의탁하여 죽은 이의 신령을 적산[赤山]까지 호송하게 한다."[10] 그렇다면 개 숭배문화는 오환족과 에벤키족을 연결시켜 주면서 예본이 오환에서 기원한다는 주장을 긍정적으로 생각하게 만든다. 중국 고대 종족들과 에벤키족 선조들과의 관계는 언어 자료와 고고학 자료에 의해서도 충분히 입증되고 있다.

"바실레비치(1949)에 의하면 에벤키어와 에벤어는 중세 중국문헌에 발해의 구성원이며 순록 사육과 사냥에 종사한다고 기록된 말갈족 특정 씨족 및 발해어와 공통점이 많다. 레빈(1958)에 의하면 예니세이 강 에벤키족에게서 수집한 석기와 골조 무기들은 신석기시대와 청동기시대 프리바이칼리예 마을과 무덤에서 발굴된 무기와 생김새가 무척 유사하다."(재인용: Turov M. G. "Problema istoricheskoj prarodiny severnyh tungusov i etnogeneza evenkov", *Izvestija Irkutskogo Gosudarstvennogo universiteta* 1(2), 2013, p. 245)

바실레비치와 레빈의 주장에 근거하면 에벤키족과 에벤족은 고대 바이칼 호수~아무르 강 노선에서 활동했던 동호족~오환족~선비족~실위족, 거란족; 숙신족~읍루족~물길족~말갈족~여진족~만주족 등과 밀접한 관련이 있다. 이상의 내용을 종합하면 오환 → 예본 → 에벤키 → 에벤의 관

10 http://egloos.zum.com/ragwangfal/v/1688423. 검색일: 2015.06.21.

계가 가능하다. 그렇다면 돈키와 예본 혹은 퉁구스와 에벤키의 관계는 어떻게 될까? 종족 계통 상 오환족이 동호족의 후예이므로 퉁구스가 예본보다 더 일찍 만들어진 용어이다. 러시아인은 에벤키와 에벤이라는 단어를 어디에서 누구로부터 들은 것일까?

> "17세기 에벤이란 자명이 처음 알려졌는데 18세기 스트랄렌베르크는 wonki라고 기록하고 있고 게오르기는 자바이칼리예 에벤키족에게 들은 뒤 기록에 남겼다. 에벤이라는 자명은 19세기 예니세이 강 유역의 에벤키족도 사용했으며 앙가라 강~예니세이 강 에벤키족의 후손들인 심 강 유역의 에벤키족은 1930년대 자신들도 과거에는 에벤이라 불렸다고 했다. 에벤은 야 강, 인디기르카 강, 캄차카 라무트족[11]과 오호츠크해 일부 라무트족의 자명이다. 현재는 예니세이 강, 앙가라 강, 자바이칼리예, 최북동 지역의 에벤키족 사이에 보존되어 있다."(Vasilevich G. M. *Evenki: Istoriko-etnograficheskie ocherki XVIII~nachala XX v.*, L.: Nauka, 1969, p. 11)

위 텍스트에 근거할 때 러시아인이 에벤 혹은 에벤키라는 단어를 들었을 때는 에벤키족과 에벤족이 분리되어 주요 생활무대에 대한 경계 설정이 끝난 뒤이며 에벤키와 에벤이라는 용어는 독자적인 의미를 가지고 사용되고 있었다. 그런데 러시아인이 시베리아에 출현하기 전부터 타타르족과 야쿠트족은 에벤키와 에벤이라는 단어를 사용했고 에벤키족은 자신을 퉁구스라고 불렀으며 에벤족은 자신을 라무트라고 불렀다고 한다. 러시아인은 에벤키와 에벤이라는 단어를 퉁구스라는 단어보다 늦게 접

11 라무트는 에벤족의 자명으로 '바다'라는 의미의 에벤키어 '라무'에서 기원한다.

한 것이 분명한데 이는 퉁구스가 에벤키와 에벤이라는 단어보다 더 널리 퍼져 있다는 사실을 말해 준다.

퉁구스라는 단어가 있는데 예본이라는 단어를 또 사용한 이유는 무엇일까? 퉁구스와 예본이라는 두 단어를 사용하여 동일 종족의 어떤 차이점을 말하고 싶었던 것일까? 이에 대해 구체적으로 연구된 바는 없다. 하지만 '숲, 타이가에 거주하는 사람'이란 의미의 퉁구스에 함의되지 않은 퉁구스족의 또 다른 특성을 표현하기 위해 예본이라는 단어를 사용한 것으로 추정된다. 또 다른 특성이란 무엇일까? 퉁구스족이 시베리아 다른 종족들과 구별되는 가장 큰 특징은 사냥과 순록 사육이다. 퉁구스족은 먼 고대에는 도보사냥에 종사했으며 순록 사육에 종사한 것은 그보다 늦은 시기의 일이다. 따라서 먼저 생긴 퉁구스란 단어가 '타이가', '사냥문화'와 연결된다면 예본은 '순록문화'와 연결되는 단어가 아닐까? 즉 예본은 퉁구스가 순록문화를 받아들인 이후 순록 사육 퉁구스족을 순록 사육은 하지 않고 도보 사냥만 하는 퉁구스족과 구별하기 위해 만들어졌으며, 그 시기는 에벤키족과 에벤족이 분화되기 전으로 추정된다. 그러면 에벤키와 에벤이라는 단어는 어떻게 만들어졌을까?

흥미로운 점은 에벤족은 에벤이 에벤키에서 접미사 '-ki'를 생략한 순수한 에벤식 종족명이라고 생각한다[12]는 사실이다. 에벤키는 퉁구스족이 언어, 문화적으로 분리되면서 에벤족이 북쪽으로 이주한 뒤에 만들어진 것으로 추정된다. 즉 이제는 독자적인 종족이 된 에벤키족과 에벤족을 구별하기 위해 예본에 '사람'이란 의미의 접미사 '-ki'를 첨가하여 에벤키가 만들어진 것으로 추정된다. 에벤은 에벤족의 이주와 두 종족의 경

---

12 Tugolukov V. A. *Tungusy (evenki i eveny) Srednej i Zapadnej Sibiri*, M.: Nauka, 1985(1997), p. 14.

계 설정이 마무리될 무렵 에벤족을 나타낼 단어가 필요해지면서 에벤키에서 접미사 '-ki'를 생략하여 만들어진 것으로 추정된다. 이상의 내용을 종합하면 오환 → 예본 → 에벤키 → 에벤으로 단순화 시킬 수 있다.

그러면 에벤키와 에벤의 의미는 무엇일까? 야코프 린데나우에 의하면 에벤키는 '횡단하여, 가로질러'라는 의미의 에벤키어의 '예분키(evunki)'나 '예벤키(evenki)'에서 유래한다.[13] 에벤키족은 '횡단하여', '가로질러'라는 '에벤키'의 의미가 자신들의 선조가 시베리아 북부의 산악타이가를 가로질러 이주한 사실을 입증해 준다고 생각한다. 에벤은 에벤키에서 -ki를 생략한 형태이므로 그 의미는 동일하다.

2) 선비족 기원설

에벤키의 선비족 기원설은 소스놉스키(V. I. Sosnovskij)가 주도적으로 이끌었다. 소스놉스키는 케트족으로부터 직접 들은 선비와 에벤키의 발음을 비교 분석한 뒤 에벤키가 고대 몽골의 유목 종족인 선비족[鮮卑][14]에 상응하는데 현재 케트어의 '헤벤바(hevenba)'에 해당한다고 주장한다. 소스놉스키에 의하면 이는 케트족과 에벤키족 선조들의 교류가 시작되면서 에벤키 선조들이 튀르크계 선비족의 지배 체제로 편입된 결과이다.

"케트어로 에벤키는 fëmba, hangba, hëangba 등으로 불리는데 카스트렌의 방식대로 재구하면 세 단어는 hëangba로 귀결된다. 케트어에

---

13 Tsentral'nyj Gosudarstvennyj Arhiv Drevnih Aktov (TsGADA), f.199, d.511, ch.2, №9, l.6.

14 현재의 자명은 알려지지 않고 있으나 선비라는 중국어 음차는 잘못된 것이고 다양한 중국문헌에서는 Sirbi, Sirvi, Sarbi라는 명칭으로 기록되어 있다. 참고: Pelliot P. "Tokharien et Koutcheen", *Journal Asiatique* 1, 1934, p. 35.

서 이중모음 ëa에서 앞의 ë는 장모음 e로 발음되다가 결국 e로 바뀌므로 hëangba<heenba<hewenba가 된다. 케트족은 선비를 hebenba라고 발음하는데 이 용어는 현재 '에벤키'로 변형되어 에벤키족 사이에서 전해진다. 선비의 중국어 발음은 xianbei인데 이의 근저에는 se^{w}enbe>seenbe ‖ sienpi가 자리하고 있다."(Sosnovskij V. I. "Sjan'bijtsy-evenki", *Sibirskaja Zhivaja Starina* 8~9. Irkutsk, 1929, p. 188)

"hewenba(에벤키) ‖ sienpi(선비)는 '복수형 접두사+어근+복수형 접미사'의 구조인데 야페트어[15] 종족명 어근에서 광범위하게 발견되는 ven ‖ ben ‖ pen ‖ fen ‖ wen현상에 의해 ^{w}en<wen처럼 어근에서 맨 앞의 순음은 탈락된다. 야페트어에서 종족명은 대개 복수형으로 표시되는데 복수형 접두사나 복수형 접미사 중 하나만 오기도 하고 둘 다 오기도 한다."(Marr N. Ja. "Ot shumerov i kettov k paleoaziatam", *Izbrannye raboty* 4, Izd.: GAIMK, 1933, p. 18)

hewenba(에벤키) ‖ sienpi(선비)에서는 복수형 표지가 접두사와 접미사에서 모두 나타난다. 이럴 경우 보통 복수형 접두사 s/hi는 탈락하고 접미사 ba ‖ be가 이 기능을 단독으로 담당하게 된다. 게다가 고대 선비어에는 어근 wen에서 어두 w의 탈락 현상이 있었던 것으로 보인다.[16]

---

15 야페트어란 러시아의 언어학자 마르의 용어로 언어 발달 단계에서 가장 오래된 언어를 가리킨다. 참고: Marr N. Ja. "Ot shumerov i kettov k paleoaziatam", *Izbrannye raboty* 4, Izd.: GAIMK, 1922, p. 18.

16 Ostir는 매우 광범위한 자료 분석을 통해 북동 캅카즈어파와 이미 사어가 된 후리토-우라르어파를 통합하는 알라로드어군에서 접두사 w의 탈락 현상이 널리 존재했음을 입증하고 있다(참고: Ostir, Karel, "Veneti in Anti," Etnolog Ⅱ, 1928, p. 46)

소스놉스키에 의하면 hewenba의 복수형 접미사 -ba는 소사 -ki로 바뀌었다. -ki는 에벤키족 씨족명에서 가장 많이 발견되는 접미사 -gir의 축약형으로 '사람, 종족, 남성' 등을 의미하며 프리모리예 라무트족의 자명인 에벤은 에벤키의 단수형이다.[17] 계속하여 소스놉스키에 의하면 여러 부족의 통칭이었던 선비족의 단석괴(檀石塊, 158~198)가 국가를 건설할 수 있었던 것은 선비족 이외에 서부의 튀르크어권 종족과 동부의 퉁구스어권 종족에 힘입은 바 크다. 또 퉁구스족은 고대 퉁구스족의 선조들, 토착민, 서남방에서 온 이주민의 통혼으로 성립되었다.[18]

"기원전 1세기경 선비족은 이곳에서 정령족(고거, 고차 혹은 철륵족), 중국인과 함께 흉노족을 몰아내고 몽골과 그 인근 지역을 정복했다. 후에 이 지역의 선비족은 바이칼 호수까지 진출하여 지역 토착민과 교류했으며 정령족과의 교류도 더 빈번해졌다. 단석괴가 등장하면서 선비족은 더욱 강성해졌다. 그 영토가 한국에서부터 세미레치예(Semirechie)까지, 프리바이칼리예부터 튀르크족이 거주하는 중국 초원에까지 이르렀으며 몽골족과 정령족을 복속시켰다. 5세기 중엽~6세기 그들은 비팀 강과 올룍마 강까지 진출했다. 그 지역의 중국인들은 이들을 '우왕'이라고 불렀다."(Sosnovskij V. I. "Sjan'bijtsy-evenki", *Sibirskaja Zhivaja Starina* 8~9, Irkutsk, 1929, p. 190)

"소스놉스키에 의하면 현재의 에벤키족은 과거 강력한 종족이었고

17 Sosnovskij V. I. "Sjan'bijtsy-evenki", *Sibirskaja Zhivaja Starina* 8~9, Irkutsk, 1929, p. 189.
18 Sosnovskij V. I. "Sjan'bijtsy-evenki", *Sibirskaja Zhivaja Starina* 8~9, Irkutsk, 1929, p. 190.

위대한 제국의 지배층이었던 선비족의 후예인 실위족으로 추정된다." (재인용: Zalkind E. M. "Drevnie narody kitajskih hronik i evenki: Hunnu, Dunhu, Sjan'-bi, Shi-vej (obzor teorij)", *Sovetskaja Etnografija* 1, 1937, p. 75)

선비의 중국어 상고음/중고음/현대음 발음은 sianpie/sienpje/xianbei로 케트어 헤벤바와 음성학적으로 유사하므로 선비 → 헤벤바는 가능하고 더 나아가 'ㅎ탈락'에 의해 선비 → 헤벤바 → 에벤키도 가능하다. 또 실위족은 6세기~10세기 중국 동북부의 넌장 강, 아르군 강, 흑룡강 유역에서 활동했던 종족으로 7세기 중국문헌 『수서(隋書)』와 『북사(北史)』에는 선비족 우문부의 먼 후손으로, 11세기 중국문헌 『신당서(新唐書)』에는 북부 동호족의 한 갈래이며 정령족의 먼 후손[19]으로 기록되어 있는데 대개 동호족과 선비족의 후예로 알려져 있다. 고대 퉁구스족의 거주지는 만주 북부, 프리아무리예, 자바이칼리예 동쪽, 프리바이칼리예, 야쿠티야 남쪽으로 추정되므로 선비족, 실위족의 거주 지역과 유사하다. 따라서 퉁구스어권 종족과 동호 종족의 관련성은 충분히 가능하다. 또 선비와 에벤키가 음성적으로 유사하고 선비족이 비균일한 인종 집단이었던 만큼 에벤키족은 선비족의 한 부류였을 가능성도 있다. 하지만 에벤키의 선비족 기원설이 보다 설득력을 얻으려면 음성적 유사성 이외에 보다 구체적인 증거가 제시될 필요가 있다.

19 참고: http://ko.wikipedia.org/wiki/%EC%8B%A4%EC%9C%84 검색일: 2014.12.16.

2. 에벤키족의 자명

에벤키족뿐만 아니라 시베리아 소수종족들은 자명을 가지고 있는데 주로 거주지역과 생활 방식의 차이에 근거한다. 에벤키족의 자명에는 비라리, 마네기르, 킬렌, 함니간, 솔론, 온그코리, 둔칸, 람테르, 돈키, 오이벤키, 오로촌, 일레, 마타, 훈디살 등 무척 다양하다.

"프리아무리예 중부 지역의 에벤키족은 비라리, 마네기르, 킬렌이라 불리는데 에벤키족 기원이다. 비라리는 이미 17세기부터 널리 알려져 있었는데 주로 올룍마 강 상류에서 유목한다. 마네기르와 킬렌은 에벤키족 씨족명에서 기원한다. 자바이칼리예의 에벤키족은 함니간, 솔론, 온그코리라고 불리는데 몽골족 기원이다. 중앙아시아의 에벤키족에 온그코리 씨족이 있다. 온그코리는 몽골족과 인접해 있었으며 몽골족 씨족명 온구트에서 기원한 것으로 추정된다. 솔론은 몽골족에서 기원하며 항상 몽골족과 함께 생활했다. 고대 몽골에 솔론이라는 마을이 있었다."(Vasilevich G. M. *Evenki: Istoriko-etnograficheskie ocherki XVIII~nachala XX v.*, L.: Nauka, 1969, pp. 9~10)

솔론과 온그코리는 아무르 강 하류에 거주하는 남방 퉁구스계의 종족명이자 자바이칼리예 에벤키족의 자명이다. 에벤키족 연구 초기 많은 연구자들은 이들을 에벤키족과는 다른 독자적인 종족으로 간주했다. 이는 솔론과 온그코리가 두 가지 영역에서 사용되면서 연구자들을 혼란스럽게 했기 때문이다.

"만주왕조 시기 중국 투르케스탄 지역과 일리 강 수호를 위해 다우르족,

> 솔론족, 온그코리족으로 구성된 군 부대를 파견했다. 1907년 무롬스키가 기록한 일리 강 온그코리의 언어는 에벤키어와 공통점이 무척 많다. 이들의 언어는 자신을 에벤키족이라고 생각하는 솔론족의 언어보다 에벤키어 방언에 더 가깝다.”(Vasilevich G. M. “Drevnejshij etnomy Tsentral’noj Azii i nazvanija evenkijskih rodov”, *Sovetskaja Etnografija*, 1946, p. 38)

위 텍스트의 다우르족은 헤이룽장성에 거주하는데 몽골어권에 속하며 에벤키족과는 독립적인 종족이다. 언어적 측면에서 온그코리어는 에벤키어 방언에 가깝고 솔론족은 스스로가 에벤키족이라고 생각하기 때문에 온그코리, 솔론은 에벤키족의 한 그룹이다. 에벤키족 씨족명에 ‘상류에 거주하는 사람’이란 의미의 솔로곤이 있는데 솔론은 이 씨족과는 관련이 없다.

함니간은 몽골족에 출신이기 때문에 아바예프는 함니간의 어원을 몽골어에서 찾는다.

> “함이란 단어는 몽골족 가운데 예니세이 강 인근에 거주했던 니룬 씨족과 관련이 있다. 이들은 아주 옛날부터 강을 ‘헴’이라고 불렀는데 햄은 동북아시아에 와서 한>칸으로 변형되면서 혈통의 의미도 가지게 되었다.”(Abaev N. V. “Identichnost’ Tannu-Urjahhaja i Uranhajskaja problema”, *The Studies of Kogyuryo 18*, 2004, p. 798)

따라서 함니간은 강과 인접한 곳에서 거주하던 에벤키족의 자명일 가능성이 높지만 구체적인 강 이름을 파악하기는 힘들다.

둔칸은 지금은 하바롭스크 주 투구르 강~추미칸 지역 에벤키족의 자명이지만 과거에는 더 넓은 지역에 분포되어 있었다.[20] 둔칸은 ‘땅, 육지,

대륙'이란 의미의 에벤키어 '둔네(dunne)', 에벤어 '돈레(donre)' 혹은 '둔레(dunre)'와 음성적으로 유사하다. 하지만 에벤키족이 둔칸을 땅, 육지, 대륙이 아니라 숲으로 해석하기 때문에 '둔네, 돈레, 둔레'에서 기원했다고 보기는 어렵다. 과거에는 지금보다 더 넓은 지역에 분포되어 있고 에벤키족이 과거 자신을 부르던 '돈키'와 음성적으로 유사하다는 점에 초점을 맞춘다면 둔칸은 '돈키'에서 기원하며 '타이가의 주민'이란 의미를 가지고 있다.

람테르는 과거 하바롭스크 주 투구르 강~추미칸 지역 에벤키족의 자명이었는데 에벤족을 지칭하는 라무트와 음성적으로 유사하다. 과거에는 지금보다 더 넓은 지역에 퍼져 있었는데 에벤키족은 람테르를 '바다표범 기름 냄새를 풍기는'이라고 해석한다.[21] 에벤키어로 '라무'는 '바다'라는 의미이기 때문에 람테르의 축어적 의미는 '바다의, 해안의'가 된다. 따라서 람테르는 해안 에벤키족의 자명이었을 것이다.

돈키와 오이벤키는 자바이칼리예 에벤키족의 자명인데 돈키나 에벤키와 음성적으로 유사하다. 뿐만 아니라 자바이칼리예 지역에 특징적이므로 퉁구스, 에벤키라는 단어와 연결되며 이미 고대부터 사용되었다고 추정할 수 있다.

에벤키족의 자명 중 가장 널리 알려진 것이 오로촌(복수형: 오로촐)이다. 이 단어는 이미 17세기부터 알려졌으며 시베리아의 많은 여행객들은 이 단어를 에벤키족으로부터 직접 들었다고 한다. 17세기 모스크비틴, 페트로프는 오로촌을 사냥 에벤키족에 포함 시키고 있다.[22]

---

20 Pallas P. S. *Puteshestvie po raznym plovintsjam Rossijskogo gosudarstva*, SPb.: Imperatorskaja AkadeMIJa Nauk, 1788, p. 330.

21 *Polevye materialy V. A. Tugolukova (PM)*, 1965.맥

22 Stepanov N. N. "Russkie ekspeditsii na Ohotskom poberezh'e v XVII v. i ih materialy o tungusskih

"18세기 메세르시미트는 투루한 강 에벤키족으로부터, 19세기 모르드비노프도 동일한 지역의 에벤키족으로부터 오로촌이라는 단어를 들었다. 러시아 문헌에서 오로촌이란 단어를 처음 사용한 사람은 게오르기이다."(Vasilevich G. M. *Evenki: Istoriko-etnograficheskie ocherki XVIII~nachala XX v.*, L.: Nauka, 1969, p. 11)

19세기 중반 오로촌은 비팀 강, 올료마 강, 퉁기르 강, 뉴자 강, 올도이 강, 아무르 강의 에벤키족을 지칭했다.[23] 하지만 현재 이 용어는 아무르 강 우측 지류 상류의 가축과 말 사육 에벤키족을 지칭한다. 오로촌의 의미는 무엇일까? 크게 두 가지 입장으로 나누어진다. 첫째, 에벤키어로 '오론(oron)'이 '순록'이므로 '순록'이란 의미의 만주어 '오론'에서 기원하며 에벤키족의 순록 사육 풍습과 관련이 있다는 입장이다. 둘째, 오로촌은 '오로(oro, 어근) + -촌(-chen, 접미사)'의 구조이므로 오로촌의 기원 의미는 '오로에 사는 사람'이었다는 입장이다. 전자의 입장은 비추린, 제빌리온, 시렌크 등으로 대표되고 후자의 입장은 마악, 바실례비치로 대표된다.

비추린과 제빌리온은 오로촌은 순록이란 의미의 만주어 '오론'에서 기원하며 오론의 초기 형태는 오룬찬(oru**n**chan)~오룬춘(oru**n**chun)~엘룬춘(elu**n**chun)이었다고 주장한다.[24] 오로촌의 모든 음성 변형에 **-n**이 존재하

plemenah", *Uchenye Zapiski Leningradskogo Gosudarstvennogo Pedagogicheskogo Instituta im. A. I. Gerchena* 48(5), 1939a, p. 196.

23 Orlov A. S. "Amurskie orochony", *Vestnik Russkogo Geograficheskogo Obshchestva* 21(6/2), 1857, pp. 165~166.

24 Bichurin N. Ja. *Satisticheskoe opisanie Kitajskoj imperii* 2, SPb., 1842, p. 247; Zherbil'on Zh. F. "Opisanie i izvestie o velikoj Tatarii", *Sobranie sochnenie, vybrannyh iz mesjatseslovov na raznye gody* 1, SPb., 1785, p. 249.

는 것으로 보아 이들의 주장대로 만주어 '오론(oron)'에서 기원했을 가능성도 있다. 즉 오로촌은 17세기 만주족이 순록 사육에 종사하는 프리아무리예의 에벤키족 마네기르 씨족 그룹을 부르는 명칭이었으며 마네기르가 말 사육을 시작한 이후 만주족은 더 이상 이들을 오로촌이라고 부르지 않았다. 하지만 만주족이 오로촌이라고 불렀던 씨족이 말 사육으로 전환한 이후에도 이 용어는 계속 사용된 것으로 보인다. 시렌크도 이 용어의 기원을 만주어에서 찾는다. 만주어에 집 순록을 의미하는 '오론 부구(oron' bugu)', 개별 씨족명이자 순록 사육, 순록 사육자라는 의미를 지닌 '오론초(oron'cho)'와 에벤키족의 자명 오로촌을 연결시킬 수 있다[25]는 입장이다.

반면 마악과 바실레비치는 오로촌은 순록 사육이 아닌 가축 사육에 종사했고 생활・문화적으로 순록과 관계가 없다는 점을 들어 오로촌이 순록 사육을 의미한다는 연구자들의 주장에 반대한다.[26] 이 단어의 형태 분석을 통해 그 의미에 접근해보자. 접미사 '-촌(chon)'은 퉁구스어권에서 많이 발견되는데 대개는 '-에 거주하는 사람의 의미'를 지니고 있다.

"-촌/첸은 7세기 여진어에서는 지명표지 접미사였다. 에벤키어에서는 '-에 거주하는 사람'이란 의미의 씨족표지 접미사인데 몽골어에서 기원한다. 오로촌은 순록과 관련이 없으며 '오로(oro, 어근)'와 '~에 거주하는 주민'이란 의미의 접미사 -촌(chon)의 결합에 의해 만들어진 용어

25 재인용: Vasilevich G. M. *Evenki: Istoriko-etnograficheskie ocherki XVIII~nachala XX v.*, L.: Nauka, 1969, p. 12

26 *Puteshestvie na Amur, sovershennoe po rasporjazheniju Sibirskogo RGO v 1859 g. R. Maakom*, Irkutsk, 1859, p. 165.

다"(Vasilevich G. M. *Evenki: Istoriko-etnograficheskie ocherki XVIII~nachala XX v.*, L.: Nauka, 1969, p. 12)

따라서 오로촌은 '오로(oro, 어근) + -촌(chon, 접미사)'의 구조로 '오로 지역에 거주하는 사람'으로 해석할 수 있으며 에벤키족이 순록 사육에 종사하기 이전인 먼 고대에 만들어졌다고 유추할 수 있다. 그러면 이 용어는 '오로'라는 지명을 근거로 만들어졌다는 것인데 실제로 오로란 지역이 있을까? 아무르 강 중간 지류에 오로 강이 있기[27] 때문에 오로촌은 처음에는 오로 강에 거주하던 에벤키족 특정 씨족을 지칭했을 가능성도 있다.

"아무르 강 유역의 가축 사육 에벤키족은 지금도 오로촌을 오로 강에 거주하는 사람으로 이해한다. 하지만 '오로'라는 단어는 스타노보이 산맥과 야블로니 산맥의 에벤키족에게 전파된 이후 본디 의미를 상실하고 순록이라는 의미를 획득하게 되었고 동시에 오로촌도 순록 사육자로 그 의미가 바뀌었다. ... 오로촌은 음성적으로 특별한 변화 없이 만주어를 제외한 모든 만주퉁구스어권에 확산되었다."(Vasilevich G. M. "K voprosy o klassifikatsii tunguso-man'chzhuskih jazykov", *Voprosy Jazykoznanija* 2, 1960, p. 19)

오로촌이 만주어를 제외한 모든 퉁구스어권에서 음성, 의미적으로 동일하게 전파되었다는 사실로 미루어 만주족의 선조가 떠난 후 순록 사육

27 *Puteshestvie na Amur, sovershennoe po rasporjazheniju Sibirskogo RGO v 1859 g. R. Maakom*, Irkutsk, 1859, p. 166.

을 시작했다. 따라서 퉁구스족 북부 그룹과 남부 그룹의 분화 과정과 순록 사육 시기는 거의 일치한다고 할 수 있다. 오로의 이러한 의미 변화는 처음에는 아무르 강 남쪽의 힌간 산맥 지맥에서만 발생했는데 시간이 흐르면서 점점 더 넓은 지역으로 퍼져나갔고 현대에 와서는 '순록 사육자'란 의미로 굳어지게 되었다.

일레는 '사람'이란 의미이며 카탄 지역, 에벤키족 자치지구 동쪽 지역, 레나 강 상류의 에벤키족 사이에 널리 퍼져 있다. 일레는 시베리아 제 종족 사이에 널리 분포되어 있는 튀르크어 일(il)~엘(el)과 음성적으로 유사한데 각 종족에 따라 의미가 조금씩 다르다.

> "위구르족과 텔레우트족은 종족, 알타이족은 종족, 씨족, 가족, 크림 타타르족은 이방인, 나라라는 의미로, 우즈벡인은 동족, 종족, 씨족, 씨족연합, 나라, 국가, 고대 튀르크 문헌에서는 종족, 씨족, 씨족연합의 의미로 사용된다."(Vasilevich G. M. *Evenki: Istoriko-etnograficheskie ocherki XVIII~nachala XX v.*, L.: Nauka, 1969, p. 12)

일레의 어원은 에벤키어 단어 '일'에서 찾을 수 있다. '일'이란 단어는 기원후 초기 퉁구스족이 바이칼 호수~레나 강 사이의 튀르크족에게서 차용한 것으로 추정된다. 하지만 에벤키어에서 일은 줄, 활시위란 의미[28]를 획득했으므로 일레는 사냥에 종사하는 에벤키족을 중심으로 사용된 단어일 것이다.

마타는 사용이 매우 제한적이고 에벤키어와 에벤어에 모두 있는데 공

---

[28] Boldyrev B. V. *Evenkijsko-russkij Slovar'* 1, Novosibirsk: Izd. SO RAN Filial GEO, 2000, p. 233.

통의 의미요소는 '타자'이다. 따라서 이 용어는 퉁구스족이 아직 분리되기 전인 먼 고대 고아시아어에서 차용된 것으로 추정된다.

> "이 단어는 올룍마 강 상류와 비팀 강 접경 지역의 지류에서만 매우 제한적으로 사용된다. 레나 강과 예니세이 강 사이의 에벤키족은 사돈이나 이방인을 가리킬 때 사용하며 다른 에벤키어 방언에서는 다른 씨족 사람, 손님 등의 의미로 사용된다. 에벤어에서는 다른 지방 사람이란 의미로 사용된다."(Vasilevich G. M. *Evenki: Istoriko-etnograficheskie ocherki XVIII~nachala XX v.*, L.: Nauka, 1969, p. 13)

이 외에 에벤키족의 자명에 훈디살이 있는데 메세르시미트는 1723년 니즈나야 퉁구스카 강의 에벤키족으로부터 이 단어를 처음 들었다고 한다. 지금도 이카 강과 니즈나야 퉁구스카 강 지류의 에벤키족 가운데 훈니칼 씨족이 있다.[29] 훈디살은 에벤키족의 단순한 자명이 아니라 개 사육 에벤키족과 순록 사육 에벤키족을 구별하게 위해 사용한 단어로 보이므로 일정 정도 개와 관련이 있을 것이다.

이 외에도 에벤키족 설화 속에서 우랑카이라는 자명을 발견할 수 있는데 주로 자바이칼리예~프리아무리예 산악 타이가 사냥꾼의 자명이다.[30] 에벤키족 설화 속에서 우랑카이는 자바이칼리예 오논 강과 하바롭스크 변방의 아뉴이 강 서쪽 산악지대에 거주하는 도보사냥꾼으로 그려진다. 17세기 문헌에 기록된 우랑카이의 옷차림은 에벤키족과 비슷하다.

---

29 Vasilevich G. M. *Evenki: Istoriko-etnograficheskie ocherki XVIII~nachala XX v.*, L.: Nauka, 1969, p. 13.

30 Boldyrev, B. V. *Evenkijsko-russkij Slovar'* 2, Novosibirsk: Izd. SO RAN Filial GEO, 2000, p. 218.

"초기 몽골족이나 튀르크족처럼 에이프런을 두르고 짧은 바지를 입지만 이들과 달리 웃옷은 짧고 앞으로 여미는 형태이며 신발은 신지 않는다."(Viktorova L. "K voprosu o rasselenii mongol'skih plemen na Dal'nem Vostoke v IV veke do n.e. XII v. n.e.", *Uchenye Zapiski Leningradskogo Gosudarstvennogo Universiteta* 256(7), 1958, p. 59)

우랑카이는 오랑캐와 음성학적으로 유사하기 때문에 특정 씨족을 가리키는 것이 아니라 에벤키족까지 포함하여 문화와 언어가 이질적인 여러 종족을 아우르는 통칭이었을 가능성도 있다. 돌기흐에 의하면 우랑카 혹은 우랑칸은 7세기 이전과 몽골시대에는 다양한 씨족의 통칭이었으며 7세기 무렵 퉁구스족의 우랑카이는 사얀 산맥에 거주했다.[31] 퉁구스족의 우랑카이는 여진족의 씨족명 '우량하' 혹은 오랑캐, 중국 흥안령 산맥과 바이칼 호수 중간 내몽골자치구의 우랑카이 고원[32]과 관련이 있을 것이다. 형태적으로 우랑카이는 '어근 우랑(uran)+씨족표지 접미사 -카이(kaj)'의 구조로 분리할 수 있다. '우랑'의 기원 의미는 정확하게 파악할 수 없다. 접미사 '-카이'의 의미는 알타이어계 여러 언어에 공통되며 '~집단의 사람'이란 의미의 접미사 '-키'에 상응한다. 그렇다면 초기에 우랑카이는 '~특정 집단의 사람들'이라는 의미를 가지고 있었을 것이다.

지금까지 에벤키족의 자명을 살펴보았는데 에벤키족을 비롯하여 시베리아 토착종족에게는 자명뿐만 아니라 타종족이 해당 종족을 부르는 용어가 있다. 여기에는 두 종족의 관계, 해당 종족에 대한 타종족의 입장과 태도가 반영되어 있다. 에벤키족은 분포 범위가 넓은 만큼 타종족과의

---

31 Dolgih B. O. *Rodovoj i plemennoj sostav narodnostej Sibiri v XII veke*, M.: Izdatel'stvo AN SSSR, 1960, p. 298.

32 http://blog.daum.net/salvia24/14616166. 검색일: 2014.02.11.

접촉 범위도 넓기 때문에 그와 관련된 용어도 무척 다양하다.

> "몽골족은 에벤키족을 함니간, 부랴트족은 칼작신, 한티족은 켈렘이나 쿠엘렘, 셀쿠프족은 주말이나 쿠프, 코이족은 칼착시, 아산족은 칼착신, 케트족은 푼바키나 페암베, 만주족은 오로촌, 아무르 강 남쪽의 퉁구스어권 종족들은 킬렌이라고 불렀다."(Vasilevich G. M. *Evenki: Istoriko-etnograficheskie ocherki XVIII~nachala XX v.*, L.: Nauka, 1969, p. 9)

이러한 단어들은 타자의 눈에 비친 에벤키족의 특성을 보여준다. 따라서 에벤키족의 경제활동이나 문화적 특징을 좀 더 객관적으로 파악할 수 있는 근거가 되기 때문에 면밀한 분석이 필요해 보인다.

3. 에벤키족을 구분하는 방법

에벤키족을 구분하는 방법은 여러 가지다. 사육 동물에 따라 순록 사육, 말 사육, 개 사육 에벤키족으로 구분하는 방법, 거주지의 식생대에 따라 타이가, 스텝, 삼림, 스텝삼림, 툰드라 에벤키족으로 구분하는 방법, 거주지의 명칭을 붙여 바이칼, 아무르, 예니세이 에벤키족으로 구분하는 방법이 있다. 학술 연구에서는 이러한 포괄적인 구분법 이외에 방언에 따른 구분법을 널리 사용한다.

에벤키족이 넓은 지역에서 소규모 씨족별로 생활한 만큼 에벤키어 방언은 무척 세분화 되어 있지만 크게 남부 시음-스음방언, 동부 마찰음방언, 북부 마찰음방언으로 나눌 수 있다. 에벤키어 방언 사이의 두드러진 차이점은 음성과 어휘이며 문법적 차이는 그리 크지 않다. 방언을 분류하는 대표적 기준은 어두 또는 어중에 위치한 [s]의 [h]로의 변화 여부이다. 예를 들어 남부 방언에서 여우 [sulaki]와 부인 [asi]이 북부 방언에서는 각각 [hulaki]/[ahi]로 실현된다. 동부 방언의 경우 어중에서는 [h], 어두에서는 [s], 또는 [h]가 된다. 에벤키어 방언은 다음의 표처럼 분류할 수 있다.[33]

표 3. 에벤키어 방언 분류

방언군	방언 그룹	세부 지역
북부 방언군	일림페야 방언	아가타-볼세포로그 지역, 투린 지역, 투톤찬 강, 두딘 혹은 한타이 호수
	예르보고촌 방언	예르보고촌 지역, 나카노프 지역
남부 방언군	심 방언	톡민 강 혹은 네파 강 상류, 레나 강 상류 혹은 카추그, 앙가라 강 연안
	바이칼 북부 방언	바이칼 호수 북부, 앙가라 강 북부
	포드카멘나야 퉁구스카 방언	바나바르 지역, 쿠윱빈 지역, 폴리구소프 지역, 수린그다 호수, 타이무르 혹은 치린그다 호수, 우참 지역, 쳄달 지역
	네파 방언	네파 강, 키렌스크 지역
	비팀-네르친스크 혹은 바운트-탈로치 방언	바운트 호수, 탈로치, 퉁구코찬, 네르친스크 지역
동부방언군	비팀-올룍마 방언	바르구진 강, 비팀 강 혹은 칼라르 강, 올룍마 강, 퉁기르 강, 톡킨 강
	알단 강 상류 방언	알단 강, 아무르 강 상류 강, 암가 강, 젤투락 지역, 팀프톤 지역, 톰모트 지역, 힌간 산맥, 출만 지역, 출만-길류이 강

33 에벤키어 방언 분류는 Bulatova N. Ja. "Mestoimenija v sibirskoj gruppe tunguso-mah'chzhurskih jazykah", *Acta Linguistica Petropolitan* 1(3), SPb.: Nauka, 2003, p. 234; Myreeva A. N. *Leksika evenkijskogo jazyka: Rastitel'nyj i zhivotnyj mir*, Novosibirsk: Nauka, 2001, p. 15를 참고하여 재구성하였다.

	우추르-제야 방언	우추르 강, 제야 강
	셀림진-부레야-우르미 방언	셀렘자 강, 부레야 강, 우르미 강
	아얀-마야 방언	아얀 강, 아임 강, 마야 강, 넬칸 지역, 토틴 지역
	투구라-추미칸 방언	추미칸 지역, 투구르 강
	사할린 방언	사할린 섬

에벤키족 사이에서는 씨족의 기원 조상에게서 만들어진 고유한 씨족명으로 구분하는 방법이 가장 널리 통용되고 있는데 이에 대해서는 3부에서 구체적으로 기술할 것이다.

제4장

씨족명으로 본 에벤키족의 사회 구조

제4장
씨족명으로 본 에벤키족의 사회 구조

1. 씨족-씨족연합의 계층화된 사회 구조

에벤키족은 순록의 먹이인 이끼가 부족해지거나 씨족 구성원의 수가 증가하여 사냥감이 부족해지면 서로 분리하여 다른 지역으로 이동한다. 이와 같은 삶의 조건으로 에벤키족은 소규모 가족 단위로 생활하기도 하고 자신의 씨족과 공동생활을 하기도 하며 때로는 자신의 씨족과도 일정한 거리를 유지해야만 한다. 이는 그들의 설화를 통해서도 알 수 있다.

"아주 오래 전에 에벤키족이 가족 단위로 살고 있을 때..."(어린 무사(Malen'kij bogatyr'))

"아주 오랜 전 코투이 강으로 흘러들어가는 키다 강 근처에 에벤키족의 엘리다기르 씨족이 살고 있었다."(움나(Umna))

"예니세이 강 우안의 카멘니에 씨족 사람들이 유목을 하다 치롬부에 와서 물을 마셨다."(쇼린초(Shorincho))

에벤키족의 사회구조에 대해서는 아직 알려진 바가 극히 적다. 한 가지 명확한 사실은 에벤키족 사회의 생산양식이 원시적인 단계에 머물렀던 만큼 사유재산 제도가 크게 발달하지는 않았다는 점이다. 러시아인이 시베리아에 등장했을 당시 에벤키족에게는 초보적인 수준의 사유재산 제도가 있었으며 주된 사유재산은 순록, 사냥이나 이동도구, 생활도구, 천막집 정도였다. 미미하지만 이러한 사유재산의 존재는 에벤키족 사회의 소유 구조와 사회적 분화에 일정한 영향을 미치면서 지배계층, 서민계층, 전쟁 포로인 노예계층의 분화가 발생했다. 노예는 개별 가정의 소유물로 취급되는데 그 수는 극히 미미했다. 원시적 수준의 사유재산과 계층 분화는 존재했지만 에벤키족 사회는 고대 모권제 사회에 뿌리를 둔 집단주의와 상호부조의 전통을 간직하고 있다.

"에벤키족의 전통 중 사냥 동물을 함께 나누어 먹는 니마트, 집단적 순록 사육과 사냥 및 어로 활동, 각 가정의 집안일을 함께 하는 풍습은 아직도 남아있다."(Tugolukov V. A. "Ohotskie evenki", *Sovetskaja Etnografija* 1, M., 1958, p. 12)

이러한 전통은 척박한 자연 환경에서 살아남아야 한다는 삶의 조건에서 기인한다. 이는 에벤키족의 사회구조에 영향을 주었고 에벤키족은 가족 단위의 독자적인 생활과 씨족이나 씨족연합 단위의 공동체 생활이라는 이중의 생활 구조 속에 놓여 있었다. 에벤키족의 사회구조가 계층화 되어 있었다는 근거로 에벤키어에 씨족과 씨족연합을 가리키는 어휘의 존재를 들 수 있다.

포드카멘나야 퉁구스카 강의 에벤키족은 자신의 씨족에 대해 '혈연관계의 친척'이라는 의미의 'ḍa', 자신의 씨족이 속한 씨족연합에 대해서는 'ḍal-wi'라는 용어를 사용한다. ḍal-wi에서 -l은 복수형어미이고 -wi는 무인칭 물주형 어미로 ḍal-wi의 축어적 의미는 '우리와 혈연관계에 있는 씨족'이다. dān-ḍak, dān-kit는 아내를 데려오는 상대 씨족, 즉 사돈 씨족을 가리키는 용어로 '우리와 혼인관계로 맺어진 씨족'이라는 의미다. 언어는 특정 집단의 역사와 인지체계, 세계관을 반영하기 때문에 이러한 단어가 존재한다는 사실은 에벤키족 사회가 이런 식으로 계층화 되어 있었다는 사실을 증명하는 것이다.

아니시모프는 한 단계 더 나아가 에벤키족 사회는 씨족-씨족연합-부족의 구조로 계층화되어 있었다고 주장한다.

> "포드카멘나야 퉁구스카 강의 에벤키족은 28개 씨족-6개 씨족연합-3개 부족으로 계층화 되어 있었다. 씨족은 기원 씨족에서 여러 씨족으로 분화되는데 기원 씨족의 씨족명이 씨족연합명이 된다."(Anisimov A. F. *Rodovoe obshchestvo evenkov (tungesov)*, L.: Izd. Instituta narodov Severa TSIK SSSR im. P. G. Smidovicha, 1936, p. 108)

하지만 에벤키족 사회에 부족이 있었다는 명확한 근거 자료가 없기 때문에 아니시모프의 주장에 동의하기는 힘들다. 에벤키족 부족의 존재 여부는 아니시모프, 돌기흐, 스테파노프, 바실례비치 등 많은 에벤키족 연구자들의 관심을 끌었다. 대다수 연구자들은 에벤키족에게 부족이 존재했다고 주장하지만 그 근거는 제시하지 못하고 있다. 바실례비치는 16~17세기부터 에벤키족 사회에는 결혼이나 상호부조로 연결된 2~3개 씨족의 연합체가 있었는데 이것이 부족이라고 주장한다.[1] 하지만 부족은 씨족연합보다 상위의 개념으로 공통의 언어, 문화, 종교, 관습뿐만 아니라 공동의 상징체계를 가지고 있는 정치적 통합체이다. 이러한 측면에서 에벤키족 씨족연합은 부족이라기보다는 삶의 조건에서 기인한 단순병렬식 씨족연합체로 보는 것이 더 타당하다. 즉 부족을 부족장, 씨족장 연합 조직, 방언, 종교적 행사 이외 기타의 특징으로 이루어진 공동체라고 한다면 적어도 에벤키족이 기원지를 떠난 이후 이들에게 부족은 존재하지 않았다.

부족은 없었지만 17~18세기 에벤키족에게는 실랴기르, 불랴시, 차파기르, 나나기르 등 씨족보다는 규모가 큰 씨족연합이 있었던 것은 확실하다. 이들의 유전적 계통이 항상 명확한 것은 아니지만 많은 경우 그들은 에벤키족과 지역 토착민의 교류로 출현했다. 에벤키족 사회가 씨족-씨족연합의 구조로 계층화 되어 있었다는 사실은 '불랴시(Buljashi)'라는 용어를 통해 규명할 수 있다. 1621년 불랴시와 야쿠트라는 단어가 처음으로 러시아 기록물에 등장했다. 1621년 수폰코 바실레프와 그의 동료들이 니즈나야 퉁구스카 강 연안에서 현물세를 내지 않은 6명의 불랴시를 붙잡아 군사령관 드미트리 포고지와 이반 토네예프에게 데리고 왔다. 드미트리 포고지는 불랴시를 심문한 뒤 그 내용을 기록하여 모스크바에 보냈다.

"레나 강으로 흘러가는 올룍마 강 연안에 약 200명의 불랴시가 유목생활을 하고 있다. 불랴시는 레나 강 연안의 많은 사람들과 물물교환을 하는데 주로 흑담비 모피를 철과 바꾼다. 그들은 서로 다른 언어를 사용하

1 Vasilevich G. M. *Istoricheskij fol'klor evenkov*, M., 1970, pp. 460~468.

지만 다투지 않는다. 불랴시가 거래하는 사람들의 집은 러시아인의 집과 비슷하며 말을 기른다. 농사를 짓는지는 알 수 없으며 옷은 러시아인처럼 입고 만가제야 읍에서 부칸스코보 현물세 징발소, 올레뇩 강까지 걸어 다니는데 보통 4주에서 7주 정도 걸린다고 한다. ... 이들의 이웃에는 말을 사육하는 야쿠트족이 살고 있다."(Andreev A. I. *Buljashi (odno iz evenkijskij ob"edinenij XII v.)*, M.-L., 1937, p. 111)

이를 통해 불랴시는 규모가 제법 큰 그룹으로 흑담비 사냥에 종사하며 생산 활동이나 생활양식, 언어가 야쿠트족과 변별적이기 때문에 최소한 몽골계는 아니라는 사실을 알 수 있다. 만가제야 고문서보관소에 보관된 1626년 공문서에 의하면 불랴시는 두 씨족 이상의 씨족 연합이다.

"불랴시에 속한 씨족 중 유릴 씨족 80명이 흑담비 모피 3~5장, 엘리잔 퉁구스 씨족 6명이 흑담비 모피를 공납했다."(AAN, f.21, op. 4, №21, l.28ob.)

씨족원의 수가 6~80명인 것으로 보아 씨족의 규모는 다양했으며 씨족의 단위는 개별 가족, 가족공동체 등이었다. 따라서 불랴시는 가족 혹은 가족공동체 → 개별 씨족(유릴, 엘리잔) → 불랴시(씨족연합)의 계층화된 구조였다.

결론적으로 에벤키족 사회는 개별 성(family)을 가지는 소규모 가족이나 가족공동체 → 씨족 → 씨족 연합으로 계층화된 구조이고 가족공동체의 규모가 확대되거나 다른 지역으로 이주할 경우 씨족이나 씨족연합에서 분리되는 구조였다. 씨족연합에는 부계 혈통 씨족이나 족외혼 관계의 씨족 등 소규모 씨족, 다른 씨족 출신의 씨족 등이 속해 있었을 것이다. 에벤키족의 삶의 양상으로 볼 때 씨족연합은 해체와 연합이 매우 탄력적으로 이루어지는 유동적인 조직이었으며 결속력도 강하지 않았을 것이다.

씨족연합 내에서 씨족들의 관계는 해당 지역에 같이 거주한다는 인식에 기초할 뿐, 항구적이지도 않았고 단단하지도 않았으며 다른 부계 혈통 씨족이나 소규모 가족들이 이주해 올 경우 쉽게 깨졌다.[2] 반면 씨족이나 가족공동체는 혈연이 중심이 되면서 강한 결속력과 유대감이 요구되었을 것이다.

이러한 상황으로 에벤키족의 사고 속에는 '자아'와 '타자', '우리'와 '그들'에 대한 개념이 명확하게 자리 잡게 되었다. 특히 타종족에 대한 경계는 매우 뚜렷했던 것으로 보인다.

> "에벤키어의 테고(tego/tygo/tege)는 의미역이 매우 넓은데 '타자', '타종족'의 개념과 연결된다. 에벤키족은 이 단어를 타종족을 가리킬 때만 사용한다. 에벤키족에 속하는 씨족에게는 이 단어를 절대 사용하지 않는다."(Dolgih B. O. *Rodovoj i plemennoj sostav narodnostej Sibiri v XII veke*, M.: Izdatel'stvo AN SSSR, 1960, p. 290)

가령 포드카멘나야 퉁구스카 강의 에벤키족이 예르보고촌 에벤키족에 대해 테고라는 단어를 사용할 수도 있지만 이는 극히 예외적인 경우이다. 에벤키족이 에벤키족을 부를 때는 대개 거주 지역을 중심에 둔다. 그래서 강 상류에 거주하는 그룹은 솔로곤, 강 하류에 거주하는 그룹은 오디곤, 산맥에 거주하는 그룹은 디곤, 산기슭에 거주하는 그룹은 느게간, 일림페야 강에 거주하는 그룹은 렘테스킬, 케젬 지역에 거주하는 그룹은

---

2 Karlov V. V. "Sotsial'naja i etnicheskaja struktura enisejskih evenkov v 17~18 vekah", *Sovetskaja Etnografija* 1, 1971, p. 24.

케스몰이라고 부른다. 에벤키족은 자신의 친척이나 이웃과의 관계에서는 특정한 용어를 사용하지만 자신이 속한 씨족을 명확하게 나타내는 용어는 잘 사용하지 않는다. 이는 에벤키족의 의식 속에 '자아'보다는 '타자'에 대한 개념이 더 뚜렷하게 각인되어 있기 때문이다.

2. 에벤키족의 기본적인 생산단위

에벤키족은 분산생활을 하면서도 아주 오랫동안 동일한 생산양식을 유지해 왔다. 그 원동력은 무엇일까? 생산양식의 밑바탕인 생산단위가 흔들리지 않고 유지되었기 때문은 아닐까? 그렇다면 에벤키족의 기본적인 생신단위는 무엇일까? 또 에벤키족 사회는 생산단위와 생활단위가 일치하는 사회였을까?

에벤키족 사회구조의 최상층에 위치한 씨족연합은 지리적 경제적으로 단일하지 않았기 때문에 생산단위의 역할을 할 수는 없었을 것이다. 그렇다면 에벤키족의 가장 기본적인 생산단위는 지리적 독립성, 경제적 자립성을 가지고 있는 부계 혈통 중심의 씨족이었을까? 스테파노프는 에벤키족의 기본적인 생산단위는 씨족장이 중심이 된 씨족인데 그 범위는 가족공동체와 일치한다고 주장한다.[3] 반면 돌기흐는 가족과 씨족을 구분하면서 에벤키족의 기본적 생산단위는 가족공동체라고 주장한다.[4] 에벤키족의 생산단위는 씨족일까 가족공동체일까? 아니면 제 삼의 무언가였을

---

3 Stepanov N. N. "Sotsial'nyj stroj tungusov v 17 veke", *Sovetskij Sever* 3, L., 1939b, pp. 54~55.

4 Dolgih B. O. *Rodovoj i plemennoj sostav narodnostej Sibiri v XII veke*, M.: Izdatel'stvo AN SSSR, 1960, p. 9.

까? 이에 대한 답을 현물세 납세자 목록에서 찾을 수 있을 것이다. 현물세 납세자 목록에 기록된 현물세 납세 씨족원의 수는 한 명부터 수십 명까지 매우 유동적이다.

> "1614년 만가제야 카작인이 기록한 니즈나야 퉁구스카 강 하구 에벤키족 씨족별 현물세 납세 현황은 다음과 같다. 텍탸 4명, 센탸 7명, 코고이 2명, 리르길로 5명, 코나 12명, 고라길리 9명, 몰차기 3명, 옐리긴 1명이다."(Dolgih B. O. *Rodovoj i plemennoj sostav narodnostej Sibiri v XII veke*, M.: Izdatel'stvo AN SSSR, 1960, pp. 161~171)

위 현물세 납세자 목록에서는 씨족명(고라길리, 옐리긴 등)과 주도적인 인물의 이름(텍탸, 센탸 등)이 동시에 발견된다. 그렇다면 초기에 러시아인의 현물세 징발 단위은 씨족이나 가족이 아니었다. 과거 에벤키족에게는 씨족이나 가족공동체와는 구별되는 이동부락(stojbishche)이 있었고 에벤키족은 이를 중심으로 공동생활을 했다. 이동부락은 2~3명 혹은 이상의 노동 가능한 성인 남성과 그 가족으로 구성된다. 주로 아버지, 기혼의 아들, 미혼의 손자들로 구성되지만 독신자, 기혼의 손자들, 다른 친척들이 들어오기도 하는데 정주공동체가 아니라 이동공동체였다. 따라서 초기 러시아인의 현물세 징발 단위는 이동부락이었던 것으로 추정된다.

현물세 납세자 목록에 근거할 때 동일 씨족에 속한 씨족원들이 항상 같은 지역에 거주한 것은 아니었다. 씨족에 속한 가족들은 때때로 현물세 징발소와 멀리 떨어진 곳으로 독자적으로 유목을 떠나기도 했다. 따라서 매년 현물세를 납세하는 씨족과 납세자의 수는 달랐다. 이는 초기 러시아의 현물세 징발 단위가 이동부락이었다는 사실을 확실하게 뒷받침해 준다.

"마우기르(실랴기르) 가운데 네파 현물세 징발소의 납세자는 1639년에는 4개 씨족의 156명이었다. 씨족별 성인 남성의 수는 각각 39명, 33명, 59명, 25명이었다. 그런데 1645년에는 5개 씨족의 170명이 현물세를 납세했는데 씨족별 성인 남성의 수는 58명, 11명, 50명, 23명, 28명이었다."(Dolgih B. O. *Rodovoj i plemennoj sostav narodnostej Sibiri v XII veke*, M.: Izdatel'stvo AN SSSR, 1960, p. 152)

그렇다면 이동부락에 포함된 가족 간의 관계가 철저하게 씨족 체제에 근거했다고 볼 수는 없다. 이동부락은 어떻게 구성되었을까? 에벤키족 사회에서 가장 큰 의미를 가진 것은 전[前]계급 사회에서 중요한 역할을 하는 혼인 관계에 있는 씨족이었을 것이다. 에벤키족은 이웃 씨족에게서 아내를 맞이했다. 이는 에벤키족 설화를 통해서도 알 수 있다.

"모모차르 씨족의 무사 호보코는 모몰 씨족에 속한 파차키 씨족과 뉴룸냘 씨족에 속한 모[某] 씨족과 아내를 교환했다. 세상을 두루 편력하던 호보코는 사돈관계에 있는 여러 씨족이 같이 사는 모습을 보았다."(Karlov V. V. "Sotsial'naja i etnicheskaja struktura enisejskih evenkov v 17~18 vekah", *Sovetskaja Etnografija* 1, 1971, pp. 17~18)

투루한 강 에벤키족 설화에 근거하면 17세기 이전에는 사돈들과의 관계가 항상 우호적인 것은 아니었으며 가끔은 적대적인 관계에 놓이기도 했다.

"히라기르 씨족의 료하는 쿤다기르 씨족의 아가씨와 결혼했다. ... 쿤다기르 씨족은 히라기르 씨족을 멸족시키기로 결정했고 그들과 전쟁을 하러 갔다. ... 히라기르 씨족원은 모두 죽었고 료하도 큰 상처를 입었는데 장인이 여름 내내 그의 곁에 머물면서 돌보아 주었다. ..."(료하(Reha))

이후 이런 관계는 청산되었고 함께 거주하지는 않았지만 지리적 인접을 이용해 적의 침입이나 불의의 사태가 발생할 경우 서로 도와주는 역할을 했을 것이다. 더 이후에는 사돈 씨족들이 같이 거주하면서 일정 정도 반항구적인 생산공동체를 이루어 상부상조했을 것이다.[5] 이러한 일련의 과정을 거치면서 사돈 씨족의 관계는 중요해졌고 17~18세기 에벤키족의 이동부락은 기원이 같은 혈통 씨족이 아니라 기원이 다른 사돈 씨족으로 구성되면서 주요한 생업인 사냥에 탁월한 능력이 있는 사람이 부락을 이끌었을 것이다. 사돈 씨족이 중심이 된 이동부락은 사냥터나 어로 지역을 공유하는 경제 공동체, 혼인으로 이어진 집합체로서의 의미를 갖지만 공식적인 기구나 단체, 정치적, 상징적 기구나 기호는 존재하지 않았다.

그렇다고 사돈 씨족끼리만 이동부락을 구성한 것은 아니었다. 에벤키족은 항시적으로 이동생활을 하기 때문에 생산 활동 부문과 계절에 따라 적절하게 노동력을 분배해야만 했다. 이러한 조건은 생산의 기본 단위인 이동부락을 매우 유동적, 비항구적으로 만들었을 것이다. 그 구성원은 매우 넓은 범위의 친족, 이웃도 가능했으며 서로의 관계는 탄력적이었을 것이다. 에벤키족은 이동생활 도중 우연히 만난 낯선 가족이나 씨족과도 이동부락을 구성한다. 광활한 숲을 같이 이동하면서 공동생활을 하다가

5 Karlov V. V. "Sotsial'naja i etnicheskaja struktura enisejskih evenkov v 17~18 vekah", *Sovetskaja Etnografija* 1, 1971, p. 18.

이내 헤어지고 또 다른 가족들을 만나 또 다른 이동부락을 구성한다.[6] 이처럼 이동부락은 항구적인 것은 아니었고 언제든지 해체될 수 있었다. 이는 에벤키족의 씨족이 확실하게 정해진 자신의 지역을 가지고 있지 않았다는 사실을 알려 준다. 에벤키족 씨족연합은 상대적으로 평등했으며 이를 구성하는 이동부락은 독자성과 유동성을 가지고 있어서 30~40명을 넘으면 쉽게 분리되었다.[7] 동일한 씨족명이 다양한 지역에서 발견되는 점으로 미루어 분리된 그룹이 항상 같은 지역에 머무른 것은 아니었다.

에벤키족 사회가 이렇게 오랫동안 유동성을 지닌 이동부락을 구성하며 활동할 수 있었던 데는 씨족원의 수적 증가를 제한하는 생산력의 저급함, 시베리아의 가혹한 기후도 큰 몫을 담당했다. 시간이 흐르면서 씨족의 귀속성이 희미해졌고 씨족정체성은 씨족명에서만 확인할 수 있게 된 현실도 큰 역할을 했다.

에벤키족 생산의 기본 단위는 이동부락이었으며 여기에 속한 개별 가족은 만남과 헤어짐을 반복했다. 개별 가족은 이동부락과는 별개로 부계 혈통에 뿌리를 내린 씨족과 연결되어 있었고 씨족은 나름의 역할과 기능을 가지고 있었다. 그래서 현물세 납세 기록에는 씨족연합에 속한 씨족에 대한 정보가 명확하게 기록되어 있었다. 씨족 간의 상호 관계는 사냥, 어로 등 공동의 노동, 방위, 고아, 환자, 장애인 등을 돌볼 때 필요했다. 1768년 예세이 호수 지역의 한 씨족에는 성인 남성 13명을 포함하여 8가

6 Georgi I. G. *Opisanie vseh obitajushchih v Rossiskom gosudarstve narodov, O narodah s samoedskih, mandzhurskih i vostochnyh sibirskih, kak i o shamanskom zakone* 3, SPb., 1799, p. 42.

7 Karlov V. V. "Sotsial'naja i etnicheskaja struktura enisejskih evenkov v 17~18 vekah", *Sovetskaja Etnografija* 1, 1971, p. 21.

족이 속해 있었는데 이 가운데 2가족의 가장이 불구였고 아이들은 미성년자였다. 이 경우 6가족이 2가족을 자신의 가족처럼 보살펴야 했다. 기록[8]에 의하면 고아는 항상 친척의 가족으로 등록이 되었는데 이것은 부계나 모계 친척의 도움을 받을 수 있다는 의미이다. 결국 에벤키족 생산의 기본 단위는 이동부락이고, 생활의 기본 단위는 씨족이었음을 알 수 있다.

3. 씨족사회로서 에벤키족 사회의 특징

씨족 형성의 가장 중요한 요인은 공동의 조상을 갖고 있다는 인식의 공유이다. 따라서 씨족원 사이의 혼인이 금지되며 씨족원은 종교, 관습, 상징, 가치관을 공유하고 씨족 고유의 샤먼이 있다. 씨족장은 씨족원 중 최연장자가 맡으며 씨족의 안전과 영속을 위한 모든 일에 관여한다. 씨족장은 실질적인 씨족정체성의 보존자이며 외부의 위험과 내부의 분열을 막는 역할을 한다. 씨족장은 타씨족과의 혼인 문제, 형편이 어려운 씨족원에 대한 경제적 지원, 각 씨족원의 도덕적 일탈 방지, 재산이나 사냥터 등과 관련된 분쟁 해결, 씨족의 명예 훼손에 대한 보복, 타씨족과의 경제적 협력 문제 그리고 샤먼이 담당하지 않은 종교적 의례 수행 등의 역할을 담당한다. 씨족장은 제의나 의례도 집행하지만 가장 중요한 것은 샤먼 인준권이다.[9]

씨족원은 씨족에 대한 자신의 태도에 책임을 져야 하며 씨족장은 씨족

---

8 Karlov V. V. “Sotsial’naja i etnicheskaja struktura enisejskih evenkov v 17~18 vekah”, *Sovetskaja Etnografija* 1, 1971, p. 19.

9 임봉길, 「동북시베리아지역 퉁구스족의 민족정체성의 형성과 변화」, 『지역연구』3(4), 1994, p. 147.

원으로 하여금 씨족의 규율을 준수하게 해야 한다. 이를 위한 합법적인 제재 수단으로는 체형, 추방, 사형 등의 형벌이 있고 보상수단으로는 호혜성의 원칙, 상호부조를 근간으로 하는 관습 등이 있다. 에벤키족은 태어나면서부터 종교적, 사회적으로 씨족과 연결된다. 에벤키족은 죽은 후 자신들의 영혼이 지하세계에 있는 조상세계로 갔다가 다시 천상세계로 올라온 후 지상에 다시 내려와 같은 씨족에 태어난다고 믿는다. 에벤키족은 자신의 씨족을 떠나서는 생존할 수 없으며 개인은 독립된 개체로서가 아니라 씨족원으로 행동하게 된다고 믿는다.10

이러한 이유로 에벤키족은 부계 혈통에 바탕을 둔 씨족을 실질적인 친족이라고 인지한다. 반면 씨족연합은 혈연이 아니라 계보로 맺어진 관계라고 인지한다. 물론 씨족연합에 소속된 씨족 중 기원이 같은 경우도 많다. 하지만 씨족연합에는 에벤키족에 동화된 타종족이나 기원이 다른 씨족도 다수 포함된다. 이러한 현실과 대규모 씨족연합 사이의 명확한 경계의 부재로 1920~1930년대 아니시모프, 바실레비치, 돌기흐 등의 연구자들이 동일한 지역에서 기록한 에벤키족의 계보가 상당부분 서로 일치하지 않는다. 여하튼 에벤키족 씨족연합은 제법 평등했던 것으로 보인다. 특히 현물세 납세 약정서에도 각 씨족 대표 전원의 서명이 필요했다는 점을 보면 에벤키족 사회는 엄격하게 계층화 된 사회가 아니라 구성원 사이에 일정 정도 평등한 관계가 유지되었던 것으로 보인다.

대규모 씨족연합에 속한 씨족들의 관계는 다양하게 전개될 수 있다. 종종 불화나 전투 상황이 발생하는데 1701년~1702년 쿠레이와 네파 현물세 징발소 에벤키족 씨족들은 죽음을 맞을 정도로 매우 처참하게 충

---

10 임봉길, 「동북시베리아지역 퉁구스족의 민족정체성의 형성과 변화」, 『지역연구』3(4), 1994, p. 148.

돌했다.

"코넨키 씨족연합 내부에서 규모가 큰 하위 씨족과 이웃 씨족연합의 힘을 빌린 또 다른 하위 씨족 사이에 충돌이 발생했다. 전자가 승리했지만 충돌 뒤 이들은 일림 현으로 이주했다. 이후 포드카멘나야 퉁구스카 강으로 가서 차포기르 씨족에 합류한 뒤 모몰 씨족의 기원이 되었다. 패한 그룹은 쿠레이 에벤키로 남았고 후손들은 현재 코넨키라는 성을 사용한다."(Dolgih B. O. *Rodovoj i plemennoj sostav narodnostej Sibiri v XII veke*, M.: Izdatel'stvo AN SSSR, 1960, pp. 169, 170)

위와 같은 경우가 아니라도 다른 지역으로 이주하여 계통이 다른 씨족에 편입한 뒤 순응해 가는 경우도 적지 않았다. 17~18세기 에벤키족 씨족은 더 이상 오래전 원시 씨족사회에 전형적인 씨족이 아니었다. 같은 씨족끼리 아주 광활한 영토에 흩어져 거주했고 더 작은 소규모 씨족, 가족공동체 등으로의 분화가 활발하게 진행되었는데 이는 20세기 초까지 계속되었다.

4. 에벤키족 씨족의 유형

에벤키족 씨족은 각자 고유한 역사를 가지고 있는데 4가지 유형으로 나눌 수 있다.[11] 첫째 유형은 대규모 씨족연합으로 노동 가능한 남성의

11 돌기흐는 에벤키족 씨족을 세 가지 유형으로 나누고 있다. 참고: Dolgih B. O. *Rodovoj i plemennoj sostav narodnostej Sibiri v XII veke*, M.: Izdatel'stvo AN SSSR, 1960, p. 10.

수가 수십 명에서 백여 명에 이른다. 이는 후기 형태의 씨족연합으로 대규모 부계 씨족에서 아들 씨족이 분리되면서 만들어지며 그들 사이의 관계는 계속 유지된다. 두 번째 유형은 첫 번째 유형의 대규모 씨족연합 내부에 존재하는 하위 씨족으로 노동 가능한 남성이 10~20명 정도이며 해당 씨족을 이끄는 사람의 이름이 씨족명이 된다. 세 번째 유형의 씨족은 역사는 오래되었지만 두 번째 씨족과 규모가 비슷하며 씨족연합으로 전환될 조건을 갖추지 못하여 독자적으로 존재한다. 또 특정 씨족연합에 속할 수 있는 조건도 갖추지 못했다. 이 그룹에는 티지에서 이주해 온 가족, 타 종족 출신의 씨족이 포함된다. 넷째, 독자적으로 생활하면서 가족 연장자의 이름을 씨족명과 유사한 기능으로 사용하는 가부장제 대가족도 씨족에 포함시킬 수 있다.

에벤키족 씨족은 자신들이 사냥, 순록 사육, 어로를 하는 장소를 일반적으로 해당 씨족의 영토로 생각하며 친인척관계로 연결된 씨족들이 서로 협력하여 사냥터를 공동 운영하기도 한다. 에벤키족 씨족은 규모가 크지 않으며 각 씨족원은 친족의 호칭에 따라 구별된다. 호칭 체계는 세대, 나이, 성별, 남녀, 직계/방계의 구분이 있으며 부계 친족과 모계 친족의 구별이 있다. 씨족원 상호 간에는 물론 동맹 씨족에 대한 태도도 분명하고 이에 따라 경제적, 의례적 관계도 명확하게 성립된다. 에벤키족 씨족원은 씨족 내에서 출생한 사람, 입양된 사람, 혼인에 의해 편입된 사람의 세 그룹으로 나누어진다. 씨족원으로 입양된 남자는 1~2세대가 지나야 정식 씨족원의 역할을 할 수 있다.

제5장

에벤키족 씨족명의 의의 및 특징

제5장
에벤키족 씨족명의 의의 및 특징

1. 에벤키족 씨족명의 의의

씨족명은 '아[我]집단'과 '타[他]집단'을 구분지으면서 해당 씨족에 대한 정보를 가장 먼저 제공해 주는 언어표지체(linguistic marker)이다. 에벤키족은 오랫동안 여러 지역에서 타종족 혹은 타씨족과 접촉을 하면서 생활해 왔다. 이로 인해 에벤키족 씨족명은 다른 시베리아 토착종족으로부터 유래한 씨족명, 타씨족에서 차용한 씨족명, 동일한 씨족명의 다양한 변이형이 존재한다. 같은 씨족에서 기원하지만 다른 지역으로 흩어진 뒤 오랜 시간 분리되어 생활하게 되면 거주지의 풍토와 인접 종족의 영향으로 언어 및 문화의 변형과 함께 씨족명도 일정 정도 변형된다. 이러한 경우 이들을 동일 씨족으로 간주해야 할까? 아니면 기원은 같지만 언어, 문화적 차이가 분명하므로 서로 다른 씨족으로 간주해야 할까? 이 문제에 대해서는 이러한 유형의 씨족명을 선별하여 해당 씨족들의 언어, 생활, 생산양식 등을 정밀하게 비교한다면 일정수준까지는 밝힐 수 있을 것이다.

에벤키족 씨족명은 변이형이 다양하지만 음성 및 형태적 측면에서 기본 틀이 유지되고 있기 때문에 에벤키족 씨족의 거주지나 이동경로, 생산 및 생활양식에 관한 중요한 정보를 함의하고 있다. 또 에벤키족 씨족명은 동시베리아 지명, 에벤키어의 특정 어휘와 관련된 경우가 많아서 개별 씨족의 역사를 밝힐 수 있는 중요한 자료가 된다. 가령 에벤키족의 거주지인 포드카멘나야 퉁구스카 강 우측 지류와 코투이 강 우측 지류에 참바 강이 있고 추나 강 좌측 지류에 촘바 강이 있는데 에벤키족 씨족명 가운데 쳄바와 쳄포기르가 있다. 따라서 쳄바와 쳄포기르 씨족은 촘바나 참바 강에서 기원하거나 일정기간 해당 지역에서 거주한 것으로 추정된다. 하지만 이 씨족을 에벤키어에 '거칠게 혹은 무례하게 말을 한다'는 의미의 '템포마(tempoma)'와 연결하여 그들의 습성을 밝히는 것도 가능하다.

이에 더하여 에벤키족 씨족명은 에벤키족 씨족 간, 또는 시베리아 토착종족과 에벤키족의 관계나 교류 규명의 근거 자료가 될 수 있다. 에벤키족 씨족명은 에벤족, 네기달족, 나나이족, 우데게이족, 울치족, 오로치족, 오로크족 등 만주퉁구스어권 제 종족의 씨족명 형성에 많은 영향을 주었다. 또 야쿠트족, 부랴트족, 몽골족 등 알타이어계 종족, 셀쿠프족, 엔츠족, 느가나산족, 네네츠족 등 우랄어계의 사모예드어권 제 종족 중에는 에벤키족 씨족명과 동일한 어근을 가진 씨족명이 다수 존재한다. 가령 씨족명 '에댠'은 만주퉁구스어권의 에벤키족, 에벤족, 돌간족, 나나이족, 오로치족, 울치족, 만주족 및 몽골족과 튀르크 제 종족 사이에도 널리 분포되어 있다. 하지만 에벤키족 사이에 가장 많이 분포되어 있고 음성적 형태도 가장 다양하다. 이는 고대 만주퉁구스어권과 튀르크어권의 제 종족이 서로 긴밀하게 교류했음을 시사한다.

"에벤키족의 에댠은 에덴~에젠~에쟌이라는 씨족명으로 야쿠티야, 극동의 프리아무리예, 오호츠크해 연안, 사할린 섬에 널리 분포되어 있다. 위 지역에서 이 씨족명이 처음으로 언급된 것은 17세기이다. 당시 오호츠크해 연안에는 에젠 씨족이 거주했다. 씨족명 에잔은 18세기 카작인들이 특별한 내용 없이 형식적으로 보낸 문서에 여러 차례 언급되고 있다."(Vasilevich G. M. "Drevnejshij etnomy Tsentral'noj Azii i nazvanija evenkijskih rodov", *Sovetskaja Etnografija*, 1946, p. 37)

마지막으로 에벤키족 씨족명을 통해 개별 씨족의 기원과 출신 종족을 파악할 수 있다. 현재 에벤키족에 속하는 모든 씨족이 1차 씨족은 아니며 일부는 새로 만들어진 2차 씨족이다. 1차 씨족에서 2차 씨족으로 가장 큰 특징은 씨족 중 실존했던 유명한 선대 조상을 중심으로 분리된다는 점이다. 2차 씨족명은 발생 시기가 늦으며 대다수는 소규모이다. 발생시기가 늦은 씨족명은 해당 씨족의 기원 신화와 씨족명의 의미를 쉽게 파악할 수 있다. 이는 예니세이 강 지류의 포드카멘나야 퉁구스카 강과 니즈나야 퉁구스카 강 씨족들에 특징적이지만 아무르 강 씨족에게서도 발견된다.

"예니세이 강 에벤키족 씨족은 전통적으로 현대어 어휘를 사용하여 자신들에게 적합한 씨족명을 만들면서 기원 신화와 전설을 전파시켰다. 이러한 특징은 씨족들의 이동과 혼합이 항시적으로 자주 이루어지는 아무르 강 연안 에벤키족에게서도 나타난다."(Vasilevich G. M. "Drevnejshij etnomy Tsentral'noj Azii i nazvanija evenkijskih rodov", *Sovetskaja Etnografija*, 1946, p. 34)

타종족 출신은 에벤키족과 통혼한 뒤 분가를 함으로써 독자적인 에벤키족 씨족을 형성했다. 이럴 경우 에벤키족에 편입될 때 속했던 씨족명은 그대로 두고 뒤에 시조의 이름을 붙여서 씨족명으로 부르기 때문에 출신 종족 파악이 쉽다. 가령 바야키에서 바야키-필차, 키마에서 키마-코시카, 솔로곤에서 솔로곤-도이두간, 칸가기르에서 칸가기르-사할리트카르가 분리되었는데 모두 야쿠트족 출신들이다. 씨족명 뒷부분에 있는 기원 종족의 씨족명은 이들이 야쿠트족 출신임을 알려 주는 중요한 표지이다.

2. 에벤키족 씨족명의 특징

1) 에벤키족 씨족명의 역할

에벤키족 씨족명은 연구 초기부터 큰 난관과 혼란에 부딪쳤다. 첫 번째 원인은 에벤키족 씨족 구조의 복잡함 때문이다. 17세기 말~18세기 초 내외적 조건에 의해 규모가 큰 에벤키족 씨족의 수가 심각하게 감소하거나 아예 멸족했다. 대신 과거에는 알려지지 않았거나 존재하지 않았던 소규모 씨족이 대거 출현하면서 씨족의 수가 급증했고 그 조직이 복잡해졌다. 17세기 초의 기록[1]에 의하면 니즈냐야 퉁구스카 강 상류에는 실랴기르와 무추기르라는 대규모 씨족이 거주했는데 1682년 납세자 목록에는 기록되지 않았다. 대신 콜로보프, 마이카노프, 코넨키, 살라드킨 같은 새로운 씨족명이 등장했다.[2] 실랴기르와 무추기르가 이렇게 짧은 시간

---

1 Arhiv Akademicheskih Nauk (AAN), f.21, op.4, d.24, l.16ob., 31ob.

2 Tsentral'nyj Gosudarstvennyj Arhiv Drevnih Aktov (TsGADA), f.214, op.1, kn.732, l.41~79. 이 씨족명 중 'kolobo'는 에벤키어로 '빵, 곡물', 'konin'은 '암양', 'majka'는 '풍뎅이'란 뜻인데 모두 러시아어 차용어이므로 이 씨족명은 직간접적으로 러시아와 관련이 있다고 할 수 있다.

내에 멸족되지는 않았을 것이고 상술한 소규모 씨족으로 분리되었을 것으로 추정된다. 이러한 신생 씨족은 전통적 에벤키어 씨족표지 접미사 -gir를 사용하는 대신 씨족 창시자의 이름, 씨족의 거주지 및 생활양식을 반영하는 에벤키어 어휘나 러시아어 차용어를 사용해 씨족명을 만들었다. 이러한 과정을 거치면서 씨족명의 수가 확연히 증가했고 구조가 복잡해졌다.

두 번째 원인은 에벤키족 씨족들의 잦은 개명 때문이다. 마이카노프 씨족은 18세기 초 하메린→1735년경 아메롭신→1768년 헤미롭신으로 개명[3]했다. 이러한 현상은 다른 씨족들에게서도 빈번했다. 이로 인해 연구자들은 씨족명 파악에 큰 혼란을 겪었고 연구자마다 씨족명의 수치를 다르게 제시하거나 특정 지역 씨족 연구에 국한하게 되었다.

세 번째 원인은 씨족명 체계의 이중 구조 때문이다. 18~19세기 에벤키족에게는 행정상의 편의를 위해 러시아인이 만든 현물세 납세씨족명이 있었다. 이것은 씨족간의 구별을 가능하게 해주면서 해당 씨족의 거주지를 알려 주었다. 하지만 말 그대로 현물세 징수의 편의를 위해 지리적 인접성에 근거해 만들어졌다. 따라서 해당지역 에벤키족 씨족이나 가족공동체를 이해할 수 있는 근거가 될 수는 없었다. 현물세 납세씨족명에는 관련이 없는 씨족이 포함될 수 있을 뿐만 아니라 구성 자체가 매우 유동적이어서 씨족 간 계보 파악의 근거로 삼기에는 부족했다. 이러한 행정상 씨족명은 고유한 씨족명을 그대로 사용하기도 했지만 씨족명에 일련번호를 붙이기도 했다. 1762와 1782년 자바이칼리예 북부의 현물세 납세자 목록에는 킨디기르 씨족 산하에서 5개의 씨족이 납세했다는 기록

3 Tsentral'nyj Gosudarstvennyj Arhiv Drevnih Aktov (TsGADA), f.199, op.1, d.509, №10, l.26.

이 있는데 모두 일련번호가 부여되어 있다.

> "바르구진 사령관의 보고서에 의하면 분트 호수, 쿠치드 촌락도시, 바이칼 호수 북부, 올렉민스크 시의 바르구진 킨디기르 씨족 산하에 바운트 킨디기르 2, 쿠치드 킨디기르 4, 바이칼 북부 킨디기르 2, 올룍마 킨디기르의 5개 씨족이 있다."(Kabuzan V. M. & Trojtskij S. M. "Novye istochniki po istorii naselenija Vostochnoj Sibiri vo vtoroj polovine XVIII v.", *Sovetskaja etnografija* 3, 1966, pp. 31, 34)

네 번째 원인은 에벤키족 씨족이 공동으로 거주하는 것이 아니라 동시베리아 전역에 넓게 분포되어 있고 방언이 발달해 있어서 변이형이 많다는 사실 때문이었다. 샤만 씨족의 경우 에벤키족 내에서만 사만~샤만~하만; 사마이~하마이; 사마트~사마투; 사마르~샤마르~하마르~차마르; 사마기트~사마기르~사마이일~차마기르의 변이형이 존재한다. 하지만 에벤키족 씨족명은 '씨족명 어근+접미사'의 비교적 규칙적이고 체계적인 구조이며 동일한 씨족명의 변이형도 음성과 형태적 틀은 유지되기 때문에 상호연관 관계 파악이 용이하다.

2) 에벤키족 씨족명의 유형

에벤키족 씨족명은 씨족표지 첨가여부에 따라 씨족표지 무첨가형과 씨족표지 첨가형으로 나눌 수 있다. 전자는 어말 모음형, 친족표지 -n형, 중간 단계 -j형, 사복수표지(death plural marker) -t형, 후기 복수표지 -l(r)형으로 세분된다. 후자는 씨족표지 -gan/-gar형, -gin/-gir형, -ki/-kshi형으로 세분되는데 각 접미사는 특정한 의미와 뉘앙스를 가지고 씨족명 형성에 참가한다.

① 씨족표지 무첨가형

가. 어말 모음형 씨족명

어말 모음형은 예니세이 강 에벤키족 씨족명의 두드러진 특징인데 발음이 짧고 쉽다. 발음의 용이함, 음절의 단순함뿐만 아니라 접미사가 첨가되지 않은 점 등으로 미루어 이 씨족명은 그 기원을 먼 고대라고 유추할 수 있지만 정확한 시기를 찾아내기는 어렵다. 이 유형에 속하는 씨족명의 상당수는 기원이 고대로 올라가는 만큼 시베리아의 다른 토착종족과 관련이 있다.

> "앙가라 강 지류의 토포르코는 케트족의 톱코 씨족과 관련이 있고, 아무르 강 우안, 올룍마 강~비팀 강 상류의 엑디레는 울치족 및 오로크족의 엑딤셀리 씨족과 관련이 있다. 빌류이 강 수원지의 포테 씨족은 야쿠트족 출신이고 비팀 강의 골레와 헤타 강의 발가 씨족은 몽골족 출신이며 오호츠크해의 코니가는 네기달족의 므케기르 씨족 출신이다. 아무르 주 니콜라옙스크 지역의 바투 씨족은 부랴트족이 붙여준 명칭이다." (Vasilevich G. M. *Evenki: Istoriko-etnograficheskie ocherki XVIII~ nachala XX v.*, L.: Nauka, 1969, pp. 266, 271, 273, 278, 279, 286)

에벤키어에서 어말 -ja, -e는 인명이나 가족어 뒤에 붙어 '친족, 동지'라는 의미의 추상적인 복수, 혹은 집합의 의미를 지닌다.[4] 어말 모음형은 단모음형과 장모음형으로 나눌 수 있는데 후자가 전자보다 발생 시기가 늦다. 어말 -jo, -e, -jo는 위계질서가 있는 집단이 아니라 특정 인물과 혈연관계에 있거나 뜻을 같이하는 인물들의 모임을 지칭하는 '집합

4 Konstatinova O. A. *Evenkijskij jazyk. Fonetika. Morfologija,* M.-L.: Nauka, 1964, pp. 44~45.

표지'일 뿐 씨족표지로서의 뚜렷한 의미나 기능을 한다고 보기는 어렵다. 따라서 켄게야(Kengeja)는 '켄게와 친척들' 혹은 '켄게와 동지들', 골레(Gole)는 '골로와 친척들' 혹은 '골로와 동지들'로 의미 해석이 가능하다.[5]

이후 이 유형의 씨족명은 다음의 세 그룹으로 분리되었다. 첫째, 말가, 골레처럼 기원형인 어말 모음형을 계속 사용하는 그룹, 둘째, 변형된 새 씨족명을 사용하는 그룹, 셋째, 기원형 씨족명과 새 씨족명을 혼용하는 그룹이다. 특정 씨족이 위 세 그룹 중 어떤 그룹에 속하게 되었느냐는 씨족의 내외적 상황, 씨족의 이동 빈도수와 이동 경로 등에 의해 결정되었다. 말가, 골레처럼 변이형이 거의 없고 여전히 기원형인 어말 모음형을 사용하는 씨족은 규모가 그리 크지 않았고 이동이 빈번하지 않았으며 다른 씨족이나 종족과의 접촉이 많지 않았을 것이다. 반면 예케처럼 거주지에 따라 이에케, 드제케, 드제쿠 등의 다양한 변이형이 존재하는 씨족은 규모가 제법 컸고 이동이 잦았으며 다른 종족이나 에벤키족 다른 씨족과의 접촉이 빈번했을 것이다.

나. 친족표지 -n형 씨족명

이 유형의 씨족명에는 솔론, 사만, 에댠, 킬렌, 만기얀 등이 있는데 에벤키족뿐만 아니라 시베리아 다른 토착종족 사이에도 넓게 분포되어 있다. 또 시베리아 지명과 관련이 깊으며 에벤키족 설화에도 자주 등장한다.

에벤키족 씨족명 어말 -n의 의미와 기능에 대한 명확한 해석은 찾을 수 없지만 에벤키어의 어휘적, 문법적 특성으로 미루어 다음처럼 유추할

5 켄게야는 큰사슴이란 의미의 에벤키어 '콘코(konko)'에서, 골레는 '통나무', '춤(천막집)'이라는 의미의 에벤키어 '골로(golo)'에서 기원했을 것으로 추정된다.

수 있다. 첫째, 에벤키어 친족어는 amin(아버지), enin(어머니), atyrkan(할머니)처럼 어말 -n형 그룹과 neke(형, 누나), kuke(형수), hute(아들)처럼 어말 모음형 그룹으로 나누어진다. 어말 -n형 그룹은 직계존속을, 어말 모음형 그룹은 직계비속이나 방계 관계의 친족을 가리킨다. 그런데 어말 -n형 친족어는 호격에서 어말 -n이 탈락[6]하기 때문에 어말 -n은 친족어의 실제적인 의미내용과는 독립적인 요소이다. 이에 대한 또 다른 근거로 유사한 지명과 씨족명을 비교해 보겠다. 암군 강 유역에 두키라는 마을이 있는데 17세기 두킨 씨족이 이곳에 거주했다.[7] 이로써 어말 -n이 어휘의 실제적인 의미내용이 아닌 다른 제3의 의미나 뉘앙스를 가지고 있다는 사실을 알 수 있다. 그렇다면 씨족명 어말의 -n은 어휘에 혈연 집단과 관련된 특정한 의미나 뉘앙스를 부가하는 '양상표지'라고 할 수 있다.

-n형 씨족명은 생성 과정에 따라 두 그룹으로 나눌 수 있다. 첫째는 만기얀처럼 선행한 어말 모음형 씨족명에 -n을 첨가하여 씨족명을 재구성한 그룹이다. 만기얀은 만기(Mangi, 씨족의 창시자) → 만기야(Mangija, 만기와 친척들) → 만기얀(Mangijan, 만기 씨족)의 과정을 거쳤다. 씨족의 최초 창시자인 만기는 이미 오래 전에 생존했던 인물로 이 유형의 씨족명이 만들어질 당시 이미 신화적 인물이 되었을 것이다. 둘째, 신생 씨족으로 씨족 창시자의 이름이나 별명에 -n을 첨가하여 씨족명을 만들었으며 첫째 그룹보다 씨족의 출현 시기가 늦다. 가령 둘란은 '둘라(Dula, 씨족의 창시자) + -n(친족표지)'의 구조로 씨족의 창시자인 둘라가 생존한 시기와 이 씨족명의 생성 시기는 그리 크게 차이가 나지 않

6 Konstatinova O. A. & Lebedeva E. P. *Evenkijskij jazyk*, M.-L., 1953, p. 70.

7 Vasilevich G. M. "Drevnejshij etnomy Tsentral'noj Azii i nazvanija evenkijskih rodov", *Sovetskaja Etnografija*, 1946, p. 48.

을 것이다. 에벤키족 사회는 씨족의 규모가 커지면 신생 씨족을 만들어서 기존 씨족에서 분리하는 구조이다. 이때 신생 씨족 집단을 처음 만드는 사람의 이름이나 별명이 씨족명이 된다.

이 유형의 씨족명이 형성될 당시 에벤키족 사회의 발전 정도나 인구 규모로 볼 때 씨족의 규모는 현재보다 훨씬 작았을 것이다. 이 유형의 씨족명은 니론, 돌론, 디린처럼 -n형 씨족명을 그대로 사용하는 그룹과 둘란, 만기얀, 샤만처럼 -n형 씨족명과 이후의 변화 과정에서 생긴 씨족명을 혼용하는 그룹으로 나누어진다. 후자는 에벤키족 씨족명의 변화 과정 추적에서 유용한 자료의 역할을 한다.

다. 복수표지 첨가형 씨족명

복수표지 첨가형 씨족명은 사복수표지(death plural marker) -t 첨가형과 후기 복수표지 -l(r)[8] 첨가형으로 나누어진다. 에벤키어 초기 복수표지 -t는 어느 시점부터 더 이상 복수표지의 기능을 상실했기 때문에 사복수표지로 명명할 것이다. 복수표지가 -t에서 -l(r)로 바뀐 정확한 시점이나 근거에 대해 규명된 바는 없지만 발음상의 편리함을 위한 음성적 요인이 크게 작용한 것으로 보인다.

이 유형에 속하는 씨족명의 특징은 다음과 같다. 첫째, 동일한 유형의 씨족명이 알타이어계 제 종족 사이에서 폭넓게 발견된다. 몽골족 가운데 바르구트, 망구트, 엡케구트가 있고[9] 에벤키족과 부랴트족에 구치트가 있다. 둘째, 분포 지역이 비교적 넓은데 마야트 혹은 바냐디는 에니세이

8 에벤키어 복수형어미는 명사의 어말 형태에 따라 달라지는데 모음이나 -n을 제외한 자음으로 끝난 명사는 -l을 첨가하여 복수형을 만들고 그 이외의 경우는 -r을 첨가한다.

9 Vladimirtsov B. Ja. *Obshchestvennyj stroj mongolja. Mongol'skij kochevoj feodalizm*, L.: Izd. AN SSSR, 1934, pp. 60, 92, 94.

강 지류에서부터 바이칼 호수 인근까지 분포되어 있다. 셋째, 이 유형에 속하는 씨족은 다른 종족에 편입되기도 했는데 불데트는 나나이족에 편입되어 벨디 씨족의 기원이 되었다.[10] 이러한 점은 -t형 씨족명이 먼 고대에서 기원한다는 사실뿐만 아니라 알타이어계 제 종족의 상호관련성을 시사해 준다. 후기 복수표지 -l(r)형 씨족명에는 바그달릴, 아그다릴, 이체릴 등이 있는데 그 수는 그리 많지 않다.

② 씨족표지 첨기형 씨족명

이 단계에 이르면 에벤키족 씨족명은 이전과는 다른 방식으로 생성된다. 씨족표지의 기능을 담당하는 어휘군이 생기고 이들이 씨족명 형성에 적극 관여하면서 씨족명이 보다 체계적, 규칙적으로 만들어진다. 씨족표지가 생성된 정확한 시점을 알 수는 없다. 하지만 17세기 초의 기록[11]에 실라기르와 무추기르가 등장하는 점으로 미루어 이미 17세기 이전에 씨족표지가 만들어진 것으로 보인다. 에벤키어 씨족표지는 크게 -gan/-gar형, -gin/-gir형, -ki/-kshin형으로 나눌 수 있다.

가. 씨족표지 -gan/-gar형 씨족명

-gan형 씨족명은 구조에 따라 두 그룹으로 나누어진다. 첫째 그룹은 '일반명사 어근+씨족표지 -gan'의 구조로 명사에는 자연물명사와 동물명사가 주로 위치하는데 명사의 의미에 따라 -gan의 의미가 달라진다. 자연물명사와 결합할 경우 -gan은 '~에 거주하는 사람'의 의미를 지닌다.

---

10 참고: Vasilevich G. M. *Evenki: Istoriko-etnograficheskie ocherki XVIII~nachala XX v.*, L.: Nauka. 1969, pp. 266, 274, 264.

11 Arhiv Akademicheskih Nauk (AAN), f.21, op.4, d.24, l.16ob., 31ob.

'제야 강(deja)+gan'의 구조인 제유간은 제야 강에 거주하는 사람, '늪, 산악(hoj)+gan'의 구조인 호이간은 '늪이나 산지에 거주하는 사람'으로 의미 해석을 할 수 있다. 동물명사와 결합할 경우 -gan은 '~동물을 사육하는 사람'의 의미를 지닌다. '큰사슴(nina)+gan'의 구조인 니나간은 '큰사슴을 사육하는 사람', '말(murin)+gat'의 구조인 무르가트[12]는 '말을 사육하는 사람'으로 의미 해석을 할 수 있다. 그런데 '일반명사+gan'의 구조라고 모두 씨족명으로 발전하는 것은 아니다. 아이간은 '타이가에 거주하는 사람', 듀간은 '듀(천막잡)에 거주하는 사람'이란 일반적인 의미를 지니고 있을 뿐 씨족명은 아니다.

둘째, '형용사 어근+씨족표지 -gan'의 구조로 -gan은 주로 '강, 호수', '해안' 등 물과 관련된 자연 지형과 결합되어 '~에 거주하는 사람'의 의미를 지니는데 씨족명 생성에 매우 생산적이다. '중류의(dol)+gan'의 돌간은 '중류에 거주하는 사람', '맞은편 강기슭의(bargi)+gan'의 바르가간은 '맞은편 강기슭에 거주하는 사람', '하류의(edig)+gen'의 에디겐은 '하류에 거주하는 사람', '상류의(sologu)+gon'의 솔로곤은 '상류에 거주하는 사람'으로 의미 해석을 할 수 있다. 바르가간은 예니세이 강 중류, 돌간은 오호츠크해 연안과 레나 강 유역, 솔로곤은 레나 강과 아무르 강의 지류, 에디겐은 오호츠크해 연안이 주 활동 무대이다.[13] 이로써 이들이 강이나 해안과 관련된 지역에 거주할 때 이 씨족명을 얻게 되었다고 유추할 수 있지만 구체적인 지역을 알아내는 것은 불가능하다.

씨족표지 -gan의 기원 의미와 형식은 알 수 없지만 -gan형 씨족명을 근거로 '사람'과 관련된 의미를 가진 내용어였다고 유추할 수 있다. 그런

12 -gan/-gar 형에는 자음의 음성변형에 의한 -gat, -gal 형도 포함된다.

13 Vasilevich G. M. *Evenki: Istoriko-etnograficheskie ocherki XVIII~nachala XX v.*, L.: Nauka, 1969, pp. 265, 267, 285, 287.

데 시간이 흐르면서 의미 소실, 기능 축소, 음운 축약 등의 문법화 현상을 겪으면서 문법적 단어가 되어 내용어 뒤에서 특정한 뉘앙스를 전달해 주는 씨족표지가 되었을 것이다. 최종 단계에서는 문법화 과정이 완료되어 문법적 지위마저 상실하면서 ∅ 형태소화 되어 씨족명과 분리 불가능 해졌을 것이다.

-gan형 씨족명은 알타이어계 제 종족 사이에서 폭넓게 발견된다. 부랴트족에 부다간과 불가트가 있고[14], 16세기 탓타 강과 암가 강 연안에 야쿠트족의 보로곤이 거주했다.[15] 이는 에벤키어와 알타이어계, 에벤키족과 알타이어계 사용 종족 간의 상호연관성을 시사해 준다.

나. 성표지에서 씨족표지로: -gin/-gir형과 -ki/-kshin형

이 유형의 씨족명 중 -gin/-gir형은 s-방언을 사용하는 동부와 자바이칼리에, -ki/-kshin형은 sh—방언을 사용하는 서부와 프리바이칼리예에 특징적이다.[16] 그렇다면 -gin/-gir형과 -ki/-kshin형의 분리는 지역적 차이에 의한 음성 변형의 결과이다.

-gin/-gir형 씨족명은 에벤키족 씨족명 생성에 가장 적극적으로 관여한다. 모음이나 자음 변이형이 거의 발견되지 않는 점으로 보아 -gan, -gar형보다 늦게 생성되면서 변이를 겪을 만한 시간적 간격이 충분하지 않았던 것으로 보인다. -gil형은 -gir의 음성적 변형인데 카르기르와 카르길, 구라기르와 구라길의 혼용이 이를 입증해 준다. 씨족명 어말의 -gil는 다른 토착종족의 씨족명에서도 발견된다. 이는 다른 종족으로 편입한 에벤

14 Petri B. E. *Elementy rodovoj svjazi u burjat,* Irkutsk, 1924a, p. 3.

15 Tokarev S. A. *Obshchestvennyj stroj jakutov v XVII~XVIII vv.*, Jakutsk, 1945, pp. 235~235.

16 Vasilevich G. M."Drevnejshij etnomy Tsentral'noj Azii i nazvanija evenkijskih rodov", *Sovetskaja Etnografija,* 1946, p. 36.

키족 씨족이 씨족명 어근은 그대로 간직한 채 에벤키족의 전형적인 씨족 표지인 -gin이나 -gir을 -gil로 변형시켰기 때문이다.

> "1897년 암군 강과 오호츠크해 사이 그리고 사할린에 거주하던 헤긴케기르의 일부는 네기달족에 편입되면서 히인케길이 되었고 추미칸 지역의 냐시카기르는 네기달족의 냐시하길과 관련이 있다. 예세이 호수와 빌류이 강 상류의 하티긴은 네기달족의 하타길, 울치족의 하트힐과 관련이 있다."(Vasilevich G. M. *Evenki: Istoriko-etnograficheskie ocherki XVIII~nachala XX v.*, L.: Nauka, 1969, pp. 277, 282, 283)

씨족표지 -gin도 다른 씨족표지처럼 기원형이나 기원의미에 대해 알려진 바가 없다. 하지만 언어 자료에 근거할 때 초기 -gin은 여성의 씨족에 대한 귀속성을 나타냈는데 현대 일부 씨족들 사이에 이 의미가 보존되고 있다. 가령 일부 지역에서 키마는 키마족의 남성을, 키마긴은 키마족의 여성을 의미한다.[17] 또 수메르어의 geme에서 gem이 여성, 아가씨를 의미하고, 예니세이어권 오스탸크-케트어의 qem ↔ qim에 근거[18]할 때 에벤키어 -gin은 과거에는 여성의 의미를 가진 독립어였다. 그런데 시간이 흐르면서 의미 소실, 기능 축소, 음운 축약에 의해 씨족명 뒤에서 여성의 뉘앙스를 전달해주는 성표지의 기능을 하다가 은유적 의미 확장에 의해 씨족표지가 되었다. 최종 단계에서는 문법적 지위를 상실하고 ∅ 형태소화 되어 씨족명과 분리 불가능해진 것으로 보인다.

---

17 Vasilevich G. M. "Drevnejshij etnomy Tsentral'noj Azii i nazvanija evenkijskih rodo", *Sovetskaja Etnografija*, 1946, p. 35.

18 Marr N. Ja. "Ot shumerov i kettov k paleoaziatam", *Izbrannye raboty* 4, Izd.: GAIMK, 1922, pp. 194~195.

일정 기간 -gin가 씨족명 뒤에서 '특정 씨족의 여성'을 지칭했다면 -gir는 씨족명 뒤에서 '특정 씨족의 남성'을 지칭했던 것으로 추정된다.[19] 과거 일정 기간 푸투기르는 푸투족의 남성을, 푸투긴은 푸투족의 여성을 의미했는데 마지막 단계에서 푸투기르가 씨족명으로 정착되었다고 할 수 있다. 그런데 -gir의 기원의미와 형식은 무엇이고 어떤 과정을 거쳐 씨족표지가 되었을까? 라는 의문이 생긴다. -gir는 여성표지 -gin의 어말 변이형인데 당시 에벤키족 사회의 변화된 특성을 반영하기 위해 여성표지의 대립 구도 속에서 남성표지의 기능을 담당한 것으로 보인다. 남성표지 -gir가 여성표지 -gin을 누르고 대다수의 씨족명에서 씨족표지로 정착된 것은 당시 에벤키족 사회의 주체적인 조건과 주변 토착종족들과의 상호관계에 의해 남성의 비중과 역할이 여성보다 커진 점, 에벤키족이 부계 혈통 중심이라는 점과 관련이 있을 것이다.

-gin/-gir형 씨족명은 시베리아의 다른 토착종족과도 관련이 깊다. 몽골족에 키야트-보르지-긴과 하타긴 혹은 하타킨 씨족, 야쿠트족 가운데 말야기르와 멘긴 씨족, 알타이족 가운데 케르길 씨족이 있다.[20]

-ki/-kshin형 씨족명은 -gin형의 음성 변형에 의한 것으로 초기 -ki는 특정 씨족의 남성을 지칭했고 -kshin은 특정 씨족의 여성을 지칭했다. 즉 초기 바야키는 바야 씨족의 남성을, 바약신은 바야 씨족의 여성을 의미했다. 그런데 어느 시점부터 성표지의 기능을 상실하고 씨족표지가 되었

19 Vasilevich G. M. "Drevnejshij etnomy Tsentral'noj Azii i nazvanija evenkijskih rodov", *Sovetskaja Etnografija*, 1946, pp. 46~50.

20 Vladimirtsov B. Ja. *Obshchestvennyj stroj mongolja. Mongol'skij kochevoj feodalizm*, L.: Izd. AN SSSR, pp. 92, 94; Tokarev S. A. *Obshchestvennyj stroj jakutov v XVII~XVIII vv.*, Jakutsk, 1945, pp. 235~235; Karunovskaja L. E. "Predstavlenija altajtsev o vselennoj (materialy k altajskomu shamanstvu)", *Sovetskaja Etnografija* 4, 1935, pp. 160~183.

으며 마지막 단계에서는 어근과 분리 불가능해지면서 씨족명으로 굳어졌다. ⁻ki는 변형을 거의 겪지 않은 반면 ⁻kshin/⁻shin은 어말 변이형과 자음의 음성 변이형인 -kshin/-kshir; -shin(shen)/-shir; -sin/-sir; -chin/-chit 등이 발견되지만 모음의 음성 변이형은 발견되지 않았다.

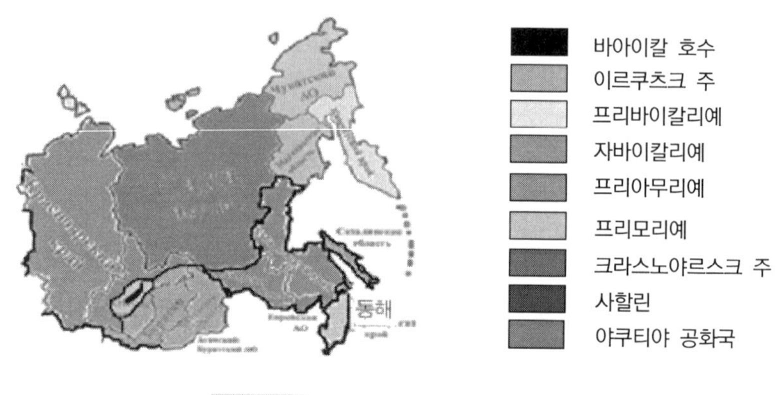

그림 6 동시베리아의 지형 구분

이 유형에서는 여성표지인 -kshin/-sin형이 남성표지보다 비중이 더 커서 여성표지가 남성표지보다 더 적극적으로 씨족표지로 전환되었다. 이에 대한 정확한 원인을 규명하기는 어렵지만 토테미즘과 관련시켜 볼 수 있다. 에벤키어로 '나마분(namabun)'은 '짐 끄는 순록', '울레(ule)'는 '늑대'를 의미하기 때문에 이 유형에 속하는 에벤키족 씨족명 나마신과 울레신은 토테미즘과 관련이 있을 것이다. 즉 고대 모계 사회의 잔재와 토테미즘의 영향으로 여성표지가 더 적극적으로 씨족표지화 된 것으로 보인다.

제3부

에벤키족 씨족명 분포 현황 및 문화적 특징

제3부
에벤키족 씨족명 분포 현황 및 문화적 특징

연구자에 따라 에벤키족 씨족명의 범위나 수에서 많이 차이가 난다. 바실례비치(1946)는 200여 개, 투골루코프(1958)는 오호츠크해 연안의 에벤키족 씨족명 9개, 예르몰로바(1984)는 프리아무리예와 사할린 에벤키족 씨족명 30개, 아니시모프(1936)와 부리킨(2001)은 포드카멘나야 퉁구스카 강 연안의 에벤키족 씨족명 28개를 제시하고 있다. 이러한 연구자들의 자료와 에벤키족 설화를 분석한 결과 이미 멸족한 씨족까지 포함하여 현재 파악된 에벤키족 씨족명은 모두 531개였다.

본고에서는 러시아 문서보관소와 각종 문헌 등에서 수집한 씨족명을 시베리아의 지형학적 조건, 에벤키족의 거주 현황, 주요 활동무대와 문화적 특성에 따라 크게 8개 지역으로 나누었다. 그 결과 프리바이칼리예 60개, 프리앙가리예 21개, 예니세이 강에서는 포드카멘나야 퉁구스카 강에 57개, 니즈나야 퉁구스카 강에 100개, 투루한 강에 7개, 예니세이 강 좌안에 13개로 모두 177개, 야쿠티야 지역의 레나 강~올레뇩 강에 62개, 자바이칼리예 77개, 프리아무리예 83개, 오호츠크해 지역에 44개, 사할린 섬에 7개로 나타났다. 본고에서는 수집한 에벤키족 씨족명을 근거

로 씨족의 분포 현황 및 생활양식, 문화적 특성 등을 지역별로 분석하고 있다.[1]

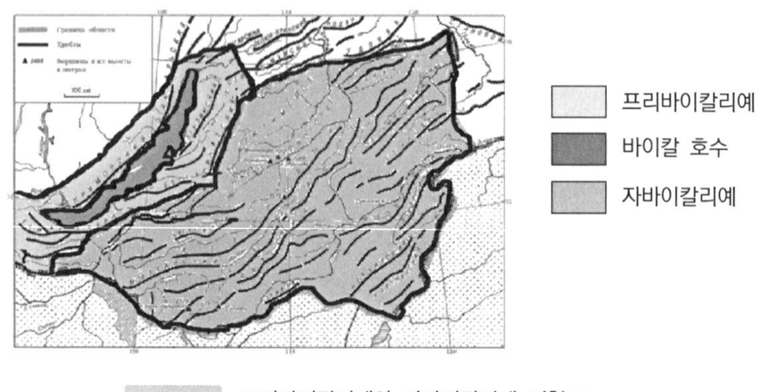

그림 7 프리바이칼리예와 자바이칼리예 지형도

1 해당 씨족이 본고에 기록된 시기에만 존속했던 것은 아니며 단지 러시아 기록물에 근거해 본고에서는 특정 시기만 표시하게 되었다.

제1장

프리바이칼리예 에벤키족 씨족명 분포 현황 및 문화적 특징

제1장 프리바이칼리예 에벤키족 씨족명 분포 현황 및 문화적 특징

프리바이칼리예에는 앙가라 강과 레나 강 상류 지역을 아우르는데 동쪽 경계는 바이칼 호수와 레나 강을 따라 레나 강의 우측 지류인 키렌가 강 하구이다. 북쪽 경계는 동쪽의 키렌가 강 하구부터 서쪽의 일림 강 하구까지이며 서쪽 경계는 일림 강 하구와 앙가라 강 하류 좌측 지류인 우다(혹은 추나) 강 상류를 연결하는 지점이다. 남쪽 경계는 앙가라 강 수원과 그 좌측 지류인 이데야 강과 우다 강이 합쳐지는 오카 강 상류이다. 지형학적, 역사적으로 프리바이칼리예에는 앙가라 강 상류의 좌안, 바이칼 호수 남서 연안의 삼림 스텝 지역과 앙가라강 우안의 산악 타이가 지역으로 나누어지는데 후자가 훨씬 넓고 광활하다. 프리바이칼리예에 거주했거나 거주하고 있는 에벤키족 씨족의 수는 표 4처럼 모두 60개였다.[1]

---

1 프리바이칼리예 에벤키족 씨족명은 Patkanov S. *Opyt geografii i statistiki tungusskih plemen Sibiri na osnovanii dannyh perepisi 1897 g. i drugih istochnikov, Tungusy sobstvenno* 1(1, 2), SPb.: Izd. SPb., 1906; _________. "Opyt geografii i statistiki tungusov", *Zapiski Russkogo Geograficheskogo Obshchestva, Otd. Etnografii* 1, 1911a; _________. "Statisticheskie dannye, pokazyvajushchie plemennoj sostav naselenija Sibiri", *Zapiski Russkogo Geograficheskogo*

표 4. 프리바이칼리예 에벤키족 씨족명 분포 현황

프리바이칼리예 에벤키족 씨족명		
번호	씨족명	씨족명 변이형 및 초기~20세기 초 주요 거주지
1	네쿠기르	니코기르. 17세기 바르구진 강 유역. 야쿠트족 출신으로 17세기 자바이칼리예에서 활동한 냐쿠기르와 동일한 씨족으로 추정된다.
2	넬류드	렐류드. 17세기 넬류드는 예라브닌스크 지역, 이르겐 호수, 야로클레이 호수, 실카 강 상류에 거주했고, 셀렌가 강에 거주한 그룹은 렐류드라고 불렸다.
3	니조비예	1669년 프리바이칼리예의 앙가라 강 최상류에서 거주했다. 특별한 씨족명이 없어서 강 하류에 거주한다는 의미로 이렇게 부른 것이 씨족명으로 굳어진 것으로 보인다.
4	니코기르	바르구진 강 유역의 네쿠기르 씨족에서 분리되었다. 20세기 이후에는 앙가라 강 상류에 거주했다.
5	댜토야긴	17세기 앙가라 강 연안.
6	리마기르	17세기 앙가라 강 상류, 바르구진 강, 1897년~1935년 바르구진 강.
7	몰자예프	1669년 이르쿠츠크 지역.
8	무간	무안. 17세기 올레뇩 강.
9	무누기르	문푸기르. 17세기 앙가라 강과 일림 강 유역.
10	무르무기르	17~18세기 프리바이칼리예의 나타예프 마을에 거주했다. 이야 강에서 유목했고 남서쪽으로 우다 강 상류까지 유목을 다녔다.

Obshchestva 2, 1911b; Dolgih B. O. *Rodovoj i plemennoj sostav narodnostej Sibiri v XII veke,* M.: Izdatel'stvo AN SSSR, 1960; Vasilevich G. M. *Evenki: Istoriko-etnograficheskie ocherki XVIII~nachala XX v.,* L.: Nauka, 1969; Tugolukov V. A. *Tungusy (evenki i eveny) Srednej i Zapadnej Sibiri,* M.: Nauka, 1985 등을 참고하여 작성했다.

11	문갈	1669년 앙가라 강 최상류에 거주했으며 유목하러 몽골에 갔다가 되돌아 왔다. 니즈냐야 퉁구스카 강의 문글 씨족과 친족이다.
12	바다라기르	20세기 이후 프리바이칼리예의 레나 강 상류.
13	발리카기르	발리카기트, 불리카기르. 17세기 바르구진 강, 실카 강, 인고다 강에 거주했다. 20세기 이후에는 바르구진 강에 거주한다.
14	보론도이	17~18세기 앙가라 강 좌안에서 유목했으며 부랴트족에 동화 되던 중 18세기 중엽 부랴트족에 완전히 편입되어 부랴트족 보론도이 씨족의 기원이 되었다.
15	부르코차르	구라기르 씨족에서 분리되었으며 20세기 이후 바르구진 강 유역에 거주한다.
16	사레믹탈	과거 포드카멘나야 퉁구스카 강 연안, 1928~1960년 추나 강~스트렐카 강.
17	샤만	샤마긴, 샤마르, 사마르, 샤마기르, 사마기르, 치마기르, 사마기트. 17세기 앙가라 강과 그 지류인 올레바 강, 예도르마 강, 투소마 강, 칸다렙샤 강, 보그다르마 강, 일림 강, 카타 강, 비호레바 강, 레나 강 지류인 쿠타 강, 쿠렌가 강, 빌류이 강. 일부는 니즈냐야 퉁구스카 강과 그 지류인 네파 강, 테테레 강, 레트냐야 강. 18세기경 일부는 레나 강 하류와 아나바라 강, 동쪽 암군 강~비스트라야 강, 오호츠크해 연안으로 이주했고, 일부는 예라브닌스크 지역~이르겐 호수, 비팀 강, 올룍마 강 상류, 제야 강, 부레야 강에 잔류했다. 17세기 샤마기르 전원이 앙가라 강 연안을 떠났다고 알려졌으며 1897년 바르구진 지역, 20세기 초 바이칼 호수 북부 지역, 바운트 호수, 바르구진 강, 일부는 비팀 강 지류인 카렌가 강 하류에 거주했다. 18세기 바운트 호수와 바르구진 강에는 차마기르 씨족이 거주했고, 쿠라 강~아무르 강 지류인 마악 강과 고리나 강에는 샤마기르 씨족이 거주했으며 네르친스크, 만코프, 메르겐스크 에벤키 가운데 사마기트 씨족이 있는데 모두 샤만 씨족과 친족이다. 샤만, 사먄, 사마기르는 고대의 명칭으로 다른 시베리아 토착종족들에게서 광범위하게 발견된다.
18	샤스키기르	17세기 셀렌가 강 연안.
19	수구가기르	수쿠카기르. 1735년 레나 강 상류, 투투라 강, 오체울 읍.

20	아시바가트	아세바가트. 부랴트족 출신으로 20세기 이후 이르쿠츠크 지역, 바르구진 강.
21	안구트	알구트. 17세기 셀렌가 강 연안.
22	야콜	야쿠트족 출신으로 20세기 이후 바르구진 강.
23	오체울	1897년 레나 강 상류. 동일한 호수명과 지명이 있다.
24	오쿠코기르	17세기 셀렌가 강.
25	우디기르	19세기 후반 일림페야 강, 1911년 니즈나야 퉁구스카 강 북쪽에 거주했다. 1926~1927년에는 일림페야 강의 에벤키족 씨족 중 가장 규모가 컸다. 1931년 이후 네룬그노 호수, 예콘그도 호수, 치린그다 호수와 니즈나야 퉁구스카 강의 투톤찬 강에서 나칸니 강을 향해 북쪽 지역에 거주했다. 12~13세기 이전 우디기르, 우다기르 씨족은 레나 강 중류에 거주했으나 야쿠트족이 이주해 오면서 동쪽 오호츠크해로 이주했다가 17~18세기 남동쪽과 북서쪽으로 이주하기 시작하여 니즈나야 퉁구스카 강으로 가게 되었다. 과거 콤바기르와 우디기르 씨족은 하탄가 강과 올레뇩 강 사이에서 유목을 했기 때문에 니즈나야 퉁구스카 강 에벤키족에게 이들은 '타자'이다(Vasilevich, 1951, p. 156). 현재 앙가르스크 남쪽 지역에 거주하며 킨디기르 씨족과는 혼인 관계에 있다. 19세기까지 암군 강, 투구르 강에 거주했던 우단 씨족과 친족으로 추정된다.
26	예르세이	1669년 나타예프 마을에 거주하면서 이야 강으로 유목하러 다녔고 남서쪽으로 우다 강 상류까지 유목을 다녔다.
27	이코기르	니코기르, 하이코기르, 호이코기르. 17세기 키렌가 강과 한다 강에서 바쿠나이카 강 위쪽 지역, 현재는 이르쿠츠크주 카탄 지역과 니즈나야 퉁구스카 강.
28	자가친	1669년 프리바이칼리예에서 앙가라 강 최상류에 거주했다. 18세기 초 부터는 흔적을 찾을 수 없어 다른 씨족에 편입된 것으로 추정된다.
29	자옉타이	1669년 프리바이칼리예에서 앙가라 강 최상류.
30	주체우르	1735년 레나 강 상류.
31	제란돌	1924년 키렌가 강 우측 지류인 탈라야 강.
32	찐기디노프	짠겔리노프. 1735년 바이칼 호수 남서 연안.

33	차긴	17세기 바르구진 지역. 현재 러시아에 차긴이라는 성이 있다.
34	차차기르	1735년 프리바이칼리예에서 레나 강 상류와 오체울 호수.
35	체르바구이	초르바트이, 초르바토프. 1735년 프리바이칼리예의 레나 강 상류, 투투라 강, 오체울 읍.
36	첼코기르	1699년 레나 강 상류와 바이칼 호수 지역. 19세기 후반 이후 자바이칼리예 툰고코첸 지역에 거주하는 첼콘 씨족과 친족으로 추정된다.
37	촌골리르	부랴트족 출신으로 20세기 이후 바르구진 강 유역. 부랴트족 중 혼골리르, 손골, 촌골 씨족이 있다.
38	츄르마기르	1735년 프리바이칼리예의 레나 강 상류, 누투라 강, 오체울 읍.
39	츄치니기르	1669년 프리바이칼리예의 레나 강 상류.
40	치긴딘	1827년 셀렌가 강.
41	치나기르	1924년 키렌가 강 우측 지류인 탈라야 강.
42	치체울	1669년 프리바이칼리예의 게야 강과 비팀 강.
43	카르마긴	카르마기르, 카르마진. 1669년 프리바이칼리예 이야 강에서 유목했으며 남서쪽 우다 강 상류까지 유목을 다녔다.
44	카르카기르	1735년 레나 강 상류, 투투라 강, 오체울 읍.
45	캄차기르	캄추기르. 1699년 레나 강 상류와 바이칼 호수 지역, 셀렌가 강. 18세기에도 계속 동일 지역에 거주.
46	케르킨	1669년 게야 강과 비팀 강.
47	케무카기르	17세기 예세이 호수와 아나바라 강, 1911년 템벤차 강, 니즈나야 퉁구스카 강 북쪽, 1924년 비비 강 하구, 1927년 케무카기르 씨족은 베도바 강, 쿠몬다 강, 1930년 경 예니세이 강 북쪽. 케무기르 씨족에서 기원하는데 케무 씨족과 친족이지만 이들보다 동시베리아의 더 넓은 지역에 분포되어 있다.
48	코불류코프	1669년 프리바이칼리예의 게야 강과 비팀 강.
49	코체마르	1669년 이야 강, 1725년 탄구이 강과 브랏스크 지역. 이야 강에서 유목했으며 남서쪽으로 우다 강 상류까지 유목을 다녔다.
50	콜렌크쿠르	17세기 셀렌가 강.
51	쿠르쿠녜예	1699년 이레나 강 좌측 지류인 쿨렌가 강. 앙가리 강 인근

		에 이르키녜예프란 지명이 있고 19세기 초부터 그곳에 거주하는 쿠르쿠기르 씨족, 레나 강부터 오호츠크해에 이르기까지 넓은 지역에 거주하는 쿠쿠기르 씨족과 친족이다. 포드카멘나야 퉁구스카 강의 쿠르카기르 씨족에서 기원하는 것으로 추정된다.
52	쿠치기르	쿠치트. 17세기 바르구진 강과 바운트 호수 지역, 네르차 강, 쿠치드 강, 비팀 강 연안. 바르구진 강 상류에 쿠치게르 마을이 있고 1897년 아무르 주에 쿠추기르 씨족이 거주하고 있었다(Vasilevich, 1969, p. 272).
53	킬차기르	19세기 앙가라 강 상류, 바이칼 호수. 자바이칼리예의 칠카기르 씨족과 친족이다.
54	타만딘	17세기 셀렌가 강.
55	텝케기르	20세기 하바르잔~바르구진 지역. 자바이칼리예의 텝코기르, 한타이 호수 지역의 팁타기르 씨족과 친족이다.
56	툼냐르	1926년 앙가라 강, 무라 강
57	티르톄르프	1735 바이칼 호수 남서 연안.
58	포드고로드니예	1669년 프리바이칼리예에서 앙가라 강 최상류에 거주했다. 특별한 씨족명이 없어서 마을 인근에 거주한다는 의미로 이렇게 부른 것이 씨족명으로 굳어졌다. 러시아어를 사용하여 씨족명을 만든 점으로 미루어 러시아인이 프리바이칼리예에 출현한 이후 형성된 씨족이다.
59	헨케고르	1735년 레나 강 상류, 투투라 강, 오체울 읍.
60	호이간	오이간. 17세기 우다 강, 일부는 우추르 강, 알고마 강, 18세기 우다 강. 호이간은 호이(늪, 산악 툰드라)에 사는 사람이란 뜻이다.

1. 프리바이칼리예 에벤키족의 출현과 정착사

프리바이칼리예에 에벤키족이 출현한 것은 몽골족과 부랴트족이 이곳에 등장하기 전으로 13세기 훨씬 이전이다. 이들은 처음에는 바이칼 호수와 레나 강 동쪽 지역에 정착했다. 이후 몽골족, 부랴트족, 바르구트족, 야쿠트족, 케트어권 제 종족이 이 지역으로 이주해 오면서 이들과 적극적으로 교류했다. 에벤키족이 13세기 이전에 프리바이칼리예로 진출했다는 사실에는 큰 이견이 없지만 프리바이칼리예 토착민이 부랴트족이냐 에벤키족이냐를 두고 연구자들 사이에 의견이 첨예하게 대립하고 있다.

피셰르는 에벤키족이 부랴트족보다 먼저 프리바이칼리예에 출현했다고 주장한다.[2] 그의 뒤를 이어 클레메츠(D. A. Klemets)는 프리바이칼리예 부랴트족 설화를 인용하면서 이 지역에서 가장 처음 활동했던 종족은 부랴트족이 아니라 함니간(퉁구스)이라고 주장한다.[3] 하지만 오클라드니코프는 프리바이칼리예의 토착민은 에벤키족이 아니라 부랴트족이라고 주장한다.

> "프리바이칼리예 토착민은 아산족, 코트족, 퉁구스족이 아니라 쿠리칸족, 부랴트족이다. 몽골족은 11~12세기 쿠리칸족을 레나 강 아래쪽으로 밀어낸 뒤 자바이칼리예에서 프리바이칼리예로 진입했고 부랴트족은 몽골족에 동화되었다."(Okladnikov A. P. "Tunguso-man'chzhurskaja problema i arheologija", *Istorija SSSR* 6, 1968, pp. 200~206)

사실 프리바이칼리예에서 부랴트족의 형성 과정은 13~14세기 프리바이칼리예 삼림 스텝 지역에 출현한 몽골족과 관련이 있다. 이들은 징기스칸이 서쪽으로 출정할 때 함께 가는 것을 거부했던 사람들이다. 이들 가운데 몽골족에 동화된 튀르크어권 종족이 상당히 많았는데 이는 몽골

---

2 Fisher I. E. *Sibirskaja istorija*, M., 1774, p. 528.

3 Arhiv Instituta Vostokovedenija AN SSSR (AIV AN), f.28, op.1, d.8, l.77ob.

계 튀르크족의 종족명인 '바르구트'를 통해 알 수 있다.

프리바이칼리예 토착민 논란과는 별개로 프리바이칼리예에서 에벤키족이 활동했던 것은 분명하다. 에벤키족은 대략 12~16세기 프리바이칼리예 지역의 강을 중심으로 타이가 지역에 넓게 분포되어 있었고 주변의 여러 종족들과 충돌과 융합의 과정을 거치면서 발전해 왔다. 이 과정은 에벤키족 설화에 잘 그려져 있다.

에벤키족과 이곳에 출현한 몽골족과의 전투는 설화 "뵤르콜툰"에서 '만기' 혹은 '만기 출루그디'라는 이름의 식인 거인과의 싸움으로 그려진다. 설화에서 에벤키족은 자신들보다 체격이 크고 우수한 무기를 갖춘 만기를 만나 직접 충돌은 피하고 지혜로써 물리친다.

> "동생 뵤르콜툰, 형 무춘노이, 머리가 6개인 누나가 함께 살고 있었다. 누나는 힘이 장사인 무사 출루그디와 결혼을 준비하고 있었다. 누나는 그들에게 곰 사냥을 다녀오라고 했다. 누나는 곰 사냥을 마치고 집에 돌아온 동생들에게 포도주를 먹여 잠에 취하게 만들었다. 그런 뒤 누나는 동생들을 상자에 넣어 바다에 빠뜨린 뒤 출루그디와 결혼했다. ... 잠에서 깨어난 형제는 지혜를 이용해 상자를 부수고 나와 누나를 찾아 떠났다. 한참을 걸어 누나가 사는 곳에 이르니 매형 출루그디가 이들을 속이려고 수탉으로 변신해 있었다. 형제는 아무 말 없이 묵묵히 수탉의 목을 비틀어 죽여 버렸다."(뵤르콜툰(Bjorkol'tun))

에벤키족 설화 "치나나니"에서는 에벤키인 치나나이가 만기족에서 기원한다고 그려진다. 이 또한 에벤키족과 몽골족의 교류를 말해주는 대목이다. 조금 이후 프리바이칼리예 에벤키족과 몽골족의 충돌은 식인 코렌도[4]에 대한 설화에서도 찾을 수가 있다. 새의 형상을 갖추고 있는 코렌도는 에벤키인을 잡아먹었다. 그런데 에벤키 무사 우냔니가 코렌도를 바다와 강 위에서 치열한 전투 끝에 물리치고 에벤키인들을 구했다. 여기에서 바다는 바이칼 호수로, 강은 앙가라 강으로 추정된다.

> "바다로 간 코렌도는 싸울 태세를 갖추었다. 우냔니는 코렌도보다 더 위쪽에 올라가 있었다. 우냔니는 더 높은 곳으로 올라가 위에서 코렌도를 내리치자 코렌도의 날개가 부러졌다. 바다 한가운데 떨어진 코렌도는 팔일 동안 기어 다니다가 아주 쪼그라들고 말았다."(코렌도, 우냔니(Korendos, Unjany))

코렌도는 1630년대 앙가라 강 좌안인 추나 강과 오카 강에 거주했던 부랴트족 족장 코린데야(코론다야)와 발음이 유사하며 17세기 중반 부랴티야 지역에 거주한 몽골족은 보치노르 및 에코노르 호수와 관련이 있다.[5] 에벤키족 설화 속에서 에벤키족과 적대적인 관계로 그려져 있는 코렌도는 부랴트족이거나 몽골족일 것이다. 이처럼 오래전부터 프리바이칼리예는 에벤키족을 비롯하여 부랴트족, 몽골족 등 여러 종족들이 거주하면서 무력 충돌을 하기도 하고 교류도 했던 역사적인 장소이다.

---

4 코렌도는 설화 판본에 따라 코렌도, 코렌도스, 카렌도, 카렌도스 등 다양하다.

5 Dolgih B. O. *Rodovoj i plemennoj sostav narodnostej Sibiri v XII veke*, M.: Izdatel'stvo AN SSSR, 1960, p. 248; Tsentral'nyj Gosudarstvennyj Arhiv Drevnih Aktov (TsGADA), f.214, op.1, st.12, l.491; *Sbornik dokumetov po istorii Burjatii XVII vek* 1, Sostaviteli: Rumjantsev G. N. & Okun' S. B., Ulan-Ude, 1960, p. 183.

2. 17세기 이후 프리바이칼리예 에벤키족의 분포 현황과 문화

러시아인이 프리바이칼리예 에벤키족에 대해 알게 된 것은 17세기 이후이다. 1627년 러시아 카작인 대장 막심 페르필레프(Maksim Perfil'v)는 앙가라 강을 따라 상류로 올라가던 중 일림 강 하구에 이르게 되었고 그곳에서 에벤키족을 발견했다. 당시 프리바이칼리예의 삼림스텝지역에는 부랴트족과 순록을 기르지 않고 사냥, 어로, 가축 사육에 종사하는 소수의 에벤키족이 거주했다. 산악 타이가 지역의 상황은 반대였다. 사냥과 순록 사육에 종사하는 에벤키족과 소수의 부랴트족이 거주했다.[6]

"1680년대 시베리아 전역에 40,000명의 에벤키족이 있었는데 그 중 3,600명이 프리바이칼리예에 거주했다. 이들 가운데 삼림스텝 지역에는 2,100명이 거주했는데 이 중 가축 사육인이 1,900명, 가축이 없는 순록 사육인이 170명이었으며 삼림 타이가 지역에는 1,500명이 거주했다."(Tugolukov V. A. *Tungusy (evenki i eveny) Srednej i Zapadnej Sibiri*, M.: Nauka, 1985, p. 11)

18세기 초 프리바이칼리예 에벤키족의 수는 17세기 말보다 다소 감소하여 3,260명이 되었고 19세기 말이 되면 급감하는데 1920년대 말이 되면 또 다시 급감한다.[7] 이는 이 지역 에벤키족이 러시아인과 부랴트족에

6 Tugolukov V. A.*Tungusy (evenki i eveny) Srednej i Zapadnej Sibiri*, M.: Nauka, 1985, p. 8.

7 Tugolukov V. A. *Tungusy (evenki i eveny) Srednej i Zapadnej Sibiri*, M.: Nauka, 1985, pp. 14, 19.

게 흡수되거나 더 북쪽의 니즈냐야 퉁구스카 강 상류로 이주했기 때문이다. 이러한 일반적인 상황을 바탕으로 본 장에서는 17세기 이후 프리바이칼리예 에벤키족의 생활 양상과 문화에 대해 지역별로 보다 구체적으로 살펴볼 것이다.

1) 17세기 이후 프리바이칼리예 에벤키족의 분포 현황과 문화

17세기 이후 프리바이칼리예 에벤키족은 러시아인과 부랴트족의 영향을 강하게 받기 시작했다. 그로 인해 농사를 짓는 그룹, 기독교로 개종하는 그룹이 출현했는데 어떤 종족의 영향을 더 많이 받느냐는 거주지에 따라 달라졌다.

① 삼림스텝 지역의 에벤키족, 농사를 짓고 기독교를 받아들이다

가. 일림 강 상류와 레나 강 상류의 에벤키족, 러시아인의 영향을 강하게 받다

농경으로 생산양식을 전환하려면 지역의 지형 조건이 농사에 적합해야 한다. 프리바이칼리예에서 농사에 적합한 기후와 토양 조건을 갖춘 지역으로는 레나 강 상류, 일림 강 연안, 앙가라 강 상류를 들 수 있다. 러시아인은 프리바이칼리예에 진출한 초기부터 이 지역에 관심을 가지면서 급속하게 개발을 시작했고 1639년 하바로프(E. P. Havarov)에 의해 농경이 시작되었다.[8] 1675년 러시아 사신으로 중국을 방문하던 니콜라이 스파파리는 일림 강 하구를 지날 때 꽤 많은 수의 러시아 농가를 보았으며 농경민의 수가 대략 1,000명 정도로 추정된다고 기록하고 있다.[9]

---

8 Miller G. F. *Istorii Sibiri* 3, M.: Vosto. lit., 2005, p. 156.

9 Spafarij N. G. *Kniga, a v nej opisano puteshestvie cherez Sibir' ot goroda Tobol'ska do samoj granitsy s Kitaem*, M., 1675, pp. 76, 87.

러시아인과 인접해서 거주하던 에벤키족은 러시아 문화의 영향을 강하게 받을 수밖에 없었다. 17세기 말~18세기 초 일림 강 연안과 레나 강 상류 연안 에벤키족의 일부는 러시아인 마을에서 정착생활을 했으며 기독교로 개종했고 러시아식 이름을 지었다. 일반적으로 이 과정은 두 단계를 거쳐 이루어진다. 첫 단계에서 에벤키인은 러시아인이나 부랴트족 농민에게 고용되어 농경에 참가하게 되고 상당수가 기독교를 수용하게 된다. 다음 단계에서는 농경에 필요한 기술이나 지식을 익힌 에벤키인은 개별적으로 농경에 종사하게 되고 대개는 말과 소를 기른다. 기독교 수용과 농경으로의 전환은 동시에 이루어졌다. 에벤키족이 기꺼이 기독교를 수용한 이유는 기독교 신자들은 3년 동안 현물세를 내지 않아도 되고 또 미납자 명단에서 삭제된다는 규정 때문이었다. 1750년 일림 현 현물세 납세자 목록의 에벤키족 중 108 납세 단위[10]인 540명이 기독교 신자였는데 이는 일림 현 총 에벤키족의 11%에 달하는 수치이다.[11] 그들은 기독교도가 된 후에는 프리바이칼리예 농민들 사이에서 널리 사용되는 러시아식 이름과 성을 사용했다.

에벤키족은 가축 사육이나 농경에 종사해도 현물세를 내기 위해 사냥을 해야만 했다. 일부 에벤키족은 순록 사육에 종사하는 동족을 찾아가서 자신들이 수확한 곡물을 현물세로 낼 모피와 바꾸는 편을 더 선호했다. 일림 강과 레나 강 상류 지역의 에벤키족 중 정착하여 농경 생활로 전환한 사람들은 형편이 괜찮았다. 하지만 농사로 전환하지 않고 여전히 유목 이동 생활하는 사람들의 생활은 무척 힘들었던 것 같다. 18세기 중

10 일반적으로 납세단위에 포함되는 주민 수는 생산양식에 따라 달라진다. 에벤키족 연구자들은 돌기흐(1960, pp. 13~14)에 근거하여 농경에 종사할 경우 1납세단위의 수를 5명, 사냥과 순록 사육에 종사할 경우 4명으로 추산한다.

11 Sherstoboev V. N. *Ilimskaja pashnja* 2, Irkutsk: OGIZ, 1949, p. 629.

엽 표트르 릿빈제프(P. Ritvintsev)는 그들은 무척 가난한데 말도 가축도 없고 사냥을 나갈 때 필요한 최소한의 순록만 가지고 있다고 전한다.[12] 18세기 중반 오카 강 상류, 이야 강, 앙가라 강 상류 지역은 농경이 비교적 발달했으며 2세대가 말 2마리와 암소 8마리를 보유했다.[13] 이처럼 농경에 종사한 에벤키족은 그렇지 않은 에벤키족보다 상대적으로 부유했던 것으로 보인다. 러시아인의 출현한 이후 일림 강과 레나 강 상류 에벤키족 사이에는 빈부 격차, 종교, 생산 활동의 차이 등이 발생했고 이는 향후 이들의 삶에 큰 영향을 미치게 되었다.

나. 앙가라 강의 에벤키족, 부랴트족에 동화되다

17세기 앙가라 강 상류 좌안의 에벤키족은 대다수가 몽골족에 동화되면서 가축 사육자로 전환했는데 이후 이들은 다시 부랴트족에 편입되었다. 앙가라 강과 브랏스크 마을의 에벤키족은 오래전부터 부랴트족의 영향을 받아왔다. 이들은 18세기 초 앙가라 강 수원과 바이칼 호수 남서 연안으로 이주한 뒤 18세기 후반까지도 그 지역에서 거주했다.[14] 18세기 브랏스크 마을에 남아있는 에벤키족은 극소수였는데 이들은 궁핍한 삶을 해결하기 위해 러시아인의 영향권에 들어갈 수밖에 없었다. 1733~1743년 시베리아를 여행한 그멜린(I. G. Gmelin)은 이들에 대해 다음과 같이 적고 있다.

"그들은 숲에 살면서 가축은 기르지 않는데 너무나 가난하다. 사냥에

12 Sherstoboev V. N. *Ilimskaja pashnja* 2, Irkutsk: OGIZ, 1949, p. 629.

13 Sherstoboev V. N. *Ilimskaja pashnja* 2, Irkutsk: OGIZ, 1949, p. 637.

14 Kabuzan V. M. & Trojtskij S. M. "Novye istochniki po istorii naselenija Vostochnoj Sibiri vo vtoroj polovine XVIII v.", *Sovetskaja etnografija* 3, 1966, pp. 28~29.

타고 나갈 순록도 없다. 가난을 타개하기 위해 이들은 러시아인과 적극적으로 교류하는데 러시아어를 이해하며 일부는 기독교를 수용했다."(재인용: Zinner E. P. *Sibir' v izvestijah zapadnoevropejskih puteshestvsnnikov i uchenyh XVIII v.*, Irkutsk, 1968, p. 165)

19세기 말, 삼림스텝 지역에 거주하는 에벤키족은 178명에 불과했다. 이는 이 지역에서 가축 사육을 하던 에벤키족의 절대 다수가 부랴트족에 동화 되었든가 아니면 동쪽이나 북쪽 지역으로 이주했기 때문이다. 동쪽 지역으로 이주한 에벤키족도 시간이 흐르면서 점차 부랴트족에 동화되어 갔다.

② 프리바이칼리예 타이가 지역의 에벤키족, 사냥과 순록 사육을 고수하다

러시아인의 출현했을 당시 프리바이칼리예에서 레나 강 상류의 북쪽, 앙가라 강 중류와 하류 타이가 지역의 에벤키족은 절대 다수가 사냥과 순록 사육에 종사했다. 하지만 이것만으로 생계를 유지할 수 없어서 보조적으로 어로나 채집에도 종사했다. 사실 프리바이칼리예는 순록 사육에 적합한 지역이 아니다. 프리바이칼리예는 여름에는 무더워서 순록들이 병에 걸려 죽어가는 일이 빈번했다.

이처럼 19세기 이전까지 레나 강 상류 북쪽 타이가 지역에 거주하는 에벤키족의 상당수는 가축 사육이나 농경에 종사하지 않았다. 이들은 에벤키어와 전통문화를 보존했고 일림 강이 아닌 레나 강 상류 연안을 좋아했다. 그런데 19세기 접어들면서 이들이 사육하던 순록이 하나둘 죽어

갔고 결국은 순록을 모두 잃어버리게 되었다. 이들은 선택의 여지없지 가축 사육을 하게 되었고 반정착 혹은 정착 생활을 해야만 했다. 18세기 중반부터는 앙가라 강 중류와 하류 타이가 지역의 에벤키족도 기독교를 수용하고 적극적으로 농업에 종사했다. 19세기에는 이런 현상이 더욱 두드러졌다. 그들 중 상당수는 곡물과 감자를 재배했으며 우각 가축이나 말을 길렀다. 1832년 앙가라 강 좌안의 에벤키족 중 63가구가 농민이었다.[15]

17~18세기 북서지역과 인근 동쪽 지역의 소규모 씨족들이 프리바이칼리예 북동 타이가 지역으로 이주해오면서 타이가 지역의 에벤키족의 수는 계속 증가해 갔다. 이는 18세기부터 1920년대까지 프리바이칼리예 에벤키족의 사회 구조에 많은 변화를 가져왔다. 19세기 말 이 지역에는 1,305명의 에벤키족이 거주했다.[16] 하지만 이 또한 현상적으로 비추어지는 모습이었고 이들도 점차 러시아인과 부랴트족에 동화되어 갈 수밖에 없는 운명이었다.

2) 프리바이칼리예 에벤키 문화와 러시아 문화의 교류와 혼종

17세기 초 러시아인이 프리바이칼리예에 출현한 뒤 에벤키 문화와 러시아 문화의 충돌과 융합은 단일방향적인 것이 아니라 쌍방향적인 현상이었다. 순록이나 야생동물의 가죽을 이용한 에벤키족 전통의복은 러시아인의 영향으로 점차 직물을 이용한 의복으로 바뀌어갔다. 반면 러시아인은 사냥문화에서 에벤키족의 영향을 강하게 받았다. 러시아인은 사냥을 할 때 에벤키족의 신발, 각반, 장갑, 사냥감을 나를 때 어깨에 메는

---

15 Gosudarstvennyj Arhiv Irkutskoj Oblasti (GAIO), f.461, d.14, l.2.

16 Tugolukov V. A. *Tungusy (evenki i eveny) Srednej i Zapadnej Sibiri,* M.: Nauka, 1985, p. 18.

판, 순록 사냥용 올가미인 아르칸 등을 이용했다.[17]

17~18세기 러시아인에 동화되는 것을 원하지 않은 일부 에벤키족은 북쪽의 니즈나야 퉁구스카 강으로 이주했다. 정착 반정착 생활을 하는 에벤키족은 종종 러시아 농민들과 같은 마을에서 생활했고 결혼을 통해 급격하게 러시아인에게 융화되어 갔는데 기독교 수용이 이 과정을 훨씬 간소화 시켰다. 러시아-에벤키 혼혈인은 일반적으로 두 언어 사용자였다. 처음에 그들 대다수는 자신들을 에벤키족이라고 생각했지만 20세기 초에 이르면 그들의 상당수가 자신을 러시아인이라고 생각했다.[18]

뿐만 아니라 19세기 중반부터 바이칼 호수에서 러시아인에 의해 어업이 급속도로 발전하면서 에벤키족의 생활 문화는 또 다른 국면에 놓이게 되었다. 어업에 종사하기를 원하는 사람들이 새로 이주해 왔다. 이들이 물고기와 모피 동물을 약탈적으로 포획하면서 이 지역 에벤키족의 생활은 점점 나락으로 떨어졌다. 급기야 러시아 당국은 에벤키족을 보호하기 위해 특단의 조치를 취해야만 했다. 이로 인해 바이칼 호수 북부 사냥과 어로 지역을 킨디기르와 샤마기르 씨족이 관리하게 되었다. 1880년경 킨디기르와 샤마기르 씨족은 자신들이 담당한 지역의 관리를 개인 사업가들에게 일임했는데 경제적으로 이것이 더 이익이었다. 그렇게 킨디기르 씨족은 자신의 구역에서 연간 8,000~8,500루블의 소득을 올렸다. 샤마기르 씨족이 관리하는 지역에는 고가의 흑담비가 많았다. 이들은 이 지역의 임대료로 1908~1911년에만 40,000루블 이상의 수입을 거두었다.[19] 이

17 Krasnojarskij Kraevoj Kraevedcheskij Muzej (KKKM), №572.4(09)/500, l.81, 82, 104.

18 Chekaninskij I. A. “Opisanie russkih po pritoku Angary-Chune. Sledy shamanskogo kul’ta v russko-tungusskih poselenijah na reke Chune v Enisejskoj gubernii”, *Etnograficheskoe obozrenie* 3~4, 1914, pp. 70~73.

19 Neupokoev V. *Tungusy Burjatii,* Verhneudinsk: Izd. Zhizn’ Burjatii, 1928, pp. 15~17.

렇듯 대규모 경제적 수입이 발생하면서 바이칼 북부 에벤키족은 자신들의 지역에 곡물저장소, 우편취급소, 서기 등을 둘 수 있게 되었다. 이는 부정적인 영향도 가져왔다. 전반적으로 알코올 중독과 매음 등이 생활에 뿌리내리게 되었다.[20] 결과적으로 러시아인의 에벤키족 보호 정책은 오히려 이들의 전통적인 생활 방식과 전혀 어울리지 않은 경제적 이익과 연결되면서 부정적인 영향을 낳았다. 이로 인해 킨디기르와 샤마기르 씨족은 동쪽에 위치한 자신의 동족보다 더 궁핍한 삶을 살게 되었다.

3) 프리바이칼리예 에벤키 문화와 부랴트 문화의 교류와 혼종

① 부랴트족, 에벤키족에게 공물을 요구하다

1620년대 러시아 기록에 의하면 삼림스텝 지역, 주로 일림 강 하구 위쪽의 앙가라 강 연안에 거주하는 에벤키족의 대다수는 부랴트족에게 공물을 바쳤다.[21] 물론 이들은 에벤키족이 아니라 부랴트족 사이에서 거주하는 '도보 퉁구스족' 즉 에벤족으로 보이지만 레나 강 상류 연안의 날랴기르 씨족같은 순록 사육 에벤키족도 일부 포함되었다. 부랴트족의 씨족장 바라칸(바야르칸)과 코토가가 러시아인이 아닌 자신들에게 현물세를 바치라며 투투라 강의 날랴기르 씨족을 공격했기 때문에 어쩔 수 없는 선택이었다.[22] 날랴기르 씨족은 부랴트족에게 1년에 2~3마리의 흑담비

---

20 Kirillov. vrach. "Otchet o poezdke v Nizhne-Angarsk v 1885 godu", *Izvestija Vostochno-Sibirskogo Otdela Russkogo Geograficheskogo Obshchestva* 18(1), 1886, pp. 27, 37.

21 Tsentral'nyj Gosudarstvennyj Arhiv Drevnih Aktov (TsGADA), f.214, op.1, st.12, l.90, 354.

22 Zalkind E. M. "Drevnie narody kitajskih hronik i evenki: Hunnu, Dunhu, Sjan'-bi, Shi-vej (obzor teorij)", *Sovetskaja Etnografija* 1, 1937, p. 26.

모피를 바쳤고 대신 부랴트족은 이들을 다른 씨족이나 타종족의 공격에서 보호해 주었다. 부랴트족은 러시아 황제를 대신해 에벤키족으로부터 현물세도 받았다. 그들은 에벤키족을 자신들의 복속 하에 묶어 두려고 빈번하게 자신의 마을로 에벤키족을 호출했다.[23] 러시아인이 출현하기 전, 부랴트족의 복속 하에 들어가는 것을 원하지 않았던 일부 에벤키족 씨족은 프리바이칼리예 북쪽으로 이주했다.[24]

이상의 내용을 종합하면 프리바이칼리예 삼림스텝지역의 에벤키족은 오랫동안 부랴트족과 긴밀한 관계를 유지했다. 이는 다분히 상하수직적인 관계였고 이로 인해 현저한 수준에서 부랴트족에게 동화되어 갔다. 17세기 앙가리 강 상류와 레나 강 상류 부랴트족의 씨족명이나 이름을 통해 알 수 있듯이 프리바이칼리예 부랴트족에는 에벤키족 기원의 씨족이 상당 수 포함되어 있다. 가령 앙가라 강 상류 부랴트족의 솔마힌 씨족은 부랴트족에 흡수된 에벤키족 사마기르 씨족으로 보인다. 17세기 중반 자바이칼리예 북부 지역에 코테가라는 에벤키족 씨족장이 있었던 점으로 미루어 부랴트족 씨족장 바라칸과 코토가도 에벤키족 출신으로 추정된다. 물론 바르구진 강의 촌골리르처럼 에벤키족에 부랴트족이 편입된 반대의 경우도 있다. 하지만 문화가 고압지대에서 저압지대로 흐르는 것이 자연스럽듯이 에벤키족이 더 강한 부랴트족에 동화되어 가는 비율이 더 높았을 것이다.

23 Miller G. F. *Istorii Sibiri* 3, M.: Vosto. lit., 2005, p. 81; Okladnikov A. P. *Ocherki po istorii zapadnyh burjat-mongolov,* L., 1937, p. 68.

24 Vasilevich G. M. *Sbornik po evenkijskomu (tugusskomu) fol'kloru,* L.: Uchpegiz, 1936, p. 152.

② 에벤키족, 러시아인의 착취를 피하기 위해 부랴트족에 편입하다

러시아인이 프리바이칼리예에 출현한 이후에도 에벤키족은 러시아인보다 부랴트족과 더 많이 교류했고 적극적으로 동화되어 갔다. 러시아인이 현물세를 강제로 징수하기 시작하면서 두 종족의 교류는 더 활발해졌다.

> "에벤키족은 부랴트족에게 모피를 주는 대신 말, 뿔 달린 가축, 활, 수수, 직물, 은을 비롯한 여러 장신구와 그 이외의 다른 물건들을 받았다."(Okladnikov A. P. *Ocherki po istorii zapadnyh burjat-mongolov*, L., 1937, p. 265)

에벤키족 만큼 사냥에 능숙하지 않은 부랴트족은 현물세 납세를 위한 모피 동물을 직접 사냥하는 것보다 에벤키족에게서 구입하는 편을 선호했다. 반대로 에벤키족은 직접 직물을 만들거나 수수를 재배하기보다는 부랴트족으로부터 구입하는 편을 택했다. 에벤키족은 가축 사육 용어를 부랴트어에서 차용했고 동절기에 가축을 보호하는 방법도 부랴트 식을 따랐는데 현대 에벤키어에도 이러한 흔적이 남아있다. 부랴트족에 동화된 에벤키족은 에벤키어와 부랴트어를 모두 구사할 줄 알았다. 대부분은 결혼을 통한 동화였는데 그들 중 상당수는 자신을 에벤키족이 아니라 부랴트족이라고 생각했다.

에벤키족이 이렇게 적극적으로 부랴트족에 동화된 근본적인 이유는 러시아인의 현물세 납세 압력에서 벗어나기 위해서였다. 17~18세기 프리바이칼리에 에벤키족이 이런 이유로 부랴트족에 기꺼이 편입했다는 사실은 전혀 놀랄 만한 일이 아니다. 17세기 중반 에벤키족의 현물세 납세 규모는 부랴트족의 5배 이상이었다. 이러한 현실을 벗어나기 위해 에벤키족은 기꺼이 부랴트족이 되고 싶었을 것이다. 프리바이칼리예 삼림 스텝지역에 오르딘과 치체울 씨족이 있었는데 17세기 후반부터 이들은 더 이상 기록에 나타나지 않는다. 그런데 쿠딘스크 마을의 부랴트족에 체첼로프, 툰킨 지역의 부랴트족에 치첼라르 씨족이 등장했다.[25] 이들은 17세기 후반 흔적도 없이 사라진 에벤키족 오르딘과 치체울 씨족으로 추정된다. 즉 이들은 에벤키족을 떠나 부랴트족에 편입한 것이다. 이 두 씨족 이외에도 이러한 예는 얼마든지 찾을 수 있다.

17~18세기 바이칼 호수 남쪽 지역에서 부랴트족에 동화된 에벤키족의 가장 생생한 예는 당시 활동 지역인 툰카 지역을 떠나 톰닉 강과 지다 강 계곡으로 이주한 에벤키족 함니간 씨족이다. 결국 그들은 에벤키어를 잃어버리고 부랴트어만 사용했는데 차간 누르 함니간 마을의 주민은 부랴트족에 편입한 에벤키족 함니간 씨족이었다. 이처럼 17~18세기 프리바이칼리예 상당수의 에벤키족은 부랴트족에 편입되었다.

18세기 중반부터 부랴트족은 프리바이칼리예에서 에벤키족이 가장 오래 거주해 온 바르구진 강 주변의 계곡으로 집중적으로 이주해 왔다. 이에 대한 대응책으로 에벤키족은 부랴트족과의 경계에 담을 설치했지만 이 담은 부랴트족의 이주도, 에벤키족이 부랴트족에 동화되는 것도 막지 못했다. 이 지역에서 두 종족은 규칙을 지켜야 했다. 지켜지지 않으면 에벤키족은 나름대로의 벌칙을 적용했다. 부랴트족의 가축이 에벤키족의 지역을 침범하면 가축을 잡았고 그 주인을 때렸다. 이처럼 두 종족 사이에는 조화로운 삶을 위한 최소한의 규칙이 세워져 있었고 이들은 되도록 이 규칙을 어기지 않으려고 노력했다.

---

25 Kabuzan V. M. & Trojtskij S. M. "Novye istochniki po istorii naselenija Vostochnoj Sibiri vo vtoroj polovine XVIII v.", *Sovetskaja etnografija* 3, 1966, p. 27.

4) 프리바이칼리예 에벤키 문화와 튀르크 문화의 교류와 혼종

① 에벤키족과 케트어권 종족의 교류와 융합

17세기 프리바이칼리예 에벤키족은 거주 지역에 따라 교류하는 종족이 달랐다. 삼림스텝지역의 에벤키족은 부랴트족이나 러시아인의 영향을 많이 받았다. 타이가 지역의 에벤키족은 오랫동안 케트어권의 아산족이나 코트족의 영향을 많이 받았다. 에벤키족이 출현하기 전, 그곳에는 이미 케트어권에 속하는 아산족이나 코트족이 거주했던 것으로 보인다. 17세기 에벤키족은 주로 앙가라 강 중류와 하류 지역에 거주했지만 일부는 상류에도 거주했다. 그런데 러시아인이 전하는 앙가라 강 상류 에벤키족의 문화적 특성은 에벤키족의 전통문화와는 상당한 거리가 있다. 이는 케트어권 종족이 앙가라 강 상류에도 거주했고 이들과 에벤키족 사이에 문화 교류가 활발했음을 말해 준다. 당시 앙가라 강에서 순록을 사육하던 에벤키족은 제한적인 범위에서만 유목 이동 생활을 했으며 생산 활동에서 어업이 차지하는 비중이 컸다. 또 생선 가죽을 이용해서 어망이나 그물을 만들었고 순록새끼를 제물로 바쳤으며 얼굴에 문신을 새겼다. 그런데 이런 요소들은 에벤키족 전통문화에서는 전혀 특징적이지 않은 것들이다.[26] 1658년 앙가라 강 상류에서 에벤키족을 만난 아담 카넨스키 들루직과 이데스의 기록을 통해 이에 대해 좀 더 구체적으로 살펴보자.

"에벤키족은 벌거벗고 다녔으며 얼굴에는 형형색색 칠을 하고 있었다.

---

26 참고: Ides I. & Brand A. *Zapiski o russkom posol'stve v Kitae (1692~1695),* M., 1967, pp. 122~129; Zinner E. P. *Sibir' v izvestijah zapadnoevropejskih puteshestvsnnikov i uchenyh XVIII v.*, Irkutsk, 1968, pp. 52~54; Polevoj B. P. "Zabytyj istochnik svedenij po etnografii Sibiri XVII v.(o sochinenii Adama Kamenskij Dluzhika", *Sovetskaja Etnografija* 5, 1965, p. 125.

... 이들은 자신들을 찾아온 러시아인 손님을 아주 성대하게 대접했으며 제법 많은 양의 흑담비 모피와 물고기, 순록 고기를 주었다. ... 여름 겨울에는 식량을 조달하기 위해 강과 강 사이를 옮겨 다닌다. ... 다처제인데 아내를 열 명까지 두기도 한다. 천 마리 혹은 그 이상에 달할 만큼 많은 수의 순록을 사육한다. 뿐만 아니라 야생 순록 사냥용으로 길들인 순록도 기른다. ... 이들은 예니세이스크를 떠나 집으로 돌아갈 때는 4마리의 개가 끄는 좁고 긴 썰매를 타고 간다."(*Polevye materialy V. A. Tugolukova (PM)*, 1965, p. 125)

위 텍스트에 나온 얼굴 색칠이나 개를 탈 것으로 이용하는 특징은 에벤키족의 전통 문화와는 상당히 거리가 멀다. 위 텍스트에 의하면 이들은 예니세이스크에서 집으로 돌아갈 때는 개를 타고 간다. 그렇다면 이들은 예니세이스크에서 일을 마치고 집으로 돌아갈 때는 개썰매를 타고 집에서 예니셰이스크로 갈 때는 순록을 타고 간다는 것인가? 그 이유는 무엇인가? 이들은 예니셰이스크에 갈 때는 순록을 타고 갔다가 순록을 필수품이나 교통용 개와 바꾸었기 때문에 집으로 돌아갈 때는 개를 타게 되었던 것은 아닐까? 즉 카멘스키 둘루직이 만난 앙가라 강 상류의 에벤키족은 흑담비 사냥, 순록 사육, 어로에 종사하고 개썰매를 타고 다니는데 다른 에벤키족과는 달리 어로가 가장 중요한 생산 활동으로 보인다. 그만큼 이들의 문화와 에벤키족의 전통문화는 상당한 차이가 있다.

1693년 이데스는 앙가라 강 상류에서 이르쿠츠크 관구 아래쪽에 거주하는 에벤키족을 만났다고 한다.

"건강하고 키가 컸으며 ... 이마, 목, 턱에 문신과 채색을 했고 몸은 실로 꿰맨 뒤 검은 기름으로 문질렀다. ... 여름에는 남녀 모두 폭이 세 뼘 정도 되는 가죽 띠만 허리에 찰 뿐 거의 벗고 다녔는데 이들은 이 옷을 짧은 치마라고 불렀다. 이 치마의 가장자리는 잘라져 있어 마치 수술 같았다. ... 집 옆에는 식용 새끼 개를 매달아 놓았다. ... 앙가라 강 상류에 거주하는 에벤키족의 주업은 여름에는 어로, 겨울에는 사냥이며 물고기 가죽으로 끈이나 둥근 망을 만든다. 또 자작나무 껍질로 7~8명의 무게를 감당할 수 있는 보트를 만든다. 사냥을 갈 때 이들은 사냥할 동물을 속이기 위해 뿔 달린 암순록 머리 가죽을 쓰고 간다."(Ides I. & Brand A. *Zapiski o russkom posol'stve v Kitae (1692~1695)*, M., 1967, pp. 122, 126)

이데스가 앙가라 강 상류 에벤키족의 순록 사육, 말이나 소, 개썰매에 대해 언급하지 않는 점으로 미루어 이들은 순록이나 가축 사육에 종사하지 않았으며 개를 탈것이 아닌 식용으로 사용했던 것으로 보인다. 이 외에도 이데스는 이들로부터 에이프런에 달린 말 꼬리, 집 밖에 장식용으로 걸어둔 말 꼬리와 버섯, 토기 등을 보았다고 한다. 이처럼 이데스가 전하는 앙가라 강 상류 에벤키족의 문화 요소는 전통적인 에벤키족의 문화 요소와는 상당히 거리가 멀다.

그런데 카넨스키 둘루직과 이데스가 전하는 앙가라 강 상류 에벤키족 사이에도 문화적 차이가 엿보인다. 이것은 에벤키족이 이곳에서 자신들보다 먼저 활동했던 아산족과 코트족, 일부는 몽골족과 부랴트족 중 누구의 영향을 더 많이 받았느냐에 좌우되는 것으로 보인다. 브랏스크 마을에서 열린 에벤키족의 샤먼 의식에 참석했던 그멜린은 샤먼의 말은 에벤키어나 러시아어가 아니라 케트어권 토착민의 언어였다고 전한다.[27] 앙가라 강 상류 에벤키족에게 특징적인 위와 같은 비[非]에벤키 문화의 요소들은 레나 강 상류와 일림 강 에벤키족에게서도 발견된다.

---

27 Zinner E. P. *Sibir' v izvestijah zapadnoevropejskih puteshestvsnnikov i uchenyh XVIII v.*, Irkutsk, 1968, p. 166.

② 에벤키족과 교류한 우량하이는 누구인가?

17세기 후반 프리바이칼리예 에벤키족은 현재 투바 공화국 북쪽의 튀르크어권 종족과도 교류했다. 에벤키족은 종종 그곳으로 사냥을 나갔기 때문에 그곳의 지리를 훤히 알고 있었다. 1661년 이르쿠츠크 관구의 창설자인 야코프 포하보예프(Jakov Pohaboev)는 에벤키족 길안내인의 도움을 받아 이르쿠츠크를 따라 카멘 강 상류의 소이오트족 씨족을 쳐들어가서 씨족장 얀다시가 이끄는 6개의 유르트(천막집)를 부수었다고 한다.[28] 이들은 사모예드족 기원으로 현재 투바족의 카이소트 씨족으로 추정된다. 1692년 이들의 씨족장 케르센은 러시아인에게 레나 강 상류의 에벤키족이 쳐들어와서 순록도 빼앗아갈 뿐만 아니라 전쟁을 하겠다는 엄포를 놓는다고 하소연했다.[29] 카이소트 씨족은 17세기 자료에 우량하이로 기록되어있는데 프리바이칼리예 발라간 에벤키족 씨족도 가끔은 우량하이로 기록되어 있다.[30] 또 17세기 자바이칼리예 남부 네르친스크의 가축 사육 에벤키족 가운데 카이조이 씨족이 있다. 이러한 사실을 고려할 때 에벤키족과 소이오트족의 관계는 먼 고대부터 시작되었고 투바족의 카이소트나 에벤키족의 발라간과 카이조이 씨족은 동일한 씨족에서 기원하는 것으로 추정된다.

---

28 *Dopolnenija k aktam istoricheskim (DAI),* SPb., T.4, 1851, pp. 239~241.

29 Dolgih B. O. *Rodovoj i plemennoj sostav narodnostej Sibiri v XII veke,* M.: Izdatel'stvo AN SSSR, 1960, p. 261.

30 Dolgih B. O. *Rodovoj i plemennoj sostav narodnostej Sibiri v XII veke,* M.: Izdatel'stvo AN SSSR, 1960, pp. 298~299, 305.

5) 에벤키족과 타타르족의 교류, 야쿠트족의 출현으로 이어지다

프리바이칼리예 삼림스텝 지역의 에벤키족은 러시아 문헌에 우다 강 상류와 이야 강에서 유목한다고 기록된 코르춘족과도 교류했다. 러시아인은 이들을 부랴트족으로 간주하지만 바르구트족과 연결시키기도 한다.

"17세기 중반 러시아인이 등장할 무렵 코르춘은 몽골족에 동화되어 있었지만 부랴트족에게 공물을 납부했기 때문에 러시아인은 그들을 부랴트족으로 간주했다."(Tsentral'nyj Gosudarstvennyj Arhiv Drevnih Aktov (TsGADA), f.214, op.1, st.12, l.371)

"프리바이칼리예 코르춘은 자바이칼리예 에벤키족이 코르친이라고 부르는 자바이칼리예 바르구트 씨족의 친족으로 추정된다."(*Polevye materialy V. A. Tugolukova (PM)*, 1961, №1, l.53ob.)

그렇다면 바르구트는 누구인가?

"프리바이칼리예의 바르구트와 자바이칼리예 북부의 바르구트는 몽골족에 동화된 튀르크어권 종족이다. 이 지역에 거주했던 튀르크어권 종족으로는 프리바이칼리예 서쪽 지역에 잠깐 머물렀던 야쿠트족을 들 수 있다. 야쿠트족이 이곳에 거주했던 시기는 12~14세기로 추정되는데 당시 이들은 다른 여러 종족과 적대적인 관계였다. 하지만 저항할 능력이 부족했기 때문에 프리바이칼리예를 떠나 레나 강 아래쪽인 야쿳스크 쪽으로 이주해 갔다."(Arhiv Jakutskogo Filiala Sibirskogo Otdelenija AN SSSR (AJaFSO AN), f.5, op.1, d.151, l.94)

그렇다면 바르구트는 야쿠트족 출신으로 추정할 수 있다. 1820년 브란겔리(F. P. Vrangel')는 야쿠트족이 이주 도중 머물렀던 프리바이칼리예 서쪽 알단 강 하류의 야쿠트인으로부터 야쿠트족의 출현과 관련하여 다음과 같은 이야기를 들었다고 한다.

> "타타르족 가운데 사할라르라는 사람이 있었다. 그는 산맥 뒤편 어딘가에서 레나 강 지류인 키렌가 강으로 이주한 뒤 에벤키족 여인과 결혼해서 야쿠트족을 창시했다. 나는 사할라르 씨족원이다."(Vrangel' F. *P. Puteshestvie po severnym beregam Sibiri i po Ledovitomu morju, M.: Glavsevmorput'*, 1948, p. 114)

위 두 텍스트에 의하면 야쿠트족은 프리바이칼리예 타타르족과 에벤키족의 통혼으로 출현했으며 바르구트는 야쿠트족에서 기원하여 퉁구스어권 제 종족 사이에 널리 전파된 것이다. 결론적으로 고대 프리바이칼리예에서 에벤키족과 타타르족, 에벤키족과 야쿠트족의 선조들이 적극적으로 교류했음을 알 수 있다.

* * *

프리바이칼리예는 에벤키족의 역사와 삶의 흔적이 고스란히 묻어 있는 곳이다. 이는 바이칼 호수 주변의 지명을 통해서도 알 수 있다. 사실 바이칼 호수 인근의 수많은 지명은 에벤키족의 작품이라고 간주해도 무방하다. 프리바이칼리예의 키렌가 강도 에벤키족이 붙여준 명칭이다. 키렌가 강은 '독수리'란 의미의 에벤키어 '키란(kiran)'[31]에서 기원하여 '독수리 강'이란 의미를 지닌다. 실제로 이 강의 지류들은 풍경이 무척 수려하고 독수리나 꼬리가 흰 새처럼 희귀한 새들이 많이 산다고 한다.

프리바이칼리예에서 고대부터 평온한 삶을 유지해 오던 에벤키족은 러시아인의 출현으로 예기치 못했던 소용돌이 속으로 휘말려 들어갔다. 17세기 초 느닷없이 출현한 러시아인은 강제로 현물세를 징수하기 시작했고 17세기 말에는 농사를 짓고 사냥을 하겠다며 밀고 들어왔다. 풍요롭던 삼림은 황폐화되어 갔고 산불도 자주 발생하면서 동물들마저 프리바이칼리예를 떠났다. 그로 인해 에벤키족은 생업인 사냥에 큰 타격을 받게 되었다. 사냥은 현물세 납세뿐만 아니라 생존을 위해서도 반드시 필요했다. 에벤키족은 변화하는 생활환경을 받아들여야 했다. 환경에 적응하지 못하는 사람들은 그 지역을 떠났다. 결국 에벤키족은 사람이 적은 더 먼 곳으로 이주하게 되었는데 그들이 어디로 이주했는지 알려지지 않는 경우도 제법 많다.

에벤키족이 프리바이칼리예를 떠난 근본적인 원인은 러시아인의 출현과 현물세의 강제 징수지만 그로 인해 파생된 생활의 궁핍, 농업 생산양식의 보급과 전파 및 그에 대한 부적응, 기독교 보급 등이 복합적으로 작용했다.

프리바이칼리예는 여러 종족의 문화가 충돌, 융합, 재탄생하는 복합적인 문화 공간이었다. 삼림스텝 지역인 레나 강 상류와 일림 강 상류에서 러시아인과 인접한 에벤키족은 러시아 문화의 영향을 강하게 받았다. 17세기 말~18세기 초 일부는 러시아인 마을에서 정착생활을 하면서 기독교로 개종했고 러시아식 이름을 지었다. 또 삼림스텝 지역인 앙가라 강

31 Boldyrev, B. V. *Evenkijsko-russkij slovar'* 1, Novosibirsk: Izd. SO RAN Filial GEO, 2000, p. 289.

상류의 에벤키족은 몽골족과의 교류로 대다수가 몽골족에 동화 되면서 가축 사육자로 전환되었지만 이후에는 다시 대다수가 부랴트족에 편입되었다. 레나 강 상류의 북쪽 지역, 앙가라 강 중류와 하류 타이가 지역의 에벤키족은 러시아인이 출현한 이후에도 절대 다수가 사냥과 순록 사육에 종사했다. 하지만 18세기 중반부터 앙가라 강 중류와 하류의 에벤키족도 기독교를 수용하고 적극적으로 농업에 종사하면서 러시아인에 동화되어 갔다. 타이가 지역의 에벤키족은 케트어권의 아산족과 코트족의 영향도 오랫동안 받았다. 17세기 후반 프리바이칼리예 에벤키족은 투바족의 카이소트 씨족으로 추정되는 그룹과도 교류했으며 타타르족과의 적극적인 교류로 현대 야쿠트족이 출현하는 계기를 마련하기도 했다.

제2장

프리앙가리예 에벤키족 씨족명 분포 현황 및 문화적 특징

제2장 프리앙가리예 에벤키족 씨족명 분포 현황 및 문화적 특징1

표 5. 프리앙가리예 에벤키족 씨족명 분포 현황

프리앙가리예 에벤키족 씨족명		
번호	씨족명	씨족명 변이형 및 초기~20세기 초 주요 거주지
1	갈데기르	골드조기르. 부랴트족 출신으로 바르구진 강 인근 하바르잔 지역에 거주.
2	나나달	나누달, 나나둔. 17세기명앙가라 강 지류인 무라 강 유역, 1822년 차돕스코예 마을, 1897년 앙가라 강 하류의 타타르카 강, 리브나야 강, 카멘카 강, 이르키네예바 강, 카라불라 강, 1926년 앙가라 강과 추나 강.
3	날랴기르	17세기 프리앙가리예.
4	네데딜	네메딘, 네데딘. 17~18세기 오도딜 강~앙가라 강 연안, 타세예바 강 하구. 이후 기록에서 더 이상 발견되지 않는 점으로 미루어 나나달 씨족에 편입된 것으로 추정된다.
5	라파기르	람포기르, 로파, 로팔. 17세기 초 앙가라 강에서 키판 씨족과 인접해 있었다. 1822년 코빈스코예 마을, 케젬스코예 마을. 20세기 초 대다수는 포드카멘나야 퉁구스카 강에 거주했다.
6	레고르	1683년 타세예바 강.
7	멘디진쿠르	멘데젤. 1631년 추나 강~무라 강, 앙가라 강 하구. 예니세이 강 좌안의 케티 강 상류에 멘델이라는 지명이 있고 앙가라

		강 좌측 지류에 멘쟈 강이 있다.
8	박달	앙가라 강 좌안. 1920년대 말 포드카멘나야 퉁구스카 강으로 이주했으며 복달이라는 씨족명도 발견된다. 이 씨족명은 모몰 씨족에 속하는 소닌 파차키 집안의 '박다리칸'이라는 이름에서 기원하는 것으로 추정된다(Vasilevich, 1966, p. 297). 에벤키어로 '박다(bagda)'는 '하얗다'는 의미(SSTMJa 1, p. 62)이므로 다른 에벤키족과 달리 피부색이 백색이어서 러시아인과의 혼혈일 가능성도 있다.
9	술리칼	1927년 차돕차 강과 앙가라 강. 1920년대 포드카멘나야 퉁구스카 강에도 거주.
10	이체릴	이체립, 이체릴린. 17세기 말 차도베츠 강, 케지마 강, 코바 강, 카타 강. 이체릴은 '주술 의식을 하다', '예언하다'라는 의미의 에벤키어 '이체리(icheri)'에서 기원한 것으로 추정된다(SSTMJa 2, p. 335). 이들은 앙가라 강 위쪽에서 사마기르 씨족과 이웃했다.
11	쟈토야기르	야토야기르, 야토울. 17세기 말 차도베츠 강, 케지마 강, 코바 강, 카타 강에 거주했으며 쟈토긴으로 기록되어 있다. 1822년 차돕스코예 마을. 1897년 포드카멘나야 퉁구스카 강에 거주했다.
12	참달	1822년 케젬스코예 마을. 17세기 이후 포드카멘나야 퉁구스카 강에 거주하는 쳄달 씨족에서 분리된 것으로 추정된다.
13	카멘노 체르노울	1897년 앙가라 강 우안 하류의 카멘카 강, 포드카멘나야 퉁구스카 강. 1795년 에벤키족 차파기르 씨족연합의 하위 씨족에 카멘스키에 차돕스코예가 있었는데 이 씨족의 수장은 1785년에 죽은 루뉸치 체르노우소프이다(GAKK, f.910, op.1, d.4, l.21~24). 이에 근거할 때 이들은 차파기르 씨족에서 기원했고 1917년 혁명 이후에 차파기르라고 명명하기 시작했다.
14	카이바간	1630년대 프리앙가리예에서 타세예바 강 하류. 17세기 후반 이후 기록에 더 이상 등장하지 않는다. 예니세이 강 좌안 우측 지류인 둡체스 강 연안에 '산'이라는 의미의 '하이(haj)'라는 케트어 단어가 널리 퍼져있다. 따라서 카이바간은 '하이바(어근)+-간(접미사)'의 구조로 '산에 거주하는 사람'이라고 해석할 수 있으며 케트어권에서 기원했다고 추정할 수 있다.
15	코윤골	1683년 프리앙가리예.
16	쿠루만치기르	17세기 앙가라 강.

17	쿠르쿠기르	포드카멘나야 퉁구스카 강의 쿠르카기르 씨족에서 기원했다. 프리바이칼리예의 쿠르쿠녜예, 오호츠크해 연안의 쿠쿠기르 씨족과 친족으로 추정된다. 1822년 차돕스코예 마을, 이르키녜옙스코예 마을.
18	키판	1620년대, 1817년 타세예바 강 하구와 그 위쪽 지역에 거주했다. 에벤키어를 사용하는 에벤키-아린족 혼혈로 추정된다(Tugolukov, 1985, p. 59).
19	타날친	1683년 타세예바 강. 타세예바 강과 우솔카 강의 아산족 가운데 타날친 씨족이 있다. 에벤키족과 아산족 타날친 씨족은 혼혈로 추정된다. 이후 더 이상 기록에 등장하지 않지만 19세기 야도울 씨족 가운데 나탈친이란 성이 있는 점(KKKM, №902(09)/816-V, l.3)으로 미루어 야토울 씨족에 편입된 것으로 추정된다.
20	토포르코	토포코, 토포로킬, 토포르키. 17세기 무라 강, 추나 강, 차도베츠 강, 포드카멘나야 퉁구스카 강에도 거주했다. 1926년 토포르코의 후손들은 자신들을 쿠찰이라 불렀는데 자신들의 기원을 17세기 오도딜 강~앙가라 강 유역의 네데딜 씨족과 관련짓는다(Vasilevich, 1969, p. 279). 케트족 가운데 토프코라는 씨족이 있나(Serevrennikov, 1914, p. 129). 1620년대 토포로크 씨족의 한 갈래를 족장 마미가가 이끌었다는 기록에 근거할 때 토포르코는 에벤키족 모모기르 씨족과 토착민의 혼혈로 추정된다(Tugolukov, 1985, p. 61).
21	툼냐기르	니즈나야 퉁구스카 강의 템마기르 씨족과 친족으로 추정된다.

프리앙가리예는 앙가라 강 연안 지역을 가리키며 현대 행정 구역 상 이르쿠츠크 주의 대다수가 포함되는데 1920년대 수력자원 개발과 함께

1 프리앙가리예 에벤키족 씨족명은 Patkanov S. *Opyt geografii i statistiki tungusskih plemen Sibiri na osnovanii dannyh perepisi 1897 g. i drugih istochnikov, Tungusy sobstvenno* 1(1, 2), SPb.: Izd. SPb., 1906; ________. "Opyt geografii i statistiki tungusov", *Zapiski Russkogo Geograficheskogo Obshchestva, Otd. Etnografii* 1, 1911a; ________. "Statisticheskie dannye, pokazyvajushchie plemennoj sostav naselenija Sibiri", *Zapiski Russkogo Geograficheskogo Obshchestva* 2, 1911b; Sherstoboev V. N. *Ilimskaja pashnja* 1~2, Irkutsk: OGIZ, 1949; Vasilevich G. M. *Evenki: Istoriko-etnograficheskie ocherki XVIII~nachala XX v.,* L.: Nauka, 1969; Tugolukov V. A. *Tungusy (evenki i eveny) Srednej i Zapadnej Sibiri,* M.: Nauka, 1985 등을 참고하여 작성했다.

사용되기 시작한 용어이다. 동쪽 경계는 일림 강 하류에서부터 북쪽으로 앙가라 강 우측 지류인 차도베츠 강 수원까지이며 서쪽 경계는 앙가라 강 하류와 인접한 지역들이다.[2] 해당 지역 에벤키족 씨족명은 21개였으며 본 장에서는 이들의 분포 현황과 문화적 특징을 지역별로 구체적으로 살펴볼 것이다.

1. 프리앙가리예 에벤키족의 출현과 정착사

프리앙가리예에 에벤키족이 출현한 시기는 대략 12~13세기로 추정되지만 러시아 문헌에서 17세기 이후부터 출현한다. 러시아인은 1620년대 초부터 앙가라 강 하류 지역의 에벤키족으로부터 현물세를 받기 시작했다.[3] 페트리 베케토프(Petri Beketov)와 막심 페르필레프(Maksim Perfil'ev)의 기록은 17세기 이 지역 에벤키족에 대해 비교적 정확한 정보를 전해주고 있다. 이 지역 에벤키족 씨족 가운데 처음으로 러시아의 행정당국의 틀 안에 들어간 씨족은 라파기르인데 당시 이들은 앙가라 강 하구에서 도보로 3일 정도 떨어진 곳에 거주했다.

"1620년대 그곳에는 씨족장 이르키네이, 보케이가 친족들과 함께 거주하고 있었다. 이들의 위쪽에서 무라 강, 차도베츠 강, 코바 강과 앙가라 강이 만나는 곳에는 토포르코 씨족이 거주했는데 마미가가 씨족장이었다. ... 그 위쪽의 아플린스크 여울목에는 차파기르, 카아 강 하구에는 샤만

---

2 시베리아 지역학 도서관: http://bsk.nios.ru/enciklodediya/priangare. 검색일: 2015.02.12.

3 Miller G. F. *Istorii Sibiri* 2, L., p. 46.

씨족이 거주했다."(Tugolukov V. A. *Tungusy (evenki i eveny) Srednej i Zapadnej Sibiri*, M.: Nauka, 1985, p. 48; Tsentral'nyj Gosudarstvennyj Arhiv Drevnih Aktov (TsGADA), f.214, st.2, l.452-453)

위 텍스트에 의하면 1620년대 프리앙가리예 지역에는 라파기르, 토포르코, 차파기르, 샤만 등의 씨족이 비교적 평온하게 거주하고 있었다. 그런데 1650년 전후 러시아인이 앙가라 강과 타세예바 강 연안을 개발하면서 에벤키족의 삶은 큰 타격을 받았다. 1680년대에는 앙가라 강 연안, 그 지류인 카멘카 강, 이르키녜예바 강, 핀추가 강, 케지마 강 하구에 러시아인 마을이 조성되었다.[4]

1680년대 이 지역에서 현물세를 납세한 에벤키족은 430단위였다.[5] 그렇다면 이 지역 에벤키족의 수는 대략 1,720명인데 이들 가운데 10% 정도는 순록을 사육하지 않았다.[6] 따라서 17세기 후반 프리앙가리예 에벤키족 1,720여명 가운데 1,500명은 순록 사육자였고 약 200명은 순록을 사육하지 않고 사냥과 어로에 종사했음을 알 수 있다.

1680년대 이 지역 에벤키족에 대한 상세한 기록은 없지만 이들의 삶을 대해 추정하는 것은 그리 어렵지 않다. 이곳에 진출한 러시아인은 경제적 가치가 뛰어난 모피 동물 사냥에 적극 가담했고 이는 에벤키족의 삶에 심각한 영향을 주었다. 에벤키족은 현물세 납세를 위해 모피동물 사냥을 해야만 하는데 러시아인까지 사냥에 뛰어들면서 에벤키족의 생활은 점점 궁핍해졌다. 그럼에도 에벤키족은 현물세 납세와 물품 구입을

4 Aleksandrov V. A. *Russkoe naselenie Sibiri XVII-nachala XVIII v. (Enisejskij kraj),* M.: Nauka, 1964, pp. 114~115.

5 Tsentral'nyj Gosudarstvennyj Arhiv Drevnih Aktov (TsGADA), f.214, op.1, kn.48, l.50ob.

6 Tugolukov V. A. *Tungusy (evenki i eveny) Srednej i Zapadnej Sibiri,* M.: Nauka, 1985, p. 50.

위해 러시아인과 교류할 수밖에 없었다.

> "에벤키족은 물품을 구입하기 위해 1년에 2번 1월과 6월 러시아인 마을을 찾아온다. 그들은 마을과 떨어져 있는 숲 속에 천막집을 지어놓고 그곳에서 머물렀다. 그들은 현물세를 먼저 납부한 뒤 러시아인 상인을 찾아가 물품을 구입한다. 물품 구입은 이미 오래전부터 러시아인과 교류하고 있는 에벤키족을 통해서만 이루어지는데 에벤키족은 이것을 '우정'이라고 부른다. 에벤키족은 현물세를 내고 남은 모든 모피를 밀가루, 담배, 직물, 구슬, 이동 생활에 필요한 다른 물품들과 바꾼다. ... 일부는 러시아식 옷이나 차, 설탕과 바꾸기도 한다."(Pestov I. *Zapiski ob Enisejskih gubernii Vostochnoj Sibiri v 1831 g.,* M., 1833, pp. 179~182)

에벤키족은 러시아인과의 물물교환을 '우정'이라고 불렀다. 하지만 이는 17세기형 착취와 피착취 관계의 반영이며, 러시아인으로부터 구입하는 물품은 에벤키족의 전통생활과는 관련이 적은 것들이었다. 러시아인과의 교류는 에벤키족의 삶을 피폐화 시켰고 에벤키족의 삶은 점점 더 나락으로 떨어졌다. 이는 비단 에벤키족만이 아니라 시베리아의 모든 토착종족과 러시아인의 관계에서 쉽게 찾아지는 현상이다. 이로 인해 이 지역 에벤키족의 수는 점점 감소하는데 17세기 후반 1,720명, 1822년 1,540명이었는데 1897년에는 1,258명에 불과했다. 이는 에벤키족의 대다수가 포드카멘나야 퉁구스카 강이나 다른 지역으로 이주했기 때문이다.[7]

러시아인의 출현한 이후 점점 더 삶의 조건이 악화된 프리앙가리예

7 Tsentral'nyj Gosudarstvennyj Arhiv Drevnih Aktov (TsGADA), f.199, op.1, d.481, №5, l.9~9ob.; Tugolukov V. A. *Tungusy (evenki i eveny) Srednej i Zapadnej Sibiri,* M.: Nauka, 1985, p. 53.

에벤키족은 최소한의 생존을 위해 두 가지 선택의 기로에 놓이게 되었다. 러시아인이나 다른 토착종족에게 동화되거나 다른 지역으로 이주하는 것이었다. 러시아인에 동화된 에벤키족은 18세기 초부터 기독교를 받아들이고 러시아식 성과 이름을 사용하기 시작했다. 이런 현상은 19세기에도 계속 이어졌고 20세기 초 이 지역 대부분의 에벤키족은 기독교로 개종했다. 이런 상황을 원하지 않은 에벤키족은 포드카멘나야 퉁구스카 강, 니즈나야 퉁구스카 강 등지로 떠났다. 이런 상황은 20세기 이후에도 계속되면서 앙가라 강 인근과 그 우측 지류에 남아 있는 에벤키족은 극소수에 불과했다.

2. 프리앙가리예 에벤키 문화와 타문화의 교류와 혼종

프리앙가리예와 프리바이칼리예 에벤키족과 케트어권 토착민의 교류는 1600년대 초 이미 400년을 헤아린다고 추정된다. 하지만 이전의 역사에 대해 구체적으로 해명하는 것은 불가능하며 설화나 언어 자료 혹은 17세기 이후 러시아인의 기록에 의존하여 추정할 수밖에 없다.

1) 에벤키 문화와 케트 문화의 교류와 혼종

① 에벤키족, 케트어권의 셀쿠프족 및 한티족과 전투를 하다

"케티 지역의 상인 그리고리 엘리자로프에 의하면 1609년 에벤키족 씨족장 다눌은 씨족장 투멧키가 이끄는 케트족 쿠즈네츠키 씨족과 전투를 치렀다. 이유는 현물세를 모스크바에 있는 러시아 황제가 아닌 에벤키족에게 납부하라는 것이었다. 에벤키족은 케트족과의 전투를 위해 케티 강으로 향했다. 에벤키족에 맞서기 위해 러시아인, 지랸족, 케트어권의 셀쿠프족으로 구성된 연합군을 파견했지만 패하고 말았다. 에벤키족은 씨족장 카야게티가 이끄는 심 강 유역의 현물세 납세자들과도 전투를 했다."(Russkaja Istoricheskaja Biblioteka (RIB), ch. 2, pp. 204~205)

"1611년 앙가라 강 에벤키족은 예니세이 강을 지나 카스 강에 이르러 케트어권의 한티족으로 보이는 사람들을 격퇴했다."(Miller G. F. *Istorii Sibiri* 2, L., 1941, pp. 215, 221)

한티족의 알리체브가 러시아 황제 미하일 표도로비치에게 보낸 서한에 의하면 그도 에벤키족과 전투를 치렀다.

"알리체브는 에벤키족 씨족장 다눌과 그 친족을 징벌하기 위해 오비 강에서 예니세이 강으로 뗏목을 타고 원정을 다녔다."(Tsentral'nyj Gosudarstvennyj Arhiv Drevnih Aktov (TsGADA), f.214, op.1, kn.6, l.413ob.~414)

위 텍스트에 의하면 17세기 초 앙가라 강의 에벤키족은 러시아 황제에게 현물세를 납부하는 셀쿠프족과 한티족을 공격했고 이들은 번번히 에벤키족에게 패했다. 17세기 초 프리앙가리예에서 에벤키족과 케트어권 종족의 관계를 일률적으로 규정할 수는 없지만 에벤키족은 셀쿠프족, 한티족과 자주 충돌했으며 그들보다 우위에 있었던 것으로 추정된다.

② 에벤키족, 케트어권의 아린족, 아산족, 케트족, 코트족과 교류하다: 혼종문화의 탄생

17~18세기 앙가라 강 중류의 에벤키족은 케트어권의 셀쿠프족, 한티족과는 적대적이었지만 아린족, 아산족, 케트족, 코트족과는 적극적으로 교류했다. 아린족은 예니세이 강과 오비 강의 우측 지류인 케티 강 상류에 거주했다.[8] 앙가라 강의 지류에 '아산노프 강'이 있는 사실로 미루어 아산족이 언젠가 앙가라 강과 그 지류에 거주했다고 추정된다. 코트족은 아산족 남쪽의 비류스 강에 주로 거주했다.[9] 러시아인이 출현할 당시 프리앙가리예 에벤키족의 대다수는 아산족, 코트족, 아린족과 통혼 관계에 있었고 이로 인해 에벤키족의 씨족 구성은 무척 복잡했다.

"앙가라 강의 최남쪽에 거주하던 키판 씨족은 에벤키-케트족 혹은 에벤키-아린족의 혼혈로 추정된다."(Tugolukov V. A. *Tungusy (evenki i eveny) Srednej i Zapadnej Sibiri*, M.: Nauka, 1985, p. 63)

"1683년 타세예바 강과 앙가라 강 좌측 지류의 현물세 납세자 목록을 보면 아산족과 에벤키족에 라고르와 타날친이라는 씨족명이 동시에 발견된다. 17세기 비류스 강에 거주하던 에벤키족의 이름은 아산족과 코트족의 이름과 유사하며 아산족과 코트족의 상황도 유사하다."(Dolgih B. O. *Rodovoj i plemennoj sostav narodnostej Sibiri v XII veke*, M.: Izdatel'stvo

8 Dolgih B. O. *Rodovoj i plemennoj sostav narodnostej Sibiri v XII veke,* M.: Izdatel'stvo AN SSSR, 1960, p. 229; Tugolukov V. A. *Tungusy (evenki i eveny) Srednej i Zapadnej Sibiri,* M.: Nauka, 1985, p. 63.

9 Tsentral'nyj Gosudarstvennyj Arhiv Drevnih Aktov (TsGADA), f.214, st.12, l.315; f.199, op.1, d.517, ch.1, №26, l.21ob.

AN SSSR, 1960, pp. 197, 206~207)

러시아인이 출현할 당시 에벤키-케트어권 혼종 그룹의 대다수는 이미 에벤키족에 동화되었고 그렇지 않은 그룹은 남쪽이나 서쪽 지역으로 이주했다.[10] 위 텍스트를 비롯하여 대다수 기록에 근거할 때 이체릴, 라파기르, 레고르, 멘디진쿠르, 타날친, 토포르코, 키판 등의 씨족은 에벤키족과 케트어권 종족의 교류로 출현했다. 이들 대다수는 반정착 혹은 정착생활을 했으며 사냥과 어로에 종사하면서 이후 급속하게 러시아인에게 동화되어 갔다.

당시 프리앙가리예에서 에벤키족이 케트어권 종족보다 문화적, 수적인 면에서 우세했다고 해도 그들 문화의 영향에서 자유로울 수는 없었다. 에벤키족은 케트어권 종족으로부터 케트 문화의 요소들을 수용했고 이는 에벤키족이 러시아인에 동화된 이후에도 그대로 남아있었다.

프리앙가리예 에벤키족의 말 숭배 풍습[11], 개고기를 먹는 풍습, 씨족에 대한 소속감을 표시하기 위해 얼굴에 문신을 새기는 풍습은 과거 아산족과 코트족에게서 차용한 것이다.[12] 존 벨에 의하면 프리앙가리예 에벤키족은 다른 지역의 에벤키족과는 달리 늑대고기를 먹는다.[13] 이는 에벤키족에게는 없는 풍습이어서 케트어권 종족의 영향에 의한 것으로 보인다.

---

10 Tugolukov V. A. *Tungusy (evenki i eveny) Srednej i Zapadnej Sibiri,* M.: Nauka, 1985, p. 64.

11 Chekaninskij I. A. "Opisanie russkih po pritoku Angary-Chune. Sledy shamanskogo kul'ta v russko-tungusskih poselenijah na reke Chune v Enisejskoj gubernii", *Etnograficheskoe obozrenie* 3~4, 1914, pp. 70~73.

12 Ides I. & Brand A. *Zapiski o russkom posol'stve v Kitae (1692~1695),* M., 1967, p. 127; Zinner E. P. *Sibir' v izvestijah zapadnoevropejskih puteshestvsnnikov i uchenyh XVIII v.*, Irkutsk, 1968, p. 52.

13 Tugolukov V. A. *Sledopyty verhom na olenah,* M., 1969, pp. 149~152.

이처럼 프리앙가리예와 프리바이칼리예 에벤키족과 케트어권 토착민의 교류로 에벤키어를 사용하는 혼혈 종족이 출현했는데 이들 문화는 에벤키족 문화와는 확연히 달랐고 혼종성이 아주 강했다. 에벤키족은 그런 그룹을 찬기트라고 불렀는데 찬기트는 서부 지역 에벤키족의 설화에 자주 등장한다.

에벤키족 설화에 등장하는 찬기트의 특성은 일관성이 있다. 그들은 어리석고 남을 쉽게 속이며 폭력적인데 에벤키족의 여인과 기꺼이 혼인을 하고 강제로 에벤키족 여인을 훔쳐가기도 한다. 에벤키족 설화에 의하면 에벤키족과 찬기트 사이에는 물질적 대가 없이 혼인 관계가 성립되었다. 에벤키족 설화에서 찬기트는 초기에는 순록 사육은 하지 않고 창을 사용하는 부랑인으로, 후기에는 활과 화살로 무장한 순록 사육인으로 등장한다. 찬기트는 샤먼 의식 때 에벤키족 여인을 피의 제물로 바치기도 한다.

> "아침녘에 아가씨가 잠에서 깨어나 모닥불을 피우다가 한 무리의 부랑자들이 자신의 집으로 오고 있는 것을 보았다. ... 아가씨는 이 낯선 부랑자 중 한 청년과 결혼을 한 뒤 함께 청년의 집으로 가게 되었다. ... 집에 도착한 청년은 자신의 아버지에게 아가씨가 도망가지 못하게 집에 가둬 두라고 한다..."(여인(Zhenshchina))

> "얼마 뒤 찬기트들은 에벤키인들에게 평화를 제안하러 왔다. 그리하여 모두 사이좋게 살게 되었다." (어린 무사(Malen'kij bogatyr'))

위 텍스트에 의하면 찬기트 청년과 에벤키족 아가씨는 의사소통에 문제를 느끼지 않는다. 그렇다면 찬기트는 퉁구스어권의 언어나 에벤키어를 사용했던 것으로 보이며 초기에는 에벤키족과 적대적이었지만 후기,

특히 러시아인이 출현한 이후에는 우호적으로 변한 것을 알 수 있다. 찬기트는 추코트-코략어에서 '적'이란 의미의 '탄기트(tan'gyt)', 코트어에서 '손님'이라 의미의 '찬히트(chaghit)', 셀쿠프어에서 '적'이라는 의미의 '창(chang)'과 음성적으로 유사하다.[14] 따라서 찬기트는 특정 종족이나 씨족을 가리키는 명칭이 아니라 '타집단'에 대한 구별이 비교적 분명했던 에벤키족이 혼종 그룹을 순수한 에벤키족 '아집단'과 구별하기 위해 사용했던 단어로 보인다.

2) 프리앙가리예 에벤키족과 프리바이칼리예 에벤키족의 교류와 혼종

17~18세기 프리앙가리예 에벤키족은 케트어권 종족 이외에도 프리바이칼리예 몽골족, 부랴트족의 영향을 받았고 이는 문화 요소의 차용으로 이어졌다.

> "이 지역의 일부 에벤키족이 천막집의 지붕을 펠트 천으로 덮거나 샤먼이 사자, 뱀, 곰, 용 등의 마스크를 가지고 있는 풍습은 프리바이칼리예의 몽골족과 부랴트족에게서 차용한 것이다."(Ides I. & Brand A. *Zapiski o russkom posol'stve v Kitae (1692~1695)*, M., 1967, pp. 127~128)

프리앙가리예의 에벤키족도 프리바이칼리예 에벤키족처럼 몽골족보다는 부랴트족과 긴밀하게 교류했는데 이는 생필품 구입을 위한 물물교환 때문이었다. 하지만 부랴트족과의 교류가 프리바이칼리예와는 달리 에벤키족에게 큰 영향을 주지는 않았다. 이 외에 프리앙가리예 에벤키족은 프리바이칼리예 다른 에벤키족 씨족과도 교류를 했는데 사실 지리적

---

14 Arhiv Instituta Etnografii AN SSSR (AIE AN), K-2, op.1, d.156, l.4~5.

으로 서로 인접해 있기 때문에 이는 전혀 놀랄 만한 일이 아니다.

"앙가라 강 중하류의 에베키족은 겨울이 되면 바다표범 가죽을 스키의 끝에 붙여 놓고 앞쪽에는 보풀이 있는 직물을 붙이는 풍습이 있다."(Tugolukov V. A. *Tungusy (evenki i eveny) Srednej i Zapadnej Sibiri*, M.: Nauka, 1985, p. 64)

앙가라 강에는 바다표범이 서식하지 않는데 이들은 이디에서 비디표범 가죽을 구했을까? 이들이 먼 오호츠크해나 북빙양의 종족들과 교류했을 리는 만무하다. 이들은 바다표범이 서식하는 바이칼 호수 인근의 에벤키족에게서 바다표범 가죽을 구했을 것이다. 이는 두 지역 에벤키족이 긴밀하게 상호교류 했다는 사실을 알려 준다.

이렇듯 프리앙가리에 에벤키족은 여러 종족 내지는 동족의 여러 씨족과 교류했다. 하지만 앙가라 강 근처 에벤키족의 주거지에서 순록 떼를 보았다[15]는 기록과 에벤키족은 순록을 주고 아내를 데리고 왔으며 천막집의 지붕을 순록 가죽으로 만들었다[16]는 기록이 있다. 이로 미루어 러시아인이 출현했을 당시 프리앙가리에 에벤키족의 주된 생산 활동은 에벤키족의 전통적인 생산 활동인 순록 사육과 사냥이었다.

15 Zinner E. P. *Sibir' v izvestijah zapadnoevropejskih puteshestvsnnikov i uchenyh XVIII v.*, Irkutsk, 1968, p. 52.

16 Ides I. & Brand A. *Zapiski o russkom posol'stve v Kitae (1692~1695)*, M., 1967, pp. 127~129.

3. 에벤키족, 프리앙가리예를 떠나다

17세기 이후 프리앙가리예 에벤키족은 러시아인과 교류하고 러시아 농민에 편입되면서 자신의 문화적 특성을 거의 상실해 갔다. 18~19세기에 접어들면서 프리바이칼리예, 프리앙가리예뿐만 아니라 동시베리아의 에벤키족은 러시아의 공격적인 시베리아 정복정책과 맞물려 과거와는 확연히 다른 상황에 놓이게 되었다. 러시아의 대(對) 에벤키 정책은 동시베리아에 농업 경제 정착, 사냥 활성화, 에벤키족 거주 지역으로 야쿠트족의 이주, 에벤키족에게 화약무기 보급, 시베리아에 상품화폐 경제의 강화, 기독교 전파 등이었는데 이는 에벤키족에게는 완전히 이질적인 문화였다.

먼저 농업경제의 발전을 위해서는 가축용 목장을 설치해야 했다. 이를 위해 불을 사용하면서 숲이 황폐화 되어갔다. 이에 더하여 러시아인이 사냥에 뛰어들면서 사냥이 주업인 에벤키족의 삶은 무척 힘들어졌다. 이처럼 프리바이칼리예와 프리앙가리예 지역에 농업 경제가 발전할수록 에벤키족의 전통적인 삶과 새로운 삶의 갈등은 더욱 커져갔다. 그 결과 과거의 전통을 고수하려는 에벤키족은 더 북쪽인 니즈나야 퉁구스카 강, 앙가라 강~포드카멘나야 퉁구스카 강으로 떠나갔다. 이로 인해 이전에는 에벤키족이 그리 많이 거주하지 않았던 니즈나야 퉁구스카 강, 포드카멘나야 퉁구스카 강 상류에 20세기 초 무렵에는 무척 많은 에벤키족이 거주하게 되었다. 이런 현상은 1917년 혁명 이전까지 계속 되었다. 1926~1927년 인구 목록에 의하면 포드카멘나야 퉁구스카 강과 인접한 지역에 대규모 에벤키족 씨족 10개 그룹이 거주하는데 모두 475가구 2,291명이다. 이들은 순록을 23,000구 이상 사육하고 있다.[17] 결국 이렇게 하여 에벤키족은 오랫동안 삶의 터전이었던 프리앙가리예를 등지거나 러시아인에 동화되면서 전통적인 삶의 방식과는 점점 멀어져 갔다.

* * *

프리앙가리예에 에벤키족이 등장한 것은 12~13세기로 추정되지만 이들이 러시아 문헌에 등장한 것은 17세기 이후이다. 러시아인이 출현한 이후 점점 더 삶의 조건이 악화된 프리앙가리예 에벤키족은 최소한의 생존을 위해 러시아인이나 다른 토착종족에게 동화되거나 다른 지역으로 이주할 수밖에 없었다. 러시아인에 동화된 에벤키족은 18세기 초부터 기독교를 수용하고 러시아식 성과 이름을 사용하기 시작했다. 전통적인 삶의 방식을 고수하려는 에벤키족은 북쪽이나 동쪽 혹은 서쪽 지역으로 떠났다. 이런 현상은 이후에도 계속 이어지면서 20세기 이후 프리앙가리예 거주하는 에벤키족은 극소수에 불과했다.

17세기 프리앙가리예는 에벤키 문화와 타문화의 교류, 융합, 혼종이 지속적으로 발생하는 공간이었다. 프리앙가리예에서 에벤키족과 케트어권 종족의 관계는 다소 복잡하게 진행되었다. 케트어권의 셀쿠프족, 한티족과 에벤키족의 관계는 적대적이었지만 아린족, 아산족, 케트족, 코트족과는 적극적으로 교류했다. 당시 프리앙가리예 에벤키족은 케트어권 종족보다 수적, 문화적으로 우위에 있었던 것으로 보인다. 프리앙가리예 에벤키족은 부랴트족과도 긴밀하게 교류했는데 이는 생필품 구입을 위한 물물교환 때문이었다. 하지만 부랴트족과의 교류가 프리바이칼리예와는 달리 에벤키족에게 큰 영향을 주지는 않았다. 이외에 프리앙가리예 에벤키족은 지리적으로 인접한 프리바이칼리예 다른 에벤키족 씨족과도 교

17 Dolgih B. O. “O rodoplemennom sostave i rasprostranennija ehtsev”, *Sovetskaja Etnografija* 4, 1946, pp. 498~573.

류를 했다. 이러한 이유로 프리앙가리예 에벤키 문화는 다른 지역 에벤키 문화와 구별되는 고유한 특성을 지니게 되었다.

제3장

예니세이 강 에벤키족 씨족명 분포 현황 및 문화적 특징

제3장 예니세이 강 에벤키족 씨족명 분포 현황 및 문화적 특징

예니세이 강은 세계에서 가장 큰 강의 하나로 서 시베리아와 동 시베리아의 경계를 이룬다. 예니세이 강 좌안은 서 시베리아의 평원이 끝나는 지점이고 우안은 산악 타이가 지대이다. 이곳은 사얀 산맥부터 북빙양 북부 지역까지 시베리아의 모든 기후 지역이 통과한다. 예니세이 강의 상류에는 낙타가, 하류에는 백곰이 산다. 예니세이는 '큰 물'이라는 의미의 에벤키어 'ioandezi'에서 기원하며 시베리아 사람들은 예니세이 강을 '할머니'란 의미로 'batjushka'라고 부른다. 예니세이 강에는 500개 이상의 지류가 있는데 좌안의 큰 지류로는 헴칙 강, 칸테기르 강, 아바칸 강, 켐 강, 카스 강, 심 강, 둡체스 강, 투루한 강 등이 있다. 우안의 큰 지류로는 우스 강, 케베즈 강, 투바 강, 앙가라 강, 볼쇼이 피트 강, 포드카멘나야 퉁구스카 강, 니즈나야 퉁구스카 강, 쿠레이카 강, 한타이카 강 등이 있다.[1] 에벤키족은 예니세이 강의 지류인 포드카멘나야 퉁구스카

1 http://dic.academic.ru/dic.nsf/ruwiki/1061089 검색일: 2015.09.11

강, 니즈나야 퉁구스카 강, 투루한 강 및 예니세이 강 좌안 등에서 활동했는데 본 장에서는 지역에서 발견된 에벤키 씨족명 177개를 중심으로 에벤키족 씨족명 분포 현황 및 문화적 특징을 살펴볼 것이다.

1. 포드카멘나야 퉁구스카 강 에벤키족 씨족명 분포 현황 및 문화적 특징[2]

포드카멘나야 퉁구스카 강은 예니세이 강의 좌측 지류로 상류는 카탄가 강, 중류는 스레드나야 퉁구스카 강이라고 부르기도 한다. 이곳은 7월을 제외한 나머지 기간은 영하로 내려가며 겨울에는 -55~58℃에 이를 만큼 환경이 척박하기 때문에 오랫동안 사람이 거주하지 않았다. 에벤키족도 러시아인이 출현한 이후에야 이곳에 등장했는데 이곳에서 활동했던 에벤키족 씨족은 모두 58개이다.

2 포드카멘나야 퉁구스카 강의 씨족명은 Patkanov S. *Opyt geografii i statistiki tungusskih plemen Sibiri na osnovanii dannyh perepisi 1897 g. i drugih istochnikov, Tungusy sobstvenno* 1(1, 2), SPb.: Izd. SPb., 1906; _________. "Opyt geografii i statistiki tungusov", *Zapiski Russkogo Geograficheskogo Obshchestva, Otd. Etnografii* 1, 1911a; _________. "Statisticheskie dannye, pokazyvajushchie plemennoj sostav naselenija Sibiri", *Zapiski Russkogo Geograficheskogo Obshchestva* 2, 1911b; Anisimov A. F. *Rodovoe obshchestvo evenkov (tungesov),* L.: Izd. Instituta narodov Severa TSIK SSSR im. P. G. Smidovicha, 1936; Dolgih B. O. *Rodovoj i plemennoj sostav narodnostej Sibiri v XII veke*, M.: Izdatel'stvo AN SSSR, 1960; Vasilevich G. M. *Evenki: Istoriko-etnograficheskie ocherki XVIII~nachala XX v.*, L.: Nauka, 1969; Tugolukov V. A. *Tungusy (evenki i eveny) Srednej i Zapadnej Sibiri,* M.: Nauka, 1985 등을 참고하여 작성했다.

표 6. 포드카멘나야 퉁구스카 강 에벤키족 씨족명 분포 현황

포드카멘나야 퉁구스카 강 에벤키족 씨족명		
번호	씨족명	씨족명 변이형 및 초기~20세기 초 주요 거주지
1	가이울	1935년 포드카멘나야 퉁구스카 강.
2	게르벨	헤르벨. 20세기 포드카멘나야 퉁구스카 강.
3	뉴시카기르	뉴시케기르. 1897년 예니세이 현. 1925~1952년 니즈나야 퉁구스카 강, 포드카멘나야 퉁구스카 강 수원. 테테레 강, 에레라 강, 추나 강.
4	네부달	19세기 말 포드카멘나야 퉁구스카 강 유역에 거주하면서 이 강과 예니세이 강 북쪽 산악 지역에서 유목했다.
5	듀르고	20세기 포드카멘나야 퉁구스카 강.
6	로팔	로파, 루팔, 로포콜, 로푸코르. 17세기 앙가라 강 지류인 무라 강, 카라불라 강. 18세기 포드카멘나야 퉁구스카 강의 추나 강 하구. 1897년 예니세이 강, 코모 강. 20세기 초 포드카멘나야 퉁구스카 강의 중류, 추나 강. 1960년대도 동일 지역에 거주하면서 포드카멘나야 퉁구스카 강과 예니세이 강 북쪽의 산악 지역에서 유목했다. 프리앙가리예의 라파기르 씨족과 친족으로 추정된다.
7	레트니예	19세기 말 투루한 강 경계 지역. 러시아어를 씨족명으로 사용하는 점으로 미루어 러시아인이 출현한 이후 형성된 씨족이다.
8	마셀	포탈. 1920년대 이후 포드카멘나야 퉁구스카 강.
9	마차쿠기르	1926년 포드카멘나야 퉁구스카 강 상류와 추나 강.
10	모모차르	18세기 포드카멘나야 퉁구스카 강의 추나 강 하구, 20세기 이후 포드카멘나야 퉁구스카 강 연안. 모몰 씨족에서 분리되었고 모모차르에서 다시 호보키기르 씨족이 분리되었다.
11	모몰	모모. 17세기 케즈마 강~바노바스 강, 18세기 포드카멘나야 퉁구스카 강의 추나 강 하구, 1926~1960년 포드카멘나야 퉁구스카 강, 1959년 카탄 지역. 이 씨족은 키마 씨족에서 분리되었는데 에벤족의 메멜이나 모몰 씨족과는 관련이 없다(Vasilevich, 1969, p. 274). 18세기 말 니즈나야 퉁구스카 강의 모모기르 씨족과 친족으로 추정된다.

12	몽골	문가, 몽골트, 무갈, 문갈. 17세기 예세이 호수, 앙가라 강 중류, 1794년 예르보고촌 지역. 1931~1959년 에벤키족 자치지역에 거주했다. 카탄 지역에 몽골라는 성이 널리 전파되어 있는데 이 씨족의 성은 모긴으로 바뀌었다. 예르보고촌의 몽골 씨족은 몽골, 골레, 판가라카이 씨족으로 분리되었다(Vasilevich, 1969, p. 274). 니즈나야 퉁구스카 강의 몽골 씨족과 기원이 같다.
13	몽골-카플리니	19세기 말 이후 포드카멘나야 퉁구스카 강. 동일 지역의 몽골 씨족에서 분리된 것으로 추정된다.
14	바그달릴	1927년 포드카멘나야 퉁구스카 강.
15	바르가간	20세기 이후 예니세이 강 중류.
16	바약신	포드카멘나야 퉁구스카 강 하류. 예니세이 강 좌안의 바야키, 니즈나야 퉁구스카 강의 바야기르, 빌류이 강 상류의 푸야기르, 예니세이 강 좌안의 바야키 씨족과 친족이다.
17	발리기르	1920년대 포드카멘나야 퉁구스카 강. 프리바이칼리예의 발리카기르와 같은 씨족이었으나 분리된 것으로 추정된다.
18	베르흐네춤	1859~1897년 포드카멘나야 퉁구스카 강 연안에 거주하면서 예니세이 강 북쪽 산악 지역에서 유목했다.
19	보가니드	19세기 말 투루한 강 경계 지역.
20	불다기르	보그다길, 볼다기르, 벨다기르. 초기에는 앙가라 강 인근. 불뎃 씨족에서 분리된 것으로 추정되며 자바이칼리예의 불테기르와 같은 씨족이었으나 일부가 1765년 니즈나야 퉁구스카 강으로 이주해 오면서 불다기르 씨족을 이루었다. 1782년 무렵 포드카멘나야 퉁구스카 강의 지류인 코모 강, 바이키트 지역의 쿠윰바 강으로 이주해 왔다. 1920년대도 그곳에 거주하는 것으로 나타났다.
21	사냐기르	사냔, 하냐기르, 차냐기르. 17세기 올레뇩 강, 19세기 초 일림페야 강, 포드카멘나야 퉁구스카 강, 1959~1960년 치린그다 호수 지역, 니즈나야 퉁구스카 강, 추나 강~스트렐라 강, 포드카멘나야 퉁구스카 강. 판카기르와 같은 씨족이라고 알려져 있다. 니즈나야 퉁구스카 강 에벤족 시니기르 씨족의 음성 변형으로 보이며 시니기르 씨족에서 기원한 것으로

		추정된다.
22	아타울스킬	19세기 말 포드카멘나야 퉁구스카 강.
23	아토울	19세기 말 포드카멘나야 퉁구스카 강 유역에 거주하면서 이 강과 예니세이 강 북쪽 산악 지역에서 유목했다.
24	야테일	댜테일. 17세기 앙가라 강의 쟈토야기르(야토야기르) 씨족과 친족으로 추정된다. 19세기 앙가라 강~케지마 망~차부차 강, 1927년 쿠윰바 강, 코모 강~포드카멘나야 퉁구스카 강의 지류, 1960년 포드카멘나야 퉁구스카 강의 지류인 티차니 강, 타임바 강, 쿠윰바 강.
25	오요딜	오요달, 오이오딜, 오도딜. 1927년 이후 코모 강~포드카멘나야 퉁구스 강, 1960년 이후 코모 강과 쿠몬다 강. 앙가라 강에서 이주해온 점으로 미루어 17세기 앙가라 강 지류인 추나 강에 거주했던 네데딜 씨족에서 분리된 것으로 보인다.
26	우스트 투리지	19세기 말 투루한 강 경계 지역.
27	윰나가르	20세기 초 포드카멘나야 퉁구스카 강 연안. 아주 오랜 전 엘리다기르 씨족의 움나라는 에벤키인이 코투이 강으로 흘러들어가는 키다 강 근처에서 아들 우윰리구, 아내와 함께 살았다는 설화가 전해진다. 이에 근거할 때 윰나가르 씨족의 기원자는 엘리다기르 씨족의 움나로 추정된다.
28	이올다기르	이엘데기르. 1888, 1911년 니즈나야 퉁구스카 강, 1935년 투라 강, 코투이 강, 투루한 강, 1959~1960년 빌류이 강 수원과 니즈나야 퉁구스카 강을 따라 일림페야 강 아래쪽. 에벤키족의 거주지에 광범위하게 분포되어 있는 이올리기르 씨족과는 관련이 없다. 17세기 이후 자바이칼리예에 넓게 분포되어 있었다. 북쪽 예세이 호수와 아나바라 강의 엘다기르 씨족과 친족으로 추정된다.
29	일림피	19세기 말 예니세이 강 좌안. 씨족명으로 볼 때 일림페야 강에서 이주해 온 것으로 추정된다.
30	지간	19세기 말 투루한 강 경계 지역.
31	첸게케	초기에는 바흐타 강, 우차미 강. 1935~1960년 포드카멘나야 퉁구스카 강, 투루한 강.
32	첸다딜	찬다딜. 초기에는 포드카멘나야 퉁구스카 강 상류. 1959, 1960년 톡민 강, 쿠육빈 강. 쳄달 씨족에서 분리된 것으로 추정된다.

33	쳄달	쳄다, 쳄다기르, 침댜기르. 17세기 포드카멘나야 퉁구스카 강 상류 지류인 추나 강, 테테레 강, 1825년부터 1960년대까지 일부가 타이가 강, 1925년 앙가라 강~포드카멘나야 퉁구스카 강, 일림 강, 니즈나야 퉁구스카 강을 따라 예로모 강.
34	체믈렌	17세기 포드카멘나야 퉁구스카 강 상류 지류인 테테레 강과 추나 강.
35	초노콜	1920년대 이후 포드카멘나야 퉁구스카 강. 17세기 중반부터 현재까지 투루한 강에 거주하는 초노코 씨족과 친족이다.
36	촐콜	1920년대 이후 포드카멘나야 퉁구스카 강. 니즈나야 퉁구스카 강에 거주하는 촐코기르 씨족과 친족으로 추정된다.
37	추추몰	20세기 포드카멘나야 퉁구스카 강.
38	코니로프	코누르, 코나르스키, 코누르스키. 1682년 일림페야 강. 포드카멘나야 퉁구스카 강의 모몰 씨족 가운데 부계혈통의 성이 '코나룐'인 가문과 관련이 있을 것이다(Dolgih, 1946, p. 516). 1682년 이후 포드카멘나야 퉁구스카 강으로 이주하여 모몰씨족에 편입된 것으로 추정된다.
39	코르두얄	코르두이. 1925~1960년 포드카멘나야 퉁구스카 강. 퉁구스어권에 코르두얄과 관련된 어휘가 없기 때문에 비퉁구스족 출신으로 추정된다.
40	코초닐	코체닐. 18세기 포드카멘나야 퉁구스카 강의 추나 강 하구. 1926년 스트렐카 강, 추나 강, 케르보 강 등 포드카멘나야 퉁구스카 강 지류. 에벤키어로 '코초'는 '곶'이라는 의미인데 이들의 선조가 로팔 씨족에서 분리되어 어떤 강의 곶에서 살았다는 설화가 전해진다(PM, 1962, №1, l.88ob.). 따라서 이들은 로팔 씨족에서 분리된 것으로 추정된다.
41	콜란기르	20세기 이후 앙가라 강 지류인 베도바 강과 포드카멘나야 퉁구스카 강의 지류인 우다 강.
42	쿠노기르	쿤노기르. 19세기 말 이후 포드카멘나야 퉁구스카 강의 지류와 타이가 강에 거주했다. 니즈나야 퉁구스카 강의 콘도기르 씨족에서 분리된 것으로 추정된다.
43	쿠르카기르	쿠르케기르. 13~16세기에는 앙가라 강 상류에 거주하

		는데 러시아인이 출현하기 전에 대다수가 이미 부랴트족에 동화되었다(Tugolukov, 1985, p. 80). 부랴트족에 동화 되지 않은 씨족원은 18세기 포드카멘나야 퉁구스카 강에서 추나 강 하구, 19세기 앙가라 강, 20세기 포드카멘나야 퉁구스카 강, 그 남쪽의 코모 강에 거주했다. 일부는 치린그다 호수 근처에 거주했으며 20세기 이후에도 퉁구스카 강 상류, 앙가라 강의 지류인 이르키네예바 강, 베도바 강에 거주하고 있다. 프리바이칼리예의 쿠르쿠녜예, 앙가리 강의 쿠르쿠기르, 오호츠크해 연안의 쿠쿠기르 씨족이 후손으로 추정된다.
44	쿠리첼	1920년대 이후 포드카멘나야 퉁구스카 강.
45	쿠페기르	쿠포기르. 1930년대 우차미 강, 바흐타 강, 쿠지카 강, 1960년대 포드카멘나야 퉁구스카 강 연안의 폴리구스 마을, 니즈나야 퉁구스카 강의 지류인 우차미 강. 17세기 레나 강의 쿠프 씨족에서 기원했다. 17세기부터 현재까지 투루한 강에 거주하는 쿠포기르, 1926~1927년 니즈나야 퉁구스카 강 하류에 거주하는 쿠포기르 씨족과 친족이다.
46	쿠찰	쿠차일. 20세기 포드카멘나야 퉁구스카 강 중류.
47	키렉텔	키록톨. 1936년 포드카멘나야 퉁구스카 강 지류.
48	키몰릴	1920년대 이후 포드카멘나야 퉁구스카 강.
49	키첼	키찰. 1920년대 이후 포드카멘나야 퉁구스카 강, 1926~1960년 타이가 강, 티찬 강. 니즈나야 퉁구스카 강의 키치기르 씨족과 친족이다.
50	토포로콜	타파르콜. 19세기 말 포드카멘나야 퉁구스카 강 좌측 지류와 코모 강. 1920년대 이후 포드카멘나야 퉁구스카 강. 여러 자료에 근거할 때 19세기 이후 앙가라 강 유역의 나나달 씨족과 토포르코 씨족의 통혼으로 출현한 것으로 추정된다.
51	톤쿨	1926~1960년 포드카멘나야 퉁구스카 강, 코모 강, 쿠윰바 강.
52	투루한스킬	19세기 말 포드카멘나야 퉁구스카 강.
53	투칼	1926~1960년 포드카멘나야 퉁구스카 강~쿠윰바 강.
54	피트스코 보로곱	19세기 말 포드카멘나야 퉁구스카 강과 예니세이 강 북부 산악 지역에서 유목.

55	호르볼	호르보. 18세기 포드카멘나야 퉁구스카 강의 추나 강 하구. 20세기 포드카멘나야 퉁구스카 강.
56	호르키기르	쳄달 씨족에서 분리. 1926년 이후 포드카멘나야 퉁구스카 강 상류.
57	훌라디기르	훌라달, 훌리디기르. 1640년 레나 강 유역, 이후 포드카멘나야 퉁구스카 강.

1) 포드카멘나야 퉁구스카 강 에벤키족의 출현과 정착사

① 포드카멘나야 퉁구스카 강 에벤키족의 출현

러시아인이 포드카멘나야 퉁구스카 강을 발견한 것은 1620년대이다. 당시 러시아인 표도르 형제가 심 강에 사냥을 나갔다가 우연히 이 강을 발견했다. 그들에 의하면 당시 이곳에 거주하는 사람은 에벤키족 60명이 유일했다.[3] 17세기 초 에벤키족은 바이칼 호수, 예니세이 강의 큰 지류인 앙가라 강, 니즈나야 퉁구스카 강, 빌류이 강 등에 집중적으로 거주했기 때문에 이 지역에는 극소수의 에벤키족만이 거주했다. 포드카멘나야 퉁구스카 강은 고대부터 에벤키족이 거주하던 곳은 아니다. 러시아인이 시베리아에 출현한 이후 에벤키족이 최소한의 생존 유지를 위해 찾은 지역이다. 포드카멘나야 퉁구스카 강으로 이주해 온 에벤키족의 대다수는 과거의 전통을 고수하려는 경향이 강했기 때문에 사냥과 순록 사육에 종사했다.

1680년대 초 현물세 납세 기록에 의하면 포드카멘나야 퉁구스카 강에 거주하는 에벤키족은 모두 340명이었다. 당시 그곳에 바르가간 그룹[4]의

3 Miller G. F. *Istorii Sibiri* 2, L., 1941, p. 292.

4 포드카멘나야 퉁구스카 강에서 출현한 에벤키-사모예드족 혼혈 그룹이다.

일부가 거주했던 사실을 감안한다면 400명 정도가 이 지역에 거주했던 것으로 추정된다.[5] 그렇다면 반세기 만에 이 지역 에벤키족의 수가 7배가량 급증한 것이다. 1782년 무렵 이 지역의 에벤키족은 720명까지 증가한다. 이는 전통적인 삶의 방식을 보존하고 러시아인의 횡포를 피해 타 지역의 에벤키족이 이 지역으로 집중적으로 이주해 왔기 때문이다. 하지만 이곳에서도 에벤키족의 삶은 그리 녹록치 않았다. 1830년대 포드카멘나야 퉁구스카 강의 피트 강, 벨모 강, 카멘카 강, 리브나야 강 연안에서 금맥이 발견되어 금광 개발이 시작되면서 이 지역 에벤키족의 삶은 급변했다. 에벤키족의 소중한 삼림이 파괴되었고 벌목과 산불로 동물들, 특히 흑담비가 어딘가로 떠났다. 에벤키족은 영락했고 엄청난 현물세 체납으로 고통을 받게 되었다.

"에벤키족은 최소한의 생계를 위해 물고기를 잡고 날짐승을 사냥해서 금광업자에게 팔았다. 금광을 찾으러 다녔고 러시아인에게 금광으로 가는 지름길을 알려주었다. 여름에는 순록을 이용하여 채굴용 물자를 운반했으며 건초를 베고 장작을 팼다. 하지만 에벤키족은 이런 일에 익숙하지 않기 때문에 일이 서툴었다. 일을 한 대가로 러시아인은 에벤키족에게 밀가루, 소금, 설탕, 성냥, 직물, 담배, 옷, 술 등을 주었다. 이 물건들은 에벤키족에게 백해무익했다. 하지만 에벤키족은 이미 이 물건에 길들여져 있었고 이 물건을 얻기 위해서는 무슨 일이든 할 준비가 되어 있다."(Krivoshapkin M. F. "Enisejskij okruk i ego zhizn'", *Zapiski Russkogo Geograficheskogo Obshchestva* 1, SPb., 1865, p. 39)

이후 금광업에 종사하는 러시아인과 에벤키족 여인들의 결혼으로 이

5 Tugolukov V. A. *Tungusy (evenki i eveny) Srednej i Zapadnej Sibiri,* M.: Nauka, 1985, p. 73.

지역 에벤키족은 아주 빠른 속도로 러시아 금광업자들에게 동화되어 갔다. 이로 인해 불과 몇십 년 만에 에벤키족은 자신들의 본성을 상당부분 잃어버렸다.[6] 1880년대까지 아직 에벤키족의 사냥 지역으로 남아있던 앙가라 강과 포드카멘나야 퉁구스카 강 사이의 계곡으로 앙가라 강에서 사냥에 종사하던 러시아 사냥꾼들이 밀고 들어왔다. 뿐만 아니라 앙가라 강에서 활동하는 '퉁구스닉'[7]이라는 러시아 상인들이 갖가지 물건을 들고 이곳 에벤키족을 직접 찾아와서 모피와 바꾸어갔다. 1895년경 퉁구스닉은 무리를 지어 밀려들어 왔다. 이들은 최종 목적지에 물물교환소를 설치했는데 1911년이 되면 그 수가 13곳에 이르렀다.[8] 이러한 현실은 에벤키족의 영락과 러시아인으로의 편입을 부추겼다.

이런 모든 행위가 자신들에게 백해무익하다는 사실을 깨달은 에벤키족은 더 이상 퉁구스닉이 포드카멘나야 퉁구스카 강 근처에 오지 못하도록 산불을 놓기도 했다. 상황의 심각성을 자각한 러시아 행정당국은 1912년 퉁구스닉의 포드카멘나야 퉁구스카 강 출입을 금지시키는 법령을 발포하기에 이르렀다.[9] 하지만 에벤키족을 착취하는 데 익숙해진 러시아인의 횡포도, 에벤키족이 포드카멘나야 퉁구스카 강을 떠나 타지역으로 이주하거나 러시아인에 편입되는 현실의 흐름도 막을 수는 없었다. 1897년 인구조사 목록에 의하면 이곳에 남아있는 에벤키족은 33명에 불과했다.[10] 이것은 이 지역의 에벤키족이 다른 지역 특히 예니세이 강 좌

---

6 Latkin P. V. *Enisejskaja gubernija, ee ploshloe i nastojashchee*, SPb., 1892, p. 126.

7 19세기 초까지 에벤키족과 직접 물물 거래하는 러시아인을 퉁구스닉이라고 불렀다.

8 Tugolukov V. A. *Tungusy (evenki i eveny) Srednej i Zapadnej Sibiri,* M.: Nauka, 1985, p. 77.

9 Krasnojarskij Kraevoj Kraevedcheskij Muzej (KKKM), №572.4(09)/512, l.58, 59.

10 Patkanov S. *Opyt geografii i statistiki tungusskih plemen Sibiri na osnovanii dannyh perepisi 1897 g. i drugih istochnikov. Tungusy sobstvenno* 1(2), SPb.: Izd. SPb., 1906, pp. 152, 159.

안으로 이주했기 때문이기도 하지만 짧은 40년 사이 그들이 급속히 빠른 속도로 러시아인에게 편입되었기 때문이다.

② 포드카멘나야 퉁구스카 강의 에벤키족, 앙가라 강 에벤키족의 문화를 이어받다

포드카멘나야 퉁구스카 강은 프리바이칼리예, 프리앙가리예와 지리적으로 인접해 있기 때문에 이 지역의 에벤키족은 프리바이칼리예, 프리앙가리예 출신이 대다수이다. 따라서 이 지역 에벤키 문화는 프리바이칼리예, 프리앙가리예 에벤키 문화와 많은 공통 요소들을 함유하고 있다. 가령 포드카멘나야 퉁구스카 강의 에벤키족은 프리바이칼리예, 프리앙가리예 에벤키족처럼 얼굴에 문신을 했다. 이 풍습은 19세기 초반까지도 포드카멘나야 퉁구스카 강의 남서 지역에 남아있었다.

> "엄마가 바늘로 아이의 피부에 아주 가는 선을 그린 뒤 돌가루를 문질러 피부 속으로 스며들어 가게 한다. 돌가루가 피부를 통해 예쁜 하늘색으로 비추면 문신이 완성된 것이다. 다른 지역의 에벤키족처럼 이들도 짧은 치마를 입고 있었다."(Stepanpv A. P. *Enisejskaja gubernija* 1, SPb.: Al'afaret, 1835, pp. 79, 80)

포드카멘나야 퉁구스카 강 에벤키족의 상당수가 프리앙가리예 출신이고 프리앙가리예 에벤키족이 러시아 문화의 영향을 강하게 받은 만큼 이들도 러시아 문화의 요소들을 많이 가지게 되었다. 이런 현상은 앙가라 강과 포드카멘나야 퉁구스카 강 사이의 코몹스크 계곡에 거주하는 에벤키족에게 두드러지게 나타났다.

"코몹스크 계곡은 포드카멘나야 퉁구스카 강의 좌측 지류인 코모 강, 앙가라 강의 우측 지류인 카멘카 강, 예니세이 강의 우측 지류인 피트 강에 걸쳐 있다. 이곳은 앙가라 강에서 이주해 온 에벤키족의 주요 정착지였다. 이곳 에벤키족은 절반만이 순록 사육에 종사하면서 말을 사육했는데 말은 주로 러시아인 마을을 방문할 때 이용했다. 순록이 없는 에벤키족은 통나무집에서 거주했다. 카멘카 강 상류의 에벤키족은 정착생활에 아주 잘 적응했으며 순록은 전혀 사육하지 않았다. ... 1923년 카멘카 강 에벤키족은 소를 길렀고 귀리와 감자를 재배했다."(Tsentral'nyj Gosudarstvennyj Arhiv Oktjabl'skoj revoljutsii (TsGAOR), f.3977, op.1, d238, l.1~5; d.213. l.33~34)

포드카멘나야 퉁구스카 강 다른 지역 에벤키족의 대다수는 1920년대에도 아직 사냥과 순록 사육에 종사했다. 그들은 전통적인 유목 이동생활을 하면서 유르타(천막집)에서 거주했으며 에벤키족의 문화를 상대적으로 온전히 보존하고 있었다. 그럼에도 그곳의 거의 모든 성인 남성은 러시아어를 할 줄 알았고 일부는 러시아식 집에서 거주했다.[11] 따라서 어떤 상황에서든 20세기 초까지, 아니 그 이후에도 에벤키족은 러시아인의 영향에서 자유로울 수는 없었다.

2) 가날치, 포드카멘나야 퉁구스카 강 에벤키족을 대표하다

18세기 중엽 포드카멘나야 퉁구스카 강의 에벤키족에 관한 기록 가운데 '가날치'라는 단어가 자주 발견된다. 가날치는 이 시기 포드카멘나야 퉁구스카 강의 에벤키족을 대표하는 그룹으로 보이는데 이들은 누구이며 가날치는 무슨 뜻일까? 에벤키어로 '가날치(ganalch)'는 '사격수', '가

11 Gosudarstvennyj Arhiv Irkutskoj Oblasti (GAIO), f.528, op.1, d.9, l.36ob.

나트(ganat)'는 '활을 쏘다', '가나(gana)'는 '활 사격'을 의미한다.[12] 그렇다면 가날치는 특정 시기 에벤키족의 생산 활동과 관련이 있으며 에벤키족이 순록 사육보다는 사냥에 주력하던 시기에 생긴 용어가 아닐까?

여러 기록에 근거할 때 가날치는 규모가 제법 큰 쿠르카기르와 모몰 씨족으로 나누어지는데[13] 다시 이들의 하위에는 다수의 소규모 씨족이 포함되어 있었다. 쿠르카기르와 모몰 씨족이 포드카멘나야 퉁구스카 강 지역에서 우월적인 지위를 차지할 수 있었던 것은 뛰어난 활솜씨로 인한 것이었다. 따라서 가날치는 이 두 씨족 및 이 씨족들과 아주 가까운 동맹 씨족들을 우선적으로 지칭하는 것으로 보인다. 그렇다면 가날치는 특정 씨족이 아니라 포드카멘나야 퉁구스카 강 지역의 한시적 씨족연합명이라고 할 수 있다.

쿠르카기르 씨족의 하위에는 모몰, 코체닐, 호르보 씨족이 있었는데 차파기르 씨족과 연합하면서 듀론골, 로팔, 코초닐, 호르보, 모몰, 첼콜, 로팔 등의 씨족을 더 포함하게 되었다. 씨족명 듀론골은 18세기 초에 활동했던 듀룬가(Djurunga)라는 에벤키인의 이름에서 기원한다. 모몰 씨족은 비팀 강 하류의 좌안에 거주하던 마무기르와 같은 씨족이다.[14] 모몰은 마무기르 혹은 마마기르의 음운 축약에 의한 것이다. 이러한 씨족명으로는 첼코기르 → 첼콜, 야토야기르 → 야토얄 등이 있는데 에벤키족 씨족

12 *Sravnitel'nyj slovar' Tunguso-Man'chzhurskih jazykov*, Pod red. Tsinius V. I., L.: Nauka, 1975, p. 139.

13 Tugolukov V. A. "Evenki-ganal'chi (k voprosu o sushchestvovanii plemeni i tungusov)", *Sovetskaja Etnografija* 4, 1979, p. 92.

14 Dolgih B. O. "O rodoplemennom sostave i rasprostranennija ehtsev", *Sovetskaja Etnografija* 4, 1946, p. 674. 하지만 바실레비치는 모몰 씨족은 앙가라 강 에벤키족의 고대 종족인 김(Kim)에서 분리되었다고 주장한다. 참고: Vasilevich G. M. *Istoricheskij fol'klor evenkov. Skazanija i predanija,* M.: Nauka, 1966, p. 357.

명에서 -gir가 -l'로 변하는 현상은 전형적이다.

아주 초창기 추나 강 하류에는 쿠르카기르와 모몰 씨족만 살았다. 두 씨족은 인접해서 거주하면서 상호 영향 관계에 놓여 있었다. 이후 코초닐, 호르보, 로팔 씨족이 이주해 왔다. 이들은 모두 쿠르카기르 씨족에 포함되었으며 시간이 흐르면서 쿠르카기르가 포함된 가날치의 규모는 점점 더 커졌다.[15] 모몰 씨족과 쳄달 씨족은 사이가 나빴는데 두 씨족 사이에서 쿠르카기르는 중립적인 입장을 견지하든가 모몰 씨족의 입장에 섰다.

사실 코초닐, 로팔, 호르보가 차파기르와 쿠르카기르의 하위 씨족이라는 확실한 근거는 아직 없다. 로팔은 17세기 앙가라 강에서 이름을 떨치던 라파기르 씨족에서 분리되었고 코초닐은 로포콜 씨족에서 분리되었으며 호르보는 포드카멘 퉁구스카 강 북쪽 지역에 거주했다. 코르두얀 씨족은 과거 쿠르카기르 씨족에 속해 있었지만 모몰 씨족에 대해서는 적대적이었다. 모몰의 하위 씨족은 가끔은 파찰키라고 불리는 모모차르가 유일해 보인다. 그렇다면 가날치는 쿠르카기르, 차파기르, 모몰 씨족의 연합이고 하위 씨족으로는 모몰, 코초닐, 호르보, 듀론골, 로팔, 코르두얀, 첼콜, 로포콜, 모모차르가 있었다.

가날치의 시대는 18세기 중엽 이전부터 19세기 초이다. 가날치는 포드카멘 퉁구스카 강에서 자신들의 위쪽 지역에 거주하는 쳄달, 니즈나야 퉁구스카 강의 상류와 중류에 거주하는 뉴룸냔 씨족과 적대적이었다. 가날치는 에벤키족 타씨족뿐만 아니라 타종족과도 적대적인 경우가 많았다. 17세기 말~18세기 초 포드카멘나야 퉁구스카 강의 하류에 케트족이 정착을 시도하면서 케트족과 가날치는 적대적인 관계에 놓이게 되었다. 에벤키족 설화에 의하면 가날치는 결국 케트족을 예니세이 강 연안으로

15 *Istoricheskij fol'klor evenkov. Skazanija i predanija,* M.: Nauka, 1966, p. 296.

다시 밀어냈다.[16] 가날치와 케트족의 불화는 심했지만 기본적인 삶을 유지하기 위해서는 어쩔 수 없이 물물교환을 해야 했다. 1962년 폴리구스 마을의 모몰 씨족 중 케토(Ketto)라는 성의 에벤키족 여성이 있다[17]는 기록으로 보아 통혼 관계도 맺었던 것 같다.

> "에벤키족의 가날치는 순록과 모피 옷을 활이나 새 깃털로 만든 케트족의 화살 등과 바꾸었다. 에벤키족 설화에 의하면 가날치는 케트족과 혼인관계에 있었다. 모몰 씨족의 포드팔료녹은 아내가 12명이었는데 그중 1명은 한티족이었다."(*Polevye materialy V. A. Tugolukova (PM)*, №1, 1962, p. 88)

시베리아 토착민 사회에서 어느 종족이건 생활의 기본 단위는 씨족이다. 씨족이 생존하기 위해서는 동혼관계를 맺을 수 있는 계통이 다른 또 다른 씨족이 존재해야만 했다. 당시 에벤키족의 생산력은 원시적인 단계에 머물렀고 이들에게 가장 중요한 것은 씨족과 개인의 생존이었다. 따라서 반드시 사이가 좋은 종족이나 씨족끼리 혼인관계를 맺을 수만은 없었을 것이다.

3) 에벤키족과 케트족, 포드카멘나야 퉁구스카 강에서 만나다: 바르가간 혼종문화의 출현

상술했듯이 17세기 포드카멘나야 퉁구스카 강에는 에벤키족만 거주했고 한티족이 강 하류에 가끔씩 나타나고는 했으며 1627년 케트족 씨족장

16 Tugolukov V. A. *Tungusy (evenki i eveny) Srednej i Zapadnej Sibiri*, M.: Nauka, 1985, p. 95.

17 *Polevye materialy V. A. Tugolukova (PM)*, №1, 1962, p. 93.

복디치가 이 지역에서 벌목을 했다는 기록이 있다.[18] 포드카멘나야 퉁구스카 강 하류의 남쪽 지역에서는 케트족에 대한 기록이 전혀 발견되지 않는다. 하지만 설화에 근거할 때 에벤키족이 출현하기 전 그곳은 케트족의 활동무대였다.

> "에벤키인이 보로곱카 강에서 예니세이 강 쪽으로 이동했다. 에벤키족의 씨족장 퉁가마가 활을 쏘라고 명령하자 에벤키인들은 케트족을 향해 활을 쏘았다. 케트족은 놀라서 강의 맞은편 기슭으로 도망갔다. 에벤키족이 케트족을 쫓아왔지만 케트족은 지혜를 내어 그들을 죽인 뒤 카스 강으로 도주한 뒤 그곳에서 겨울을 보냈다."(Dul'zon A. P. *Ketskie skaski*, Tomsk, 1966, p. 109)

위 설화 속 사건이 발생한 시기는 17세기 이전으로 추정되는데 보로곱카 강은 예니세이 강 우측 지류이고 카스 강은 좌측 지류이다. 그렇다면 에벤키족이 우측 지류에 거주하던 케트족을 좌측 지류로 몰아낸 것이다. 이러한 점으로 미루어 에벤키족은 17세기 이전까지 종종 예니세이 강 좌안의 케트족, 셀쿠프족, 한티족을 복속시키려 했으며 그런 시도가 성공을 거두었던 것으로 보인다.

에벤키족의 강렬한 저항에도 불구하고 케트족은 포드카멘나야 퉁구스카 강 하류에 정착하려는 열망을 멈추지 않았으며 1840년대는 포드카멘나야 퉁구스카 강의 지류인 벨모 강 하구, 이후에는 추나 강 하구까지 밀고 들어왔다.[19] 이들은 포드카멘나야 퉁구스카 강에서 에벤키족과 멀

18 Dolgih B. O. *Rodovoj i plemennoj sostav narodnostej Sibiri v XII veke*, M.: Izdatel'stvo AN SSSR, 1960, p. 176.

19 Middendorf A. *Puteshestvie na sever i severo-vostok Sibiri* 2(1), SPb., 1855, p. 657.

리 떨어진 쿠지뫕카 물물교환소 아래 지역에 자리를 잡았다.[20] 이는 에벤키족과 아주 인접한 지역에 거주하는 것이 불안하다는 판단에 의한 것으로 보인다. 이후 이들은 에벤키족 거주지 근처에는 전혀 나타나지 않았다. 이는 이 시기 에벤키족이 케트족보다 수적, 힘적 우위에 있었음을 말해 준다.

그렇지만 프리앙가리예 에벤키족과 케트족의 관계처럼 포드카멘나야 퉁구스카 강 에벤키족과 케트족의 관계도 늘 적대적이었던 것은 아니었고 물물교환이나 통혼도 성립했다. 그 결과 러시아인이 예니세이 강 우안에 출현할 당시 바르가간이라는 혼혈 인종과 혼종문화가 존재하고 있었다.

> "포드카멘나야 퉁구스카 강의 에벤키족은 앙가라 강의 에벤키족과 인종학, 민속학적으로 매우 가까웠다. 러시아인은 이들을 바르가간 씨족에 포함시켰다. 바르가간은 에벤키어로 '강 건너편에 거주하는 사람'이란 의미의 '바르가간(vargagan)'에서 기원한다. 바르가간 문화는 프리바이칼리예, 프리앙가리예 에벤키족 문화와 유사하다. 하지만 얼굴 문신과 같은 타종족 문화와의 혼종성이 보여지는데 얼굴 문신은 이미 17세기 초 부터 시작되었다."(Stepanpv A. P. *Enisejskaja gubernija* 1~2, SPb.: Al'afaret, 1835, p. 80)

바르가간 문화의 소유자들은 여름에는 보트를, 겨울에는 개썰매를 타고 케트 강에 거주하는 오스탸크족을 방문했다.[21] 이에 근거할 때 바르가간은 순록은 기르지 않았던 것으로 보인다. 이는 케트어권 종족의 영향

20 Tugolukov V. A. *Tungusy (evenki i eveny) Srednej i Zapadnej Sibiri,* M.: Nauka, 1985, p. 95.

21 Arhiv Vsesojuznogo Geograficheskogo Obshchestva (AVGO), razr.57, op.1, d.1, l.7ob.

도 있지만 순록의 먹이인 지의류가 잘 자라지 않는다는 포드카멘나야 퉁구스카 강의 환경에 의한 측면도 크다. 예니세이 강 남쪽 지역은 지의류가 부족하여 이곳의 에벤키족은 나무 이끼를 순록의 먹이로 사용한다.[22] 바르가간 문화의 소유자들은 에벤키족, 케트족의 교집합에 해당한다. 이들은 에벤키족으로 분류되었지만 케트족과도 우호적인 관계를 유지했던 것으로 보인다.

2. 니즈나야 퉁구스카 강 에벤키족 씨족명 분포 현황 및 문화적 특징

표 7. 니즈나야 퉁구스카 강 에벤키족 씨족명 분포 현황

니즈나야 퉁구스카 강의 에벤키족 씨족명		
번호	씨족명	씨족명 변이형 및 초기~20세기 초 주요 거주지
1	갈렐	골레, 골리예. 18세기 초 카탄 지역, 1920년대 포드카멘나야 퉁구스카 강, 예르보고촌 지역, 20세기 중반 이후에는 카탄 북부 지역에 집중적으로 거주했다. 이들 가운데 실리기르라는 성이 있는 점으로 미루어 실리기르 씨족에서 분리된 것으로 추정되지만 바실레비치(1969)는 이들이 몽골족에서 기원한다고 주장한다.
2	고라기르	가라굴르, 고라길, 가랄. 17세기 니즈나야 퉁구스카 강 하류, 1730년대 타이무라 강~에이코 강. 18세기 후반 두 그룹으로 분리되었다. 한 그룹은 포드카멘나야 퉁구스카 강 남쪽 좌안에서 구르가기르 씨족이 되었고 다른 그룹은 북쪽 치린그다 호수와 예세이 호수 지역으로 이주하여

22 참고: Rychkov K. M. “Enisejskie tungusy”. *Zemlevedenie* 1~2, 1917, p. 166.

		구르구기르라고 명명했다(Dolgih, 1946, pp. 482, 571).
3	고린친	1682년 고르노스타이가 이끌었으며 30년 간 현물세를 납세했다는 기록이 있는데 이후에는 더 이상 발견되지 않는다. 당시 이 씨족은 콘도기르 하위 씨족으로 기록되어 있었는데 이 씨족에 '살다가'라는 이름의 4살 소년이 있는 점으로 미루어 콘도기르에서 분리된 살다기르 씨족과 관련이 있을 것이다(TsGADA, f.214, op.214, kn.732, l.34).
4	골레 몽골	니즈냐야 퉁구스카 강의 갈렐과 포드카멘나야 퉁구스카 강 몽골 씨족의 통혼에 의해 출현한 것으로 추정된다.
5	나마르킨	19세강 말 예니세이 강 좌안. 일림페야 강에서 이주했다.
6	네미롭신	아메롭신, 하메린과 같은 씨족이다
7	뉴룸냐	뉴린, 뉴림, 뉴룸냐, 뉴루믈랴, 뉴르릴, 우유릴, 유릴, 이우린. 17세기 니즈나야 퉁구스카 강의 지류인 일림페야 강과 테테레 강 사이, 우차미 강, 테테레 강, 추나 강, 포드카멘나야 퉁구스카 강 연안. 니즈나야 퉁구스카 강의 지류인 일림페야 강과 우차미강 사이에 뉴룸냐디와 뉴룸냐라는 이름의 산맥과 절벽이 있다(Vasilevich, 1969, p. 276). 독자적인 씨족명도 되지만 17세기 4~5개, 19세기~20세기 초 10여 개의 씨족으로 이루어진 씨족연합일 가능성도 있다(Dolgih, 1970, pp. 335, 349). 바냐디와 뉴룸냐 씨족은 기원이 동일하다. 하지만 지역에 따라 북부 그룹은 바냐디, 남쪽의 니즈나야 퉁구스카 그룹은 뉴룸냐로 불렀다.
8	댜란달	20세기 이후 네파 강과 니즈나야 퉁구스카 강 상류.
9	도고차기르	1682년 일림페야 강, 코투이 강 수원.
10	라구기르	17세기 니즈나야 퉁구스카 강, 레나 강. 아무르 강 연안의 라다기르 씨족과 친족이다.
11	론토기르	1930년 니즈나야 퉁구스카 강, 그 지류인 네파 강, 비팀 강, 추나 강, 마마 강 하류, 포드카멘나야 퉁구스카 강. 론토기르는 고대에서 기원하는 에벤키족 씨족으로 러시아인이 출현했을 당시 이미 여러 소규모 씨족으로 분리되어 있었다. 아니시모프는 론토기르가 쳼달의 하위 씨족이라고 주장(1936, p. 108)하는 반면 바실레비치는 비팀 강 하류에 거주하는 칠체기르 씨족에서 기원한다고 주장(1969, p. 273)한다. 자바이칼리에 올룍마 강의 론그카기르 씨족과 친족이다.

12	류톡	루텍, 룬톡. 20세기 초 포드카멘나야 퉁구스카 강 연안, 1960년 추나 강, 니즈나야 퉁구스카 강. 현재 투루한 강에도 거주한다. 차파기르에서 분리된 키첼과 동일한 씨족으로 추정된다.
13	마우기르	마울 혹은 우르게틸. 17세기 올룍마 강, 차라 강, 니즈나야 퉁구스카 강의 네파 강과 테테레 강 사이, 레나 강 뒤편 체추야 강, 차야 강, 추야 강의 사냥 지역. 모모기르 씨족에 속한다.
14	마이카노프	모이카기르. 1632년 처음 기록에 등장한다. 17세기 좁니나 쿠레 강~네파 강 유역. 1682년 이후 기록에서 사라진다. 18세기 초부터 하메린 씨족에 모이카노프라는 이름이 발견되는 점(Okladnikov, 1968, p. 102)으로 미루어 하메린 씨족에 편입된 것으로 추정된다.
15	막제기르	17세기 니즈나야 퉁구스카 강. 17세기 프리아무리예의 마나기르 혹은 마네기르 씨족과 관련이 있다. 같은 지역의 만데기르 씨족과 친족으로 추정된다.
16	만데기르	만데기트. 17세기 니즈나야 퉁구스카 강, 우차 강.
17	말가차기르	말가, 몰차기, 무갈스코이, 몹기, 몽골차기르, 무갈. 17세기 헤타 강 상류, 니즈나야 퉁구스카 강, 우차 강 유역, 투루한 강. 이후 예세이 호수 지역으로 이주했으며 1682년에는 무갈이라는 이름을 사용했다. 1911년 일림페야 강, 1926~1927년 아얀 강 유역에 거주했고 야쿠트어를 사용했다(Dolgih, 1946, pp. 435, 437). 1959년 헤타 강 유역에 몰가차 씨족이 있었다. 에벤키족 몰가차 씨족은 몽골족에서 분리된 이후 새로운 씨족의 기원이 되었다(Vasilevich, 1969, p. 273). 니즈나야 퉁구스카 강의 몽골 씨족과 친족으로 추정된다.
18	모모기르	실랴기르와 동일한 씨족으로 추정되며 18세기 말 처음으로 니즈나야 퉁구스카 강에 거주한 것으로 추정된다.
19	모울릴	1926~1927년 톡민 지역에 거주했는데 17세기 모모기르 씨족의 후손으로 보인다.
20	몽골	17세기 초 니즈나야 퉁구스카 강 상류, 19세기 후반 니즈나야 퉁구스카 강. 씨족원들은 씨족명 몽골이 문글 씨족에서 차용한 것이라고 생각한다(PM, 1977, l.74ob.). 에벤키족 설화에 의하면 일림페야 강과 티테이 강에서 활동하는 누르고불은 몽골 씨족의 선조이다(Voskobojnikov,

		1965, p. 39). 앙가라 강 중류의 몽골, 포드카멘나 퉁구스카 강의 몽골 씨족과 친족으로 추정된다.
21	무먈리르	18세기 말 이미 멸족했다고 전해진다. 러시아인이 출현했을 당시 이미 그 수가 극소수였던 점으로 미루어 고대에 기원한 씨족으로 보인다. 17세기 예니세이어권의 아린족이 이 씨족명과 음성적으로 유사한 미뮬 강에 거주했다 (Dolgih, 1960, p. 228). 무먈리르는 예니세이 강이나 앙가라 강에서 니즈나야 퉁구스카 강으로 이주한 에벤키-아린족의 혼혈 그룹으로 보인다.
22	무추기르	17세기 순록 사육인은 니즈나야 퉁구스카 강, 테테례 강에 거주했고 가축 사육인은 레나 강 인근에 거주했다. 모모기르와 동일한 씨족인데 가축 사육인을 무추기르라고 불렀던 것으로 추정된다(Dolgih, 1960, p. 172). 17세기 중반 이후 기록에 더 이상 나타나지 않는데 이는 다른 명칭의 소규모 씨족으로 분리되었기 때문이다.
23	묵데케기르	욱도코이르. 바이칼 호수 북부의 칠차기르 씨족에 속했다. 1925년 레나 강~쿠타 강, 니즈나야 퉁구스카 강, 네파 강과 톡마 강 상류.
24	묵토	묵테, 묵텔. 1920년 이후 러시아 기록에 처음 등장하며 1960년 우차미 강~니디마 강, 치린그다 호수. 포드카멘나야 퉁구스카 강 연안의 코초닐 씨족에서 분리되었다 (Vasilevich, 1969, p. 275). 1926년, 1935년에는 니즈나야 퉁구스카 강과 포드카멘나야 퉁구스카 강의 분기점에 거주했다.
25	문글	1624년 니즈나야 퉁구스카 강에 거주했으며 북서지역에서 이주해 왔다. 17세기 앙가라 강 상류에 문글 씨족연합이 있었던 점으로 미루어 일부가 올레뇩 강을 지나 니즈나야 퉁구스카 강으로 이주한 것으로 보인다. 앙가라 강 최상류 지역의 문갈 씨족과 친족 관계로 추정된다.
26	미로시콜	미로시코. 1960년 치린그다 호수, 니즈나야 퉁구스카 강 연안. 차파기르 씨족에서 분리되었다. 러시아식 이름 미로시카 혹은 미론에서 기원하므로 기원이 오래 되지 않은 것으로 추정된다.
27	바냐디	마야디. 17세기 초 예세이 호수와 아나바라 강, 니즈나야 퉁구스카 강과 헤타 강 사이에 넓게 분포했다. 여러 기록에 근거할 때 뉴룸냘과 같은 씨족이었는데 북부 그룹은

		바냐드, 남쪽의 니즈나야 퉁구스카 그룹은 뉴룸냘로 불렸던 것으로 추정된다(Tugolukov, 1985, p. 200). 17세기에는 하위에 여러 소규모 씨족이 속해있을 만큼 비교적 규모가 컸다. 에벤키족과 야쿠트족 설화에 의하면 이들은 야생순록 사냥에 능숙했는데 기아로 멸족했다(Ergis, 1941, vol.2, pp. 76~77). 에벤족 설화에 의하면 뉴룸냘은 에벤족을 오호츠크해로 쫓아낸 적대적인 대상이다(Novikova, 1958, p. 83).
28	바야기르	보야기르, 부야기르, 푸야기르, 보야르. 바야기르는 아주 고대부터 기원하며 에벤키족과 에벤족에 모두 있다. 1639년 니즈나야 퉁구스카 강의 티테이 강 하구에 거주하던 바야기르는 1646년 이후 북서쪽의 예세이 호수, 아나바라 강 지역으로 이주한 뒤 현재에도 그곳에 거주하고 있다. 니즈나야 퉁구스카 강 다른 지역의 바야기르 씨족은 18세기 후반 북쪽 지역으로 이주했다. 푸야기르 씨족은 빌류이 강 상류에 거주했다. 1682년 니즈나야 퉁구스카 강에는 더 이상 거주하지 않았다. 18세기 초부터 보야르신이나 바야르신으로 불리기 시작했다. 19세기 후반 레나 강, 니즈나야 퉁구스카 강에 걸쳐 넓게 분포했으며 사할린으로도 이주했다. 아무르 강 남쪽에도 가축 사육에 종사하는 바야기르 씨족이 있다. 만주족 가운데도 보야 씨족이 있다. 1920년대 카탄 지역의 에벤키족 가운데 보야르신이라는 성이 있었고 1930년대 중반 카탄 지역의 테테레 강 유역에 보야르신이라는 성의 에벤키족이 많이 거주했다(PM, 1966, №2, l.132, 138~139). 포드카멘나야 퉁구스카 강 하류의 바야신, 예니세이 강 좌안의 바야키 씨족과 친족이다. 바야기르는 중세 바예구, 고대 튀르크어권 바이이르쿠의 후손일 가능성이 있다(Dolgih, 1960, p. 176).
29	바쿠바기르	1920년대 카탄 지역 위쪽과 톡민 지역.
30	박데케기르	북데케이르. 니즈나야 퉁구스카 강 상류 지류인 네파 강 연안.
31	벨다기르	불레트 씨족에서 기원했다. 1765년 이전 자바이칼리예에 거주하던 불테기르 씨족 가운데 1765년 북서쪽 니즈나야 퉁구스카 강으로 이주한 그룹이다.
32	베르베기르	1765년 일림페야 강. 에벤키어에서 v(b)와 m이 자주 혼용된다는 점을 염두에 둔다면 음성적으로 바이칼 호수의

		무르무기르 씨족과 유사하기 때문에 두 씨족은 친족으로 추정된다. 이들은 바이칼 호수 지역에서 돌연 자취를 감춘 베르베기르 씨족으로 추정되는데 이후의 행적은 전혀 알 수 없다.
33	보룬디	1928~1929년 카탄 지역.
34	보야르스키	17세기 후반 니즈나야 퉁구스카 강 하류. 모모기르에서 분리된 씨족으로 추정된다.
35	부나이르	20세기 초 톡민 지역. 17세기 빌류이 강에 부나이르와 음성적으로 유사한 부르나기르라는 씨족이 활동했다. 활동 지역이나 특성 상 뉴르마간이나 무르가트를 연상시킨다(Tugolukov, 1985, p. 158).
36	사파기르	포드카멘나야 퉁구스카 강에서 이주했으며 1930년대 니즈나야 퉁구스카 강에 거주했다.
37	살다기르	1682년 니즈나야 퉁구스카 강, 1765년 일림페야 강.
38	살라트킨	샬라드킨. 17세기 말 니즈나야 퉁구스카 강의 네파 강 연안. 18세기부터 수가 급감하다가 1765년 이후에는 더 이상 기록에 등장하지 않는다. 카탄 지역에 살라트킨이라는 성을 가진 42개 가구가 거주하고 있는데 이들은 자신들은 살라트킨 씨족이 아니라 론토기르 씨족에 속한다고 주장한다(Tugolukov, 1985, p. 154). 이 씨족의 기원은 현물세를 납세할 당시 45세였던 살라드카로 추정된다. 이 이름이 에벤키식이 아니므로 에벤키족과 토착민의 통혼으로 출현한 씨족일 것이다. 이 씨족은 17세기 말 니즈나야 퉁구스카 강뿐만 아니라 레나 강, 비팀 강 하구, 빌류이 강의 넓은 지역에서 활동했다(PM, 1966, №2, l.132, 138~139)는 기록이 이를 뒷받침한다.
39	세보키기르	1678년 니즈나야 퉁구스카 강에 대다수가 거주했는데 포드카멘나야 퉁구스카 강에서 이주해 온 것으로 추정된다. 1765년 일림페야 강에 거주했고 1795년 일부가 다시 포드카멘나야 퉁구스카 강으로 되돌아갔다.
40	센테이	센탸, 세옙쿠. 17세기 니즈나야 퉁구스카 강 하류. 1629년 예니세이 강 좌안의 토바르 씨족 중 센탸이라는 이름이 있는 점으로 미루어 토바르 씨족에서 기원한 것으로 추정된다(TsGADA, f.214, op.1, kn.19, l.47ob.).
41	소볼나기르	1765년 일림페야 강. 이후 이들에 대한 기록은 없지만

		17세기 오호츠크해의 에벤키족 가운데 가끔 오볼나기르라고 기록된 무옐라기르 씨족과 연결시킬 수 있다(Dolgih, 1960, p. 517).
42	수하노프	1682년 일림페야 강.
43	시체기르	시쵸기르, 히체기르, 울기르, 체쵸기르, 체초기르. 16세기 초 바이칼 호수 지역에서 여러 곳으로 이주하기 시작했다. 17세기 앙가라 강과 일림 강 연안의 브랏스크 강, 레나 강, 체추이 강, 펠레두야 강, 올룍마 강, 비팀 강, 키렌가 강, 캄타 강, 브랸타 강, 간 강에 거주했으며 일부는 남동쪽의 아무르 강으로 이주했다. 18~19세기 이후에는 니즈나야 퉁구스카 강의 지류인 코초모 강~네파 강에 거주했다. 일부는 하차기르 혹은 아차카기르 씨족에서 기원한다. 이들은 시체기르 씨족에 양자로 들어갔다. 시체기르~히체기르 씨족과 자신들을 구별하기 위해 자신들을 치체기르라고 불렀다(Vasilevich, 1969, p. 279). 1930년대 중반 초나 강 상류, 일림페야 강 하구에 거주했다.
44	실랴기르	셀랴기르. 고대에는 제법 큰 씨족이었으며 일부는 몽골족의 타타르 부대에 들어갔다. 1620년 니즈나야 퉁구스카 강 상류, 1682년에는 일림페야 강에서 활동했다. 17~19세기 시베리아 북동지역의 기록에 자주 등장하는 셀라기와 같은 씨족으로 추정된다. 비팀 강 좌측 지류에 마마 강이 있는 점으로 미루어 레나 강 우안의 모모기르(마우기르)는 실랴기르의 한 갈래일 것이다(Tugolukov, 1985, p. 148). 1630년 이후 기록에서 실랴기르는 더 이상 등장하지 않지만 모모기르의 수가 증가한 점, 동일 지역에서 두 씨족명이 같이 발견되지 않는 점, 1641년 카작 대장 막심 페르필레프가 무야 강 좌측 지류에서 실랴기르를 발견한 점(DAI, T.2, 1846, p. 258; AAN, f.21, op.4, d.30, l.57ob.) 등으로 미루어 실랴기르와 모모기르는 같은 씨족으로 보인다.
45	실리기르	시니기르. 17세기 올레뇩 강, 아나바라 강, 초나 강, 니즈나야 퉁구스카 강.
46	아카리기르	17세기 중반 소규모 씨족이었고 19세기 중반 니즈나야 퉁구스카 강~예르보고촌 지역에 2~3인만이 생존해 있었다(Patkanov, 1906, pp. 94, 131~132). 1935~1936년 호모카세프 인민위원회에서 아카기기르라는 인물이 활동했

		다(PM, 1966, №2, 138).
47	아차카기	아티카기르, 오초코기르, 하치카기르, 하차카기르. 1652년 예로페이 하바로프가 부대원 중 악치가르 에벤키 씨족원이 있다고 말한 점으로 미루어 17세기 아무르 강으로 이주하는 과정에서 시체기르 씨족에서 분리한 것으로 보인다(DAI, T.3, 1848, p. 347). 17세기 올뢱마 강, 퉁기르 강, 비팀 강 상류, 실카 강 뒤쪽 지역. 18세기 하치카기르~하차기르 씨족은 올뢱마 강 지역. 20세기 아치카기르는 메르겐 강과 논니 강. 1850년대 오초코기르, 1959년에 하차카기르 씨족이 예르보고촌 마을에 거주했다.
48	악찬	아찬. 1624년 니즈냐야 퉁구스카 강. 놀간족의 디엑첸 씨족에서 기원했다.
49	얄타카기르	이올타카기르. 17세기 예세이 호수와 아나바라 강, 니즈나야 퉁구스카 강에 거주했다. 에벤키족 이올다기르 씨족 중 고립되어 지내던 그룹으로 추정되지만 바야기르에서 분리된 씨족으로 추정되기도 한다. 1931년 니즈나야 퉁구스카 강 북쪽, 일림페야 강.
50	엘다기르	자바이칼리예 북쪽 차라 강 상류에 있는 쿠시켄도 호수를 방문했던 한 야쿠트인의 기록에 의하면 이들은 1670년대 빌류이 강 연안에서 니즈나야 퉁구스카 강으로 이주했다. 17세기 이미 예세이 호수와 아나바라 강에도 거주했다. 1765년 이후부터 현재까지 계속 일림페야 강에서 거주하고 있는데 그 지역을 거점으로 남쪽과 북쪽으로 넓게 분포되어 있고 빌류이 강 상류에서 유목을 하고 있다(Dolgih, 1946, pp. 447, 480, 482). 기원은 알 수 없지만 1682년 니즈나야 퉁구스카 강의 바야기르 씨족 가운데 엘데가란 이름이 있었던 점(TsGADA, f.214, op.1, kn.732, l.91)으로 미루어 바야기르 씨족의 엘데가에서 기원한 것으로 보인다. 19세기 말 이후 포드카멘나야 퉁구스카 강에 거주하는 이올다기르 씨족과 친족으로 추정된다.
51	에미다클	에미닥, 이미다클. 야쿠트족 출신으로 19~20세기 니즈나야 퉁구스카 강 북쪽 호수 지역, 1926~1927년 니즈나야 퉁구스카 강 하류에 넓게 분포되어 있으며 예니세이 강 북쪽의 에미스 씨족과 친족으로 추정된다.
52	오시카기르	오시키르, 오소케르, 오스카기르, 우시카기르, 우시카이

		르, 욱하기르. 1630년대 빌류이 강 하류의 도보 야쿠트족 가운데 오세쿠이 씨족이 거주했다는 기록이 있다. 이에 근거할 때 빌류이 강 하류에서 니즈나야 퉁구스카 강으로 이주한 것으로 보인다. 도보 야쿠트족은 순록을 잃어버리고 야쿠트족에 동화 된 에벤키족이므로 오시카기르는 17세기 니즈나야 퉁구스카 강에서 활동했던 큰 씨족인 무추기르에서 분리된 것으로 보인다. 17세기 암군 강 상류와 우다 강, 19세기 중반 니즈나야 퉁구스카 강 위쪽과 예르보고촌 마을 아래쪽, 1914년 일림페야 강, 1925년 네파 강 상류에 거주했다. 1931년부터 야쿠트어와 러시아어를 구사하는 오시키리 씨족은 러시아인에 편입되었다.
53	오요기르	오포오기르, 오요트. 17세기 쿠흐투이 강 연안, 1931~1959년 니즈나야 퉁구스카 강의 우측 지류인 투라 강과 빌류이 강의 호수 지역. 1960년 치린그다 호수와 아차미 강~니즈나야 퉁구스카 강.
54	우르게트	우르가틸. 1959년 니즈나야 퉁구스카 강 연안의 칼린나 마을.
55	우보찬	우바찬. 1931~1960년 니즈나야 퉁구스카 강 중류. 에벤키족 설화에 의하면 카플린이라는 성의 에벤키인이 있었는데 순록은 기르지 않았고 물건이나 아이들을 모조리 자기에게로 가져가서 다른 에벤키인이 그를 '우보찬'이라 불렀다고 한다(Vasilevich, 1972, pp. 232, 233). 우보찬은 동일한 지역의 카플린 씨족과 관련이 있다. 또 빌류이 강에서 활동한 우발라기르 씨족의 음성 변형으로 보이는데 현재 우보찬이라는 성이 있다.
56	욱도키르	욱테케기르. 1765년 니즈나야 퉁구스카 강 하류, 20세기 이후 니즈나야 퉁구스카 강 북쪽 지역에 거주. 1926~1927년 노릴 호수에 친족으로 추정되는 욱다코기르 씨족이 거주하고 있는 점으로 미루어 이후 북서 지역으로 이주했다. 17세기 극동 타우이 지역 도보 퉁구스(에벤족)의 욱디기르(Dolgih, 1960, p. 524) 씨족과 친족으로 추정된다.
57	이르골	1926~1927년 니즈나야 퉁구스카 강 하류.
58	이올리기르	이올로기르, 이올라기르, 이엘레기르, 엘리긴, 엘리기레프, 이요기르, 리르길로. 17세기 우차미 강, 타이무르 강과 그 북쪽, 니즈나야 퉁구스카 강에서 이와 유사한 소규모

		씨족명이 다수 발견된다(AAN, f.21, l.16~31ob.). 18~20세기 초 니즈나야 퉁구스카 강 북쪽, 1935년에도 동일 지역에 거주하고 있으며 일부는 예니세이 강 서쪽, 헤타 강과 한타이카 강에 거주한다. 빌류이 강 상류에 유사한 산맥명이 있다. 아주 오랜 전 코투이 강으로 흘러들어가는 키다 강 근처에 엘리다기르 씨족의 움나가 아들 우율리구와 함께 살았다는 에벤키족 설화가 있다. 따라서 움나의 아들인 우율리구가 씨족의 기원자로 추정된다.
59	이요길	17세기 말 뉴룸냐 씨족에서 분리한 것으로 추정되며 당시 니즈나야 퉁구스카 강 하류에서 활동했다.
60	차파기르	니즈나야 퉁구스카 강의 키치기르 씨족에서 기원한다. 17세기 앙가라 강, 포드카멘나야 퉁구스카 강, 니즈나야 퉁구스카 강 상류, 네다 강, 일림페야 강, 테테레 강, 앙가라 강의 지류인 코바 강, 카타 강, 케지마 강, 추나 강 하구. 포드카멘나야 퉁구스카 강과 앙가라 강 사이 지역에서 에벤키족과 토착민의 통혼으로 출현한 것으로 추정된다. 17세기 700명, 18세기 1,400명에 달할 만큼 규모가 컸다. 이는 당시 이 명칭이 개별 씨족명, 씨족연합명이었을 뿐만 아니라 행정 편의상 묶어놓은 현물세 납세씨족명을 대신했기 때문인 것으로 보인다. 당시 판카기르 씨족과 같은 현물세 징발소에 속해 있었는데 적대적인 관계였지만 차파기르가 우위에 있었다. 이후 일부는 니즈나야 퉁구스카 강 북쪽으로 이주했지만 대다수는 니즈나야 퉁구스카 강에 거주했다. 19세기~20세기 초 차파기르에서 많은 소규모 씨족이 분리되었다. 1925년 일부가 앙가라 강의 지류인 추나 강과 아무트 호수 지역에 거주했다. 1920년대 이후 포드카멘나야 퉁구스카 강에도 거주했다. 18세기 초 차파기르와 차페기르 씨족은 이미 다른 씨족으로 분리되었다.
61	차페기르	차파기르 씨족에서 분리되었다. 1959~1960년 치린그다 호수와 니즈나야 퉁구스카 강에서 키슬로칸 강과 투톤찬 강 사이, 일부는 예니세이 강 유역.
62	쳄바	쳄발. 17세기 포드카멘나야 퉁구스카 강의 테테레 강과 니즈나야 퉁구스카 강의 지류인 네파 강 유역, 1930년경 예니세이 강 서쪽의 나림 강과 심 강 유역. 추나 강 지류에 촘바 강이 있다. 쳄포기르 씨족에서 분리된 것으

		로 보이며 현재 한타이카 강에 쳄파기르 씨족이 거주한다.
63	초코티카기르	1960년 니즈나야 퉁구스카 강의 지류인 투톤찬 강.
64	춀코기르	솔카고르, 춀코고르. 17세기 중반 이전에는 바이칼 호수의 남동 연안, 이후에는 자바이칼리예에 거주했는데 가축 사육자였다. 이들은 오호츠크해 연안 유아 강에서 이주해 왔는데 그곳에서는 순록 사육에 종사했다. 20세기 초 추나 강과 니즈나야 퉁구스카 강 사이, 바르구진 강에 거주했다. 1920년대 이후 포드카멘나야 퉁구스카 강에 거주하고 있는 춀콜 씨족과 친족으로 추정된다.
65	추라르기르	추라카이르. 1925년 니즈나야 퉁구스카 강의 상류 지류인 네파 강과 레나 강~키렌가 강, 일부는 니즈나야 퉁구스카 강과 투라 강에서 정착생활을 하면서 농경에 종사한다.
66	침댜기르	침지르, 참차이르, 참카이르. 바이칼 호수 지역의 캄차기르 씨족에서 기원한 것으로 추정된다. 1920년대 이후 니즈나야 퉁구스카 강 상류. 포드카멘나야 퉁구스카 강에 거주하는 쳄달 씨족과 친족이다.
67	치찬구르	17세기 후반 니즈나야 퉁구스카 강 하류. 찬기 혹은 찬기트와 음성적으로 유사하므로 에벤키족과 토착민의 통혼으로 출현한 것으로 추정된다.
68	카타레	1926~1927년 처음으로 기록에 등장했는데 일림페야 강에 거주한다. 예니세이 강 하류의 바야기르 씨족 가운데 카타렐리라는 성이 있는 점(Richkov, 1917, p. 8)으로 미루어 바야기르 씨족에서 기원한 것으로 보인다.
69	카플린	19세기 말 니즈나야 퉁구스카 강. 여러 씨족에서 성으로 많이 발견된다. 따라서 씨족명도 되지만 기독교 도입 이후 카탄 지역의 에벤키족 사이에 전파된 '성'으로 추정된다.
70	케무기르	예세이 호수와 아나바라 강 케무카기르 씨족의 기원이 되었는데 그들보다 더 북쪽 지역에 거주한다. 예니세이 강 좌안의 케무 씨족과 친족이다.
71	코넨키	1653년 처음 기록에 등장하는데 17세기 말 니즈나야 퉁구스카 강의 지류인 네파 강에 거주했다. 러시아에 동화된 뒤 급격하게 수가 감소하면서 절멸된 것으로 보인다. 1935~1936년 카탄 지역에 거주하는 에벤키족 7개 가구의 성이 코넨키였다(PM, 1966, №2, l.137ob.~139). 코넨

		키는 러시아식 이름이나 성에서 기원하거나 '양'이라는 에벤키어 '코닌(konin)'에서 기원했을 것이다.
72	코르실	1925년 키렌가 강, 톡마 강, 네파 강.
73	코부키	1682년 일림페야 강. 코부키와 음성적으로 유사한 호보코라는 이름이 에벤키족 설화에 등장한다. 호보키는 포드카멘나야 퉁구스카 강 모모차르 씨족의 장남이었다. 처음에는 포드카멘나야 퉁구스카 강 모몰 씨족의 파차키에게 무술을 배우다가 이후 니즈나야 퉁구스카 강으로 이주해서 뉴륨냘과 전투를 하게 되었는데 그들을 모두 죽였다(Vasilevich, 1970, pp. 284~291). 이러한 점으로 미루어 모모차르 씨족에서 기원한 것으로 추정된다.
74	콘도기르	콘도기리, 쿤도기리, 쿤루기리, 콘데기르, 쿤데기르, 쿵네기르. 17세기 니즈나야 퉁구스카 강 연안, 네파 강과 일림페야 강 사이, 추나 강, 1794년 빌류이 강과 초나 강, 1959년 니즈나야 퉁구스카 강 연안과 나칸노 마을. 아무르 강의 콘타기르, 오호츠크해의 콘다카기르 씨족과 친족으로 추정된다.
75	콜로보프	콜로봅신, 콜루베닌, 콜루멘키. 17세기 말 니즈나야 퉁구스카 강의 네파 강, 쿠레이 강. 1920년대 카탄 지역에 콜로봅신이라는 성의 에벤키족 11가구가 거주했는데 톤모기르나 침다기르 씨족에 속했다(Dolgih, 1946, pp. 606~609). 콜로보프 씨족 가운데 침자와 톤모라는 이름이 있었던 점(Tugolukov, 1985, p. 152)으로 미루어 톤모기르와 침다기르 씨족으로 분리된 것으로 추정된다.
76	콤바기르	콤바시르, 캄바기르. 19세기 말 처음 기록에 등장했다. 1897년 콤보이와 빌류이 강 지역, 1911년 일림페야 강, 1931년 이후 니즈나야 퉁구스카 강, 일림페야 강, 네콘그도 호수, 기린그다 강, 빌류이 강 상류에 거주한다. 이들의 기원은 니즈나야 퉁구스카 강 상류의 실랴기르, 모모기르 씨족과 관련이 있고 씨족명 콤바기르는 콤보라는 이름과 관련이 있을 것이다. 1641년 비팀 강의 지류인 무야 강 하구 근처에서 에벤키족을 만난 막심 페르필레프는 이들을 실랴기르 씨족에 포함시켰다(Tugolukov, 1985, p. 128). 17세기 실랴기르는 씨족연합의 명칭이기도 했다. 이 연합에 모모기르가 포함되어 있었고 레나 강 우안에는 실랴기르가 아닌 모모기르 씨족이 활동했다는 점에 근거

		할 때 이들은 모모기르 씨족과 관련이 있을 것이다.
77	콩노코기르	1925~1960년 니즈냐야 퉁구스카 강의 상류 지류인 네파 강, 톡마 강, 레나 강 지류인 티라 강.
78	쿤출리르	쿰출. 1925년 니즈냐야 퉁구스카 강 연안의 포이미가 지역에서 반정착 생활을 하면서 말을 사육했다. 바이칼 호수 지역에 거주하는 캄차기르 씨족에서 분리된 것으로 추정된다(Dolgih, 1960, p. 284).
79	키치기르	키시기르, 키티기르. 고대 퉁구스족과 토착민의 통혼으로 출현했다. 차파기르 씨족의 기원이 되었다. 씨족명 키첼은 키치기르에서 파생되었으므로 키첼과 키치기르 씨족은 친족이다. 18세기 우다 강, 19세기 레나 강 상류. 레나 강 지류에 이 씨족명과 음성적으로 유사한 치카나 강과 킬로라 강, 키체가로보 마을이 있다.
80	탈라기르	1926~1927년 니즈냐야 퉁구스카 강과 포드카멘나야 퉁구스카 강의 분기점, 1959년 니즈냐야 퉁구스카 강 지류인 네파 강과 톡마 강. 자바이칼리예 탈리기르 씨족과 친족이다.
81	템메기르	1925년 니즈냐야 퉁구스카 강의 지류인 네파 강 하구. 투루한 강 유역의 템베기르, 예세이 호수와 아나바라 강의 탐베기르 씨족과 친족이다.
82	텍탸	텐탸. 17세기 니즈냐야 퉁구스카 강 하류.
83	텝테기르	텝티기르. 니즈냐야 퉁구스카 강 북쪽 지역.
84	토바르	17세기 예니세이 강. 이 씨족명은 사람, 가족, 씨족, 종족이란 의미의 에벤키어 '테게'나 '테베'에서 유래하며 고대에 출현한 것으로 추정된다.
85	토코도	17세기 말 니즈냐야 퉁구스카 강 하류, 1926~1927년 에벤키자치 지역의 치린다 마을에 거주했다. 토코도는 사모예드 식 이름이나 성이므로 에벤키족 바야기르 씨족과 사모예드족의 통혼으로 출현한 것으로 추정된다.
86	톤모기르	템마기르, 톤고미르, 콜로보프 혹은 콜로봅신의 후손으로 보이며 1765년 니즈냐야 퉁구스카 강 하류에 남성 1명이 기록되었다. 1920년대 카탄 지역에 거주했다. 음성적으로 타이무르 지역의 팀나긴, 투레이 강의 톤모기르, 앙가라 강 좌안의 툼냐기르와 같은 씨족으로 추정된다.

87	투겍시르	투고첼, 투게첼, 투에첼, 투오찰, 토부지르, 투고사르, 투보지르, 투바숄. 아주 고대에서 기원하며 17세기 이미 동시베리아 넓게 분포되어 있었다. 1645년 니즈나야 퉁구스카 강에서 토부지르라는 명칭이 발견되는데 이들은 동쪽에서 이주해온 투고체르 씨족이다(Dolgih, 1960, p. 167). 17세기 오호츠크해 연안, 알단 강, 1931년 니즈나야 퉁구스카 강의 네파 강 하구에 거주했다. 오몰로이 강~레나 강 사이에 거주하던 투겍시르 씨족의 후손인 에벤족은 현재 야쿠트족과의 통혼으로 야쿠트어를 사용하며 스스로를 에빈이나 투게스라고 부른다(Vasilevich, 1972, p. 280). 그런데 이곳에는 유카기르족이 살았고 투세시르는 인디기르카 강의 상류에서 이주해 왔다. 튜게스~튜갸스는 야쿠트어로 '작은 새'를 의미한다. 따라서 얀 강 연안의 에벤족과 야쿠트족들 사이에 전파된 토착민들의 '새 토테미즘'과 관련이 있을 것이다. 1859~1897년 에벤족의 튜가시르 씨족은 베르호얀스크와 야쿠티야 지역에 거주했다. 얀 강과 레나 강 하구의 에벤족 가운데 투게시르~투가히르~투겍시르 씨족이 있는데 이들은 토테미즘과 관련이 있다(Gurvich, 1956). 투겍시르는 빌류이 강 → 레나 강 → 얀 강의 경로로 레나 강 하구까지 이주한 것으로 추정된다. 이 경로는 앙가라 강 중하류에서 샤만, 바약신 씨족의 이동경로와 일치한다(Vasilevich, 1972, p. 280). 이 이동경로에 남아있는 후손들은 자신들을 투게첼~투에첼이라고 불렀다.
88	판가라카이	19세기 카플린 씨족에서 분리한 것으로 보이며 1928년 초나 강에 거주했다. 니즈나야 퉁구스카 강의 육타 마을에 살던 마지막 판가라카이 씨족의 여성이 1930년대 사망한 것으로 기록되었는다. 하지만 1979년 야쿠티야 관구에 1명이 생존해 있는 것으로 밝혀졌다(PM, 1966, №2, л.129; 1979, l.45ob.).
89	판카기르	팡카기르. 1765년 니즈나야 퉁구스카 강, 1822년 프리앙가리예, 1859년 니즈나야 퉁구스카 강 중류~세베르나야 강, 보예볼리 호수 근처. 1931년 니즈나야 퉁구스카 강, 앙가라 강과 포드카멘나야 퉁구스카 강의 분기점, 1959~1960년 니즈나야 퉁구스카 강의 니디마 강과 투톤찬 강 사이, 일부는 이가르카 지역과 치린그다 호수. 1653년 올레뇩 강에서 활동한 에벤키족 시니기르 씨족 가운데

		판코라는 인물이 있었다는 설화(KPMGJa, 1936, p. 55)에 근거할 때 시니기르 혹은 사냐기르 씨족의 판코에서 기원한다.
90	포드카멘노 퉁구스크	19세기 말 투루한 강의 경계 지역. 거주지의 명칭을 씨족명으로 사용한 점, 러시아 단어를 씨족명을 사용하고 있는 점으로 미루어 늦게 출현한 씨족이다.
91	푸투기르	푸츄기르. 18세기 초 니즈냐야 퉁구스카 강, 1931~1959년 예르보고촌 지역, 일부는 추나 강 상류, 1959년 니즈냐야 퉁구스카 강 북쪽 지역. 포초기르 → 푸추기르 → 푸투기르의 변화 과정을 거친 것으로 추정된다.
92	하메린	네미롭신, 헤미롭신, 아메린과 동일한 씨족으로 하메린 → 아메린 → 네미롭신 혹은 헤미롭신으로 씨족명이 바뀌었다(TsGADA, f.214, op.1, kn.1648, l.149). 하메린은 순수한 행정상의 씨족연합명으로도 사용되었는데 여기에는 무추기르와 투겍시르가 포함된다(Tugolukov, 1985, p. 156).
93	한가이	곤가이, 코고이, 코나이. 17세기 니즈냐야 퉁구스카 강 하류. '한가'라는 샤먼 이름에서 기원하며 이와 관련된 다수의 지명이 있다. 에벤키족은 레나 강 동쪽에서 유목하는 축치족을 한가이라고 불렀다(Okladnikov, 1949, p. 98). 유카기르어에 '숙련된 사냥꾼'이라는 의미의 '한기체(hangiche)'라는 단어가 있는 점(Tugolukov, 1985, p. 112)으로 미루어 한가이는 알타어조어에 속하는데 처음에는 에벤키족처럼 산악 타이가 지역에서 사냥에 종사하는 사람을 의미했던 것으로 보인다.
94	항나다기르	한나다이르. 1925~1959년 니즈냐야 퉁구스카 강과 포드카멘나야 퉁구스카 강의 수원. 기원은 정확히 알 수 없지만 바이칼 호수 지역으로 추정된다.
95	헤베키기르	시보키기르. 17세기 예니세이 강 연안, 1926년 포드카멘나야 퉁구스카 강, 투라 강, 코투이 강 유역, 1960년대 니즈냐야 퉁구스카 강과 치린그다 호수. 일림페야 강 유역에 이와 유사한 산맥명이 있다. 포드카멘나야 퉁구스카 강 인근에 이들과 관련된 설화가 많이 전해지고 있다.
96	헤이케이르	헤기케기르. 18세기 안가 강과 오체울 호수 지역. 1925년, 1959년 니즈냐야 퉁구스카 강의 좌측 지류인 네파 강 상류와 그 지류인 톡마 강, 쿠타 강.

97	호보키기르	하바카기르. 1765년 경 모모차르에서 분리하여 포드카멘나야 퉁구스카 강에 거주했다. 일부는 니즈나야 퉁구스카 강에 거주하다 1795년 무렵부터 일림페야 강에 모여서 거주했다. 1926~1927년 투라 마을의 위쪽과 에벤키자치 지역의 치린다 마을에 거주했다(Dolgih, 1946, pp. 483~484). 코부키와 호보키는 동일 인물로 추정되므로 코부키 씨족과 친족이고 음성적 유사함에 의해 바이칼 호수 지역의 이코기르 씨족과도 친족으로 추정된다.
98	후코차르	후케체르, 수카체르, 추케체르. 17세기 예세이 호수와 아나바라 강에 거주했다. 1888년, 1931년 니즈나야 퉁구스카 강, 투라 강과 그 북쪽 지역, 1959~1960년 수린고나 호수, 치린그다 호수, 네콘그도 호수, 니즈나야 퉁구스카 강, 투톤찬 강, 한타이 호수, 헤타 강, 아가트 지역에 거주했고 일부는 돌간족에 편입했다. 아가트 지역의 후코차르 씨족은 무척 부유하여 1가구 당 평균 120마리의 순록을 길렀다고 한다. 후코차르에 대한 이전의 기록을 찾을 수는 없지만 올레뇩 강의 최상류 지류에 구코차르가 있고 올레뇩 강의 좌측 지류인 아르가살 강의 좌측 지류에 후코차르 강이 있다(PM, 1970, №2, l.124ob.). 이로 미루어 북동지역에서 이주해 온 것으로 보인다. 투톤찬 지역에 거주하는 에벤키인 후코차르는 후코차르 씨족은 아가트 호수의 동쪽에 있는 치린그다 호수에서 기원한다고 주장한다(PM, 1950, №1, l.39). 후코차르는 씨족원은 야쿠트어에 능숙하다고 한다.
99	후토코기르	후투카기르, 후테케기르, 우투케기르. 17세기 예세이 호수와 아나바라 강에 거주했다. 1888, 1931, 1936, 1959, 1960년 오가테 호수, 치린그다 호수, 니즈나야 퉁구스카 강, 투톤찬 강 유역, 일부는 한타이 호수에 거주했다. 야쿠트어에 능숙하며 빌류이 강 연안에 거주하는 고대의 어떤 씨족에서 분리된 것으로 추정된다.
100	히라기르	히로기르, 히레기르, 히랴기르, 시레기르. 1897, 1911년 니즈나야 퉁구스카 강 북쪽. 1897년 올룍마 강 지역, 1950~1960년대 일림페야 강과 니즈나야 퉁구스카 강의 니딤마 강과 투톤찬 강 사이, 이가르카 지역. 암군 강 연안의 헤긴케기르와 동일한 씨족에서 기원했다. 18세기 오체울 호수에 거주한 헤이케기르 씨족과 친족으로 추정된다. 에벤키족 설화에 의하면 히라기르 씨족원 중 료하가 있었

		다. 쿤다기르 씨족의 여인과 결혼을 했는데 쿤다기르 씨족이 히라기르 씨족을 멸족하는 과정에서 장인 덕분에 목숨을 구하여 후세를 이어서 멸족을 면했다고 한다.

니즈나야 퉁구스카 강은 예니세이 강의 우측 지류로 시베리아 중앙의 고원 지대를 지나 남쪽의 프토란 고원으로 이어지며 하구에서는 어종이 풍부한 투루한 강과 연결된다. 러시아인은 16세기 말부터 이 강을 개척하기 시작하는데 역사적 시기에 따라 트로이츠카야 퉁구스카 강, 모나스티리 퉁구스카 강, 만가제야 퉁구스카 강이라는 명칭을 얻었다.[23] 본 절에서는 이 지역에서 발견된 에벤키족 씨족명 100개를 중심으로 분포 현황 및 문화적 특징을 살펴볼 것이다.[24]

1) 니즈나야 퉁구스카 강 에벤키족의 출현 및 변천사

에벤키족이 니즈나야 퉁구스카 강에 본격적으로 이주하게 된 것은 러시아인이 프리바이칼리예와 프리앙가리예 지역에 출현한 이후로 에벤키족이 포드카멘나야 퉁구스카 강으로 이주한 시기와 일정 정도 맞물린다.

---

23 http://www.dic.academic.ru/dic.nsf/ruwiki/1061089 검색일: 2015.06.12

24 니즈나야 퉁구스카 강의 에벤키족 씨족명은 Patkanov S. *Opyt geografii i statistiki tungusskih plemen Sibiri na osnovanii dannyh perepisi 1897 g. i drugih istochnikov, Tungusy sobstvenno* 1(1, 2), SPb.: Izd. SPb., 1906; ________. "Opyt geografii i statistiki tungusov", *Zapiski Russkogo Geograficheskogo Obshchestva, Otd. Etnografii* 1, 1911a; ________. "Statisticheskie dannye, pokazyvajushchie plemennoj sostav naselenija Sibiri", *Zapiski Russkogo Geograficheskogo Obshchestva* 2, 1911b; Rychkov K. M. "Enisejskie tungusy", *Zemlevedenie* 1~2, 1917; 3~4. 1922; Anisimov A. F. *Rodovoe obshchestvo evenkov (tungesov),* L.: Izd. Instituta narodov Severa TSIK SSSR im. P. G. Smidovicha, 1936; Dolgih B. O. *Rodovoj i plemennoj sostav narodnostej Sibiri v XII veke*, M.: Izdatel'stvo AN SSSR, 1960; Vasilevich G. M. *Evenki: Istoriko-etnograficheskie ocherki XVIII~nachala XX v.*, L.: Nauka, 1969; Tugolukov V. A. *Tungusy (evenki i eveny) Srednej i Zapadnej Sibiri,* M.: Nauka, 1985 등을 참고하여 작성했다.

러시아인이 니즈냐야 퉁구스카 강 에벤키족으로부터 현물세를 받기 시작한 것은 비교적 이른 시기인 1607년부터이다. 러시아인은 같은 해 투루한 강에서도 현물세를 받기 시작했으며 17세기 초부터 이미 이 지역에 현물세 징발소가 적극적으로 설치되었다.

> "17세기 초 이 지역에 설치된 현물세 징발소에는 투루한 강의 투루한 현물세 징발소, 레트냐야 강의 레트냐야 현물세 징발소, 코체추모 강의 투리지 현물세 징발소, 일림페야 강과 콘도기르 지역의 일림페야 현물세 징발소, 티테이 강과 쿠레이 강의 티테이 현물세 징발소, 네파 강의 네파 현물세 징발소 등이 있다."(Tugolukov V. A. *Tungusy (evenki i eveny) Srednej i Zapadnej Sibiri*, M.: Nauka, 1985, p. 100)

러시아인이 본격적으로 니즈냐야 퉁구스카 강에 진출한 1630년부터 이 지역의 에벤키족은 이 강의 북쪽으로 이주하기 시작했으며 일부는 더 북쪽 지역으로 이주했다. 그 결과 17세기 초 이 지역에서 에벤키족 성인 남성 680명이 현물세를 납세했는데 1682년에는 그 수가 579명으로 감소한다. 이를 추동한 그룹은 초기 이 지역에 거주했던 바야기르, 뉴름냘, 콘도기르, 모모기르(실랴기르) 씨족 등이었고 17세기 말경 이들은 더 이상 니즈냐야 퉁구스카 강의 기록에 등장하지 않는다.

이들이 떠난 뒤 이들의 거주지에는 과거에는 알려지지 않았던 새로운 씨족이나 가족공동체들이 차지했는데 이들은 이전에 규모가 컸던 씨족이나 씨족연합에서 분리된 씨족들이다. 가령 바야기르는 엘다기르, 얄타카기르, 카타레, 토코도 씨족으로, 뉴름냘은 코누르, 이요길, 후코차르, 살다기르, 히라기르, 후토코기르 씨족으로, 모모기르는 보야르, 갈렐, 코넨키 씨족으로 분리되었다.

19세기 초부터 니즈나야 퉁구스카 강의 에벤키족도 다른 지역의 에벤키족처럼 기독교를 수용하고 러시아식 이름과 성을 사용했지만 씨족명은 여전히 간직했다.[25] 19세기 후반부터 러시아인의 니즈나야 퉁구스카 강 개발이 본격화 되면서 이 지역에 거주하던 에벤키족은 러시아인의 발길이 덜 미치는 더 북쪽 지역으로 이주했다. 1897년 니즈나야 퉁구스카 강 중류와 하류에 거주하는 에벤키족은 150명이 채 안 되었지만 상류에는 675명의 에벤키족이 거주했다.[26]

니즈나야 퉁구스카 강의 중류와 하류는 농사에 적합하지가 않았기 때문에 러시아인과 농경에 종사하는 다른 토착민들은 이 지역에 관심을 두지 않았다. 반면 농사에 적합한 상류는 자연스럽게 빌류이 강과 레나 강에서 이주해 온 야쿠트족이 차지하면서 야쿠트족의 수가 100년도 안 되는 사이 기하급수적으로 증가했다. 19세기 초 이 지역 야쿠트족의 수는 100명 정도였는데 19세기 말 2,727명으로 증가했다.[27] 야쿠트족이 농경지역으로 구름같이 몰려왔지만 에벤키족은 농경민족이 아니었기 때문에 야쿠트족과 지역 배분 문제에서 큰 충돌이 발생하지는 않았다.

2) 에벤키 문화와 사모예드 문화의 교류: 혼혈 그룹과 혼종문화의 탄생

에벤키족은 러시아인이 출현하기 전부터 이미 니즈나야 퉁구스카 강에서 활동하고 있었다. 하지만 사모예드족이 이들보다 먼저 이 지역에서

---

25 Gosudarstvennyj Arhiv Krasnojarskogo Kraja (GAKK), f.667, op.2, d.68, l.5.

26 Patkanov S. *Opyt geografii i statistiki tungusskih plemen Sibiri na osnovanii dannyh perepisi 1897 g. i drugih istochnikov. Tungusy sobstvenno* 1(1), SPb.: Izd. SPb., 1906, pp. 164, 108.

27 Patkanov S. "Statisticheskie dannye, pokazyvajushchie plemennoj sostav naselenija Sibiri", *Zapiski Russkogo Geograficheskogo Obshchestva* 2, 1911b, p. 52.

활동했다. 에벤키족이 등장한 이후 두 종족은 매우 적극적으로 교류했는데 특히 교류가 활발했던 지역은 니즈냐야 퉁구스카 강 하류였다. 니즈냐야 퉁구스카 강 에벤키족은 다른 지역보다 사모예드 문화의 영향을 강하게 받았는데 그 근거로 얼굴 문신을 들 수 있다. 이 지역의 에벤키족은 코를 제외한 얼굴 전체에 그림같은 문신을 새겨 넣었는데 모두 7조각으로 나누어져 있었다. 니즈냐야 퉁구스카 강, 프리바이칼리예, 프리앙가리예 에벤키족은 서로 다른 종족으로부터 얼굴 문신을 차용했기 때문에 문신의 차이가 크다.

"이마에 하나, 관자놀이에 두 개, 뺨에 두 개, 턱에 두 개였다. 첫 다섯 조각은 두 개의 평행선 안에 새겨져 있었고 뒤 두 개는 한 선을 따라 그려져 있었는데 거기에서부터 가로로 검은 줄이 그려져 있었다. 이 그림은 마치 바느질을 떠올리게 했다."(Messerschmidt D. G. *Forschungsreise durch Siberian* 1720~1727 I, Berlin, 1962, p. 13)

니즈냐야 퉁구스카 강 하류의 에벤키족은 사모예드족의 엔츠족과 가장 적극적으로 교류했다. 장기간의 긴밀한 교류와 접촉으로 에벤키족은 엔츠족의 개별 씨족에 편입하여 새로운 씨족을 출현시켰다.

"1607~1620년 투루한 강 유역의 사모예드족에 셀리르타 혹은 살랴르타라는 씨족이 있었다. 1625~1645년 한타이 강의 사모예드족 가운데 셀랴킨이라는 씨족이 있었다. 또 1637~1638년 한타이 강에 거주하는 사모예드족의 소이타 씨족은 1768년 아밤 읍의 사모예드족 씨족명 솔두예프와 솔토프에 상응한다."(Tugolukov V. A. "Evenki", *Etnicheskaja istorija narodov severa*, Instituta etnografii im. N. N. Mikluho-Maklaja AN SSSR, 1982, p. 130)

위 씨족명 중 셀리르타와 살랴르타는 이 시기 니즈냐야 퉁구스카 강 상류에서 활동했던 에벤키족 실랴기르 씨족을 연상시킨다. 또 한타이 강에 거주한 사모예드 솔두예프, 솔토프 씨족은 일림페야 강의 에벤키족 살다기르 씨족을 연상시킨다. 이는 이 지역에서 사모예드족과 에벤키족이 활발하게 교류했다는 증거인데 적극적으로 조사한다면 이와 유사한 경우를 더 발견할 수 있을 것이다. 이처럼 에벤키족과 사모예드족의 적극적인 교류로 니즈냐야 퉁구스카 강과 그 북쪽 지역은 언어적으로는 퉁구스어권에 속하지만 사모예드 문화의 특성을 지닌 불랴시, 뉴룸냘, 바냐디같은 혼종그룹이 출현했다.

① 불랴시, 바냐디, 뉴룸냘

불랴시는 '적들'이란 의미의 에벤키어 '불레셀(bulesel)' 혹은 '적'이란 의미의 '불렌(bulen)'에서 기원하며 불렌은 '늪, 소택지'란 의미의 에벤키어 '불레(bule)'에서 기원하는 것으로 보인다.[28] 에벤키족 설화를 통해 에벤키족은 늪을 알 수 없는 곳, 위험이 도사리는 곳, 즉 적과 관련된 의미로 인지한다는 사실을 알 수 있다.

> "에벤키 남자는 한참을 걸어서 아주 먼 곳까지 가게 되었다. 어둠이 내려앉았다. 늪이 보이자 그 안으로 들어갔다. ... 사람들을 보았고 대장장이가 쇠 두드리는 소리도 들었다."(한 남자(Odin muzhchina))

---

28 Boldyrev B. V. *Evenko-russkij Slovar'* 1, Novosibirsk: Fillial SO RAN GEO, 2000, pp. 83~84.

‘불렌’은 ‘알 수 없는 곳’이란 의미로 반복 사용되다가 의미 확장을 통해 ‘적’이라는 2차 의미를 얻게 되었다. 에벤키족은 자신들에게 비우호적이거나 어로에 종사하는 시베리아 북부 지역의 토착민을 적이라고 불렀다. 러시아인이 출현했을 당시 에벤키족과 토착민의 관계는 우호적이다. 토착민의 상당수가 이미 에벤키족에 동화되었지만 토착민을 적이라고 부르는 전통은 사라지지 않고 남아 있었다. 그리고 그 의미는 조금 유화된 모습으로 문화와 언어적 측면에서 에벤키족과 다른 일부 에벤키-토착민 혼종그룹을 가리킬 때도 사용되었다.

그런데 불랴시는 누구일까? 불랴시의 기원과 정체성은 많은 연구자들의 관심의 대상이 되면서 에벤키족에서 기원한 종족, 에벤키족과는 다른 독립된 종족, 에벤키-사모예드족 혼혈설 등이 등장했다. 상당수의 러시아 연구자들은 불랴시가 에벤키족과는 관련이 없는 독립된 종족이라며 불랴시의 에벤키족 기원설을 반박한다. 이들은 이에 대한 근거로 불랴시의 기질과 행동 양태를 내세운다.

> “17~18세기 현물세 납세자 목록에 불랴시는 모두 에벤키족으로 기록되어 있다. 하지만 에벤키족과는 뚜렷하게 차이가 날 정도로 굉장히 용감하며 종종 이웃 에벤키족 씨족을 공격했다는 기록이 있다.”(Dolgih B. O. *Rodovoj i plemennoj sostav narodnostej Sibiri v XII veke*, M.: Izdatel’stvo AN SSSR, 1960, p. 153)

> “1634년 레트냐야 강 현물세 징발소에서 현물세가 징발되지 않았다. 이는 불랴시가 에벤키족 센테이 씨족을 공격했기 때문이다. 1636년 불랴시는 선테이 씨족원 4명을 죽였고 1638년 티테이 강에서 도고차기르 씨족원 2명을 죽였다.”(Dolgih B. O. *Rodovoj i plemennoj sostav narodnostej Sibiri*

v XII veke, M.: Izdatel'stvo AN SSSR, 1960, pp. 153, 157)

에벤키족과 불랴시의 기질적인 차이는 차치하고 에벤키족 씨족을 공격했다는 점이 이들과 에벤키족의 관련성을 부정하는 근거가 될 수는 없다. 당시 에벤키족 씨족 간의 전투와 불화는 매우 빈번한 현상이었기 때문이다. 어찌되었든 1627년 만가제야 군사령관 에핌 미세츠키(Efim Myshetskij)와 안드레이 볼로호프(Andrej Volohov)가 니즈나야 퉁구스카 강의 주민에 대해 모스크바에 보고한 내용에 근거할 때 당시 러시아인은 에벤키족과 불랴시를 다른 종족으로 간주했다.

1620년대 기록에 의하면 에벤키족과 불랴시가 연합하여 그 지역 러시아 관리들을 공격했는데 때로는 공격 범위가 앙가라 강까지 이르렀다.

이 외에도 불랴시의 관습은 에벤키족과는 다소 달랐다. 이들은 전쟁이 끝나고 평화를 약조할 때 여인, 아이들, 선물을 주고받았는데[29] 이는 에벤키족의 관습과는 거리가 멀다. 불랴시를 에벤키족과는 관련이 없는 다른 종족이라고 주장할 때 대다수의 연구자들은 이 점을 우선적을 내세운다. 불랴시에 대한 또 다른 기록을 찾아보자.

> "니즈나야 퉁구스카 강 북쪽에도 사람들이 많이 거주하고 있다. 불랴시, 퉁구스, 셀랴기르, 차파기르, 시네기르 등... 이들은 자신의 이름을 따서 인근 지명과 강 이름을 만든다. 불랴시는 날것을 먹는다."(Arhiv Akademicheskih Nauk (AAN), op.4, d.21, l.102)

위 기록을 보면 당시 러시아인은 불랴시뿐만 아니라 에벤키족 대규모

---

29 *Kolonial'naja Polotika Moskovskogo Gosudarstva v Jakutii v XVII v.*, L.: Institut narodov severa TsIK SSSR im. N. G. Smidovicha, 1936, p. 55.

씨족연합인 실랴기르(셀랴기르), 차파기르, 시네기르도 에벤키족과 독립적인 종족으로 파악하고 있다. 영국인 핀치(R. Finch)도 1611~1616년 예니세이 강과 니즈냐야 퉁구스카 강에 퉁구스족 이외에 불랴시, 실라히라는 종족이 거주한다[30]고 기록하고 있다. 불랴시는 차치하더라도 셀랴기르, 차파기르, 시네기르는 에벤키족 씨족명, 씨족연합명이다. 그런데 러시아인이 이렇게 혼란스러워했던 이유는 이들이 에벤키족과 사모예드족 혼혈이다 보니 문화적 특성이 에벤키족과 많이 달랐기 때문이다. 가령 위 기록에서 불랴시는 날것을 먹는다고 되어 있는데 이는 에벤키족이 아니라 사모예드족의 특징으로 에벤키족은 자신들과 사모예드족을 구별할 때 사모예드족의 이 특징을 자주 언급한다.

> "1621년 불칸 현물세 징발소에서 만가제야로 6명의 불랴시와 그들에게 2년 동안 포로로 잡혀 있던 티디리스카 씨족이 소녀를 붙잡아 왔다. 소녀는 불랴시에게 불랴시어와 사모예드어를 배웠다고 했다. ... 심문 중 불랴시 한 명이 자신들은 올레나 강에서 유목을 하는데 그 강은 큰 강으로 흘러들어간다고 했다. ... 당시 이 강에는 800명 정도의 불랴시가 거주했다. 불랴시는 린 강의 주민과 물물교환을 했는데 흑담비 모피를 주고 철을 받아왔다고 했다. 린 강의 주민들은 농가에서 살면서 말을 길렀으며 옷은 러시아인처럼 입었는데 언어는 불랴시어와는 매우 달랐다고 한다."(Tsentral'nyj Gosudarstvennyj Arhiv Drevnih Aktov (TsGADA), f.214, op.1, kn.6, l.456; l.188ob.)

위 기록을 토대로 불랴시의 정체를 규명해 보자. 위 기록에서 소녀의

---

30 재인용: Aleksеev M. P. *Sibir' v izvestijah zapadnoevropejskih puteshestvennikov i pisaterej*, Irkutsk, 1941, p. 232.

신분에 따르면 17세기 초 시베리아 토착민 사이에는 전쟁 포로가 있었다. 그런데 불랴시에게 잡혀온 포로 소녀가 속한 티디리스카라는 씨족명은 에벤키족에게 특징적이지 않을 뿐만 아니라 에벤키족에 대한 기록에도 전혀 등장하지 않는다. 이에 더하여 소녀가 불랴시에게서 불랴시어와 사모예드어를 배웠다는 점으로 미루어 불랴시는 독자적인 언어를 가지고 있었고 불랴시의 구성원은 불랴시어와 사모예드어를 모두 사용했다. 소녀는 불랴시와는 다른 토착종족 출신으로 추정된다. 불랴시가 말한 올레나 강은 올레뇩 강이고 린 강은 레나 강이며 불랴시와 거래를 한 주민은 생활양식이나 의복 등에 근거할 때 야쿠트족으로 보인다. 불랴시어와 이웃 주민의 언어인 야쿠트어가 매우 달랐다는 점으로 미루어 불랴시어는 퉁구스어권의 언어로 추정된다. 그렇다면 불랴시는 퉁구스어와 사모예드어를 모두 사용할 능력이 있었다는 결론이 도출되므로 불랴시는 퉁구스족과 사모예드족의 혼혈일 가능성이 높다.

불랴시가 에벤키족과는 다른 종족이 아니라 에벤키족의 한 씨족이라는 주장을 살펴보자. 이들을 불랴시와 에벤키어 불렌의 음성적 유사성을 근거로 내세운다. 즉 불랴시는 에벤키족 씨족명 불렌이나 불룬과 관련이 있으며 불렌은 에벤키어로 '늪지대에 사는 사람'이란 의미이다. 여기에서 강 이름 빌류이가 유래하고 불룬이란 지명이 유래한다.

> "야쿠트족과 상거래를 하는 불랴시에게서 야쿠트족 야콜 씨족에 대해 처음으로 들었다. 야콜 씨족은 고린 강에 거주하며 가축 사육에 종사하는데 옷을 입고 나무로 만든 집에 거주한다."(Kejmetinov V. A. *Aborigennaja (evenskaja) toponimika Jakutii*, Jakutsk, 1996, pp. 18~20; Miller G. F. Istorija Sibiri 3, M.: Vosto. lit., 2005, p. 59)

위 텍스트에 근거할 때 불랴시는 야쿠트족과는 다른 종족으로 추정된다. 1638년 이후 불랴시는 더 이상 기록에 등장하지 않기 때문에 17세기 중반부터 18세기 불랴시는 소규모 씨족으로 분리된 것으로 추정된다.

> "불랴시는 뉴룸냘과 아주 비슷했는데 소규모 씨족이나 대가족으로 분리되었다. 1682년부터 일림페야 강 현물세 납세자 목록에는 단순히 퉁구스족이라고만 기록되어 있다."(Tsentral'nyj Gosudarstvennyj Arhiv Drevnih Aktov (TsGADA), f.214, op.1, kn.732, l.114~128)

위 기록에 근거할 때 당시 러시아인이 사용한 불랴시라는 용어는 특정 씨족명이 아니라 현물세 납세씨족명 혹은 씨족연합명이며 뉴룸냘과 비슷하다는 점으로 미루어 에벤키족의 한 그룹으로 보인다. 현물세 납세씨족명은 단순히 행정 체계의 효율성을 위한 것이었기 때문에 이들이 분리되는 것은 이미 정해진 운명이었다. 씨족연합은 결성과 해체가 무척 유동적이었기 때문에 씨족연합명이 사라지는 것은 시간 문제였다. 따라서 불랴시란 명칭이 1638년 이후 갑자기 기록에 등장하지 않는 것은 불랴시가 멸족한 것이 아니라 위와 같은 이유로 새로운 이름을 가진 소규모 씨족이나 대가족으로 분리되었기 때문이다.

여러 자료에 근거할 때 불랴시는 에벤키족과 독립된 종족이 아니라 에벤키족 씨족연합명으로 추정된다. 불랴시에는 에벤키족과 사모예드족의 문화적 특징이 공존했으며 바야기르, 이올리기르, 콘도기르 등의 씨족연합뿐만 아니라 독립적인 씨족들도 포함되어 있었다. 이로 인해 불랴시에서 어떤 특정한 씨족의 특징이나 조직적 특성을 찾아내는 것은 불가능하다. 불랴시는 에벤키어를 사용하지만 야생 순록 사육과 어로를 병행하는 독특한 혼종문화의 소유자이다. 불랴시 문화는 차파기르 씨족이나 혼혈 기원을 가진 다른 많은 씨족의 문화와 유사하다. 일부는 사냥에 더 열정적이고 일부는 어로에 더 열정적이며 일부는 야만성을 노골적으로

드러내기도 한다. 17~18세기 불랴시에서 분리된 씨족들 대부분 사라졌는데 원인은 씨족 별로 다를 것이며 그 원인을 구체적으로 알아내는 것은 불가능하다. 1638년 이후 불랴시는 더 이상 기록에 등장하지 않지만 바냐디와 뉴룸냘이라는 씨족명이 등장한다.

바냐디는 '죽음을 피해서 온 사람들'란 의미의 에벤키어 '바냐달(vanjadal)'에서 기원하며 불랴시가 기록에서 사라지기 직전인 1634년 처음 기록에 등장한다. 1682년에는 예세이 현물세 징발소에 6개 씨족연합의 명칭으로 바냐디가 등장하는데 유르타는 45개, 납세단위는 122단위이므로 17세기 말 바냐디의 수는 대략 488명이 된다.[31]

예세이 호수 지역에 바냐디의 수가 이렇게 급증한 것은 이 시기 바냐디라 불리는 에벤키족의 집중적인 이주와 니즈나야 퉁구스카 강을 떠난 뉴룸냘 씨족이 이들에게 편입되었기 때문이다. 바냐디도 어느 시점부터 기록에 등장하지 않는다. 그 원인을 에벤키족과 야쿠트족 설화에서는 기아와 다른 원인[32]이라고 적고 있지만 이들이 모두 멸족될 리는 없다. 일부는 다른 토착종족이나 에벤키족 다른 씨족에 편입되었을 것이고 일부는 인적이 드문 시베리아의 더 깊은 곳으로 이주했을 것이다. 실제로 바냐디의 일부는 야쿠트족에 동화되어 야쿠티야 북부 지역에서 순록 사육 씨족에 편입되었고 일부는 느가나산족에 편입되었다.[33]

그런데 16세기 중반부터 니즈나야 퉁구스카 강에서 활동한 뉴룸냘이라는 씨족은 또 누구일까? 17세기 말~18세기 초 바냐디와 뉴룸냘의 수를 계산해 보면 211 납세단위로 840명가량 되는데 이 수치는 17세기 초 불

---

31 Tsentral'nyj Gosudarstvennyj Arhiv Drevnih Aktov (TsGADA), f.214, op.1, kn.732, l.178~199.

32 Suvorov I. I. *Evenkijskie skaski*, Krasnojarsk, 1960, p. 20.

33 Dolgih B. O. "O rodoplemennom sostave i rasprostranennija ehtsev", *Sovetskaja Etnografija* 4, 1946, pp. 440, 441.

랴시의 수와 비슷하다. 그렇다면 불랴시가 바냐디와 뉴룸냘로 분리된 것은 아닐까? 먼저 뉴룸냘의 정체부터 알아보도록 하자.

"시베리아 지명 가운데 뉴릴 호수, 뉴르바 호수, 나림 강, 뉴르가 강 등 뉴르~형의 강이나 호수 이름은 사모예드어, 위구르어, 페름어에서 기원한다. 한티족은 셀쿠프족을 네룸니라고 불렀는데 야쿠트족의 네룩테이(Nerjuktej), 네룸니(Nerumni) 씨족과 발음이 비슷하다. 하지만 돌기흐는 뉴림, 뉴릴, 뉴람냘은 나나기르 뉴르마간의 오기라고 주장한다."(Tugolukov V. A. "Ekondskie evenki", *Sovremennoe hozjajstvo, kul'tura i byt malyh narodov Severa*, M., 1960, p. 480)

위 텍스트에 근거할 때 에벤키족 씨족명 뉴룸냘은 사모예드어에서 기원할 가능성이 높다. 여러 문헌에 근거할 때 뉴룸냘은 에벤키족과 사모예드족의 혼혈로 보이는데 이미 17세기 이전에 출현했으며 린데나우가 기록한 야쿠트족 설화에 근거할 때 이들이 처음 자리를 잡은 곳은 빌류이 강이다.

"빌류이 강에서 주룸잘(뉴룸냘)과 마마기르(모모기르)라는 에벤키족 씨족을 만나서 거래를 했다. 그들에게서 토입스크 호수 근처의 땅을 구입한 뒤 화려하게 차려입은 여인과 20마리의 암말을 주었다."(Arhiv Jakutskogo Filiala Sibirskogo Otdelenija AN SSSR (AJaFSO AN), f.5, op.1, d.151, l.99)

일림페야 강 툰드라 지역의 에벤키족 설화에 의하면 뉴룸냘은 공격적이며 유르타가 150여 개에 이를 만큼 매우 규모가 컸고 쥽쿠우르와 차아티르라는 무사가 친족들을 복속시킨 뒤 살인을 금지하고 음식물 저장법을 가르쳤다고 한다.[34] 1640년대 후반 니즈냐야 퉁구스카 강 뉴룸냘의 수가 급감한다. 이는 이들 대다수가 러시아인의 횡포와 억압을 피해 예세이 호수 근처로 이주했기 때문이다. 그런데 예세이 호수에서 활동한 뉴룸냘의 수를 모두 합해도 니즈냐야 퉁구스카 강에 거주했던 뉴룸냘의 수보다 적다. 따라서 이들도 불랴시와 같은 길을 걸어간 것으로 추정된다. 그런데 16세기 중반 이후 불랴시는 더 이상 기록에 등장하지 않지만 뉴룸냘은 18세기 말까지도 니즈냐야 퉁구스카 지역에서 계속 기록에 등장한다. 그렇다면 뉴룸냘은 불랴시처럼 단기간에 해체된 것이 아니라 적어도 2세기 이상에 걸쳐 서서히 해체된 것이다.

여러 기록에 근거할 때 바냐디와 뉴룸냘은 기원이 동일한 씨족으로 단지 지역에 따라 북부 그룹은 바냐디, 남쪽 니즈냐야 퉁구스카 강의 그룹은 뉴룸냘로 불렸다. 17세기 중반부터 니즈냐야 퉁구스카 강에서 활동한 불랴시, 뉴룸냘, 바냐디는 모두 에벤키족과 사모예드족의 혼혈이며 하위에 소규모의 여러 씨족이 포함된 씨족연합이었다. 그렇다면 불랴시가 일정 시점에 이르러 지역적 경계에 따라 바냐디와 뉴룸냘 씨족으로 분리되었고 바냐디는 얼마 지나지 않아 다른 지역으로 이주하거나 다른 씨족에 편입되었지만 뉴룸냘은 이 지역에서 계속 활동을 했던 것으로 보인다.

② 실랴기르와 무추기르

이 지역에서 규모가 큰 씨족으로는 실랴기르와 무추기르가 더 있다. 1620년대 이 지역 현물세 납세자 목록에 의하면 실랴기르 씨족의 납세 단위는 118단위, 무추기르 씨족은 67단위였다.[35] 각 씨족원의 수는 실

---

34 Ksenofontov G. V. “Legendy i rasskazy o shamanah”, *Ocherki po izucheniju Jakutskogo kraja* II, Jakutck, 1928, pp. 534~535.

35 Arhiv Akademicheskih Nauk (AAN), f.21, op.4, d.24, l.16ob., 31ob.

랴기르는 472명, 무추기르는 268명으로 단일 씨족으로는 규모가 무척 크다.

> "실랴기르는 에벤키족 씨족의 하나로 하위에 여러 씨족이 속해 있었다. 처음에 레나 강 우안에 거주하던 셀랴기르 씨족 가운데 모모기르 씨족이 있었다. 모모기르는 뉴룸냘처럼 에벤키족과 토착민의 혼혈로 출현했다. 에벤키족 모모기르 씨족은 에벤족의 메메, 마먀 씨족과 친족이다. 모모기르는 킨디기르, 뉴르마간 씨족과 적대적이있으며 자주 서로를 공격했다. 17세기 칠차기르, 나나기르 씨족의 압력으로 차라 강과 파톰 강에서 니즈냐야 퉁구스카 강으로 이주했다. 실랴기르와 무추기르 씨족은 바이칼 호수 지역의 에벤키족 씨족들과 관리들을 공격하기도 했다. 샤마기르는 적들에 대항하기 위해 종종 그들과 연합했다."(Dolgih B. O. *Rodovoj i plemennoj sostav narodnostej Sibiri* v XII veke, M.: Izdatel'stvo AN SSSR, 1960, pp. 148~150)

> "무추기르는 모모기르와 동일한 씨족인데 17세기 순록 사육에 종사하는 그룹은 니즈냐야 퉁구스카 강, 테테레 강에 거주했고 가축 사육에 종사하는 그룹은 레나 강 인근에 거주했다. 가축 사육인을 특히 무추기르라고 불렀던 것으로 추정된다."(Dolgih B. O. *Rodovoj i plemennoj sostav narodnostej Sibiri v XII veke*, M.: Izdatel'stvo AN SSSR, 1960, p. 172)

위 기록에 근거할 때 실랴기르는 개별 씨족명인 동시에 실랴기르, 모모기르 혹은 무추기르, 샤마기르의 씨족연합명이었으며 실랴기르, 무추기르, 샤마기르의 하위에 소규모 씨족이나 가족공동체가 속해 있었다. 그런데 1682년 니즈냐야 퉁구스카 강 현물세 납세자 목록에는 실랴기르도,

무추기르도 찾을 수가 없다. 무슨 일이 있었던 것일까? 이들은 어디로 간 것일까? 실랴기르와 무추기르처럼 왕성하게 활동하던 에벤키족 씨족이 흔적도 없이 사라지는 경우는 얼마든지 찾을 수 있다. 불랴시도 그랬고 바냐디도 그랬다. 하지만 이들이 기록에 등장하지 않는다고 멸족되었다고 볼 수는 없다. 그보다는 러시아의 현물세 납세로 인한 중압감, 사회 변화에 대한 부적응 등으로 규모가 큰 씨족은 소규모 씨족으로 분화되었고 그중 일부는 사람의 발길이 미치지 않는 더 깊숙한 시베리아의 삼림 속으로 들어갔을 것이다.

1682년 실랴기르와 무추기르 씨족이 현물세를 납부했던 네파 현물세 징발소의 납세자 명단에는 실랴기르와 무추기르 대신 보야르, 콜로보프, 마이카노프, 코넨키 등 이전에는 단 한 번도 언급된 적이 없는 씨족명이 기록되어 있다.[36] 불현듯 이 지역에 등장한 이들은 누구인가? 특이한 점은 위 씨족명의 대다수가 러시아식이라는 것이다. 이들은 분명 러시아인이 니즈나야 퉁구스카 강에 등장한 이후 출현했다. 사실 이들의 출현은 이미 예견되어 있었다. 이들은 이전에는 소규모 씨족이나 가족공동체로 실랴기르와 무추기르에 포함되어 있었을 것이다. 이들은 그 씨족의 기원이 되는 사람의 이름을 이용해 씨족명을 만들었으며 상위 씨족인 실랴기르와 무추기르에게 현물세를 납부했기 때문에 러시아의 기록에는 등장하지 않았던 것이다. 따라서 실랴기르와 무추기르는 기원이 다양한 하위 씨족으로 이루어진 씨족연합이라고 할 수 있다.

이 시기 이 지역의 기록에는 실랴기르와 음성적으로 유사한 실리기르(시니기르)라는 씨족명이 더 등장하는데 돌기흐는 두 씨족 간의 관련성을 부정한다. 실리기르는 대규모 씨족으로 고대에 기원하며 만주퉁구스

36 Tsentral'nyj Gosudarstvennyj Arhiv Drevnih Aktov (TsGADA), f.214, op.1, kn.732, l.41~79.

어권 제 종족 사이에 널리 분포된 에댜 혹은 아쟌 씨족에 속한다고 주장한다.[37] 에벤족의 실리기르 씨족은 17세기 올레뇩 강, 아나바라 강, 초나 강, 니즈냐야 퉁구스카 강에 거주하면서 올레뇩 강과 아나바라 강 인근에서 유목을 했다. 이들은 17세기 말 돌간족과 함께 타이미르 강으로 이동하는 과정에서 야쿠트족과 사모예드족에 동화되었다. 에벤키족 실리기르 씨족은 돌간족, 에벤족과 함께 니즈냐야 퉁구스카 강 우안에서 좌안으로 이동한 것으로 추정된다.[38] 실리기르는 키렌가 강 우측 지류인 탈라야 강에서 유목하는 치나기르 씨족과도 음성적으로 유사한데 현대 에벤키족의 기억에 의하면 치나기르는 머리를 위로 올리고 다녔다. 이런 풍습은 에벤키족과의 전통과는 거리가 있기 때문에 실리기르, 치나기르는 순수한 에벤키족 기원은 아니라고 추정된다.

3. 투루한 강 에벤키족 씨족명 분포 현황 및 문화적 특징

표 8. 투루한 강 에벤키족 씨족명 분포 현황

투루한 강 에벤키족 씨족명		
번호	씨족명	씨족명 변이형 및 초기~20세기 초 주요 거주지
1	바네디르	보냐디르, 바냐디르. 17세기 시베리아 서북단의 타조프 만가제야 지역. 17세기 말 올렌스크로 이주. 예세이 호

37 Dolgih́ B. O. *Rodovoj i plemennoj sostav narodnostej Sibiri v XII veke*, M.: Izdatel'stvo AN SSSR, 1960, p. 450.

38 Tugolukov V. A. *Tungusy (evenki i eveny) Srednej i Zapadnej Sibiri*, M.: Nauka, 1985, p. 209.

		수 인근에 거주하다 현재는 헤타 강 연안. 예세이 호수를 떠나 동쪽으로 이주한 뒤 야쿠트족에 동화되었고 일부는 느가나산족에 편입했다.
2	초노코	17세기 중반 이후부터 현재까지 투루한 강. 1920년대 이후 포드카멘나야 퉁구스카 강에 거주하는 초노콜 씨족과 친족이다.
3	추미스키	17세기 중반부터 현재까지 투루한 강.
4	쿠포기르	17세기 중반부터 현재까지 투루한 강. 1926~1927년부터 니즈나야 퉁구스카 강 하류에도 쿠포기르 씨족이 거주하고 있다.
5	킬마기르	17세기 중반부터 현재까지 투루한 강, 예세이 호수, 아나바라 강, 1926~1927년, 1930년대 중반 예니세이 강 좌안과 한타이 호수, 1960년 니즈나야 퉁구스카 강, 투톤찬 강, 한타이카 강. 돌간족 설화에 의하면 돌간족에 돌간, 돈고트, 카란토, 킬마기르, 에댠 형제가 있었는데 퉁구스족과 전쟁에서 패배한 뒤 각자 다른 곳으로 흩어졌다(Popop, 1934, p. 120)는 돌간족 설화에 근거할 때 킬마기르 씨족은 돌간족에서 기원한다.
6	템베기르	1959년 투루한 주의 헤타 강 유역. 니즈나야 퉁구스카 강의 탄메기르, 예세이 호수와 아나바라 강의 탐베기르 씨족과 친족이다. 돌간족 가운데 템베기르 씨족이 있다.
7	홈포	17세기 중반 이후부터 현재까지 투루한 강.

1) 투루한 에벤키족의 출현과 정착사[39]

투루한 강은 예니세이 강의 좌측 지류이며 에벤키족의 거주 지역 중 가장 북서쪽에 위치해 있다. 17세기 러시아인이 등장할 무렵 투루한 강은 퉁구스족의 인종적 경계 지역이었다. 예니세이 강 서쪽에 위치한다는

39 투루한 강의 에벤키족 씨족명은 Rychkov K. M. “Enisejskie tungusy”, *Zemlevedenie* 1~2, 1917; 3~4, 1922; Anisimov A. F. *Rodovoe obshchestvo evenkov (tungesov),* L.: Izd. Instituta narodov Severa TSIK SSSR im. P. G. Smidovicha, 1936; Tugolukov V. A. *Tungusy (evenki i eveny) Srednej i Zapadnej Sibiri,* M.: Nauka, 1985 등을 참고하여 작성했다.

점과 다른 에벤키족 씨족과 거의 교류를 하지 않고 고립적으로 생활한다는 조건은 역사적, 인종적으로 이곳 에벤키족 문화를 독특하게 만들었다. 투루한 강의 에벤키족은 그리 많지 않았고 규모도 적었다. 하지만 이들은 이미 17세기 이전부터 이 지역에서 거주한 것으로 보인다. 이들은 혁명 이전까지 여행객의 눈에 거의 띠지 않았고 연구자들도 이들에 대해 전혀 알지 못했다. 소비에트 정권 수립 이전 투루한 강 중 소비예트레치카(이하 숍레치카) 에벤키족에 대한 기록은 전무하다. 따라서 이 지역 에벤키족에 대한 정보는 개별 에벤키인이 전하는 정보에 의존할 수밖에 없다.

리치코프는 투루한 강 에벤키족의 역사를 식인기, 무질서와 약탈기, 러시아인 출현기의 세 시기로 구분하고 첫 두 시기는 17세기 이전으로 추정한다.

> "식인기에 에벤키족은 도보로 움직였으며 겨울에는 스키를 타고 다녔다. 아이들과 짐은 직접 메고 다녔으며 음식은 날것으로 먹었다. 주된 사냥도구는 돌이었다. 무정부와 약탈기에 들어서면서 에벤키족은 순록을 기르기 시작했고 유르타를 좀 더 크게 지었지만 이동 생활은 계속 이어갔다. 이들이 순록을 기르기 시작한 계기와 구체적인 시기는 알 수 없다. 하지만 17세기 예니세이 강 우안의 하류 지역에 출현한 돌간족이나 에벤키족 에댠 씨족으로부터 강제로 빼앗았을 가능성이 있다."(Rychkov K. M. "Enisejskie tungusy", *Zemlevedenie* 1~2, 1917, p. 7)

리치코프의 이런 시기 구분은 투루한 강 에벤키족뿐만 아니라 동 시베리아의 오지에서 활동한 상당 수의 에벤키족에게 적용 가능하다. 초기 식인기와 관련하여 에벤키족 설화에 식인족은 에벤키족에 적대적인 타종족으로 등장한다. 에벤키족에게 식인 풍습이 있었는지 정확하게 규명하는 것은 불가능하지만 다음과 같은 에벤키족 설화에 근거할 때 시베리아 토착민 사이에 식인 풍습이 있었던 것은 확실해 보인다.

> "한 에벤키인이 유목을 하던 중 됴프티기르 씨족의 사람들을 만났는데 에벤키인의 딸을 며느리로 달라고 청했다. 에벤키인은 딸을 됴프티기르 씨족에 며느리로 내어주었다. 어느 날 에벤키인은 자신의 딸을 됴프티기르 씨족의 사람들이 잡아먹었다는 말을 들었다. 그 말을 들은 에벤키인은 유목을 하면서 됴프티기르 씨족의 사람들을 찾아갔다."(됴프티기르(Deptygir))

러시아인이 출현한 이후 니즈냐야 퉁구스카 강, 포드카멘나야 퉁구스카 강, 타즈 강의 에벤키족은 투루한 강으로 이주했는데 서로 정착지가 달랐다. 니즈나야 퉁구스카 강에서 이주해 온 그룹은 투루한 강 북쪽의 치스타야 툰드라에 정착했는데 이들이 투루한 강 에벤키족의 절대 다수를 차지했다. 이들의 성은 다빈듁, 쿠르마토프, 오를로프, 댜르다울, 차포기르, 야로츠키 등이었으며 이들은 러시아식과 에벤키식 성이 모두 사용했다. 몸칙 호수의 에벤키족은 포드카멘나야 퉁구스카 강에서 이주해 온 그룹이다. 숍레치카 마을의 에벤키족은 오랜 세월 타즈 강 상류에 거주하던 그룹이다. 대다수가 판카기르 씨족에 속하며 셀쿠프족과의 통혼으로 셀쿠프 문화의 요소들을 많이 가지고 있었다. 일부는 타즈 강 수원에서 아래쪽에 있는 라타 강으로 이주했고 일부는 후도세이 호수 지역으로 이동했다.[40] 이러한 거주 지역의 배분은 20세기 초까지 지켜졌다. 초노콜 씨족의 아르카디예프 가족이 후도세이 호수에서 몸칙 호수로 이주해 왔는데 이들은 현재도 타즈 강 상류의 에벤키족과 교류하고 있으며 니즈나야 퉁구스카 강과 그 북쪽 이가르카 지역과 한타이 호수 지역의 에벤키족과 혼인 관계를 맺고 있다.[41]

20세기 이후 에벤키족은 투루한 강으로 흘러들어가는 숍레치카의 동쪽 마을에 주로 거주하는데 이곳은 사방에 삼림 툰드라가 펼쳐져 있으며 강과 호수 기슭에서만 숲이 보인다. 여기에서 북쪽으로 몇 십 킬로미터쯤 가면 북빙양까지 이어지는 광활한 툰드라가 펼쳐진다.[42] 투루한 강 지역의 삼림툰드라와 툰드라 지역은 호수가 많아서 전통적으로 이곳 에벤키족의 주요 생업은 어로지만 사냥도 필수적이었다. 치스타야 툰드라에서 어로 적합 지역은 마을에서 40~50킬로미터 떨어진 호수 밀집 지역이다. 투루한 강 에벤키족은 어로나 사냥할 때 가족과 함께 사냥 지역의 춤(천막집)에서 거주한다. 사냥은 따뜻할 때는 순록을 타고 가지만 추울 때는 순록이 끄는 썰매를 타고 간다. 각 가구 당 평균 15~20마리의 순록을 사육하며 가족이 없는 1인 가구는 7~8마리의 순록을 사육한다.

2) 씨족명 분포 현황 및 문화적 특성

20세기 중반까지 이 지역에서 가장 큰 씨족은 초노콜이었으며 차포기르와 17세기까지는 전혀 알려지지 않았던 판카기르, 류톡, 추미스키 씨족도 눈에 띈다.

---

40 Tugolukov V. A. "Evenki bassejna rek Turuhan", *Sotsial'naja organizatsija i kul'tura narodov severa*, M.: Nauka, 1974, p. 59.

41 Tugolukov V. A. "Evenki bassejna rek Turuhan", *Sotsial'naja organizatsija i kul'tura narodov severa*, M.: Nauka, 1974, p. 60.

42 Tugolukov V. A. "Evenki bassejna rek Turuhan", *Sotsial'naja organizatsija i kul'tura narodov severa*, M.: Nauka, 1974, pp. 58~59.

① 판카기르 씨족

판카기르 씨족은 1760년대 현물세 징수를 위해 예니세이 강 북쪽에서 인구조사를 수행하면서 처음으로 세상에 알려지게 되었다. 현재 판카기르 씨족은 니즈나야 퉁구스카 강 남쪽의 한타이 호수와 포드카멘나야 퉁구스카 강 연안에 거주한다. 에벤키자치지역에 있는 퉁구스코 춘스코 지역의 사냐기르 씨족은 판카기르와 사냐기르를 같은 씨족으로 간주한다. 즉 판카기르는 러시아식이고 사냐기르는 에벤키 식이라는 것이다.[43] 니즈나야 퉁구스카 강과 숍레치카 에벤키족은 판카기르의 기원에 대해 세 가지 입장을 가지고 있다.

> "첫째, 과거 에벤키족에게 판카기르라는 씨족은 없었고 케무카기르라는 씨족이 있었다. 케무카기르가 판카기르, 사냐기르 씨족으로 나누어졌다. 판카기르 씨족은 니즈나야 퉁구스카 강의 우측 지류에 있는 투톤찬 마을 위쪽의 비비 강에 자리를 잡았고 사냐기르 씨족은 투톤찬 마을 아래쪽의 니즈나야 퉁구스카 강에 자리를 잡았다. 둘째, 씨족명 케무카기르가 러시아 행정당국에 의해 임의로 판카기르로 바뀐 것이다. 셋째, 판카기르 씨족이 케무카기르 씨족을 강제로 흡수했다. 우차미 강에 거주하는 마리나 알렉산드로브나 판카기르는 소수만 남아 있던 케무카기르 씨족은 판카기르 씨족이 시키는 대로 할 수밖에 없었다고 한다. 판카기르 씨족장에게 소환된 케무카기르 씨족장이 지각을 하면서 그 벌로 판카기르라고 부르기 시작했고 그것이 그대로 굳어졌다는 것이다. 이전까지 두 씨족은 혼인 관계로 맺어져 있었다. 판카기르, 케무카기르 모두 비비 강을 따라 거주했는데 현재 케무카기르는 그곳에 거주하지 않는다."(Tugolukov V. A. "Evenki

---

43 Arhiv Instituta Etnografii AN SSSR (AIE AN SSSR), f. Severnoj ekcpeditsii, 1957g., ed.hr.7, tetr.1, l.70ob.

bassejna rek Turuhan", *Sotsial'naja organizatsija i kul'tura narodov severa*, M.: Nauka, 1974, pp. 75~76)

케무카기르 씨족은 예니세이 강 서쪽 에벤키족의 거주지에서 조금 남쪽에 위치한 팀 강, 심 강, 케트 강의 에벤키족 케무 씨족과 관련이 있다. 결론적으로 아주 오래전에 니즈나야 퉁구스카 강의 우차미 강~비비 강에 케무카기르 씨족이 거주했는데 19세기 말 이 씨족은 이유는 알 수 없지만 쇠락의 길을 걷게 되었다. 남은 씨족원은 러시아 행정당국이 관리의 편의를 내세워 다른 에벤키족 소규모 씨족과 함께 모두 판카기르로 통칭하게 되었다. 하지만 판카기르 씨족도 쇠락의 길을 걷게 되었던 것으로 추정된다. 이와 관련하여 치린그다 호수 지역의 에벤키족 사이에는 다음과 같은 설화가 전해진다.

옛날 치린그다 호수 지역의 에벤키족은 생필품을 구하기 위해 투루한스크로 가고는 했다. 겨울에는 순록을 타고 툰드라를 지나갔고 여름에는 보트를 이용해 니즈나야 퉁구스카 강을 따라 갔다. 니즈나야 퉁구스카 강의 판카기르 씨족은 치린그다 지역에 거주하는 에벤키족에게 적대적이었다. 치린그다 지역의 에벤키족 가운데 찬차미라는 샤먼이 있었는데 가난했지만 매우 영험했다. 다른 에벤키족은 그에 대해 익히 알고 있었다. 어느 날 치린그다 지역의 에벤키족이 보트를 타고 강 아래쪽으로 내려가고 있었다. 그들과 마주친 판카기르 사람들은 샤먼 찬차미를 배 옆으로 집어던졌다. 그가 물에 빠졌다고 확신한 판카기르 사람들은 의기양양하게 집으로 향했다. 그런데 집으로 가던 판카기르 사람들은 찬차미가 강 맞은편에 서서 아무 일도 없었다는 듯 옷을 말리고 있는 광경을 목격했다. 판카기르 사람들은 대경실색 했고 그가 물에 빠지지 않은 것은 그의 영혼이 굉장히 강하기 때문이라고 생각했다. 치린그다 지역의 에벤키족은 투루한스크에 가서 필요한 물건을 산 뒤 되돌아 왔다. 그 시간 판카기르 씨족의 세 샤먼이 노긴스크 마을 근처의 한 부락에 모여 샤먼 찬차미의 영혼을 몰아내는 의식을 거행하고 있었다. 근처를 지나가면서 찬차미는 판카기르 샤먼들에게 마법을 걸었다. 세 명의 샤먼은 한 쪽 뱃머리로 몰려가서 서로를 찔러댔고 이 광경을 본 다른 판카기르 사람들도 부모, 자식, 아내 가리지 않고 서로 칼로 찔러댔다.[44] 이 아비규환에서 세 명만이 살아남았다. 이들은 지금도 툰드라에서 순록 유목을 하고 있으며 이들에 의해 판카기르 씨족의 맥이 이어지고 있다.

② 류톡과 추미스키 씨족

류톡 씨족은 판카기르 씨족보다 늦게 숍레치카에 등장했는데 두 씨족은 서로 적대적이었다. 이곳에 등장하기 전 류톡 씨족은 니즈나야 퉁구스카 강의 투라 강에 거주했으며 차포기르라고 불렸다.

> "차포기르와 류톡은 케무카기르와 판카기르처럼 같은 씨족이다. 예니세이 강으로 이주해 온 차포기르 중 한 명이 자신을 류톡이라고 부르면서 씨족명으로 굳어졌다. 류톡은 '중요한 경계 지점을 넘어가다'라는 의미의 에벤키어 '류투넨(ljutnen)'에서 기원한다."(Tsentral'nyj Gosudarstvennyj Arhiv Oktjabl'skoj revoljutsii (TsGAOR), f.3977, d.118, l.62)

추미스키가 투루한 강에 거주하기 시작한 것은 1735년경이며 당시 18 납세단위였으니 씨족원의 수는 70명 정도로 규모는 그리 크지 않았다. 추미스키는 러시아어 이름 춤스키(Chumskij)를 에벤키족이 잘못 발음한 결과이다. 이들은 니즈나야 퉁구스카 강에 거주할 때는 코춤덱 강 하구

44 참고: Tugolukov V. A. "Evenki bassejna rek Turuhan", *Sotsial'naja organizatsija i kul'tura narodov severa*, M.: Nauka, 1974, p. 76.

근처에 두 개의 부락을 가지고 있을 정도로 규모가 컸다. 그런데 전염병으로 한 부락이 전멸하다시피 하면서 쇠락의 길을 걷게 되었다. 이들은 이웃 종족이나 씨족과 교류를 거의 하지 않았고 순록도 많지 않았으며 주요 생산 활동은 다람쥐 사냥과 어로였다. 1926년 니즈냐야 퉁구스카 강의 볼쇼이 포로그에 16가구 81명가 거주하고 있었다.[45]

3) 투루한 강에서 에벤키족, 셀쿠프족, 네네츠족이 만나다

소베트스코예 호수는 숍레치카 지역에서 가장 큰 호수이다. 실질적으로 이 호수는 두 개의 호수가 연결되어 있다. 각 호수는 길이가 30킬로미터 이상, 폭은 10킬로미터 이상, 깊이는 100미터 이상이다. 물은 맑은 초록색이며 바닥에는 바다처럼 돌이 깔려 있다. 파도가 높게 치기 때문에 수영은 그리 안전하지는 않고 호수의 얼음 위를 썰매를 타고 다니는 것도 위험하다. 겨울이면 이곳에는 눈 폭풍이 자주 몰아치기 때문에 길을 잃기 쉽다. 호수 바닥은 경사가 심하다. 순간 깊은 바닥으로 연결되기 때문에 어로가 어려워서 호수의 만에서만 어로를 한다. 1940년대 초 소베트스코예 호수 인근에서 네네츠족 몇 가족이 유목을 했으며 호수 기슭에는 네네츠족의 무덤이 있다. 셀쿠프족도 위 지역의 남쪽 타이가에 거주했는데 이들 거주지의 경계선은 숍레치카에서 남동쪽으로 25킬로미터 떨어진 야제보예 호수이다.[46]

예니세이 강과 타즈 강 사이에 60~100킬로미터쯤 뻗어 있는 삼림툰드라 지역은 19세기 중반까지도 인적이 드물었다. 이곳으로 이주한 에벤키

45 Tsentral'nyj Gosudarstvennyj Arhiv Oktjabl'skoj revoljutsii (TsGAOR), f.3977, d.118, l.62.

46 Tugolukov V. A. "Evenki bassejna rek Turuhan", *Sotsial'naja organizatsija i kul'tura narodov severa*, M.: Nauka, 1974, p. 61.

족은 남쪽 야제보예 호수부터 북쪽의 소베트스코예 호수에 이르는 공간을 차지했다. 이후 이들은 볼샤야 헤타 강 상류까지 활동 지역을 확장해 갔다.[47] 에벤키족이 치스타야 툰드라 지역으로 이주할 때 이곳에 먼저 거주하고 있던 네네츠족의 저항이 만만치 않았지만 결국 두 종족은 공존하게 되었다. 에벤키족과 네네츠족 이외에 셀쿠프족도 이 지역에 거주했는데 세 종족의 관계는 비교적 우호적이었던 것으로 보인다.

"이 지역의 에벤키족 파벨 표도로비치 쿠르마토프에 의하면 혁명 이전 숍레치카 에벤키족, 셀쿠프족, 네네츠족의 지도자는 '공작'이라는 칭호로 불렸다. 이들은 아주 가끔 함께 모여 공동의 문제를 논의했다. 마지막 에벤키족 공작의 이름은 다빈둑(A. S. Davinduk)이었다."(Tugolukov V. A. "Evenki bassejna rek Turuhan", *Sotsial'naja organizatsija i kul'tura narodov severa*, M.: Nauka, 1974, p. 63)

물론 니즈나야 퉁구스카 강과 포드카멘나야 퉁구스카 강의 에벤키족은 이주하기 전에도 예니세이 강 좌안에 대해 익히 알고 있었을 것이다. 그들이 이곳으로 이주한 것은 풍부한 물고기와 야생 순록 사냥 때문이었을 것이다. 숍레치카 에벤키족 사이에는 다음과 같은 설화가 전해지고 있다.

"소비에트 정권이 들어서기 아주 오래 전 몸칙 호수에는 아르카디예프 가족이 살고 있었지만 숍레치카에는 몇 명 다비둑 가족 외에는 아무도 없었다. ... 예니세이 강 동쪽에 거주하던 뉴룸냐 씨족 70명 정도가 그곳으로

47 Tugolukov V. A. "Evenki bassejna rek Turuhan", *Sotsial'naja organizatsija i kul'tura narodov severa*, M.: Nauka, 1974, p. 61.

이주해 왔다. 그들은 물고기를 많이 잡은 뒤 예니세이 강으로 유목을 하러 갔다. 가는 도중 순록 한 마리가 쓰러졌다. 순록의 가죽을 벗기는 과정에서 주인이 그만 병에 걸리고 말았다. 그로부터 시작되어 모든 사람들이 병에 걸렸고 한 소녀만 살아남았다. 소녀는 쿠레이 강의 케트족에게 갔다. 이후 그들이 물고기를 잡았던 호수를 뉴룸냐라고 불렀다. 호수는 숍레치카 마을에서 남쪽으로 10킬로미터 떨어진 곳에 있다. 그 호수에서 야제보예 호수로 들어가는 뉴룸냐 강이 시작된다."(Tugolukov V. A. "Evenki bassejna rek Turuhan", *Sotsial'naja organizatsija i kul'tura narodov severa*, M.: Nauka, 1974, p. 62)

숍레치카 강의 에벤키족은 타종족을 자신의 방식대로 부른다. 네네츠족은 유라키, 셀쿠프족은 오스탸크, 케트족은 케토, 느가나산족은 하마이라고 부른다. 한타이 강의 에벤키족과 달리 그들은 네네츠족와 엔츠족를 구별하기 위해 엔츠족은 바이라고 부른다.[48] 에벤키족은 투루한 강에서 네네츠족, 셀쿠프족과 경계를 맞대고 있었지만 사모예드어권의 케트족, 느가나산족과도 교류를 한 것으로 추정된다.

48 Tugolukov V. A. "Evenki bassejna rek Turuhan", *Sotsial'naja organizatsija i kul'tura narodov severa*, M.: Nauka, 1974, p. 62.

4. 예니세이 강 좌안 에벤키족 씨족명 분포 현황 및 문화적 특징[49]

표 9. 예니세이 강 좌안 에벤키족 씨족명 분포 현황

예니세이 강 좌안 에벤키족 씨족명		
번호	씨족명	씨족명 변이형 및 초기~20세기 초 주요 거주지
1	댜그다키르	심 강. 쳄바족에서 분리.
2	모로코	마라카, 메레케, 보로코. 1926~1927년 타즈 강 상류.
3	밀리츠키	18세기 초~19세기 말 예니세이 강 좌안. 러시아식 씨족명을 사용하는 점으로 미루어 러시아인이 출현한 이후에 등장했다. 앙가라 강과 피트 강의 에벤키족, 케티 강의 셀쿠프족에게서 아내를 맞이했다(GAKK, f.910, op.1, d.4, l.82ob.).
4	바야키	바야비, 바야킬리. 바야기르의 음성 변형이다. 1682년 자카멘나야 현물세 징발소, 예롤구이 강, 심 강, 타즈 강 상류, 1920년대 팀 강 유역. 포드카멘나야 퉁구스카 강의 에벤족 가운데도 바야키 씨족이 있다. 오스탸크~사모예드족과 네네츠족의 전쟁이 벌어지던 17세기 말~18세기 초 예니세이 강 동쪽에서 이 지역으로 이주한 것으로 추정된다.
5	바야키 필파	바야키 씨족과 야쿠트족의 혼혈로 출현했으며 20세기 이후 심 강 유역에 거주했다.
6	치나흐	추낙. 1926~1927년 타즈 강 상류, 1972년 라타 강(PM, 1972, №2, l.43ob.). 포드카멘나야 퉁구스카 강의 초노콜 씨족과 친족이다. 17세기 시니기르 씨족에서 기원한다.

49 예니세이 강 좌안 에벤키족 씨족명은 Kostrov N. “Naselenie Enisejskoj gubernii”, *Zapiski Vostochno-Sibirskogo Otdela Russkogo Geograficheskogo Obshchestva* t.2. otd.2, 1856; t.4. otd.1-2, 1857; tr.5. otd.1, 1858; t.6, otd.1, 1863; t.8, otd.1, 1865; Vasilevich G. M. “Vitimo-tungir-olekminskie tungusy”, *Sovetskij Sever* 3, 1930; Tugolukov V. A. *Tungusy (evenki i eveny) Srednej i Zapadnej Sibiri*, M.: Nauka, 1985 등을 참고하여 작성했다.

		시니기르는 야쿠트어의 영향으로 치나기르로 변하고 치나기르는 치나흐나 추낙으로 변했고 추낙은 다시 초노콜로 변했다.
7	케무	러시아 기록에는 호밀리라는 명칭으로 등장한다. 1682년 자카멘나야 현물세 징발소, 1926~1927년 심강, 나림 강, 바슈간 강. 니즈나야 퉁구스카 강의 케무기르 씨족, 그 북쪽의 케무카기르 씨족과 친족이다. 원래는 케무기르 씨족에 속했었는데 남쪽의 예니세이 강 좌안으로 이주한 그룹은 토착민의 영향을 심하게 받으면서 케무 씨족으로 변했다(Tugolukov, 1985, p. 252). 키마와 음성적 유사성으로 인해 서로 친연관계에 있을 것이라고 추정된다. 하지만 투골루코프에 의하면 키마와 케무는 전혀 다른 씨족으로 서로 혼인 관계에 놓여 있다(1985, p. 254).
8	키마	키말. 19~20세기 심 강, 출림 강, 바슈간 강, 이르티시 강의 지류인 데먄카 강. 아랍 문헌에 의하면 9~11세기 이르티시 강에 튀르크족 키마키 씨족이 있다(Vasilevich, 1958, p. 162). 키마키와 에벤키족 키마 씨족의 음성적 유사성에 근거하여 키마가 키마키에서 분리한 씨족이라고 추정할 수 있다. 이외에도 키마 씨족은 앙가라 강 하구, 앙가라 강 좌안, 아무르 강, 오호츠크해, 사할린 섬, 레나 강 너머까지 넓게 분포되어 있다. 부례야 강 좌측 지류에 키마 강이 있다. 이 사실로 이 지역에서 키마 씨족의 선조들이 앙가라 강 하류 혹은 예니세이 강 좌측 연안의 접경 지역으로 이주한 것으로 추정된다.
9	키마 코시카	키마 씨족에서 분리한 것으로 추정된다.
10	킬티네	1858년 예니세이 금광 지역. 19세기 예니세이 강 연안으로 이주했으며 1930년 심 강 유역에 거주했다. 1942년 야쿠트족에 의하면 지간 강~닐레드자 강에 켈데에나 씨족이 거주했다. 킬티네는 에벤키어로 '입술이 두터운 사람'이라는 의미이다. 실제로 이들은 입술이 두툼하다고 하므로 외모에 근거하여 붙여진 씨족명으로 보인다.
11	타니네	타닌메, 타니모. 바실례비치는 1930년대 이미 멸족했다고 주장했다(1931, p. 135). 하지만 투골루코프에 의하면 1972년 바슈간 강에 이 씨족에 속하는 2가구가 생존해 있다(1985, p. 255). 이 씨족은 18세기 덴마기르 씨족의 후손으로 1920년대 니즈나야 퉁구스카 강의 돈코기르 씨족에서

		분리한 것으로 추정된다(Tugolukov, 1985, p. 255).
12	투룸비	트룸비. 1931년 예니세이 강 하구의 카스 강, 팀 강, 비슈간 강, 케티 강 연안. 씨족원 델리친에 의하면 자신의 씨족은 유룸냐 혹은 투룸비라고 불리는데 아버지는 유룸냐 씨족 출신으로 예니세이 강에서 출생했으며 포드카멘나야 퉁구스카 강에서 케티 강으로 이주해 왔다(PM, 1972, №2, l.19). 이에 근거할 때 투룸비는 니즈나야 퉁구스카 강 뉴룸냘 씨족 중 예니세이 강 좌안으로 이주한 그룹으로 추정된다.
13	피트 바르기간	씨족명에 근거할 때 피트 강의 바르가간 씨족에서 기원하는 것으로 보인다. 1782년 피트 강 연안에서 유목생활을 했으며 기독교인은 러시아인 아내를 맞이했고 비기독교인은 투루한 강 지역에서 아내를 맞이했다. 19세기 이 지역에서 그 수가 급감하는데 이유는 오비 강 우안과 타즈 강 상류로 이주했기 때문이다.

에벤키족이 오비 강~예니세이 강 지역에 출현한 것은 17세기 훨씬 이전의 일이다. 이들은 9~11세기에는 키막족 혹은 키마키족, 킵착족과 함께, 12세기에는 거란족을 추격하던 여진족과 함께 이 지역에 가게 되었다. 에벤키족 씨족명 중 키마는 키마키족와 관련이 있으며 여진족에 관해서는 톰스크 주의 무덤이 말해준다.[50] 이렇듯 에벤키족은 오비 강~예니세이 강 지역의 지역 토착민과 긴밀하게 문화 교류를 하면서 순록 사육에 종사하는 나림 강 셀쿠프족의 출현에 결정적인 기여를 했다.

그렇지만 에벤키족이 예니세이 강 서쪽으로 본격적으로 이주하게 된 것은 러시아인이 예니세이 강 동쪽에 출현하고 한참이 지난 18세기 중반 이후의 일이다. 1730년대까지 예니세이 강 서쪽의 에벤키족은 러시아 행정당국에 전혀 알려지지 않았었다. 솝레치카 현물세 징발소에서 가까운 바이신 현물세 징발소에는 셀쿠프족, 타즈 강 현물세 징발소에는 엔츠족

50 Tugolukov V. A. *Tungusy (evenki i eveny) Srednej i Zapadnej Sibiri*, M.: Nauka, 1985, p. 267.

이 포함된 사모예드족만 현물세를 납부했다.[51] 따라서 예니세이 강 좌안으로 에벤키족이 본격적으로 이주하기 시작한 것은 1750년 전후로 추정된다. 18세기 러시아 기록에 의하면 이 지역에는 에벤키족 한 씨족만이 거주했다. 하지만 당시 이 지역에는 이들 이외에도 소수의 에벤키족이 더 거주했을 것으로 추정된다. 비록 많은 수의 에벤키족이 거주하지는 않았지만 이들은 사모예드족보다 힘적 우위에 있었으며 이를 바탕으로 활동 범위를 점점 넓혀갔다.

> "1840년대 오비 강을 여행하면서 에벤키족을 만난 카스트렌에 의하면 에벤키족 몇 가족이 피트 강에서 케이 강으로 이주했다. 사모예드족은 오비 강에서 유목을 하는 에벤키족이 자신들의 순록을 빼앗아 간다고 하소연했다."(Kastren M. A. "Puteshestvie po Laplandii, Severnoj Rossij i Sibiri", *Sobranie staryh i novyh puteshestvij* 2, M., 1860, pp. 287, 296, 323, 482).

19세기 말이 되면 에벤키족은 오비 강 우측 지류뿐만 아니라 좌측 지류에서도 언급된다. 1882년 바슈가네 강을 여행한 그리고롭스키는 에벤키족을 직접 만나지는 못했다. 하지만 바슈간 강 우측 지류인 뉴롤리카 강 하구에 봄이면 기독교를 믿는 에벤키족이 와서 유목을 하다가 7월이 되면 어디론가 떠난다는 이야기를 들었다고 한다.[52] 19세기 말 미하일 수슬로프의 기록에 타즈 강 에벤키족이 등장한다.

51 Tugolukov V. A. "Evenki bassejna rek Turuhan", *Sotsial'naja organizatsija i kul'tura narodov severa,* M.: Nauka, 1974, p. 59.

52 Grigorovskij N. P. "Opisanie Vasjuganskoj tundry", *Zapiski Sibirskogo otdela Russkogo Geograficheskogo Obshchestva* 6, 1884, p. 33.

"1884년 이 지역에는 에벤키족 차파기르 씨족 62명이 거주했다. 1893년 타즈 강에는 판카기르 씨족 77명, 옐로구이 씨족 18명이 거주했다."(Gosudarstvennyj Arhiv Krasnojarskogo Kraja (GAKK), f.667, op.2, d.27, l.51~51ob.; f.667, op.2, d.68, l.5~6ob.)

1920년대 이전 이 지역 에벤키족에 대한 정보는 단편적이고 잘 알려지지 않아서 정확하게 알 수는 없지만 1920년대 기록에 의하면 이 지역에는 모두 910명의 에벤키족이 거주했다.[53] 이렇게 단기간에 이 지역의 에벤키족이 증가한 이유는 포드카멘나야 퉁구스카 강을 비롯하여 예니세이 강 동쪽 지역의 에벤키족이 이 지역으로 이주했기 때문이다. 이들의 정확한 이주시기를 알 수는 없지만 동 시베리아에서 에벤키족의 이주 시기나 경로 등을 고려할 때 그리 오래되지는 않았을 것으로 추정된다.

위 표에 제시된 소규모 씨족 이외에 1926~1927년 예니세이 강 좌안에는 킬마기르, 판카기르, 차파기르, 초노콜 씨족이 들어오고 나가기를 반복했다. 이 지역의 에벤키족은 지역에 따라 문화적 특성이 다소 차이가 난다. 이 지역 대다수 에벤키족은 토착민인 케트족, 셀쿠프족, 한티족, 엔츠족, 네네츠족, 타타르족뿐만 아니라 러시아인과도 긴밀하게 교류하면서 문화적 요소를 차용했다. 이 지역은 이끼가 부족하고 곤충 떼가 많아 순록 사육에 그리 적합하지 않아서 에벤키족의 활동 지역으로는 부적합하다. 그런데도 에벤키족이 이 지역을 찾아올 수밖에 없었던 것은 그만큼 삶이 절박했기 때문이다.

53 Tugolukov V. A. *Tungusy (evenki i eveny) Srednej i Zapadnej Sibiri*, M.: Nauka, 1985, p. 249.

* * *

예니세이 강에서 에벤키족의 주요 거주지는 포드카멘나야 퉁구스카 강, 니즈나야 퉁구스카 강, 투루한 강, 예니세이 강 좌안 등이었다. 포드카멘나야 퉁구스카 강에는 극히 일부의 에벤키족만 거주했는데 러시아인이 출현한 이후 프리바이칼리예와 프리앙가리예 에벤키족이 이곳으로 집중적으로 이주하면서 이 지역 에벤키족의 수는 급증했다.

포드카멘나야 퉁구스카 강의 에벤키족 가운데 18세기 중엽 러시아 기록에서 자주 발견되는 가날치라는 씨족이 가장 눈에 띈다. 가날치는 에벤키족이 순록 사육보다는 사냥에 주력하던 시기에 생긴 에벤키족의 통칭으로 추정된다. 가날치는 쿠르카기르, 차파기르, 모몰 씨족의 연합이었다. 하위 씨족으로는 모몰, 코초닐, 호르보, 듀론골, 로팔, 코르두얄, 첼콜, 로포콜, 모모차르가 있다. 가날치의 시대는 18세기 중엽 이전부터 19세기 초이다. 가날치는 포드카멘 퉁구스카 강에서 자신들의 위쪽 지역에 거주하는 쳄달 씨족, 니즈니 퉁구스카 강 상류와 중류에 거주하는 뉴룸냘 씨족과 적대적이었다. 가날치는 에벤키족 타씨족뿐만 아니라 타종족 특히 케트족과 적대적이었다. 전반적으로 포드카멘나야 퉁구스카 강 에벤키족과 케트족은 적대적이었지만 물물교환과 통혼 관계는 유지했다. 그 결과 러시아인이 예니세이 강 우안에 출현할 당시 에벤키-바르가간이라는 독특한 혼혈 인종과 혼종문화가 존재했다.

에벤키족이 니즈나야 퉁구스카 강에 본격적으로 이주하게 된 것은 러시아인이 프리바이칼리예와 프리앙가리예 지역에 출현한 이후로 에벤키족이 포드카멘나야 퉁구스카 강으로 이주한 시기와 일정 정도 맞물린다. 러시아인이 본격적으로 이 지역에 진출하면서 1630년부터 니즈나야 퉁구스카 강의 에벤키족은 이 강의 북쪽으로, 일부는 더 북쪽 지역으로 이주했다.

니즈나야 퉁구스카 강 하류는 에벤키족과 사모예드족의 교류가 활발했던 지역이다. 그 결과 니즈나야 퉁구스카 강과 그 북쪽 지역은 에벤키어를 사용하지만 사모예드 문화의 특성을 지닌 불랴시, 뉴룸냘, 바냐디같은 혼종그룹이 출현했다. 불랴시는 에벤키족과와 사모예드족의 혼혈로 특정 씨족명이 아니라 현물세 납세씨족명 혹은 씨족연합명으로 보이는데 1638년 이후 더 이상 기록에 등장하지 않는다. 바냐디는 불랴시가 기록에서 사라지기 직전인 1634년 처음 기록에 등장하지만 이들도 어느 시점부터 기록에 등장하지 않는다.

뉴룸냘은 에벤키족과 사모예드족의 혼혈로 보이는데 이미 17세기 이전에 출현했다. 이들은 18세기 말까지도 니즈나야 퉁구스카 지역에서 계속 기록에 등장하기 때문에 불랴시처럼 단기간에 해체된 것이 아니라 적어도 2세기 이상에 걸쳐 서서히 해체된 것으로 추정된다. 여러 기록에 근거할 때 바냐디와 뉴룸냘은 기원이 동일한 씨족으로 단지 지역에 따라 북부 그룹은 바냐디, 남쪽 니즈나야 퉁구스카 강의 그룹은 뉴룸냘로 불렸다. 그렇다면 불랴시, 바냐디, 뉴룸냘은 동일한 씨족으로 일정 시점에 이르러 불랴시가 지역적 경계에 따라 바냐디와 뉴룸냘 씨족으로 분리되었고 바냐디는 곧 다른 지역으로 이주하거나 다른 씨족에 편입되었지만 뉴룸냘은 이 지역에서 계속 활동을 했던 것으로 보인다.

투루한 강의 에벤키족은 다른 에벤키 씨족과 거의 교류를 하지 않고 고립적으로 생활하면서 역사적, 인종적으로 매우 독특한 특성을 지니게 되었다. 이들은 규모는 무척 적었지만 이미 17세기 이전부터 이 지역에서 거주한 것으로 보인다. 20세기 중반까지 투루한 강에서 가장 큰 씨족은 초노콜이었으며 차포기르와 17세기까지는 전혀 알려지지 않았던 판카기르, 류톡, 추미스키 씨족도 눈에 띈다. 에벤키족은 투루한 강에서 네네츠족, 셀쿠프족과 경계를 맞대고 있었지만 비교적 우호적인 관계를 유지했다. 이들은 사모예드어권의 케트족, 느가나산족과도 교류를 한 것으로 추정된다.

에벤키족이 예니세이 강 좌안으로 이주한 시기는 러시아인이 출현한 이후로 추정된다. 이 지역의 에벤키족은 지역에 따라 문화적 특성이 다소 차이가 나지만 대다수 에벤키족은 토착민인 케트족, 셀쿠프족, 한티족, 엔츠족, 네네츠족, 타타르족뿐만 아니라 러시아인과도 긴밀하게 교류하면서 문화를 주고받았다.

제4장

야쿠티야 에벤키족 씨족명 분포 현황 및 문화적 특징

제4장
야쿠티야 에벤키족 씨족명 분포 현황 및 문화적 특징

표 10. 레나 강~올레뇩 강 에벤키족 씨족명 분포 현황

야쿠티야 에벤키족 씨족명		
번호	씨족명	변이형 및 초기와 20세기 초 주요 거주지
레나 강 에벤키족 씨족명		
1	나예디르	17세기 차야 강 인근, 레나 강.
2	듀케닐	듀케기르, 유케기르. 레나 강 하구의 불룬 강과 인근의 우스티-얀스크 지역.
3	마이마가	17세기 후반 야쿠티야 중앙에 거주한다는 기록이 있으나 이후 레나 강 인근으로 이주했다. 19세기 중반 빌류이 강 인근에 거주했으며 1926~1927년 하타긴 강에 거주했다. 에벤키족에서 기원하지만 다른 씨족과 피부색이 달라 러시아인 혼혈이며 모모기르 씨족에서 기원하는 것으로 추정된다.
4	바디르	20세기 이후 레나 강 북부.
5	인디기르	17세기 레나 강 유역. 1897년 에벤족 가운데도 발견되었다.
6	치메이르	1925~1959년 레나 강 지류인 쿠타 강과 티라 강 수원.
7	쿠프	17세기 초 레나 강 하류에서 출현했다. 17세기 타우이 강, 알단 강, 18세기 야쿠티야 지역, 1897년 알단 강 유역의

		베르호얀스크, 야쿠티야 지역과 빌류이 강 지역에 거주하던 일부는 니즈나야 퉁구스카 강으로 이주하여 쿠페기르 씨족을 출현시켰고 일부는 알단 강 중류에 남아 있었다. 후자는 야쿠트족으로 간주되었으며 야쿠트어를 사용했다(Dolgih, 1960, p. 497)
	빌류이 강 에벤키족 씨족명	
8	넴냐	냠난. 1895년 빌류이 강 상류에 거주하며 부야기르 씨족에 속해 있었으며 무사 에르피니가 이끌었다(Majnov, 1898, p. 46). 에벤키어로 '님넨(nimnen)'이 '나무껍질로 만든 집'이라는 의미이므로 이들은 순록은 기르지 않았고 나무껍질로 만든 집에서 살았을 것이다.
9	마야티	마야트, 마야딜. 17세기 빌류이 강, 레나 강, 올레뇩 강, 예세이 호수 인근. 20세기에도 동일 지역에 거주했으며 니즈나야 퉁구스카 강의 바야디와 동일한 씨족으로 추정된다.
10	무르가트	무르첸. 17세기 레나 강의 쿠투이 강과 빌류이 강 유역. 19세기 킬렌 강, 올룍마 강 지류, 아무르 강 유역. 어근 '무르'는 '말'이란 의미의 무린과 어근이 동일하기 때문에 처음에는 말 사냥꾼을 지칭했을 것이다. 17세기 레나 강 유역에서는 느가느가기르와 뉴르마간처럼 말을 소유한 씨족을 무르가트라고 불렀지만 무르가트가 뉴르마가트~뉴르바가트의 오기는 아니다. 무르가트는 '말'이라는 의미이고 뉴르마가트는 빌류이 강의 지류인 '뉴르마~뉴르가 강의 사람'이라는 의미이다. 따라서 무르가트와 뉴르마간(뉴르마가트)은 다른 씨족이다.
11	베티	베투. 1897년 빌류이 관구와 지간 마을. 17세기 레나 강 우안의 알단 강 하구에 거주한 야쿠트족의 베틸 씨족과 친족이다. 이들은 17~18세기 두 그룹으로 나누어져 동쪽과 서쪽으로 이주했다. 야쿠트족의 베틸 씨족도 대개 에벤키족으로 간주된다. 하지만 이들은 인종적으로 비균일한 혼혈 그룹으로 야쿠트족과 에벤키족에 모두 기록된다(Gurvich, 1966, pp. 86~87). 베틸 씨족의 창시자는 야쿠트족의 케티트 투우트 울룬가흐(Ergis, 1941, vol. 2, p. 80)로 알려져 있다.
12	부르나기르	17세기 빌류이 강. 니즈나야 퉁구스카 강의 부나이르 씨족과 음성적으로 유사하므로 친족으로 추정된다.
13	브란가트	바란가트, 부로가타르. 뉴마르간(무르가트)과 같은 씨족으

		로 17세기 수린그다 호수와 빌류이 강 연안에 넓게 분포되어 있었다. 17~18세기 빌류이 강 에벤키족이 남동지역으로 이주한 후 그곳에 남아 있는 일부 뉴르마간을 야쿠트 식으로 부란가트라고 불렀다. 20세기 초 올록마 강과 빌류이 강에 부란가트 씨족이 거주했다(PM, 1971, №2, l.155ob.). 17~19세기 이들은 급속하게 야쿠트족에 동화되어 갔다.
14	비랴나트칼	17세기 빌류이 강 상류.
15	비률레트	불레트. 17세기 빌류이 강에서 처음 언급되며 18세기 초에는 벨데츠키 씨족으로 기록되어 있었다(TsGADA, f.199, op.1, d.481, ch.7, l.222). 18~19세기 야쿠티야 남쪽과 아무르 강 북쪽에서 활동했는데 벨데트 혹은 벨레트로 알려져 있다. 이 씨족의 기원은 자바이칼리예 북쪽의 불테기르 씨족과 관련이 있다. 불테기르가 불레트 혹은 비률레트으로 변한 것은 빌류이 지방 토착민의 영향이다. 야쿠트족에도 불데기르라는 씨족이 있는데(MIJa 1, 1970, p. 31) 이들은 야쿠트족에 흡수된 에벤키족 불테기르 씨족으로 보인다.
16	솔로곤	17세기 빌류이 강 중류 좌안, 오호츠크해 연안. 17세기 제야 강 하류의 셀로곤 씨족은 성인 남자가 300명에 달할 만큼 규모가 컸다(DAI, T.3, 1848, p. 58). 18~19세기 빌류이 강의 솔로곤 씨족은 급격하게 야쿠트족에 동화 되어 갔다. 1926~1927년에도 여전히 빌류이 강에 거주하는데 야쿠트족으로 간주된다. 아무르 지역에 넓게 분포된 숄로곤 씨족과 기원이 같은 것으로 추정된다.
17	오세쿤	17세기 빌류이 강 하류.
18	우글랴트	19세기 이후 에벤키족 우발라기르 씨족과 야쿠트족과의 혼혈로 출현했으며 1920년대 빌류이 지역에 거주했다.
19	우발라기르	두블랴트, 우블라키르, 우블랴트, 푸글랴드, 푸풀랴트, 부글랴. 17세기 빌류이 강 중류. 얼굴 문신에 근거할 때 상대적으로 늦은 시기에 에벤키족에 동화 된 토착민으로 과거에는 순록 사육에 종사하지 않았다(Dolgih, 1960, pp. 473~474). 계속 빌류이 강 연안에 거주했고 이후 니즈나야 퉁구스카 강에 등장했을 때는 우보찬이라는 씨족명을 사용했다(Tugolukov, 1985, p. 189).
20	에디간	17세기 이후에는 지간이라는 명칭으로 더 많이 알려져 있는데 이는 야쿠트어 에지간의 영향에 인한 것이다. 17세기 빌류이 강, 예세이 호수, 아나바라 강 등지에 넓게 분포되어

		있었다. 러시아인이 현물세를 징수하기 시작하자 바로 알단 강과 그 상류 지역, 아무르 강 유역으로 이주했다. 이후에는 소규모 씨족으로 분리된 뒤 야쿠트족에 동화된 것으로 추정된다. 하지만 레나 강 에디간 씨족의 일부는 그대로 남아 있었고 1916년 레나 강에 지간 씨족이 거주했다 (Gurvich, 1966, p. 173). 오호츠크해의 에디겐 씨족과 친족으로 추정된다.
21	엡기셀	옵긴, 옵길, 옵딘. 17세기 빌류이 강 상류. 처음에는 투루한스크의 만가제야에서 현물세를 냈으나 이후 빌류이 강 상류에서 현물세를 낸 것으로 보아 빌류이 강 에벤키족이 남동쪽으로 이주할 때 같이 이주한 것으로 보인다. 1720년 레나 강 포크롭스크 수도원 산하에서 현물세를 납세한 기록도 있다(Dolgih, 1960, pp. 472~474). 19세기 칸갈라스 씨족연합과 함께 아무르 강 좌안으로 이주했다.
22	이무가트	17세기 빌류이 강 유역.
23	이켈레타갈	17세기 빌류이 강, 바르카 강 하류. 이 씨족명은 이켈 혹은 이케기르와 '사람, 종족, 씨족'이라는 의미의 '타갈' 혹은 '테게'의 복합어로 추정된다.
24	초르둔	초르, 초르두, 초르두이. 1897년 빌류이 강 상류와 베르호얀스크 지역, 일부는 예세이 호수 지역, 올레뇩 강, 실리기라 강 연안. 초르두기는 야쿠트족에 동화된 에벤키족으로 야쿠트족 초르두트 씨족에 속한다. 1926~1927년 야쿠티야 지역의 야쿠트족에 초르둔 씨족이 있었는데 성은 베투 혹은 베튜이었다(Dolgih, 1976, pp. 443~478). 사모예드족 기원으로 엔츠족이 에벤키족에 편입되는 과정에서 같이 편입되었다. 투바족에도 초르두, 초오두, 초그디 씨족이 있는데 이들도 사모예드족 기원이다(Radloff, 1884, p. 205). 이 씨족명은 행정적인 성격이 강하며 러시아인 기원을 포함하여 여러 소규모 씨족이 다수 포함되어 있다. 야쿠트족은 이들을 러시아인과 야쿠트족의 통혼으로 출현한 씨족으로 추정한다 (Tugolukov, 1985, p. 226).
25	카르기르	카르길. 1638년 빌류이 강 연안.
26	칼타기르	켈테기르, 칼타쿨, 켈탸트, 켈테트. 17세기 자바이칼리예 에벤키족 가운데도 있었는데 순록 사육 그룹과 가축 사육 그룹으로 나누어졌다. 칼타기르 씨족은 빌류이 강 중류에 거주했지만 1655~1660년 레나 강 하류 스톨보프 지역에서

		현물세를 납세한 기록으로 미루어 레나 강 하류로 유목을 다녔다(Dolgih, 1976, p. 467). 1926~1927년 빌류이 강 지역에 켈테트 씨족이 기록된 점으로 미루어 17~18세기 빌류이 강 에벤키족의 상당수가 남동쪽으로 이주했지만 일부는 이 지역에 남아서 순록 사육에 종사하면서 소도 길렀던 것으로 추정된다.
27	코투이	17세기 빌류이 강과 아나바라 강 유역.
28	콘드라	17세기 빌류이 강 상류.
29	쿠블라기르	17세기 빌류이 강 유역. 프리바이칼리예 쿰나기르 씨족과 친족이다.
30	탐타쿨	17세기 레나 강~쿠타 강, 빌류이 강 인근.
31	포테	1959년 빌류이 강 수원의 호수 지역. 야쿠트족 출신이다.
32	푸야기르	푸야긴. 17세기 빌류이 강 상류. 니즈나야 퉁구스카 강과 그 북쪽 지역에 널리 분포되어 있는 바야기르, 포드카멘나야 퉁구스카 강의 바야키 씨족과 친족이다.
	예세이 호수~올레뇩 강 에벤키	
33	가시예프	17세기 올레뇩 강.
34	니즈네춤	17세기 예세이 호수, 아나바라 강, 1859~1897년 투루한 강 경계 지역.
35	도고르	도고차르. 1782년 예세이 호수. 도고르는 한타이 강의 사모예드족에게서 아내를 맞이했다(GAKK, f.910, op.1, d.6, l.40~42ob.). 1795년부터는 행정상 돌간 씨족연합에 소속되었다. 17세기 이후 니즈나야 퉁구스카 강의 도고차기르, 올룍마 강의 돈고트 씨족과 친족이다.
36	로샤코프	17세기 올레뇩 강.
37	모코이부타르	자바이칼리예의 돈고트 씨족에 속해 있었다.
38	무누코프	17세기 예세이 호수.
39	바데예프	보데예프. 1765, 1782년 보다니다 강. 사모예드족의 느가나산족과 긴밀히 교류했고 통혼 관계에 있었는데 19세기 초에는 사모예드족으로 분류되었다(Dolgih, 1952, pp. 20~21). 바데예프는 바데이 혹은 보데이라는 이름에서 기원한다. 1682년 니즈나야 퉁구스카 강 살라트킨 씨족의 루체칸에게 18살 된 보데이라는 아들이 있었다(Tugolukov, 1985, p. 199).

40	바샤빈	1683년 올레뇩 강. 예세이 호수에서 폭동에 가담한 이후 이주하였다.
41	부루카노프	17세기 올레뇩 강. 야쿠트족의 카라쿤 씨족에서 분리되었다. 자바이칼리예 투투라 강의 부르칼 씨족과 친족으로 추정된다.
42	아나바르	17세기 예세이 호수. 씨족명은 아나바라 강에서 기원한다.
43	안드리진	17세기 올레뇩 강.
44	에미스	니즈냐야 퉁구스카 강의 에미다클 씨족과 친족으로 추정되며 20세기 초 알단 강 유역에 거주했다.
45	오룩타흐타르	자바이칼리예 돈고트 씨족에 속해 있었다.
46	오친	17세기 예세이 호수.
47	우유릴	17세기 예세이 호수. 씨족명 뉴룸냘과 음성적으로 유사하다.
48	욱다코기르	17세기 예세이 호수, 아나바라 강, 1926~1927년 노릴 호수. 니즈냐야 퉁구스카 강의 욱도키르 씨족과 친족으로 추정된다.
49	율레긴	얄레그리. 17세기 예세이 호수. 씨족명 이올로기르와 유사하다. 한타이 강, 예세이 호수, 헤타 강, 노릴 호수 지역의 이올로기르 씨족은 야쿠트어를 사용했고 19세기 중반부터 급격하게 야쿠트족에 동화되어 갔다.
50	차르폭	17세기 예세이 호수, 아나바라 강.
51	차파기르 류톡	17세기 예세이 호수, 아나바라 강. 차파기르는 차포기르의 단순한 음성 변형이다. 차포기르와 류톡은 기원이 같은 씨족으로 추정되는데 니즈냐야 퉁구스카 강의 차포기르 혹은 류톡 씨족과 친족으로 추정된다.
52	쳄포기르	참바기르, 쳄바기르, 쳄파기르. 17세기 예세이 호수, 아나바라 강, 1926~1927년 한타이 호수. 탐베기르의 음성변형으로 추정된다.
53	쿠네데코프	17세기 예세이 호수.
54	쿠네딘	17세기 예세이 호수.
55	쿠즈네쵸프	17세기 예세이 호수. 러시아어로 '대장장이'란 의미의 '쿠즈네츠키'에서 기원하므로 철을 다룰 줄 알았으며 러시아인이 등장한 이후 출현한 씨족일 것이다.
56	킬랴기르	1683년 올레뇩 강. 예세이 호수에서 폭동에 가담한 이후

		이주했다. 17세기 오호츠크 에벤족의 킬레 혹은 킬라르 씨족에서 분리된 것으로 추정된다.
57	탐베기르	17세기 예세이 호수, 아나바라 강. 1926~1927년에도 동일 지역에 거주했다. 모두 야쿠트어를 사용하는데 17세기 니즈나야 퉁구스카 강의 고다기르 씨족에서 분리되었다(Dolgih, 1952, p. 156). 니즈나야 퉁구스카 강의 탄메기르, 투루한 강의 템베기르 씨족과 친족이다.
58	텔레긴	17세기 예세이 호수.
59	톤고이도르	자바이칼리예의 돈고트 씨족에 속해 있었다.
60	팁타기르	팁토기르, 톤티기르, 톱티기르. 17세기 예세이 호수와 아나바라 강. 1920년대 한타이 호수 지역에 거주했다. 네네츠족이 한타이 호수를 떠난 뒤 에벤키족 가운데는 팁타기르가 제일 먼저 한타이 호수 지역에서 거주하기 시작한 것으로 추정된다. 이들은 남동쪽의 투라 강에서 이주해왔는데 처음에는 예니세이 강에 거주하다 이후에 한타이 호수 지역으로 이주했다(PM, 1959, №1, l.63ob.). 에벤키어로 '팁타긴(typtagin)'은 '닳아 없어진 장화'라는 의미이므로 아주 오랫동안 힘들게 이동하면서 이들의 장화가 다 낡아버려서 팁타기르라 부르게 되었다는 주장도 있다. 에벤키어에는 '도중에 멈추다, 지체하다, 힘이 없다, 피곤하다'는 의미의 '텝티리(teptyri)'가 있다. 에벤키어 '팁타긴'과 '텝티리'는 [+이동], [+힘듦], [+지침]의 의미요소를 공유하므로 기원상 관련이 있을 것이고 이는 씨족명 팁타기르에도 일정 정도 반영되어 있을 것이다.
61	파이킨	17세기 올레뇩 강.
62	하리발라르	자바이칼리예의 돈고트 씨족에 속해 있었다.

1. 야쿠티야 에벤키족의 출현과 정착사[1]

이 지역은 시베리아 서쪽의 예니세이 강 하류부터 동쪽의 레나 강 하류, 남쪽에서는 빌류이 강 우안의 타이가, 삼림 툰드라, 툰드라 지대를 아우른다. 이 지역에서는 모두 62개의 씨족명이 발견되었는데 이 지역을 빌류이 강과 레나 강 하류 지역, 예세이 호수, 타이미르 강, 아나바라 강과 올레뇩 강으로 세분한 뒤 각 지역 에벤키족 씨족명 분포 현황 및 문화적 특징을 살펴볼 것이다.

이 지역은 에벤키족뿐만 아니라 에벤족, 야쿠트족, 사모예드족까지 포함하여 아주 소규모 씨족 그룹이 많아서 씨족명 파악이 굉장히 어렵다. 전반적으로 동 시베리아 북서, 북동 지역 에벤키족에 대한 기록은 아주 부족하다. 하지만 이 지역의 에벤키족에 대한 기록은 특히 더 부족하여 일부 기록에 의존하여 씨족의 분포 양상이나 수치를 추정할 수밖에 없다.

1600년대 초 레나 강 지류인 빌류이 강과 올레뇩 강에는 칼타쿨리, 나

---

1 야쿠티야 에벤키족 씨족명은 Maak R. *Viljujskij okrug Jakutskoj oblasti* 1~3, SPb., 1883, 1886, 1887; Patkanov S. *Opyt geografii i statistiki tungusskih plemen Sibiri na osnovanii dannyh perepisi 1897 g. i drugih istochnikov, Tungusy sobstvenno* 1(1, 2), SPb.: Izd. SPb., 1906; _________. "Opyt geografii i statistiki tungusov", *Zapiski Russkogo Geograficheskogo Obshchestva, Otd. Etnografii* 1, 1911a; _________. "Statisticheskie dannye, pokazyvajushchie plemennoj sostav naselenija Sibiri", *Zapiski Russkogo Geograficheskogo Obshchestva* 2, 1911b; Gebel'man M. I. "O Tungusah Olekminskogo okruga", *Izvestija Russkogo Geograficheskogo Obshchestva* 57(2), 1925; Stepanov N. N. "Tungusy v XVII veke v Jakutii", *Jakutija v XVII veke*, Jakutsk: Jakut. kn. izd., 1953; Dolgih B. O. *Rodovoj i plemennoj sostav narodnostej Sibiri v XII veke*, M.: Izdatel'stvo AN SSSR, 1960; Vasilevich G. M. *Evenki: Istoriko-etnograficheskie ocherki XVIII~nachala XX v.*, L.: Nauka, 1969; Tugolukov V. A. *Tungusy (evenki i eveny) Srednej i Zapadnej Sibiri,* M.: Nauka, 1985; D'jachenko V. I. *Evenki i jakuty juga Dal'nego Vostoka XVII~XX vv.*, SPb., 1994; Ushchnitskij V. V. "Tungusskie rody Jakutii XVII v. Voprosy proishozhdenija i etnicheskoj prinadlezhnosti", *Vestnik arheologii, antropologii i etnografii* 9, 2009 등을 참고하여 작성했다.

나기르, 바야기르, 돌간, 무르가트, 빌레트, 뉴르마간, 킨디기르, 솔로곤, 우굴랴트, 포체간, 바카라이, 마우기르, 바냐드, 불랴시, 뉴룸냘 같은 규모가 큰 에벤키족 씨족이 있었다. 에벤키족은 활동 범위가 굉장히 넓기 때문에 동일한 씨족명이 여러 지역에 동시에 발견되는데 대표적인 예가 바냐디, 불랴시, 뉴룸냘 등이다. 바냐디와 뉴룸냘은 북쪽의 올레뇩 강까지 사냥을 다녔다. 초여름과 가을에는 아나바라 강과 올레뇩 강처럼 큰 강에서 사냥을 했으며 겨울에는 더 남쪽 지역인 예세이 호수나 빌류이 강, 니즈냐야 퉁구스카 강으로 되돌아갔다.[2]

1630년대 중반 예세이 현물세 징발소의 납세자 수가 급증했다. 1차 전염병이 시베리아를 강타한 1650~1653년에는 니즈냐야 퉁구스카 강의 바냐디, 뉴룸냘, 도고차기르, 말가차기르 등 동쪽 지역의 에벤키족까지 이 지역으로 이주하면서 1653년 무렵 이 지역 에벤키족의 수는 절정에 달했다.[3] 1645~1682년 레나 강~올레뇩 강의 에벤키족, 에벤족은 4,000명가량이었는데 빌류이 강과 레나 강에 거주하는 에벤키족 2,700명은 대다수가 순록 사육에 종사했다. 하지만 300명 규모의 뉴르마간과 우발라기르 씨족은 도보 사냥과 어로에 종사했으며 순록은 사육하지 않았다. 예세이 호수~올레뇩 강의 에벤키족은 1,300명가량이었다. 이 중 400명 정도는 순록을 아예 사육하지 않는 도보 사냥꾼이었고 900명 정도는 순록 사육에 종사했다.[4]

1688~1692년 2차 전염병이 시베리아 전역을 강타했는데 당시 이 지역도 전염병을 피해갈 수 없었고 17세기 말 이 지역 에벤키족의 수는 급감

---

2 Tugolukov V. A. *Tungusy (evenki i eveny) Srednej i Zapadnej Sibiri*, M.: Nauka, 1985, p. 175.

3 Dolgih B. O. *Rodovoj i plemennoj sostav narodnostej Sibiri v XII veke*, M.: Izdatel'stvo AN SSSR, 1960, p. 150.

4 Tugolukov V. A. *Tungusy (evenki i eveny) Srednej i Zapadnej Sibiri*, M.: Nauka, 1985, p. 177.

했다. 게다가 17세기 말~18세기 말까지 빌류이 강의 에벤키족 중 바야기르, 칼타기르, 뉴르마간, 솔로곤 씨족 900명가량이 야쿠티야 남쪽과 아무르 강 상류 지역으로 대거 이주했다.[5] 대신 17~18세기 남동 지역에 거주하던 바야기르, 이올리기르, 칼타기르, 나나기르 등의 씨족이 이 지역으로 이주해 왔다. 일부는 레나 강 중류에 자리를 잡은 뒤 솔로곤(상류), 둘리간(중류), 에디간(하류)이라는 큰 지역 그룹을 형성했다. 또 1683년 예세이 호수 폭동 사건 이후 예세이 지역이 텅 비면서 1735년 이곳으로 아나바라 강과 올레뇩 강의 에벤키족이 이주해 왔다. 그로 인해 1897년 인구조사 목록에 의하면 시베리아 북서지역에 거주하는 에벤키족은 모두 6,055명이었다.[6] 하지만 이는 에벤키족, 야쿠트-에벤키족, 에벤키-러시아인 혼혈, 에벤키-사모예드족 혼혈인종이 모두 포함된 지극히 통계적인 수치이다. 사실 19세기 말 시베리아 북서지역에 거주한 순수한 에벤키족의 수를 정확하게 알아내는 것은 어려워 보인다.

2. 야쿠티야 에벤키족 씨족명 분포 현황 및 문화적 특징

이 지역에서 두드러지게 눈에 띄는 에벤키족 씨족에는 우발라기르, 무르가트 등이 있다. 우발라기르는 17세기 빌류이 강 중류에서 거주했는데 19~20세기 초에는 야쿠트식으로 우굴랴트라고 기록했다. 이들은 상대적

5 Kabuzan V. M. & Trojtskij S. M. "Novye istochniki po istorii naselenija Vostochnoj Sibiri vo vtoroj polovine XVIII v.", *Sovetskaja etnografija* 3, 1966, p. 33.

6 Patkanov S. *Opyt geografii i statistiki tungusskih plemen Sibiri na osnovanii dannyh perepisi 1897 g. i drugih istochnikov. Tungusy sobstvenno* 1(1), SPb.: Izd. SPb., 1906, pp. 71~75.

으로 늦은 시기에 에벤키족에 동화된 토착민이다.

> "17세기 우발라기르는 순록을 사육했고 얼굴에 문신을 새겼는데 이는 에벤키족과 토착민이 긴밀하게 교류한 증거이다. 우발라기르는 에벤키족 나나기르 씨족과 빌류이 강 토착민의 혼혈이다. 1729년 표트르 1세의 칙령으로 푸글랴츠 씨족의 세 가족을 데리고 왔는데 얼굴에 문신이 있었다."(Tugolukov V. A. *Tungusy (evenki i eveny) Srednej i Zapadnej Sibiri*, M.: Nauka, 1985, p. 189)

위 텍스트의 푸글랴츠는 우발라기르의 음성 변형이며 이들은 계속 빌류이 강 연안에 거주했고 이후 니즈나야 퉁구스카 강에서는 우보찬이라는 씨족명을 사용했다.[7]

에벤키족 씨족명의 상당수가 연구자들의 논란을 불러일으키지만 씨족명 무르가트는 특히 더 그렇다. 돌기흐는 무르가트는 뉴르마가트나 뉴르바가트의 발음상의 오류이며 브란가트나 부르나기르 씨족으로 불렸다고 주장한다.[8] 물론 17~18세기 빌류이 강에 거주하던 에벤키족이 남동지역으로 이주한 후 그곳에 남아 있는 일부 뉴르마간을 야쿠트 식으로 브란가트라고 부르기도 했다.[9] 그런데 돌기흐의 주장이 성립하려면 무르가트와 뉴마르가트는 형태적으로는 달라도 서로 공통 의미소를 가지고 있어야 한다.

형태적으로 무르가트는 '무르(mur, 어근) + -가트(-gat, 접미사)'의 구조

---

7 Tugolukov V. A. *Tungusy (evenki i eveny) Srednej i Zapadnej Sibiri*, M.: Nauka, 1985, p. 189.

8 Dolgih B. O. *Rodovoj i plemennoj sostav narodnostej Sibiri v XII veke*, M.: Izdatel'stvo AN SSSR, 1960, pp. 478~479.

9 *Polevye materialy V. A. Tugolukova (PM)*, 1971, №2, l.155ob.

이다. '무르'는 '말'이란 의미의 '무린'과 어근이 동일하므로 '말'이 1차 의미이며 접미사 '-가트'는 '씨족표지'이다. 따라서 이 씨족명의 초기 의미는 '말 사육에 종사하는 에벤키족 씨족'이었을 것이다. 정말로 17세기 레나 강 유역에서는 느가느가기르와 뉴르마간처럼 말을 소유한 씨족을 무르가트라고 불렀다. 하지만 무르가트가 뉴르마가트~뉴르바가트의 오기는 아니며 둘을 동일 시 해서도 안 된다. 뉴르마가트는 형태적으로 '뉴르마(njurma 어근)+-가트(-gat접미사)'의 구조로 '뉴르마~뉴르가 강의 사람'이라는 의미이다. 실제로 빌류이 강의 지류에 뉴르마가트 강이 있기 때문에 무르가트와 뉴르마가트는 서로 다른 씨족이 분명하다. 그런데 돌기흐는 무르가트와 뉴르마가트를 동일한 씨족으로 간주할 뿐만 아니라 나나기르와도 같은 씨족이라고 주장한다.

"빌류이 강의 뉴르마가트는 자신들의 씨족명은 뉴르바 호수에서 기원한다고 주장한다. 이들은 에벤키족의 나나기르 씨족이다. 벨데트와 뉴르마간 씨족은 과거 빌류이 강에 거주하다가 에벤키족의 나나기르 씨족에 동화되었기 때문에 러시아인은 이들을 나나기르 씨족으로 간주했다."(Dolgih B. O. *Rodovoj i plemennoj sostav narodnostej Sibiri v XII veke*, M.: Izdatel'stvo AN SSSR, 1960, p. 478)

"만가제야 관리들의 보고에 따르면 뉴르바 호수 지역에 빌류이 강 출신의 나나기르 씨족이 거주했다. 올룍마 강에서 러시아인에게 현물세를 납부한 나나기르 씨족원 110명은 레나 강의 뉴야 강 하구에서 올룍마 강 하구에 거주했다. 나나기르 씨족은 17세기 순록 사육 에벤키족 사이에 넓게 분포되어 있던 킨디기르 씨족에서 분리되었다. 캄차기르와 락시카기르도 킨디기르 씨족에 속한다. 19세기 초 올룍마 강 하구 에벤키족의 대다수가 킨디기르 씨족에 속해 있었다."(Dolgih B. O. *Rodovoj i plemennoj sostav narodnostej Sibiri v XII veke*, M.: Izdatel'stvo AN SSSR, 1960, pp. 484~485, 488)

투골루코프는 무르가트와 뉴르마가트가 동일한 씨족이라는 주장은 자제하지만 무르가트가 나나기르와는 같은 씨족이라고 주장한다.

"빌류이 강의 무르가트 씨족 중 최북동지역에 거주하는 그룹을 비를레트, 벨데트, 불레트라고 불렀다. 지명 빌류이 강은 이 씨족명에서 기원한다. 무르가트 씨족은 에벤키족에 동화되기 전 빌류이 강의 토착민과 무마타미 씨족의 통혼으로 출현한 나나기르와 같은 씨족이다."(Tugolukov V. A. *Tungusy (evenki i eveny) Srednej i Zapadnej Sibiri*, M.: Nauka, 1985, p. 188)

이상의 내용을 종합하면 무르가트는 개별 씨족명도 되지만 레나 강 유역 말 사육 에벤키족의 통칭이므로 에벤키족의 분포지역 및 생산 양식과 관련된 용어이다. 이런 의미에서 무르가트 씨족에 뉴르마간 씨족이 포함되지만 뉴르마간은 뉴르바 강이라는 특정 지역과 관련된 씨족명이기 때문에 두 용어의 사용역은 서로 다르다. 하지만 분명한 것은 나나기르는 씨족연합으로 하위에 뉴르마가트 씨족이 포함되어 있었고 뉴르마가트라는 씨족명은 나나기르 씨족에 편입되고 나서 뉴르바 호수에 거주할 때 생긴 것이다. 따라서 무르가트>뉴르마가트, 나나기르>뉴르마가트의 관계가 성립하므로 나나기르와 무르가트는 동일 씨족으로 추정된다.

3. 에벤키족 씨족 간의 무력충돌이 잦은 지역

이 지역에서는 에벤키족 씨족 간의 무력 충돌이 자주 발생했는데 몇몇 씨족이 연합하여 공격하는 방식이어서 충돌 규모도 제법 컸다. 주로 이 지역 에벤키족 씨족과 니즈냐야 퉁구스카 강 에벤키족 씨족이 충돌했다. 대표적으로 아쟌, 시니기르 씨족과 바야기르, 바냐디 씨족의 충돌을 들 수 있다. 천연두가 유행했던 1651~1652년 아쟌 씨족은 시니기르 씨족과 함께 예세이 호수 지역의 바냐디 씨족을 공격했다. 당시 아잔 씨족은 성인 남자가 110명에 달할 만큼 수가 많고 용감했다.[10] 이 전투는 오랫동안 지속되었는데 1639년과 1667년 잠시 중단되었다. 충돌 원인에 대해 정확하게 알려진 것은 없지만 생산력 발전이 낮은 단계에서 발생하는 무력 충돌은 생존과 직결되기 때문에 사냥 지역 확보가 주된 원인으로 추정된다.

17세기 빌류이 강의 칼타기르, 뉴르마가트, 솔로곤 씨족과 니즈냐야 퉁구스카 강의 모모기르 씨족 사이에도 혈전이 벌어졌다. 그 이유를 정확하게 알 수는 없다. 하지만 전투가 삼림 툰드라에서 북빙양으로 계절형 이주가 발생하는 초여름과 초겨울에 집중된 점[11]으로 미루어 하탕가 강, 아나바라 강, 올레뇩 강 등 큰 강을 건너갈 때 사냥 장소를 둘러싼 갈등이 주요 원인이었을 것으로 추정된다.

이 지역에서는 씨족 간 충돌뿐만 아니라 러시아인에 대항한 폭동도

---

10 Tugolukov V. A. *Tungusy (evenki i eveny) Srednej i Zapadnej Sibiri*, M.: Nauka, 1985, pp. 191~192.

11 Tsentral'nyj Gosudarstvennyj Arhiv Drevnih Aktov (TsGADA), f.1177, op.1, d.236, l.93~94; Dolgih B. O. "Proishozhdenie nganasanov", *Sibirskij etnograficheskij sbornik* 1, M.-L., 1952b, pp. 25~29; Gurvich I. S. *Etnicheskaja istorija Severo-Vostoka Sibiri*, M., 1966, pp. 41~43; Tugolukov V. A. *Tungusy (evenki i eveny) Srednej i Zapadnej Sibiri*, M.: Nauka, 1985, p. 177.

발생했다. 1682~1683년 현물세 징발원의 횡포에 대항하여 예세이 호수 지역의 에벤키족이 폭동을 일으켰다. 이 폭동에는 모두 150명의 에벤키족 남성이 참가했으며 러시아 관리 11명을 죽이고 8명의 인질을 예세이 현물세 징발소에서 끌고 갔다.[12] 이 사건 이후 예세이 에벤키족의 대부분은 러시아인의 보복과 핍박을 피해 동쪽과 북쪽 지역으로 이주했다. 그로 인해 한동안 이 지역은 인적이 없는 빈 공간이 되었다.

4. 야쿠티야 에벤키 문화와 타문화의 교류와 혼종

1) 에벤키족과 사모예드족의 교류: 느가나산족의 출현으로 이어지다

에벤키족이 이곳에 출현하기 전 이곳에는 엔츠족과 느가나산족의 선조인 사모예드어권 종족이 거주했다. 하지만 이들이 예니세이 강과 아나바라 강 사이의 서쪽 경계를 넘어 오는 법은 없었다.[13] 1679년 네네츠족이 한타이 현물세 징발소를 습격한 뒤 물건을 훔치고 만가제야 현물세 징발소의 사람들을 죽였다.[14] 이에 근거할 때 네네츠족은 17세기 후반에야 이곳에 등장하여 예니세이 강 우안의 하류 지역에 정착했다. 이 지역에 거주하기 시작한 에벤키족은 현대 엔츠족과 느가나산족의 선조인 사모예드어권 지역 토착민과 교류했다. 일부 지역에서 에벤키족과 에벤족은 사모예드족에 편입되었다. 그 결과 20세기 초 새로운 북방 토착종족인 느가나산족이 출현했다.

12 Arhiv Akademicheskih Nauk (AAN), f.21, op.4, d.91, l.59ob.

13 Tugolukov V. A. *Tungusy (evenki i eveny) Srednej i Zapadnej Sibiri*, M.: Nauka, 1985, p. 175.

14 *Dopolnenija k aktam istoricheskim (DAI).*, SPb., T.3, 1848, p. 161.

2) 에벤키족, 야쿠트족에 동화되다

17세기 중반부터 레나 강과 빌류이 강 하류로 야쿠트족이 이주해 왔다. 그로 인해 에벤키족은 언어적, 문화적으로 야쿠트족에 동화되어 갔으며 이런 현상은 빌류이 강 에벤키족에게 특히 강하게 나타났다. 이 지역의 에벤키족은 순록도, 가축도 없었고 주로 어로에 종사했기 때문에 러시아인은 이들을 도보 야쿠트족으로 간주했다. 17세기 현물세 납세자 목록에도 '도보 야쿠트'로 기록되어 있다. 이러한 특징을 가진 에벤키족으로 코투이와 오세쿤 씨족을 들 수 있으며 이들은 에벤족의 쿠쿠기르와 에벤키족의 오시카기르 씨족과 유사하다.[15] 17세기 중반 도보 야쿠트족은 현물세 납세자 목록에서 사라졌는데[16] 이들은 결국 야쿠트족에 편입된 것으로 보인다.

17세기 중반 이후 이 지역에 거주하는 야쿠트족은 소수였지만 그 수는 계속 증가해 갔고 활동범위도 점점 넓어졌다. 17세기 말 야쿠트족은 빌류이 강에서 예세이 호수 지역으로, 그곳과 하탕가 강에서 다시 코투이 강과 헤타 강으로 이주했다.[17] 빌류이 강 상류의 야쿠트족은 방목에 쾌적한 초나 강 상류로, 그곳에서 다시 니즈나야 퉁구스카 강으로 이주했다.[18] 18~19세기 레나 강 중류에 야쿠트족이 대거 출현하면서 이 지역 에벤키족의 상당수가 다른 지역으로 이주했다. 일부는 레나 강 하류(에디간)와 빌류이 강 상류(솔로곤)로 이주했고 또 다른 일부는 레나 강에서

15 Tugolukov V. A. "Evenki", *Etnicheskaja istorija narodov severa*, Instituta etnografii im. N. N. Mikluho-Maklaja AN SSSR, 1982, p. 132.

16 Tugolukov V. A. *Tungusy (evenki i eveny) Srednej i Zapadnej Sibiri*, M.: Nauka, 1985, p. 219.

17 Dolgih B. O. *Rodovoj i plemennoj sostav narodnostej Sibiri v XII veke.*, M.: Izdatel'stvo AN SSSR, 1960, p. 180.

18 Maak R. *Viljujskij okrug Jakutskoj oblasti* 3, SPb., 1887, p. 1.

동쪽 지역으로 이주했다. 빌류이 강 하구에 남아있던 에벤키족 돌간 씨족은 야쿠트족에 동화되어 갔다.

18~19세기 북서지역의 상업 거점 지역은 야쿠트족이 차지했고 이 지역에서 야쿠트족과 에벤키족의 장기간의 교류는 혼종문화를 탄생시켰다. 야쿠트 형 경제생활이 가능한 지역의 에벤키족은 반정착 가축 사육에 종사하면서 농사를 지었고 야쿠트식 경제생활이 불가능한 곳에서는 야쿠트족이 순록 사육과 사냥에 종사했다. 그러나 어떤 경우든 이 지역 혼종문화의 소유자들은 야쿠트어를 사용했다.[19] 1860년대 이곳의 에벤키족은 무늬만 에벤키족일 뿐 주거, 관습, 의복, 언어 모든 면에서 야쿠트족과 차이가 없었다. 심지어 외형도 야쿠트족을 닮아 있었다.[20]

결론적으로 17~19세기 야쿠트족이 시베리아 북서지역에 집중되면서 에벤키족은 다른 지역으로 이주하게 되었다. 그 결과 북방에서 야쿠트어를 사용하는 새로운 토착종족인 돌간족과 순록 사육에 종사하는 새로운 야쿠트족 씨족이 출현하게 되었다.

1910년대 이 지역 에벤키족 씨족의 상당수는 오래 전부터 이동생활, 순록 사육, 사냥에서 가축 사육이나 농경생활로 전환했으며 에벤키어 대신 야쿠트어를 사용했다. 이들은 경제생활에서 야쿠트족과 전혀 차이가 없었다. 많은 에벤키족 남성은 야쿠트족 여성과 결혼했고 에벤키족 여성은 야쿠트족 남성과 결혼했다.[21]

가축 사육이나 농경에 부적합한 이보다 더 북쪽 빌류이 강 상류 지역의 상황은 달랐다. 오히려 그곳으로 이주한 야쿠트족이 에벤키족을 본보

---

19 Tugolukov V. A. *Tungusy (evenki i eveny) Srednej i Zapadnej Sibiri*, M.: Nauka, 1985, p. 181.

20 Klark P. "Viljujsk i ego okrug", *Zapiski Sibirskogo Otdela Russkogo Geograficheskogo Obshchestva* 7, 1864, p. 129.

21 Tsentral'nyj Gosudarstvennyj Arhiv Drevnih Aktov (TsGADA), f.2411-R, op.1, d.2, l.137.

기로 어로, 순록 사육, 사냥에 종사했다. 두 종족은 긴밀하게 교류를 하면서 통혼 관계를 맺었다. 그 결과 경제생활과 생활관습은 에벤키족을 따르지만 야쿠트어를 사용하는 혼종 그룹이 출현했는데 이들은 현재 야쿠트족으로 분류된다.

빌류이 강 중류에는 야쿠트족이 적었기 때문에 그곳의 에벤키족은 야쿠트족의 영향을 받지 않았다. 17세기 에벤키족 거주지역의 동쪽에서 에벤키족과 야쿠트족의 교류가 주로 이루어진 지역은 알단 강 중류이다. 에벤키족과 야쿠트족의 교류와 통혼으로 당시 그곳에는 부탈 혹은 부타 씨족이 출현했다. 이 씨족은 야쿠트족으로 분류되지만 에벤키족 기원이다.

> "17세기 베툰 씨족은 알단 강 상류, 빌류이 강 상류, 레나 강 하류 쪽으로 집단 이주하여 베툰(베틴, 베틸) 씨족을 형성했는데 모두 에벤키족으로 추정된다. 17세기 후반 야나 강 상류의 동쪽 방면에 거주하는 베툰 씨족의 일부는 '카멘니 유카기르'라고 불렸다."(Dolgih B. O. *Rodovoj i plemennoj sostav narodnostej Sibiri v XII veke*, M.: Izdatel'stvo AN SSSR, 1960, p. 391)

오랫동안 러시아인은 이 지역에 관심을 두지 않았다. 하지만 19세기 초부터 관심을 가지게 되면서 두딘카 강, 아밤 강 하구, 사빈 지역, 하탕가 강에 곡물저장소가 설치되었다.[22] 이 저장소의 역할은 사냥이 흉작일 경우 토착민이 기아에 시달리는 것을 도와주는 것이었다. 이전까지 흉년

---

22 Mordvinov A. "Inorodtsy, obtajushchie v Turuhanskom krae", *Vestnik Russkogo Geograficheskogo Obshchestva* 27(2), 1860, p. 27; Krivoshapkin M. F. "Enisejskij okruk i ego zhizn'", *Zapiski Russkogo Geograficheskogo Obshchestva* 1, SPb., p. 31.

일 경우 토착민이 기아로 죽는 일이 빈번했을 뿐만 아니라 토착민은 온갖 전염병에 노출되어 있었다. 하지만 이를 구제할 제도적 장치가 없었는데 곡물 저장소가 그 역할을 일정부분 담당하게 되었다. 이런 식으로 19세기 초 이 지역의 상당수를 야쿠트족과 러시아인이 차지하게 되었고 이는 이 지역 인종 형성에 지대한 영향을 주었다.

* * *

야쿠티야 지역의 레나 강~올레뇩 강에는 에벤키족 뿐만 아니라 에벤족, 야쿠트족, 사모예드족까지 포함하여 아주 소규모 씨족이 많아서 씨족명 파악이 굉장히 어렵다. 이 지역에서 두드러지게 눈에 띄는 에벤키족 씨족에는 무르가트가 있다. 무르가트는 여러 연구자들의 논란의 대상이 되었지만 개별 씨족명이자 동시에 레나 강 유역 말 사육 에벤키족의 통칭으로 보인다. 레나 강~올레뇩 강에서는 에벤키족 씨족 간의 무력 충돌이 자주 발생했는데 충돌의 원인에 대해 명확하게 밝혀진 것은 없지만 사냥지역과 관련된 분쟁이 주된 원인이었을 것이다.

레나 강~올레뇩 강 지역에 거주하기 시작한 에벤키족은 지역의 토착민과 교류했다. 일부는 사모예드족에 편입되면서 20세기 초 새로운 북방 토착종족인 느가나산족이 출현했다. 17세기 중반부터 레나 강과 빌류이 강 하류로 야쿠트족이 이주해 오면서 에벤키족은 언어적, 문화적으로 야쿠트족에 동화되어갔다. 이런 현상은 빌류이 강 에벤키족에게 특히 강하게 나타났다. 1860년대 이곳의 에벤키족은 주거, 관습, 의복, 언어 모든 면에서 야쿠트족과 차이가 없으며 심지어 외형도 야쿠트족과 비슷했다. 17~19세기 야쿠트족이 시베리아 북서지역에 집중되면서 에벤키족은 다른 지역으로 이주하게 되었다. 그 결과 북방에서 야쿠트어 계통의 새로운 토착종족인 돌간족과 순록 사육에 종사하는 새로운 야쿠트족 씨족이 출현하게 되었다.

제5장

자바이칼리에 에벤키족 씨족명 분포 현황 및 문화적 특징

제5장
자바이칼리예 에벤키족 씨족명 분포 현황 및 문화적 특징

표 11. 자바이칼리예 에벤키족 씨족명 분포 현황

자바이칼리예 에벤키족 씨족명		
번호	씨족명	씨족명 변이형 및 초기~20세기 초 주요 거주지
1	고디기르	느고디기르, 고드지기르. 부랴트공화국의 치피칸 강, 20세기 이후 바운트 호수.
2	구놉스키	17세기 이전부터 자바이칼리예 남쪽 지역.
3	구치트	20세기 이후 치틴스크, 바르구진 지역. 베르흐네우딘스크 지역의 부랴트족 중 구시트, 카치트 씨족이 있다.
4	군	1696년 네르친스크, 치틴스크, 악신스크 지역. 몽골족 출신이다.
5	나가겐	20세기 이후 자비이칼리예 인근.
6	나나기르	느간가기르. 17세기 빌류이 강, 레나 강, 파토마 강, 올룍마 강 하류, 퉁기르 강, 차라 강 유역. 1929년 비팀 강과 올룍마 강 사이의 토코 강, 차라 강, 칼라르 강.
7	나마신	나먀신, 나먀트, 냐먀트, 냐메트. 17세기 간 강, 이후 바르구진 강, 아르군 강, 실카강, 네르차 강, 예라브닌스크, 이르겐 호수 지역. 1727년 라브닌 호수, 다후 호수 인근. 19세 중반 아르군 강, 추루하이투이 강, 1897년 치틴스크. 말을 사육하면서 낙타를 보유했으며 부랴트족 가운데 유사한 씨족명이

		있다(Dolgih, 1953). 19세기 말 사육 마네기르 씨족에 편입된 것으로 추정된다(Ermolova, 1984, p. 69).
8	냐마기르	20세기 이후 자비이칼리예 인근.
9	냐쿠기르	17세기 바이칼 호수 북쪽 지역. 칠카기르 씨족과 인접해서 거주했다.
10	노가이	노간, 노가트. 17세기 암군 강, 1897년 올렉민스크 지역.
11	노댜릴	느고댜릴. 19세기 중반 이후 툰고코첸 마을.
12	니론	1897년 치틴스크, 올롭스크 자치구, 밀기둔트 마을, 아륵신 마을.
13	돈고트	돈고, 돈고이, 돈고일. 1926~1927년 카멘 강, 노릴 호수 등에서 활동했다. 개별 씨족명이기도 하고 족외혼 관계를 맺는 4개 씨족 연합체의 명칭이기도 하다. 씨족원의 수는 181명이었고 돈코트 씨족만 헤아리면 90명이다(Dolgih, 1963, p. 112). 17세기 이후 니즈냐야 퉁구스카 강에서 활동했던 도고차기르, 예세이 호수의 도고이 씨족과 친족이다.
14	돈말	자바이칼리예의 네르차 강, 비팀 강, 퉁기르 강.
15	돌론	몽골어에서 기원한 명칭으로 17세기 네르친스크 지역, 셀렘자 강. 18세기 아르군 강, 1897년 치틴스크.
16	둔가	네르차 강, 비팀 강, 퉁기르 강. 아무르 강의 둔칸 씨족과 친족으로 추정된다.
17	둔나기르	네르차 강, 비팀 강, 퉁기르 강. 아무르 강의 두나기르 씨족과 친족으로 추정된다.
18	둘란	둘라르, 둘라트. 17세기 셀렘자 강, 제야 강, 기린 강. 1897년 치틴스크. 둘라트~둘라르는 중앙아시아 고대 종족명인데 족장은 뛰어난 무사였다. 형태적으로 둘라트의 '둘'은 고대부터 내려오는 '추(Chu)'와 관련이 있다. 에벤키족 설화에 '추'와 관련된 출루그디, 출루로와 같은 씨족명이 자주 등장하는 점으로 미루어 '둘~'형 씨족은 '추~'형 씨족과 관련이 있을 것이다.
19	둘리카기르	둘레가르, 둘리바르, 둘레가트, 둘루기르, 둘리기르. 17세기 실카 강, 네르차 강, 올룍마 강, 퉁기르 강, 투르가 강, 운다 강, 보르자 강, 아르군 강. 1779년부터 쿠를리치 강, 쿠엔가 강, 올로프 강. 19세기 논니 강. 1897년 치틴스크. 20세기 이후 간 강으로 이주한 뒤 두나이르로 변했다. 둘루기르 씨족은 20세기 이후 자바이칼리예, 몽골 북동지역. 음성적 유사

		성에 의해 둘란 씨족과 친족으로 추정된다.
20	데유간	제유간. 1859년 올렉민스크. 20세기 말에는 야쿠티야 지역에도 일부 거주.
21	디린	드지린. 17세기 타즈 강.
22	라모코트카르	20세기 이후 자비이칼리예 인근.
23	락시카기르	락시카이르, 록세카기르, 락세카기르. 17세기 비팀 강 우안의 중류. 19세기 퉁기르 강, 올룍마 강, 칼라르 강. 1897년 네르친스크, 치틴스크. 1929년 네르차 강, 올룍마 강 상류, 퉁기르 강, 칼라르 강, 바운트 호수 지역, 무야 강 유역.
24	렉시기치	20세기 이후 자비이칼리예 인근.
25	로고트	1729년 올렉민스크.
26	론그카기르	17세기 올룍마 강 상류. 니즈나야 퉁구스카 강의 론토기르 씨족과 친족으로 추정된다.
27	루니키르	루니케르. 17세기 바르구진 강, 바운트 호수, 예라브닌스크, 텔렘빈스크 현물세 징발소, 인고다 강, 치타 강, 실카 강, 오논 강, 콜바 강, 울레타이 강. 18세기 텔렘빈스크, 예라브닌스크. 1897년 치틴스크.
28	루피기르	17세기 이후 네르친스크.
29	만기얀	18세기부터 만기트족은 중앙아시아에 널리 알려져 있었다. 레나 강 상류의 에벤키족은 자신들이 고대 만기얀 혹은 망니 종족에서 기원했다고 생각한다(Vasilevich, 1969, p. 274).
30	말륙체르	19세기 후반 이후 툰고코첸 지역.
31	메타카르	메타트가르. 20세기 이후 자비이칼리예 인근, 토코 강, 올룍마 강. 야쿠트족과의 통혼으로 출현했다.
32	몰댜기르	몰댜키트. 1929년 차라 강, 토코 강, 올룍마 강.
33	묵티기르	17~19세기 우다 강. 현재 오호츠크해의 무이쿠카르 씨족에서 분리되었다. 아무르 강 유역에 거주하다 네기달족에 편입한 묵테기르 씨족과 친족이다.
34	바카라이	바쿠라이, 보크라이, 바카실, 우바카실, 우크라인스키. 17세기 빌류이 강과 자바이칼리예 지역. 이 씨족에서 분리한 바카길은 17세기 동진하여 느가나산족에 편입된 뒤 축차길 씨족의 기원이 되었다.
35	부카차르	부코차르, 부카차트. 1929년 자비이칼리예 올룍마 강과 토코 강 상류.

36	빌랴킨스키	17세기 이후 올룍마 강과 비팀 강 사이.
37	사라두르	사라둘. 1897년 자바이칼리예의 악신스크 지역.
38	사르톨	사르토트, 사르톤, 소르토트. 1680년 네르친스크, 1897년 치틴스크. 이미 오래 전에 사르투와 사르텔 씨족은 분리했고 17세기 경 이미 서로 다른 씨족이라고 생각했다. 17세기 네르친스크 지역에 거주하던 사르토트는 몽골족 출신이다. 17세기 몽골족 가운데 사르투 씨족이 있다(Dolgih, 1963, p. 36).
39	수닌스키	17세기 중반 레나 강 상류. 아무르 강 연안의 수닌 씨족과 친족으로 추정된다.
401	야악시카이르	19세기 후반 이후 퉁기르 강, 올룍마 강, 칼라르 강.
41	야쿳카르	19세기 후반 이후 퉁기르 강, 올룍마 강, 칼라르 강. 야쿠트족과의 통혼으로 출현했다.
42	옥디렌쿠르	19세기 후반 이후 퉁기르 강, 올룍마 강, 칼라르 강. 야쿠트족과의 통혼으로 출현했다.
43	우존	우드준, 오존. 17세기 치코야 강, 멘자 강, 인고다 강, 이로 강 상류. 18세기 네르차 강. 1897년 치틴스크, 악신스크 지역. 몽골족에서 기원한다.
44	울레기르	울레트, 우굴레트, 울레신, 우블레트, 울랴트, 푸글랴트. 17세기 울랴신은 퉁기르 강, 울랴기르는 제야 강과 브랸타 강, 울랴트는 네르친스크 현물세 징발소, 오논 강, 보르자 강에 거주했다. 17~19세기 울레트~푸글랴드는 일림페야 강과 올레뇩 강 인근. 18세기에는 비류사 강에 거주했고 1766년에는 네르친스크 군사령부에 기록되어 있으며 1897년 네르친스크와 악신스크 지역에 거주했다. 울레기르는 제야 강, 셀렘자 강, 아무르 강 지류에서 하바롭스크 남쪽에 거주했고 울랴툰은 오논 강 지류에 거주했다(Vasilevich, 1969, p. 281). 울레기르의 접미사 변이형이 다양한 것은 이 씨족의 출현 시기가 오래되었고 분포 지역이 넓기 때문이다. 어근 '울레'는 오이라트족의 올로트 씨족과 연결된다. 몽골족 설화에 우겔레트 씨족이 출현한다. 이는 에벤키족과 몽골족이 일정한 관련이 있음을 말해 준다. 이 씨족명은 만주족과 부랴트족 사이에서도 발견된다.
45	울루키트카르	울치키트카르. 20세기 이후 자비이칼리예 인근.
46	이넬라스	이넬라기르. 19세기 후반 이후 퉁기르 강, 올룍마 강, 칼라르 강. 야쿠트족과의 통혼으로 출현했다.

47	인골랴기르	19세기 후반 이후 퉁기르 강, 올록마 강, 칼라르 강.
48	잘토트	17세기 네르친스크 지역.
49	젤로콘	19세기 후반 이후 툰고코첸 지역.
50	차키기르	차카기르, 차카기트, 차키트카르. 19세기 퉁기르 강에서 아무르 강 남쪽으로 유목을 하러 다녔다. 1928년 갈라라 강, 비팀 강, 퉁기르 강, 뉴자 강, 올록마 강, 차라 강, 칼라르 강, 토코 강 유역. 20세기 만주족 가운데도 있다.
51	찬니트카르	20세기 이후 퉁기르 강, 올록마 강, 칼라르 강.
52	체마기르	17세기 이후 텔렘빈스크 지역.
53	첼차기르	촘차기르. 20세기 이후 오논 강, 실카 강, 아르군 강, 보르자 강, 투르가 강. 암군 강의 칩차기르, 바운트 호수, 바르구진 강의 킬차기르, 자바이칼리예의 칠카기르 씨족과 친족이다.
54	첼콘	19세기 후반 이후 툰고코첸 지역.
55	추간	17세기 올록마 강의 지류인 차라르 강 수원.
56	칠카기르	친카기르, 칠차기르, 첼케기르. 17세기 바운트 호수에서 실카 강으로 이주했다. 1797년 투루한 강, 18세기 자바이칼리예, 1897년 치틴스크, 앙가라 강 상류, 바운트 호수 지역, 레나 강 상류, 바이칼 호수 연안, 투루한 강, 무야 강, 추야 강, 추카나 강, 20세기 초 바운트 호수, 앙가라 강 상류, 무야 강, 바르구진 강, 네르차 강, 20세기 일부는 니즈냐야 퉁구스카 강 상류. 암군 강의 칩차기르, 바운트 호수, 바르구진 강의 킬차기르, 자바이칼리예의 첼차기르 씨족과 친족이다.
57	칩치누트	1799년 실카 강 북쪽으로 쿠를리차 강, 쿠엔가 강, 올로보 강. 1897년 네르친스크, 악신스크 지역.
58	카이조이	17세기 네르친스크.
59	카키기르	하키기르. 17세기 예라브닌스크 지역, 이르겐 호수 지역, 실카 강 유역, 18세기 올록마 강 유역. 19세기 이후 올록마 강. 나나기르 씨족에서 분리되었다.
60	캇친	캇칫스키. 19세기 이후 자바이칼리예.
61	코누르	코누트, 코나르. 17세기 아르군 강, 토쿠야 강, 우룰룬구야 강, 18세기 아르군 강 유역, 1897년 올렉민스크, 치틴스크.
62	코코기르	19세기 이후 퉁기르 강, 올록마 강, 칼라르 강.
63	콘게야	켄게야. 19세기 후반 이후 퉁기르 강, 올록마 강, 칼라르 강.
64	쿰나기르	17세기 바이칼 호수 연안. 빌류이 강의 쿠블라기르 씨족과

		친족이다.
65	킨디기르	17세기 앙가라 강 상류의 비팀 강, 차라 강, 토코 강, 바운트 호수, 예라브닌스크 지역, 키렌가 강과 라마 강 사이. 19세기 바르구진 강, 올룍마 강, 1929년 앙가라 강 상류, 바르구진 강, 바운트 호수, 아무르 강 우안.
66	타가치르	17세기 실카 강.
67	타미간쿠르	1929년 올룍마 강, 칼라르 강, 퉁기르 강.
68	탈리기르	19세기 후반 이후 퉁기르 강, 올룍마 강, 칼라르 강. 니즈나야 퉁구스카 강의 탈라기르 씨족과 친족이다.
69	텝코기르	자바이갈리예 남부 바르구진 강 지역에서 가축 사육에 종사했다. 예니세이 강 북서쪽 한타이 호수 지역의 팁타기르, 바르구진 지역의 텝케기르 씨족과 친족으로 추정된다. 암군 강과 아무르 강 하류의 네기달족에 탑칼 혹은 탑카일 씨족이 있다(PM, 1976, l.47ob., 48).
70	토르가친	17세기 네르친스크 지역, 1897년 이르쿠츠크 주. 솔론 씨족과 친족이다(Vasilevich, 1969, p. 280).
71	투만딘	17세기 이후 셀렌긴스크 지역. 17세기 오호츠크 해안의 투무, 투무체르 씨족과 친족으로 추정된다. 네기달족 가운데 나나이족에서 기원한 투말리 씨족이 있다.
72	툭친	18세기 나우차 강, 1897년 치틴스크 지역, 악신스크 지역.
73	툴루야기르	투루간기르. 1897년 치틴스크 지역, 1929년 올룍마 강 상류, 비팀 강 지류인 칼라르 강, 칼라칸 강, 카렌가 강, 네르차 강 유역.
74	포인키트	포인긴. 17세기 이후 셀렌긴스크 지역.
75	포체고르	포초가트, 포초가르, 포초간, 하나긴이라고도 한다. 17세기 비팀 강, 키디미타 강, 네르차 강, 인고다 강, 치틴스크 강, 콘다 강, 실카 강, 알바진 강, 바운트 호수, 예라브닌스크 지역, 이르겐 호수. 1897년 치틴스크, 텔렘빈스크, 예라브닌스크, 악신스크의 다우르족 가운데도 있다(Vasilevich, 1969, p. 278).
76	하라누트	카라누트. 17세기 앙가라 강 좌안, 우다 강, 오카 강, 지마 강, 네르친스크 현. 일부는 오논 강과 몽골로 이주했으며 1735년 우다 강에서 지다 강으로 이주했다. 2010년 알루진 에히리트-불라가트 지역의 시골 마을에 295명이 거주하고 있다.
77	하하기르	하하긴. 20세기 이후 올룍마 강.

자바이칼리에는 바이칼 호수 동쪽에서 아무르 주까지, 대략 실카 강과 아르군 강이 합쳐지는 지점까지이다. 이곳에는 비팀 고원, 북쪽과 북동쪽에서는 비팀 고원에 접해 있는 우도칸 산맥, 칼라르 산맥, 북[北]무이 산맥, 남[南]무이 산맥, 야블로니 산맥, 스타노보이 산맥, 셀렌가-다우르 중앙고원, 실카 강, 가지무르 강, 아르군 강, 인고다 강 연안의 분지 등이 포함된다. 삼림스텝 지역, 건조한 몽골 초원과 인접해 있다. 기후는 극대륙성 기후이며 겨울 평균 기온은 남쪽은 -24℃이고 북쪽과 북동쪽은 -35℃로 여름에 분지 지역은 10~20℃이고 산악 지역은 5~7℃이다.[1]

1. 자바이칼리예 에벤키족의 출현과 정착사[2]

자바이칼리예에 에벤키족이 거주하기 시작한 시기는 여러 연구자들의

1 참고: Shobogorov L. Ch., Mareev Z. M., Anashkina K. K. "Zabajkal'e i Pribajkal'e", http://dic.academic.ru/contents.nsf/enc_geolog/. 검색일: 2015.06.28.

2 자바이칼리예 에벤키족 씨족명은 Shetin S. "Tungusy, obitajushchie v verhov'jah r. Iro i ee pritokov", *Zapiski Zabajkal'skogo Otdela Russkogo Geograficheskogo Obshchestba* 4(4), 1898; Patkanov S. *Opyt geografii i statistiki tungusskih plemen Sibiri na osnovanii dannyh perepisi 1897 g. i drugih istochnikov, Tungusy sobstvenno* 1(1, 2), SPb.: Izd. SPb., 1906; _________. "Opyt geografii i statistiki tungusov", *Zapiski Russkogo Geograficheskogo Obshchestva, Otd. Etnografii* 1, 1911a; _________. "Statisticheskie dannye, pokazyvajushchie plemennoj sostav naselenija Sibiri", *Zapiski Russkogo Geograficheskogo Obshchestva* 2, 1911b; Dolgih B. O. "Plemena i rody korennogo naselenija Zabajkal'ja i Juzhnogo Pribajkal'ja", *Kratkie Soobshchenija Instituta Etnografii AN SSSR* 17, M., 1953; Vasilevich G. M. *Evenki: Istoriko-etnograficheskie ocherki XVIII~nachala XX v.*, L.: Nauka. 1969; Shubin A. S. *Kratkij ocherk etnicheskoj istorii evenkov Zabajkal'ja (XVII-XX vv.)*, Ulan Ude, 1973; Tugolukov V. A. *Tungusy (evenki i eveny) Srednej i Zapadnej Sibiri,* M.: Nauka, 1985; Uvarova T. B. *Nerchinskie evenki v в XVIII~XX vekah*, M., 2004; Povoroznjuk O. A. *Zabajkal'ja evenki: Sotsial'no-ekonomicheskie i Kul'turnye transformatsii v 20~21 vv.*, M.: IEA RAN, 2011 등을 참고하여 작성했다.

연구대상이었지만 구체적으로 밝혀진 바는 없다. 하지만 에벤키족은 러시아인이 출현하기 훨씬 전부터 이곳에서 활동했을 것으로 추정된다. 자바이칼리예 에벤키족은 1630년대부터 야쿠티야와 자바이칼리예 지역의 식민화에 박차를 가하던 러시아 관리와 사냥꾼들에 의해 세상에 알려지기 되었다. 1640년대부터 러시아는 자바이칼리예의 식민화를 본격적으로 시작하면서 토착민으로부터 현물세 징수를 위해 현물세 징발소를 설치했다. 이에 더하여 러시아는 금맥이나 은맥을 발굴하고, 러시아 제국의 위상을 강화하기 위해 아무르 강 너머 지역을 식민화하려고 했다. 이미 1655~1656년 러시아인은 이르겐 호수, 치타 강, 인고다 강, 실카 강에서 에벤키족으로부터 현물세를 징수하기 시작했다.[3]

에벤키족 설화에 의하면 에벤키족의 선조들은 바이칼 호수에서부터 동쪽의 아무르 강, 실카 강, 아르군 강에 걸쳐 활동했고 다우르족은 셀렌가 강 연안과 아무르 강 상류에서 유목했으며 두차르족은 실카 강과 아르군 강 사이에서 유목했는데 서로의 관계는 원만했다. 17세기 초 몽골족의 서쪽에 거주하던 부랴트족이 자바이칼리예로 이주해오면서 에벤키족은 동쪽의 중국 땅으로 이주하게 되었다. 이 와중에 자바이칼리예 에벤키족에게 또 다른 시련이 찾아왔는데 다름 아닌 러시아인의 출현이다. 에벤키족은 불현듯 나타나서 현물세 납세를 강요한 러시아인에게 아주 비우호적이었다. 그들은 러시아인의 수염을 뽑기도 하고 끝이 무딘 화살을 쏘기도 했다.

자바이칼리예 에벤키족은 여러 종족과 경계를 맞대고 있었다. 북쪽에서는 빌류이 강, 암가 강, 알단 강 하류에 거주하는 야쿠트족과, 남쪽에서는 바이칼 호수 지역과 자바이칼리예 남쪽의 부랴트족과 경계를 맞대고

3 Uvarova T. B. *Nerchinskie evenki v в XVIII~XX vekah*, M., 2004, p. 20.

있었다.[4] 이는 에벤키족의 사육동물에도 영향을 주었다. 동쪽에서 아무르 강 에벤키족과 인접한 에벤키족은 주로 가축 사육에 종사했다. 북쪽의 앙가라 강 상류와 비팀 강에서는 750명가량의 킨디기르와 칠차기르 씨족이 순록 사육에 종사했다. 20세기에도 이 생활 전통은 그대로 유지되었다.[5] 자바이칼리예 남쪽의 에벤키족은 처음에는 몽골족의 영향으로 말이나 가축 사육에 종사했지만 이후에는 부랴트족의 영향을 강하게 받았다.[6] 러시아인이 출현할 무렵 자바이칼리예 남쪽 에벤키족의 대다수는 가축 사육으로 전환했고 급속하게 몽골족에 동화되어 갔다.[7] 이처럼 자바이칼리예는 에벤키족을 비롯한 만주퉁구스어권 제 종족과 부랴트족, 몽골족 등 튀르크어권 제 종족의 활동무대였다.

2. 자바이칼리예 남부 에벤키족 씨족명 분포 현황 및 문화적 특징

(1) 자바이칼리예 남부 가축 사육 에벤키족의 현황

12~13세기 몽골어를 사용하는 부랴트족이 자바이칼리예로 이주하면

4 Vasilevich G. M. *Evenki: Istoriko-etnograficheskie ocherki XVIII~nachala XX v.*, L.: Nauka, 1969, pp. 4~6.

5 Dolgih B. O. *Rodovoj i plemennoj sostav narodnostej Sibiri v XII veke*, M.: Izdatel'stvo AN SSSR, 1960, p. 323.

6 Tugolukov V. A. "Evenki", *Etnicheskaja istorija narodov severa*, Instituta etnografii im. N. N. Mikluho-Maklaja AN SSSR, 1982, pp. 147~148.

7 Tugolukov V. A. "Konnye tungusy (etnocheskaja istorija i etnogenez)", *Etnogenez i etnicheskaja istorija narodov severa*, M.: Nauka, 1975, pp. 109~110.

서 에벤키족의 거주지와 문화에 지각 변동이 발생했다. 자바이칼리예 남부 스텝 지역 에벤키족의 대다수는 13~14세기 순록 사육에서 가축 사육으로 전환했는데 시기는 지역에 따라 조금씩 차이가 난다. 바르구진 계곡의 에벤키족은 비교적 늦은 시기인 17~19세기에 가축 사육으로 전환했으며 아직도 전통적인 사냥과 순록 사육 문화를 고수하고 있다. 하지만 자바이칼리예 에벤키족은 다른 지역 에벤키족보다 먼저 가축 사육을 시작하여 가축 사육인의 수가 많다. 사실 이들이 에벤키족 전체 가축 사육인을 대표한다고 해도 과언이 아니다.

17세기 자바이칼리예 남부 에벤키족은 네르친스크, 텔렘빈스크, 바르구진, 아르군, 셀렌긴스크 등 5개의 독립적인 지역 그룹을 구성했다. 모든 자료들을 총합할 때 표12처럼 자바이칼리예 남부에는 가축도, 순록을 사육하지 않는 에벤키족이 500명, 가축 사육에 종사하는 에벤키족이 6,500명으로 모두 7,000명의 에벤키족이 활동했다.

표 12. 17세기 자바이칼리예 남부 에벤키족의 분포 현황

그룹명	지역	수		씨족명
		납세 단위	수(명)	
네르친스크	네르친스크	677	3,400	발리카기르, 바야기르, 바카라이, 둘리카기르, 젤토트, 칼타기르, 루피기르, 포체고르, 울레기르, 첼코기르, 수닌
텔렘빈스크	텔렘빈스크 예라브닌스크	376	1,900	발리카기르, 바야기르, 바카실, 카이조이, 루니키르, 포체고르, 체마기르, 수닌
바르구진	바르구진	142	700	발리카기르, 리마기르, 나마신
아르군	아르군	118	600	바야기르, 둘리카기르, 칼타기르, 나먀신
셀렌긴스크	셀렌긴스크	75	400	안구트, 캄차기르, 오쿠고기르, 포인키트, 샤스키기르, 투만딘
총계		1,388	7,000	

자바이칼리예 남부 에벤키족의 대다수는 이 지역의 지형학적 조건에 맞게 가축, 특히 말 사육에 종사했다. 러시아인이 말 사육 에벤키족에 대해 처음 알게 된 것은 1640~1650년대 콜레스니코프, 베케토프, 야코프 포하보브예프가 바이칼 호수 지역을 탐사한 이후이다. 말 사육 에벤키족은 동쪽에서는 바이칼 호수 서부 연안에서부터 아무르 강 상류의 삼림스텝과 스텝지역까지, 북쪽에서는 바르구진 계곡과 쿠치드 호수부터 남쪽의 아르군 강과 몽골의 스텝지역까지 분포되어 있다. 말 사육 에벤키족의 최서쪽 경계는 바이칼 호수의 남서 지역이었다. 17세기 이들 중 이르쿠트 강 하류에 거주하는 그룹은 '니조비예', 이르쿠츠크 시 근교에 거주하는 그룹은 '포드고로드니예'라고 불렀는데 대략 450명 정도였다.[8]

17세기 자바이칼리예 말 사육 에벤키족의 주요 거주지는 바르구진 지역이었다. 주요 씨족은 리마기르, 발리카기르, 나마신이었으며 대략 700명 정도였다. 17세기 말 일부 말 사육 에벤키족은 1658년 건실된 텔렘빈스크 요새 도시 근처의 비팀 강, 쿠치다 강, 예라브닌스크 지역에 거주했으며 힐록 강과 치카야 강 근처에서도 거주했다. 1680년대 말 사육 에벤키족 씨족 70명가량이 셀렌긴스크 지역과 이르쿠츠크 주의 남쪽에서 유목을 했다. 17세기 말 사육 에벤키족의 상당수가 문갈 씨족장에게 현물세를 바쳤으며 18세기에는 문갈과 첼카기르 씨족도 말 사육으로 전환했다.[9] 이처럼 자바이칼리예 남부 에벤키족은 시간이 흐르면서 하나둘 연쇄적으로 말 사육에 종사하기 시작했다.

8 Dolgih B. O. *Rodovoj i plemennoj sostav narodnostej Sibiri v XII veke*, M.: Izdatel'stvo AN SSSR, 1960, p. 301.

9 Dolgih B. O. *Rodovoj i plemennoj sostav narodnostej Sibiri v XII veke*, M.: Izdatel'stvo AN SSSR, 1960, pp. 308, 317, 337; Spafarij N. M. *Sibir' i Kitaj*, Kishinev, 1960, pp. 144~145.

2) 네르친스크와 아르막 말 사육 에벤키족

자바이칼리예 말 사육 에벤키족 중 네르친스크 말 사육 에벤키족이 가장 규모가 컸다. 그들을 네르친스크 그룹이라고 부르는 이유는 1659년 건설된 네르친스크 요새 도시에 현물세를 납부했기 때문이다. 네르친스크 말 사육 에벤키족의 역사는 둘리카기르 씨족의 간티무로프 일가와 밀접한 관련이 있다. 러시아인들이 이들을 처음 만난 것은 17세기 중반 자바이칼리예에서다. 간티무로프 일가는 바르구진과 네르친스크 두 도시에 현물세를 납부했다.[10] 1650년 말부터 간티무로프는 자신의 씨족 및 다른 말 사육 에벤키족 씨족들과 함께 아르군 강, 논니 강 사이에서 유목을 했다. 1667년 실카 강으로 되돌아와서 다시 러시아인에게 현물세를 내기 시작했지만 이때는 네르친스크에만 냈다. 다른 말 사육 에벤키족 씨족들은 그와 함께, 일부는 그보다 늦게 자바이칼리예로 되돌아왔다. 간티무로프 일가는 자바이칼리예 남부, 몽골 삼림스텝 지역, 스텝지역으로 활동범위를 넓혀가면서 가축 사육에 종사하기 시작했다. 이들은 기독교나 라마교를 수용했으며 20세기 초에는 부랴트어나 러시아어를 사용했다.[11]

1684년 간티무로프와 아들 카타나이(카탄)은 네르친스크 군사령관인 이반 블라소프에게 기독교 세례를 받고 모스크바 황궁에 가게 해달라고 청원했다. 기독교 세례를 받으면서 간티무로프는 표트르, 카타나이는 파벨이라는 세례명을 얻었다. 블라소프의 주선으로 간티무로프와 그의 아들 카타나이, 체쿨라이는 모스크바로 가게 되었다. 가는 도중 간티무로프는 병으로 나림스크에서 사망했고 카타나이와 체쿨라이만 모스크바에

---

10 Tsentral'nyj Gosudarstvennyj Arhiv Drevnih Aktov (TsGADA), f.214, st.1355, ch.1, l.61.

11 Shubin A. S. *Kratkij ocherk etnicheskoj istorii evenkov Zabajkal'ja (XVII~XX vv.)*, Ulan Ude, 1973. p. 50.

도착했다. 황제 이반 알렉세예비치와 표트르 알렉세예비치는 카타나이와 체쿨라이를 무척 아꼈다. 그들에게 유럽식 외투를 선사했고 식사와 음료를 제공했으며 파벨을 공후로 임명하면서 모스크바 귀족 명부에 등록해 주었다. 체쿨라이도 1685년 모스크바에서 기독교 세례를 받으면서 바실리 파블로프 간티무로프라는 세례명을 받았다.[12]

17세기 말, 말 사육 에벤키족은 러시아와 중국 국경지역의 방위를 담당하기 시작했다. 파벨 간티무로프(카타나이)는 4천 명에 달하는 네르친스크 말 사육 에벤키족을 방위에 참가시켰다. 또 네르친스크 군사령관의 지령이 하달되거나 타타르족이 국경 근처에 나타날 경우에 대비해서 항상 말을 타고 출격태세를 갖추고 있었다.[13] 파벨의 아들들인 라리온과 라자르는 러시아의 궁정고관이 되게 해달라고 탄원했고 그 결과 모스크바 귀족 명부에 등록되었다. 라리온과 라자르의 아들들인 알렉세이 라리오노비치와 알렉세이 라사레비티도 아버지들과 동등한 직위를 얻으면서 러시아 귀족이 되었다.[14]

1727년 러시아와 청나라가 캬흐타조약을 체결하면서 말 사육 에벤키족은 국경 수비를 담당하는 정규직에 종사하게 되었고 순차적으로 국경으로 이주하여 정착했다. 조금 지난 1760년 네르친스크 말 사육 에벤키족 특히 간티무로프 씨족 500명은 러시아와 청나라의 국경 지역으로 이주하여 특별 '퉁구스군'에 등록했다. 그곳은 지역적 특성 상 사냥이 불가능했기 때문에 이들은 부득이하게 농경생활을 시작할 수밖에 없었다. 19세기 초 이들이 이미 농업으로 일정한 소득을 올리고 있었다는 기록[15]을 보면

12 Tsentral'nyj Gosudarstvennyj Arhiv Drevnih Aktov (TsGADA), f.214, st.1355, ch.1, l.60, 103. 이에 대해 더 자세한 사항은 AAN, f.21, op.4, d.29, l.23 ob. 참고.

13 Ides I. & Brand A. *Zapiski o russkom posol'stve v Kitae (1692~1695)*, M., 1967. p. 150.

14 Tsentral'nyj Gosudarstvennyj Istoricheskij Arhiv (TsGIA), f.1374, op.2, d.1420, l.1~1ob.

농경생활에 성공적으로 적응한 것으로 추정된다.

19세기 자바이칼리예 남부 말 사육 에벤키족 가운데 러시아와 청나라의 국경수비를 담당한 아르막 에벤키족도 빼놓을 수 없다. 이 그룹에는 과거 이르쿠츠크 주에서 말 사육에 종사했던 자옉타이, 친기디노프, 티르테르프 씨족이 포함된다. 러시아인은 750명 규모의 아르막 말 에벤키족에 대한 정보를 1801년 이후에야 수집했다. 이들은 바이칼 호수 남부의 돌이 많은 산악지대에 거주했다. 그곳은 날씨가 추워서 곡물 생산이 불가능한데다 풀도 풍부하지가 않아서 삶의 조건이 그리 녹록치 않았다. 이후 이들 중 기독교 세례를 받은 사람들은 평범한 러시아식 마을에서 살면서 사냥과 소규모의 가축 사육에 종사했다. 이들은 직접 농사를 지었고 이르쿠츠크에서 캬흐타를 오가는 상인들에게 판매할 목적으로 건초를 만들었다.16

러시아의 국경 수비를 담당했던 자바이칼리예 남부 말 사육 에벤키족을 대표하는 네르친스크와 아르막 말 사육 에벤키족은 씨족명은 아니고 19세기 말 혹은 20세기 초까지 자바이칼리예 남부에서 활동했던 지역 그룹의 명칭이다.

3) 자바이칼리예 남부 가축 사육 에벤키족의 문화

자바이칼리예 남부 가축 사육 에벤키족의 문화는 남쪽에 인접한 몽골족, 부랴트족, 러시아인의 영향으로 매우 비균일하고 복잡하다. 가축 사육 에벤키족과 몽골족 및 부랴트족과의 문화적 융합은 러시아인이 시베리아에 들어오기 전에 이미 시작되었으며 17~18세기에는 더욱 공고화되

15 Arhiv Vsesojuznogo Geograficheskogo Obshchestva (AVGO), r.55, op.1, d.49, l.127, 128.

16 Tsentral'nyj Gosudarstvennyj Istoricheskij Arhiv (TsGIA), f.1264, op.1, d.265, l.215.

었다. 그 결과 러시아인이 이 지역 에벤키족을 처음 만났을 당시 이미 몽골어를 사용하고 있었다.[17] 하지만 신앙, 사냥에 대한 열정, 이웃 종족이나 씨족과의 관계에서 독립성을 유지하려는 경향 등 관습, 풍습, 기질은 순록 사육 에벤키족과 무척 유사하다.

자바이칼리예 남부 가축 사육 에벤키 문화와 러시아 문화의 융합은 에벤키 문화를 더욱 복잡하게 만들었고 '카림'이라는 혼혈 종족과 혼종 문화을 탄생시켰다. 이들의 일부는 러시아어를, 일부는 부랴트어를 사용했다.[18] 당시 사회의 변화 추세를 감안할 때 자바이칼리예 카림의 수는 나날이 급증했을 것이다. 1762년 납세자 명단에 의하면 남성만 5,098명에 달했는데 1897년 목록에는 31,800명으로 증가했다.[19] 이처럼 카림의 수는 1762년~1897년 3배 이상 증가했지만 문화적, 언어적으로 이들의 절대 다수는 에벤키족이 아니라 러시아인에 포함시켜야 한다. 실제로 이들은 자신들을 에벤키족이 아니라 러시아인이라고 생각했다. 1920년대 들어 자바이칼리예 남부 가축 사육 에벤키족의 수가 급감한다.[20] 이는 실제로 에벤키족이 감소한 측면도 있겠지만 문화적으로 러시아인이나 부랴트족에 동화된 에벤키족의 대다수가 자신들을 러시아인이나 부랴트족으로 간주했기 때문이다. 과거 에벤키족의 활동 무대에서 에벤키족의 수가 급감하는 것은 비단 자바이칼리예에만 나타나는 현상은 아니었다.

---

17 Tugolukov V. O. "Konnye tungusy (etnocheskaja istorija i etnogenez)", *Etnogenez i etnicheskaja istorija narodov severa*, M.: Nauka, 1975, pp. 89~90, 106.

18 Tugolukov V. O. "Konnye tungusy (etnocheskaja istorija i etnogenez)", *Etnogenez i etnicheskaja istorija narodov severa*, M.: Nauka, 1975, p. 85.

19 Kabuzan V. M. & Trojtskij S. M. "Novye istochniki po istorii naselenija Vostochnoj Sibiri vo vtoroj polovine XVIII v.", *Sovetskaja etnografija* 3, 1966, pp. 29~31.

20 Tugolukov V. O. "Evenki", *Etnicheskaja istorija narodov severa*, Instituta etnografii im. N. N. Mikluho-Maklaja AN SSSR, 1982, p. 151.

3. 자바이칼리예 북부 순록 사육 에벤키족 씨족명 분포 현황 및 문화적 특징

1) 자바이칼리예 북부 순록 사육 에벤키족 씨족명 분포 현황

자바이칼리예 북부는 산악타이가 지대로 이곳의 에벤키족은 주로 자바이칼리예 남부 계곡에서 이주해 왔다. 농경생활이나 가축 사육이 생활의 안정을 가져다주지만 모든 에벤키족이 이 생활을 원하는 것은 아니다. 이를 원하지 않은 에벤키족은 농경이나 가축 사육에 적합한 남쪽의 계곡지역은 부랴트족이나 러시아인에게 남겨두고 북쪽의 산악 타이가 지역으로 이주하여 전통적인 생산 활동과 생활양식을 이어나갔다. 대표적으로 칼라르 강과 퉁기르 강~올룍마 강의 에벤키족을 들 수 있다. 이들은 사냥과 순록 사육을 하면서 여름에는 높은 산악 지역으로, 겨울에는 사냥감과 순록 먹이가 풍부한 강의 상류 지역으로 이동생활을 했다. 순록이 조금밖에 없는 에벤키족은 사냥과 어로에 종사하면서 강의 경사진 곳을 따라 이동하면서 생활했다.[21]

이들은 이동의 도정과 속도를 사냥과 순록의 사육 주기에 맞춘다. 봄과 초여름에는 이동 속도를 늦춘다. 암순록이 출산하는 시기에는 순록을 곤충 떼와 악취 등으로부터 보호할 수 있는 곳을 찾아가서 잠시 이동을 멈춘다. 늦여름과 초가을에는 사냥 물품을 살 수 있는 곳으로 갔다가 다시 사냥 장소로 이동한다.

17세기 자바이칼리예 북부의 비팀 강과 올룍마 강 사이에는 나나기르

---

21 Zadorozhnyj V. F. & Miheev V. S. & Naprasnikov A. T. i dr. *Traditsionnoe prirodopol'zovanie evenkov:obosnovanie territorij v Chitinskoj oblasti*, Novosibirsk: Nauka, Sibirskaja izdatel'skaja firma RAN, 1995, p. 13.

씨족 44명과 킨디기르 씨족 400명을 비롯한 여러 씨족이 유목을 하고 있었다. 나나기르 씨족의 주요 활동 지역은 뉴이 강에서부터 올룍마 강 하구까지 레나 강 연안이었고 킨디기르 씨족의 주요 활동 지역은 비팀 강, 주야 강, 차라 강, 토코 강, 올룍마 강이었다. 이들 이외에도 위 지역에서는 바카라이 145명, 포체고르 60명, 빌랴킨스키, 락시카기르, 마우기르 씨족 등이 유목을 했다.[22]

17~19세기를 거치면서 자바이칼리예 북부 에벤키족 씨족의 구성은 다소 변화를 겪었다. 19세기 말~20세기 초에는 주로 남쪽에서 불테기르, 툴루야기르, 락시카기르, 캇친, 사마기르, 칠카기르, 코코기르 씨족 등이 이주해 왔다. 19세기 말 자바이칼리예 북부 지역에서 1,500 납세단위가 현물세를 납세[23]했으므로 19세기 말 자바이칼리예 북부에는 6,000명 가량의 에벤키족이 활동하고 있었다. 당시 자바이칼리예 북부 에벤키족은 씨족 간 거주지의 경계가 확실했으며 교류하는 종족이나 씨족에서도 확연하게 차이가 났다.

"킨디기르, 칠차기르, 투루야기르, 락시카기르, 불테기르, 노다릴, 말륙체르, 사마기르, 코코기르, 솔로곤 등의 씨족은 투고코첸 지역에 주로 거주하면서 바운트 호수 지역의 에벤키족, 바이칼 북부 지역의 에벤키족과 긴밀하게 교류했다. 반면 부카차르, 돈고트, 인골랴기르, 랄라기르, 락시카기르, 나나기르, 옥디렌쿠르, 타미간쿠르, 차카기르, 야콧카르, 이넬라스, 메타카르, 탈리기르, 콘게야, 엑데렐 등의 씨족은 칼라르 강, 퉁기르 강~올룍마

22 Dolgih B. O. *Rodovoj i plemennoj sostav narodnostej Sibiri v XII veke*, M.: Izdatel'stvo AN SSSR, 1960, p. 485.

23 Tugolukov V. O. "Etnicheskie korni tungusov", *Etnogenez narodov Severa*, M.: Nauka, 1980a, p. 164; Dolgih B. O. *Rodovoj i plemennoj sostav narodnostej Sibiri v XII veke*, M.: Izdatel'stvo AN SSSR, 1960, pp. 13~14.

강에 주로 거주했다. 칼라르 강의 에벤키족은 차라 강, 쿠안다(콘다) 강, 슐반 강에서 유목을 한 차라 에벤키족과 칼라르 강과 그 지류에서 유목을 한 칼라르 에벤키족으로 나누어진다. 차라 에벤키족은 바운트 호수 지역의 에벤키족, 바이칼 호수 북부 지역의 에벤키족과 교류했고 현재까지 부랴트 지역에 거주하고 있다. 칼라르 에벤키족은 부랴트족, 야쿠트족, 아무르 강과 이르쿠츠크 지역의 에벤키족과 교류했다."(Tugolukov V. O. "Etnicheskie korni tungusov", *Etnogenez narodov Severa*, M.: Nauka, 1980a, pp. 70~71)

20세기 초 자바이칼리예 북부 에벤키족의 수는 19세기 말과 비교할 때 현저하게 급감했다. 이는 이들이 다른 지역으로 이주하던가 부랴트족이나 러시아인에 편입되었기 때문이다. 1912~1913년 자바이칼리예 북부의 칼라르 강, 무야 강, 비팀 강에는 모두 680명의 에벤키족이 거주했는데 칠카기르 씨족 398명, 칠카기르2 씨족 200명, 킨디기르 씨족 80명가량이었다.[24] 이렇듯 19세기 말 6,000명이었던 자바이칼리예 북부 에벤키족의 수가 불과 20년 사이에 확연히 감소했음을 알 수 있다.

2) 자바이칼리예 북부의 에벤키족의 생산문화

자바이칼리예 북부 에벤키족의 전통적인 생산 활동은 사냥이었으며 보조적으로 소규모 단위의 순록 사육에 종사했다. 자바이칼리예 북부 에벤키족은 에벤키라는 명칭 이외에도 '순록 사육자'라는 의미의 '오로촌'이라는 명칭을 같이 사용한다. 20세기 이전 자바이칼리예 북부 에벤키족은 순록을 많이 사육하지 않았다. 칼라르 에벤키족 69가구가 보유한 순록은 모두 2,052마리였으니 1가구 당 평균 순록 보유수는 30마리였다.

24 Shirokogoroff S. M. *Social organization of the Manchus*, Shanghai, 1924b, p. 115.

전체적으로 자바이칼리예 북부 에벤키족 1가구 당 순록 보유수는 8~100마리까지 유동적이다. 올룍마 강 중류의 에벤키족은 한 가구 당 5~28마리, 퉁기르 강 에벤키족은 6~30마리, 올룍마 강 상류의 에벤키족은 10~25마리의 순록을 사육했다.[25] 이러한 규모의 순록으로는 생계 유지가 불가능하기 때문에 순록 사육이 보조 생산 활동이었던 것은 지극히 당연하다.

20세기 초부터 순록을 교통과 운송수단으로 이용하면서 자바이칼리예 에벤키족의 경제생활에서 순록 사육은 중요한 위치를 차지했다. 순록의 용도가 바뀌면서 사냥 가능 지역이 넓어졌고 예비 식량과 포획한 사냥감 같은 무거운 짐도 쉽게 끌고 다닐 수 있게 되었다. 그 결과 시간과 돈이 절약되었고 음식[26], 가죽, 약재도 얻게 되었다. 자바이칼리예 북부 에벤키족은 어로와 채집에도 종사했다. 이는 주된 생산 활동에 곁들여진 보조 생산 활동으로 그다지 큰 의미는 없었다. 하지만 여름에 사냥을 쉬게 되면 에벤키족은 적극적으로 어로에 종사했다. 보통 물고기는 날것으로 먹었으며 가끔 소량만 저장용으로 비축했다.

3) 자바이칼리예 북부 에벤키 문화와 타문화의 교류와 혼종

17~19세기 자바이칼리예 북부 에벤키족의 형성은 야쿠트족, 부랴트족과 긴밀한 교류와 접촉이라는 조건 속에서 이루어졌다. 17세기 중반부터 올룍마 강 하류와 차라 강으로 이주해 온 야쿠트족은 차라 강 상류 쿠시

25 Vasilevich G. M. "Vitimo-tungir-olekminskie tungusy", *Sovetskij Sever* 3, 1930, p. 101, 108.

26 순록은 고기 이외에도 우유와 유제품을 제공했는데 자바이칼리예 에벤키족은 현재까지도 순록 우유를 마신다.

켄데 호수 지역의 에벤키족 거주지에 정착했다. 1863년 칼라르 강에 거주하던 야쿠트족은 서쪽의 비팀 강 연안으로 이동하여 무야 마을을 건설했다. 두 종족 간의 긴밀한 교류와 통혼으로 야쿳카르, 이넬라스, 메타카르, 옥디렌쿠르 등 새로운 에벤키족 혼혈 씨족이 탄생했다.[27]

19세기 중반부터는 부랴트족도 자바이칼리예 북부 지역으로 진입하기 시작했다. 부랴트족은 튠고코첸 지역에 정착했고 20세기 초 이곳의 남부와 북부에 부랴트족 밀집 지역이 생겨났다. 러시아인이 자바이칼리예 북쪽 지역으로 이주한 것은 17세기 중반부터이다. 초기에 러시아인은 정착 생활을 하면서 말을 사육하는 에벤키족 무르가트 씨족과 교류했다. 그 결과 현재 튠고코첸 지역에 남부 혼혈 인종을 탄생했다.[28]

자바이칼리예 북부 에벤키족은 야쿠트족, 부랴트족, 러시아인의 영향 이외에 다른 지역 에벤키족의 영향도 많이 받았다. 특히 지리적 인접성으로 프리아무리예 에벤키족의 영향을 많이 받았다. 사실 이들은 이미 오래 전부터 프리아무리예로 활동 범위를 넓히고 있었다. 네르친스크 지역의 콜타기르와 바야기르 씨족은 프리아무리예 콘타기르, 바야기르 에벤키족 씨족과 친족이다. 콜타기르 씨족은 가축 사육자인데 실카 강과 아르군 강에서 유목을 했다. 바야기르 씨족은 먼 고대에 출현하여 시베리아 여러 지역에 분포되어 있다. 제야 강 바야기르 씨족은 다우르족에 동화되었다. 바야기르 씨족 이외에도 전반적으로 제야 강 에벤키족은 다우르족의 문화적 영향을 강하게 받았다. 1640년대 포야르코프 밑에서 일하는 카작인은 이곳에서 농경과 가축 사육에 종사하는 많은 수의 에벤키

27 Povoroznjuk O. A. *Zabajkal'ja evenki: Sotsial'no-ekonomicheskie i kul'turnye transformatsii v XX~XXI vv.*, M.: IEA RAN, 2011, p. 30.

28 Povoroznjuk O. A. *Zabajkal'ja evenki: Sotsial'no-ekonomicheskie i kul'turnye transformatsii v XX-XXI vv.*, M.: IEA RAN, 2011, p. 31.

족을 만났다고 한다. 이러한 증언과 제야 강 다우르족의 씨족 구성에 근거할 때 다우르족에는 가축 사육에 종사하는 에벤키족이 일부 포함되어 있었다. 콜타기르와 바야기르 씨족은 자바이칼리예 에벤키족이 가축 사육으로 전환하기 전에 이미 자바이칼리예를 떠난 것으로 추정된다. 자바이칼리예에서 바야기르 씨족은 콜타기르 씨족보다 더 동쪽에 분포되어 있었다. 17세기 중엽 아무르 강의 바야기르 씨족은 이미 제야 강 연안으로 이주했으며 일부는 다우르족에 동화 되었다.[29] 바야기르 씨족은 17세기 중엽 이전에 이미 자바이칼리예에서 프리아무리예로 이주했다. 이들이 자바이칼리예에서 프리아무리예로 이주한 최초의 에벤키족으로 추정된다.

* * *

자바이칼리예 에벤키족은 거주 지역에 따라 생활양식에서 많은 차이를 보인다. 동쪽에서 프리아무리예 에벤키족과 인접한 에벤키족은 주로 가축 사육에 종사했다. 북쪽에서 750명가량의 킨디기르와 칠차기르 씨족은 앙가라 강 상류와 비팀 강에서 순록 사육에 종사했는데 20세기에도 이 생활 전통은 그대로 유지되었다. 자바이칼리예 남부 에벤키족은 처음에는 몽골족의 영향으로 말이나 가축 사육을 시작했지만 이후에는 부랴트족의 영향을 강하게 받았다. 러시아인이 출현할 무렵 자바이칼리예 남부 에벤키족의 대다수는 가축 사육으로 전환했다.

29 Ermolova N. V. *Evenki Priamur'ja i Sahalina. Formirovanie i kul'turno-istoricheskie svjazi XVII~nachalo XX vv.*, Avtoref. Dissert. Kandidat. Istor. Nauk, L.: LGU, 1984, p. 36.

자바이칼리예 남부 에벤키족의 주요 거주지는 바르구진 지역이었다. 말 사육 에벤키족 중 네르친스크 그룹이 가장 규모가 컸으며 이들은 둘리카기르 씨족의 간티무로프 가문과 밀접한 관련이 있다. 19세기 자바이칼리예 남부 말 사육 에벤키족 가운데 러시아와 청나라의 국경수비를 담당했던 아르막 에벤키족도 빼놓을 수 없다. 자바이칼리예 남부 가축 사육 에벤키족의 문화는 남쪽에 인접한 몽골족, 부랴트족의 영향으로 매우 비균일하고 복잡하다. 가축 사육 에벤키족과 몽골족, 부랴트족과의 문화적 융합은 러시아인이 시베리아에 들어오기 전에 이미 시작되었으며 17~18세기에는 더욱 공고화되었다. 자바이칼리예 남부에 가축 사육 에벤키 문화와 러시아 문화의 융합은 에벤키 문화를 더욱 복잡하게 만들면서 카림이라는 혼혈 종족을 탄생시켰다.

자바이칼리예 북부는 산악타이가 지대로 이곳의 에벤키족은 주로 자바이칼리예 남부 계곡에서 이주해 왔으며 사냥과 순록 사육에 종사했다. 자바이칼리예 북부 지역의 에벤키족은 씨족 간 거주지의 경계가 확실했으며 교류하는 종족이나 씨족에서도 확연하게 차이가 났다. 20세기 초 이 지역 에벤키족의 상당수가 다른 지역으로 이주하던가 부랴트족이나 러시아인에 편입되면서 에벤키족의 수는 급감했다. 17~19세기 자바이칼리예 북부 에벤키족의 형성은 야쿠트족, 부랴트족 및 러시아인과의 긴밀한 교류와 접촉이라는 조건 속에서 이루어졌다. 하지만 이들은 다른 지역 에벤키족의 영향도 많이 받았다. 특히 지리적 인접성으로 인해 프리아무리예 에벤키족의 영향을 많이 받았다.

제6장

프리아무리예 에벤키족 씨족명 분포 현황 및 문화적 특징

제6장
프리아무리예 에벤키족 씨족명[1] 분포 현황 및 문화적 특징

표 13. 프리아무리예 에벤키족 씨족명 분포 현황

프리아무리예 에벤키족 씨족명		
번호	씨족명	씨족명 변이형 및 초기~20세기 초 주요 거주지
1	각기르	곡기르. 20세기 초 아무르 강 우안의 가나 강.
2	구라기르	구라리, 고라기르, 고바기르. 17세기 우차미 강, 테테레

1 자바이칼리예 에벤키족 씨족명은 Shrenk L. *Ob inorodnitsah Amurskogo kraja* 1~3, Peterburg: Izd. AN SSSR, 1883, 1899, 1903; Patkanov S. *Opyt geografii i statistiki tungusskih plemen Sibiri na osnovanii dannyh perepisi 1897 g. i drugih istochnikov, Tungusy sobstvenno* 1(1, 2), SPb.: Izd. SPb., 1906; _________. "Opyt geografii i statistiki tungusov", *Zapiski Russkogo Geograficheskogo Obshchestva, Otd. Etnografii* 1, 1911a; _________. "Statisticheskie dannye, pokazyvajushchie plemennoj sostav naselenija Sibiri", *Zapiski Russkogo Geograficheskogo Obshchestva* 2, 1911b; Soljarskij V. "Sovremennoe pravovoe i kul'turno-ekonomicheskoe polozhenie inorodtsev Priamurskogo kraja", *Materialy po izucheniju Priamurskogo kraja*, Habarovsk, 1916; Lipskij A. N. "Kratkij obzor man'chzhuro-tungusskih plemen bassejna Amura", *Pervyj tuzemnyj s"ezd Dal'nevostochnogo okruga (protokoly s"ezda)*, Havarovsk: GAHK, 1925; Dolgih B. O. "Etnicheskij sostav i rasselenie narodov Amura v XVII v. po russkim istochnikam", *Sbornik statej po istorii Dal'nego Vostoka*, M.: Izd. APN SSSR, 1958; Stepanov N. N. "Hozjajstvo tungusskih plemen Sibiri v XVII v.", *Sbornik Voprosy Istorii Sibiri*, L., 1961; Vasilevich G. M. *Evenki: Istoriko-etnograficheskie ocherki XVIII~nachala XX v.*, L.: Nauka, 1969; Ermolova N. V. *Evenki Priamur'ja i Sahalina. Formirovanie i kul'turno-istoricheskie svjazi XVII~nachalo XX vv.*, Avtoref. Dissert. Kandidat. Istor. Nauk., L.: LGU, 1984; Tugolukov V. A. *Tungusy (evenki i eveny) Srednej i Zapadnej Sibiri*, M.: Nauka, 1985 등을 참고하여 작성했다.

		강. 18세기 이후에는 구라길로 불렸다.
3	구르가기르	구르구기르. 20세기 이후에도 치린그다 호수 주변. 1920년대 포드카멘나야 퉁구스카 강의 곡기르 씨족에서 분리되었다.
4	냐시카기르	냐히카기르, 냐기카기르. 17세기 우다 강, 토롬 강, 암군 강. 1931년 토롬 강, 우다 강, 투구르 강, 우살기나 강, 하바롭스크 주의 추미칸 지역. 네기달족의 냐시하길 씨족은 아얀 출신이다.
5	뉴르마간	뉴르마가트, 뉴르바가트. 17세기 빌류이 강, 18세기 중반 추야 강, 초나 강, 1897년 야쿠티야 지역의 파톰 강, 암가 강, 알단 강, 팀톤 강, 치나 강, 탈바 강. 일부는 아무르 주의 뉴만 강과 베르호얀스크 지역. 1947년 토모타 강, 팀프톤 강, 수타마 강, 알단 강 유역.
6	니나간	18세기 초 투구르 강, 우다 강, 알단 강. 1766년 자바이칼리예, 19세기 중반 아무르 강, 19세기 올룍마 강 지류. 1897년 익나신 지역, 알바진 지역, 1925년 길류이 강, 올도이 강, 모고타 지역, 암군 강 상류. 전반적으로 아무르 강에서 레나 강 쪽으로 이동했다.
7	니카기르	1859년, 1897년 암가 강 지류. 1882년 아무르 주, 1897년 익나신 관구. 앙가라 강의 니코기르 씨족과 친족으로 추정된다.
8	달마이	1897년 아무르 주.
9	데하르	딜카르. 투투라 강 연안.
10	뎅메	덴메, 덴마. 1765년 니즈나야 퉁구스카 강의 덴마기르와 같은 씨족으로 추정된다. 20세기 이후 제야 강~우추르 강, 추미칸 지역.
11	돈다콘	1897년 알단 강 하류. 부랴트족 출신이다.
12	두나기르	두나이르. 17세기 실카 강과 네르차 강 말 사육 퉁구스에 속했다. 말 사육 둘리카기르 씨족은 점차 남동쪽으로 이동하여 19세기 말에는 논니 강, 20세기 이후에는 간 강에 거주했다. 19세기 중반 이후 아무르 강 우안의 비라리 씨족에 포함되었다(Vasilevich, 1969, p. 268). 자바이칼리예 둘레가트의 후손으로 동일 지역 둔나기르 씨족과 친족으로 추정된다.
13	둔칸	두키. 17세기 암군 강 유역. 암군 강 인근에 두키라는

		마을이 있다. 자바이칼리예의 둔가 씨족과 친족으로 추정된다.
14	딜카기르	17세기 암군 강, 부레야 강.
15	라다기르	17세기 쿠투이 강~투투라 강. 니즈나야 퉁구스카 강의 라구기르 씨족과 친족이다.
16	랄라기르	랄라기르, 랄카기르, 렐타기르, 랄리간, 난니기르. 17세기 알단 강, 우추르 강, 고남 강 상류. 1897년 암군 강, 부레야 강, 셀렘자 강, 우르미 강, 퉁구스카 강. 1929년 올룍마 강, 눅자 강, 토코 강. 1947~1948년 알단 강, 우추르 강, 우르미 강, 부레야 강, 셀렘지 강, 투구르 강, 우다 강 유역, 바이칼 호수 동쪽 지역. 17세기 랄라기르 씨족은 알단 강, 팀톤 강, 알곰 강, 암가 강, 우추르 강에 거주했다. 랄카기르 씨족의 일부는 마야 강, 아임 강에, 일부는 올레뇩 강에 거주했다. 렐탸기르 씨족은 오호타 강에 거주했고 난니기르 씨족은 빌류이 강 인근에 거주했다(Vasilevich,1969, p. 272). 18세기 랄라기르 씨족은 우다 강으로 이주했고 랄리간은 올렉민스크 현물세 징발소에 기록되어 있다. 러시아인이 출현한 당시 460명에 달하는 큰 규모의 씨족이었으며 제야 강에 대해 훤히 알고 있었다. 1686~1687년의 폭동과 전염병으로 140명만 살아남았다(Dolgih, 1960, p. 502).
17	마네기르	마나기르, 마냐기르. 17세기 퉁기르 강, 눅자 강 수원, 우르 강, 길류이 강, 아무르 강 지류인 실카 강과 아르군 강. 19세기 중반 네베르 강, 올도이 강, 셀렘자 강 사이. 20세기 제야 강의 지류인 쿠마르 강 상류.
18	마마가트	마무가트, 마무기르. 20세기 이후 비팀 강 좌안 하류 지역. 이와 유사한 씨족명이 17~18세기 퉁구스어권 종족에서 두루 발견되는 점으로 미루어 고대에서 기원한다.
19	마이마구트	마이마칸, 마이마가트. 17세기 울랴 강, 알림 강, 우다 강, 마이스크 현물세 징발소, 18세기 알단 강, 투구르 강, 우다 강 유역.
20	말라쿨	17세 비라리 씨족에 속해 있었고 몽골족의 카다르 씨족과 친족이다.
21	메멜	메메. 17세기 마이마칸 강, 오호타 강, 오이메코나 강. 1897년 야쿠티야, 베르호얀스크, 오호츠크, 우다 강.

		1935년 인디기르카 강, 콜림 강. 에벤족 가운데 먀말 씨족이 있다.
22	메케기르	마카기르, 모코기르. 17세기 마야 강, 세블랴 강 연안, 알돔 강, 우다 강, 투구르 강. 아얀 지역. 20세기 초 사할린과 아무르 강 하류. 1947년 아얀 강, 알단 강, 넬칸 마을, 아마 강, 아이마 강, 우다 강, 투구르 강 인근. 네기달족의 아윰칸과 코니가 씨족은 아무르 강 중류의 에벤키족 모코기르 씨족에서 기원한다(Vasilevich, 1969, p. 275).
23	멩네	1948년 부레야 강 지류, 셀렘자 강, 추미칸 지역. 일부는 사할린에 거주한다.
24	무른갓카르	18~19세기 아무르 강 동쪽. 자바이칼리예의 무르카트 씨족과 어근 '무르'를 공유하므로 친족으로 추정되는데 형태상 무르가트에서 무른갓가르가 출현한 것으로 보인다.
25	무야기르	무야트. 17세기 우다 강. 예세이 호수 지역의 무야트는 마야트의 발음상의 오류일 뿐 같은 씨족이라는 주장도 있다(Vasilevich, 1969, p. 275). 하지만 무야트 혹은 무야기르는 '순록의 뒤를 쫓아가다'는 의미의 에벤키어 '무이(muj)'에서 기원한다. 반면 에벤키어에서 어근 '마이(maj)~'형 단어에 '숲'이라는 의미가 함의되어 있는 점으로 미루어 마야트는 '마이~'형 어근에서 기원했다. 따라서 둘은 서로 다른 씨족으로 추정된다.
26	묵테기르	19세기 초 아무르 강 동쪽에서 암군 강으로 이주했다. 오호츠크해의 무이쿠카르 씨족에서 기원한다. 아무르 강 유역의 묵테기르 씨족과 친족이지만 후에 네기달족에 편입되었다.
27	바투	1930년 아무르 주의 니콜라옙스크 시. 부랴트족이 붙여 준 명칭이다.
28	발라우르	19세기 후반부터 아무르 강 동쪽 지역.
29	발라타르	19세기 후반부터 아무르 강 서쪽 지역.
30	베윰	베튬, 베퉁. 19세기 말 이후 아무르 강 동쪽 연안에 넓게 분포되기 시작했다. 1949~1959년 알단 강, 우추르 강, 제야 강, 셀렘자 강, 부레야 강, 우르 강, 암군 강, 투구르 강, 추미칸 강, 우다 강, 아얀 강. 일부는 사할린에 거주. 1897년 빌류이 강에 베튠과 베틸 씨족이 거주했다. 베

		튼은 투루한 강과 베르호얀스크 지역에도 거주했다. 콜림 강의 베틸 씨족은 유카기르족에 속한다.
31	부르칼	1897년 투투라 강 연안. 올레뇩 강의 부루카노프 씨족과 친족으로 추정된다.
32	부타	부탄. 17세기 알단 강 중류. 20세기 이후 알단 강, 우다 강, 아얀 강, 오호츠크해 연안.
33	불데트	벨데, 불레, 벨레, 불레트. 17세기 프리바이칼리예의 투나 강, 1836년 아무르 강 우측 지류로 이주했다. 1897년 야쿠티야 → 빌류이 강 → 알단 강, 암가 강, 바토마 강 수원의 노선을 따라 이주했다. 이들이 야쿠티야를 떠난 것은 튀르크어권 종족이 레나 강 중류로 이주해 왔기 때문이다. 1947, 1958년 이후 제야 강~늑자 강~올룍마 강 동쪽 지역에 거주한다. 불데트 씨족은 포드카멘나야 퉁구스카 강의 볼다기르 씨족, 아무르 강의 지류인 네르차 강, 카렌가 강, 누민 강 불타기르 씨족의 기원이 되었다. 아주 먼 과거에 아무르 강 연안에 거주하던 에벤키족 불데 씨족은 나나이족에 편입하여 벨디 씨족의 기원이 되었으며 현재 나나이족의 다른 씨족들과 거의 차이가 없다. 19세기 초 벨레트 씨족은 아무르 강 좌측 지류를 따라 알바진 강 아래쪽에 거주했으며 일부는 분리하여 스스로 론고르쿠라고 칭했다.
34	불테기르	불토기르, 불타기르. 아무르 강 연안의 불데트 씨족에서 분리되었다. 17세기 알단 강 중류, 1929년 올룍마 강과 네르차 강 사이, 비팀 강 연안, 아무르 강 남쪽의 누민 강, 힌간 산맥. 1765년 이전에 자바이칼리예에 거주하다 일부는 북서쪽 니즈나야 퉁구스카 강으로 이주하여 벨다기르 씨족이 되었다. 18세기 초 쿠레이 강 연안에 거주하던 에벤키족 콜로보프 씨족에 조론치 발다긴과 코벨본 볼다긴이라는 형제가 있었다(Okladnikov, 1968, p. 102). 따라서 콜로보프, 불데트, 불테기르 씨족은 일정 정도 관련이 있을 것이다. 20세기 초 다우르족 중 이들과 관련된 부흐티 씨족이 있었다.
35	비라리	17세기경에는 아무르 강 유역에 거주하는 개별 씨족명이었으나 19세기 이후 프리아무리예의 말 사육 에벤키족을 통칭하게 되었다.
36	빌리르간	1897년 호소도와 비트 삼림지대.

37	솔로곤-도이두간	솔로곤 씨족에서 분리한 것으로 추정되며 야쿠트족에서 기원한다.
38	셀로곤	17세기 아무르 강 좌안의 셀렘자 강 하구. 17세기 중반경 다우르족에 편입되었다. 아무르 강 우안의 에벤키족 솔론 씨족과 친족이다. 하지만 이들이 아무르 강 좌안에 거주할 때 아무르 강과 다우르족으로 인해 분리된 것으로 보인다.
39	숄로곤	솔로곤. 빌류이 강의 솔로곤 씨족과 기원이 같다. 1794년 빌류이 강 상류, 19세기 중반 아무르 강 우안과 북쪽 지역에 넓게 분포되어 있었다. 1897년 빌류이 강, 키렌가 강, 베르호얀스크 지역, 야쿳스크 관구. 빌류이 강 상류와 암가 강의 솔로곤 씨족은 야쿠트족으로 취급된다. 1929, 1947년 퉁기르 강, 길류이 강, 제야 강, 수타마 강, 알고마 강, 우추르 강 유역, 1953년 찰다시나 강, 아얀 강, 알바지하 강, 비스트라 강 유역. 아친 지역에 솔로곤 마을이 있고 네라 강 좌측 지류에 솔로곤 강이 있다.
40	솔론	숄론. 19세기 아무르 강에서 아르군 강과 알바지하 강 사이. 19세기 말 솔론은 중국의 헤이룽성과 몽골 북동 지역의 바르가 강으로 이주한 에벤키족을 가리켰으며 솔론이 우량하이족의 후손이라는 주장도 있다.
41	수닌	수닐, 수민. 17세기 테르차 호수, 치피르스코예 호수 지역에 거주했고 실카 강과 치코야 강 사이에서 사냥했다. 1776년 수닌 씨족은 텔렘빈스크, 수민은 예라브닌스크에 거주했다. 수닌 씨족과 셀렌가 강의 에벤키족은 인고다 강, 치타 강에서 물물교환을 했다. 수닌 씨족은 셀렌가 강 에벤키족에게 흑담비 모피를 주고 가축, 곡물, 은을 받아왔다.
42	수야고르	1897년 아무르 주. 나나이족의 소이고르 씨족과 친족이다(Vasilevich, 1969, p. 279).
43	식바르	17세기 암군 강.
44	아이누칸	19세기 말 아무르 강 동쪽.
45	악다릴	악다린, 악다림. 1897년 아무르 주. 레나 강의 엑디레, 자바이칼리예 엑데렐 씨족과 친족으로 추정된다.
46	악치가르	17세기 아무르 강 연안.

47	알라기르	19세기 말 이후 아무르 강 동쪽 연안. 야쿠트족에서 기원한다.
48	에겐케기르	이카기르, 인카기르. 17세기 중반 이후 계속하여 우다 강 남쪽과 투구르 강 연안에 거주한다.
49	에댠	에젠. 17세기 중엽에는 680명에 이를 만큼 알단 강~마야 강에 거주하는 에벤키족 중 규모가 가장 컸지만 어느 순간 급감했다. 에댠은 늘 규모가 컸는데 순차적으로 남쪽으로 이동하다가 18세기에는 우다 강 에벤키족에, 19세기에는 아무르 강 하류와 사할린 에벤키족에 편입했다(Dolgih, 1960, p. 506).
50	엑디레	헥디레, 엑디렐. 18세기 올룍마 강과 빌류이 강 상류, 1929년 비팀 강 중류, 올룍마 강 지류. 일부는 바운트 호수로 이동했다. 20세기 아무르 강~비스트라 강, 알바지하 강 우안의 상류 지역, 앙가라 강 상류, 올룍마 강~비팀 강 상류, 아무르 강 우안. 1897년 아무르 주의 악다릴, 자바이칼리예의 엑데렐 씨족과 친족으로 추정된다. 울치족과 오로크족의 엑딤셀리 씨족과도 친족으로 추정된다.
51	엔그칼	19세기 말 이후 아무르 강 동쪽 연안.
52	예케	이에케, 드제케, 드제쿠. 17세기 예라브닌스크, 이르겐 호수, 야로클레이 호수, 바르구진 강, 실카 강. 18~19세기 빌류이 강 유역. 20세기 이후에는 비팀 강 지류, 치라 강, 토코 강 지류, 바운트 호수.
53	오린	17세기 암군 강 하류, 18세기 우다 강 맞은편 지역. 1947년 암군 강 상류 에벤키족 가운데 오릴 씨족이 있으며 암군 강 유역에 오렐 호수가 있다.
54	오이곤	17세기 알단 강 지류의 스레드네 마이스코예 현물세 징발소에 기록되어 있다. 오이곤은 에벤키어로 '늪이나 낮은 지대의 주민'이라는 의미이다.
55	오이랄기르	20세기 이후 제야 강 지류인 쿠마르 강 유역.
56	옵디할	20세기 아무르 강 우안. 빌류이 강의 엡기셀 씨족과 친족으로 19세기 초 아무르 강으로 이주했다
57	우다기르	우다르, 우단. 17~19세기 투구르 강, 우다 강, 암군 강, 니멜렌 강. 우다 강이나 아무르 강 하류의 우딜 호수에서 기원한 것으로 추정된다. 네기달족에 우단 씨족이 있다.

58	우윰칸	17세기 암군 강. 1926년 네기달족에 아윰칸 씨족이 발견되었다.
59	우일라기르	17세기 제야 강 상류, 브랸트 지역. 20세기에도 동일 지역에 거주했다.
60	유카민칸	17세기 중엽 이후 쿠르 강, 우르미 강.
61	유켐	유캄. 17세기 암군 강.
62	이가차기르	20세기 이후 간 강.
63	이글라기르	17세기 이후 아무르 강 서쪽 지역.
64	인겔라르	인간, 일간, 인겔라스, 인길라스. 1897년 익나신 카작 지역, 1929년 올룍마 강, 차라 강, 토코 강 중류, 퉁기르 강. 1947년 알단 강, 우추르 강, 틴다 강, 제야 강, 일부는 암가 강 유역. 에벤족 가운데 인간 씨족이 있다.
65	제르	20세기 이후 추미칸 지역, 아무르 강 동쪽 지역. 부타 씨족과 유사하며 사할린에도 거주한다.
66	축차기르	칩차기르, 침차기트. 17세기 암군 강. 친차기르 씨족도 암군 강에 거주했다. 1931년 추미칸 지역의 우살기나 강에 거주했으며 그 지역에 축차기르 호수가 있다. 오호츠크해 연안의 착차기르 씨족과 친족으로 추정된다. 네기달족 가운데 축차길 혹은 바카길 씨족이 있다. 고대 바카라이 혹은 보크라이는 자바이칼리예에 거주했다. 씨족명 축차기르는 순록을 사육하는 코략족 찹치프 씨족에서 기원한 것으로 추정된다. 코략족에서 기원한 오호츠크해 연안 에벤족에도 유사한 씨족명이 발견된다.
67	착치르	18세기 비라리 씨족의 하위 씨족인 메케기르에서 분리되었다.
68	체텔코기르	17세기 암군 강, 비스트라 강, 부레야 강.
69	카나기르	카나이, 카날라, 하나이. 17세기 부레야 강, 18세기 알단 강과 레나 강 우측 상류 지류 사이 지역. 1947~1948년 우다 강, 수타마 강, 길류이 강, 틴다 강, 우르미 강, 암군 강, 토코 강. 사할린에도 거주한다. 17~19세기 야쿠트족의 칸갈라스 씨족, 토팔라르족의 칸카트 씨족과 관련이 있을 것이다(Vasilevich, 1969, p. 269).
70	카친	카치기르, 카칙탈. 17세기 바르구진 강, 치틴스크, 1929년 비팀 강 지류인 칼라르 강과 칼라칸 강. 1947년 제야 강 상류에 거주하는 것으로 밝혀진 카칙탈 씨족과 관련

		이 있을 것이다.
71	칸가기르	아무르 강 유역.
72	칸가기르-사할리트카르	칸가기르 씨족과 야쿠트족의 통혼으로 출현했다.
73	캉가	17세기 이후 아무르 강 동쪽 지역.
74	켑투카르	켑투케. 1947년 길류이 강 연안과 알단 강 지류인 팀프톤 강, 우추르 강, 수타마 강, 마야 강.
75	콘타기르	17세기 하바롭스크의 울랴 강, 알돔 강, 마야 강. 바르구진 강, 제야 강 유역, 19세기 비팀 강 지류인 무야 강 유역. 오호츠크해 의 콘다카기르, 니스나야 퉁구스카 강의 콘도기르 씨족과 친족이다.
76	콜토	켈타, 칼타, 쿨타, 칼타쿠, 칼타가트, 콜토요트, 콜탸트, 콜토기르, 칼타쿨, 콜타기르. 17세기 아르군 강, 헤르가타 강, 실카 강, 알바진 강 유역. 칼타쿨리와 켈탸트 씨족은 레나 강 하류, 빌류이 강 중류, 그 지류인 바르타 강 유역. 1897년 치틴스크, 빌류이 강. 1947년 길류이 강~틴다 강과 수타마 강, 힌간 산맥, 알바진 강, 간 강 유역. 야쿠트족이 빌류이 강 인근으로 이주한 이후 대부분 야쿠티야와 자바이칼리예로 이주했다.
77	쿠르북디	쿡부그디. 1897년 야쿠티야과 우다 강, 19세기 말 하바롭스크의 아얀 강, 넬칸 강. 1934년 알단 강 지류인 마야 강 상류, 아얀 강, 추미칸 지역.
78	키다기르	17세기 암군 강.
79	토롬칸	17~19세기 암군 강. 네기달족의 토욤칸 씨족은 이 에벤키 씨족에서 분리한 것으로 추정된다. '토롬칸'은 '토로모 지역에 거주하는 사람'이란 의미이다.
80	톰스키 퉁구스	17세기 아무르 강 상류, 제야 강 하류.
81	톱칼	탑칼. 20세기 이후 암군 강.
82	헤긴케기르	에긴케기르. 17~18세기 울랴 강, 우다 강, 세블리 알리마 강, 투구르 강. 1897년 암군 강과 오호츠크해 사이, 사할린. 일부는 네기달족에 편입되어 히인케길 씨족의 기원이 되었다.
83	헵긴	헵긴쿠르, 엡긴쿠르. 17세기 빌류이 강 상류, 바르카 강. 1947년 틴다 강, 길류이 강, 제야 강, 올록마 강, 토코 강, 차라 강.

프리아무리예는 자바이칼리예와 태평양 사이의 아무르 강 좌안을 가리킨다. 이곳은 아무르 강에서 북쪽으로 스타노보이 산맥 지맥과 아무르 주의 경계지점과 일치한다. 프리아무리예는 북동쪽에서는 제야 강 상류와 셀렘자 강에 의해 나누어지며 투구르 강을 따라 오호츠크해 이전까지의 모든 지역을 아우른다.[2] 현대 행정 구역에 따르면 이곳은 아무르 주와 하바롭스크 주의 남부 지역이다. 프리아무리예는 크게 동쪽과 서쪽 지역으로 나누어지는데 서쪽은 아무르 강 상류와 중류 지역으로 아무르 주가 포함되며 셀렘진스크 동쪽은 제외된다. 동쪽은 하바롭스크 주 혹은 아무르 강 하류 지역이다. 따라서 지역별로 프리아무리예 동부 에벤키족, 프리아무리예 서부 에벤키족 혹은 오로촌이라 부를 수 있다.

1. 프리아무리예 에벤키족의 출현과 정착사

러시아인이 출현하기 전 프리아무리예는 에벤키족뿐만 아니라 다양한 종족이 분포되어 있는 복잡한 지역이었다. 여러 자료에 근거할 때 프리아무리예 서쪽에서 아무르 강 상류와 제야 강 하류에는 다우르족과 만주족이, 동쪽에서 아무르 강 중류와 하류에는 고굴족, 듀체르족, 닙흐족, 아이누족, 론카족, 울치족, 골딕족, 나나이족 등이 분포되어 있었다. 에벤키족은 아무르 강 연안이 아닌 아무르 강 좌측 지류에서 다우르족, 듀체르족, 닙흐족보다 더 북쪽 지역에 거주했다.[3] 러시아인이 프리아무리예 에벤키

---

2 *Geograficheskij Slovar' Amurskoj Oblasti (GSAO),* Blagoveshchenck, 1978, p. 204.

3 Ermolova N. V. *Evenki Priamur'ja i Sahalina. Formirovanie i kul'turno-istoricheskie svjazi XVII~nachalo XX vv.*, Avtoref. Dissert. Kandidat. Istor. Nauk., L.: LGU, 1984, p. 24.

족에 대해 알게 된 것은 17세기 중반이지만 에벤키족은 이미 오래 전부터 이 지역에 거주하고 있었다.

프리아무리예 에벤키족이 러시아에 처음 알려진 것은 1643~1658년 아무르 강 유역을 탐사한 포야르코프, 하바로프, 스테파노프 등이 작성한 탐사 기록에 의해서이다.[4] 이 기록은 군사 및 사냥을 위한 것이었으므로 세부적인 것까지 기록하고 있지는 않지만 에벤키족을 비롯하여 아무르 강 연안에 거주하는 여러 소수종족의 주된 생산 활동과 두드러진 생활상의 특징이 묘사되어 있다. 이 자료에는 당시 현물세 납세자 목록, 설화, 심문 자료, 러시아인 하급 관리들의 탄원서 등이 포함되어 있다.

17세기 러시아인이 출현한 이후 프리아무리예 에벤키족의 수는 지속적으로 감소해 갔는데 그 이유가 전염병이나 씨족 간의 충돌에만 있는 것은 아니다. 에벤키족의 급속한 다우르족화(化)와 1630년과 1689년 두 차례에 걸쳐 만주족이 상당수의 에벤키족을 다우르족, 듀체르족과 함께 아무르 강으로 이주시킨 사건도 큰 이유가 된다. 이에 더하여 강제적인 현물세 납세와 러시아 관리들의 악행으로 에벤키족은 무척 지쳐 있었다. 이러한 모든 원인이 복합적으로 작용하면서 다우르족과 달리 이동 생활에 익숙한 에벤키족이 남쪽의 자바이칼리예로 되돌아가면서 프리아무리예 에벤키족의 수는 급감했다.[5]

1689년 러시아와 청나라 사이에 네르친스크조약이 체결되면서 러시아인은 프리아무리예를 떠날 수밖에 없었고 이곳에 대한 러시아의 관심도

---

4 *Dopolnenie k aktam istoricheskim (DAI)*, II, №96; III, №26, №50; IV, №31; VI, №22; VII, №74; VIII, №44; IX, №69, №100, №104; X, №78.

5 Ermolova N. V. *Evenki Priamur'ja i Sahalina. Formirovanie i kul'turno-istoricheskie svjazi XVII~nachalo XX vv.*, Avtoref. Dissert. Kandidat. Istor. Nauk., L.: LGU, 1984, p. 35.

휴지기에 들어갔다. 러시아와 청나라가 떠난 이후 아무르 강 연안은 사람이 살지 않는 매력적인 땅이 되었고 북쪽, 서쪽, 동쪽 지역의 에벤키족이 남쪽의 아무르 강으로 서서히 이주해 왔다. 이들의 대다수는 순록 사육에 적합한 아무르 강 좌안에 정착했다. 오호츠크 해안의 도보 퉁구스, 즉 라무트족이라 불리는 에벤족은 아무르 강 뒤편, 타타르 해협, 동해 방면으로 이주해 갔다.

에벤키족이 프리아무리예로 이주해오면서 이 지역의 종족 구성에 현격한 변화가 발생했다. 17~18세기 자바이칼리예와 암군 강에 거주하던 에벤키족 도칸, 유카민칸 씨족이 쿠르 강과 우르미 강으로 이주해 왔고 딜카기르와 체텔코기르 씨족은 고린 강 계곡으로 이주해 왔다. 볼론 호수 지역에는 17세기 알단 강과 마야 강에 거주하던 에댜 씨족이 자리를 잡았다. 이런 식으로 에벤키족은 적극적으로 아무르 강으로 이주해 왔다.

17세기 중반 스타노보이 산맥 지맥에 거주하던 마네기르와 비라리 씨족이 남쪽의 아무르 강으로 이주해 왔고 19세기 초에는 아무르 강 양안의 상류와 중류에 에벤키족이 거주했다. 과거 그들이 살던 곳에는 북쪽 스타노보이 산맥에 거주하던 새로운 에벤키족 씨족이 이주해 왔다. 이 시기 프리아무리예 동쪽에는 부탈, 랄라기르, 에댜 씨족이 거주했지만 서쪽은 사정이 조금 달랐다. 미덴도르프의 기록에 의하면 이곳에는 얼마 전 야쿠티야에서 이주해 온 니나갼, 솔로곤, 벨레트, 바야기르, 무른갸카르 씨족이 거주했다.[6]

아무르 강 연안에 거주하던 에벤키족의 상당수는 시간이 흐르면서 나나이족에 편입되었다. 특히 나나이족 사모기르 씨족이 에벤키족 출신이

6 Ermolova N. V. *Evenki Priamur'ja i Sahalina. Formirovanie i kul'turno-istoricheskie svjazi XVII~nachalo XX vv.*, Avtoref. Dissert. Kandidat. Istor. Nauk., L.: LGU, 1984, p. 58.

라는 사실은 의심의 여지가 없다. 동 시베리아와 극동의 여러 종족 가운데는 에벤키족에서 기원한 씨족이 널리 분포되어 있었다. 나나이족의 킬렌(킬리) 씨족도 에벤키족 출신이다. 17~18세기 에벤키족 킬렌 씨족은 오호타 강에 거주했다. 1850년대 일부는 아무르 강으로 이주한 뒤 나나이족, 오로치족, 오로크족, 울치족, 닙흐족에 편입되었다. 현재 프리아무리예 나나이족 킬렌 씨족의 후손들은 킬레, 킬랴, 킬리라는 성을 가지고 있다. 울치족에도 에벤키족에서 기원한 씨족이 있다.[7]

프리아무리예 에벤키족은 이미 17세기 이전부터 이웃한 자바이칼리예, 야쿠티야 남쪽, 오호츠크해의 에벤키족과 밀접하게 교류했다. 이 지역은 사냥감이 풍부하여 다른 지역의 에벤키족은 늘 이 지역에 관심을 가지고 있었고 기회가 주어지면 기꺼이 이주해 왔다. 프리아무리예 에벤키족의 서쪽 이웃은 자바이칼리예 에벤키족이었는데 대다수는 가축 사육에 종사했다. 프리아무리예 에벤키족의 남쪽 이웃은 야쿠티야 남쪽의 비비 강~알단 강 연안에 거주하면서 순록을 사육하는 에벤키족이었다. 이들은 매우 민첩했고 자주 스타노보이 산맥을 넘어 프리아무리예로 이주해 왔다. 프리아무리예 에벤키족의 동쪽 이웃은 투구르 강에서 울랴 강까지, 오호츠크 해에서 알단 강에 걸쳐 거주하는 오호츠크 에벤키족이었다.[8] 이처럼 프리아무리예 에벤키족은 자바이칼리예, 야쿠티야 남부, 오호츠크해의 에벤키족과 밀접하게 교류했기 때문에 이들과 유사한 점이 많이 발견된다.

비라리 씨족은 오호츠크해의 에벤키족과 유사하고 마네기르와 우일라

---

7 Vasilevich G. M. *Evenki: Istoriko-etnograficheskie ocherki XVIII~nachala XX v.,* L.: Nauka, 1969, pp. 275, 282.

8 Ermolova N. V. *Evenki Priamur'ja i Sahalina. Formirovanie i kul'turno-istoricheskie svjazi XVII~nachalo XX vv.*, Avtoref. Dissert. Kandidat. Istor. Nauk., L.: LGU, 1984, pp. 36~38.

기르 씨족은 야쿠티야 남부 지역과 관련이 있어 보이며 콜타기르와 바야기르 씨족은 자바이칼리예 출신이다. 17세기 북쪽의 에벤키족은 지속적으로 프리아무리예로 이주해왔다. 나나기르, 킨디기르, 포체고르, 바카라이, 랄라기르, 부타, 에단 씨족이 프리아무리예의 비팀 강, 올룍마 강, 알단 강, 마야 강으로 이주해 왔다."[9]

19세기 중엽 프리아무리예가 러시아에 편입되면서 이 지역으로 많은 수의 에벤키족이 새로 이주해 왔다. 반면 20세기 초 이 지역에서 오래전부터 활동했던 마네기르와 비라리의 상당수는 좌안에 일부만 남고 만주 북부로 떠났으며 남은 이들은 순록 사육 에벤키족에게 동화되었다. 20세기 중반 프리아무리예에는 대략 1,500명의 에벤키족이 거주했는데 아무르주 북부 틴다 지역, 제야 강, 셀렘진스크 지역에 집중되어 있었다. 특히 틴다 강에서 12킬로미터 떨어진 페르보마이스코예, 아무르 주 북서쪽 뉵자 강의 우스티-도자, 우스티-우르키마, 제야 강 상류의 봄낙, 셀렘자 강 상류의 이바놉스코예 마을에 프리아무리예 전체 에벤키족의 3분의 2가 집중적으로 거주하고 있었다. 이 지역에는 에벤키족 이외에 소수의 야쿠트족과 러시아인도 거주했다.[10] 프리아무리예 하바롭스크 주에서 에벤키족은 부레야 강 상류, 특히 샤흐틴 마을, 첵도민 마을, 소피이스크 마을에 집중적으로 거주했다.[11] 이 외에 하바롭스크 주의 아무르 강 하류에도 일부 에벤키족이 거주했다. 이 외에 19세기 말 아무르 강에서는 나트족과 네기달족이 유목, 어로, 사냥에 종사했다.

---

9 Ermolova N. V. *Evenki Priamur'ja i Sahalina. Formirovanie i kul'turno-istoricheskie svjazi XVII~nachalo XX vv.*, Avtoref. Dissert. Kandidat. Istor. Nauk., L.: LGU, 1984, p. 56

10 Ermolova N. V. *Evenki Priamur'ja i Sahalina. Formirovanie i kul'turno-istoricheskie svjazi XVII~nachalo XX vv.*, Avtoref. Dissert. Kandidat. Istor. Nauk., L.: LGU, 1984, p. 56.

11 Arhiv Leningradskoj chastiInstituta Etnografii AN SSSR (ALCHIE AN SSSR), f. K-1, op. 2, №1296, 1297, 1298.

2. 프리아무리예 에벤키족과 러시아인의 교류, 충돌 그리고 융합

러시아인이 프리아무리예에 등장한 초기 에벤키족과 러시아인의 관계는 그리 순탄하지 않았다. 러시아 카작인과 에벤키족의 충돌은 아주 빈번한 현상이었다. 7백 명 이상의 에벤키족이 러시아 현물세 징발소를 침입한 사건도 있었다. 고르비칸 지역의 코비르 씨족장이 씨족원 9백 명과 현물세 징발소를 쳐들어가서 러시아인과 무력충돌을 벌인 결과 8명의 카작인이 부상을 당했고 9명은 사망에 이를 정도의 중상을 당했다.[12]

비단 위와 같은 경우가 아니라도 이와 유사한 내용의 기록은 얼마든지 찾을 수 있다. 가장 복잡했던 시기는 1630년대로 에벤키족과 만가제야, 예니세이스크, 톰스크 카작인의 충돌은 심심찮은 현상이었다. 현물세의 경쟁적 징발은 1639년 겨울 알단 강 유역 에벤키족의 폭동을 불러왔다. 가장 큰 사건은 야쿠티야의 올료마 강에서 야쿠트족과 에벤키족이 흑담비 사냥을 하는 많은 러시아인을 죽인 사건이다.[13] 이후 이 지역은 무정부상태에 빠졌지만 야쿠티야 군사령부가 제정되면서 안정을 되찾았다. 1641년 야쿳스크에 첫 군사령관 골로빈(P. Golovin)이 부임해 오면서 토착민과의 관계가 점차 우호적으로 변해 갔다. 카작 군부대는 야쿠티야 군 사령부의 지휘를 받았고 야쿠티야 행정당국은 에벤키족 씨족을 자신들의 체제 속으로 끌어들이려고 노력했다. 상업 교류가 발전했고 모든

---

12 "Rassprosnye rechi sluzhilogo cheloveka Nehoroshko Kolobova", *Izvestija Vsesojuznogo Geograficheskogo Obshchestva* 90(5), 1958, p. 446; "Rassprosnye rechi Moskvitina I. Ju. i D. E. Kopylova", *Trudy Tomskogo oblastnogo kraevedcheskogo muzeja* 4(2), Tomsk, 1963, p. 29.

13 Ivanov V. N. *Vhozhdenie Severo-Vostoka Azii v sostav Russkogo gosudarstva,* Novosibirsk: Nauka, 1999, p. 57.

관계가 보다 확실하게 평화적으로 흘러갔다.

아무르 강 유역의 상황은 한층 더 복잡했다. 1641~1646년에는 포야르코프 원정대가, 1649년에는 하바로프 원정대가 아무르 강으로 들어왔다. 1650년대 중반 이 지역이 러시아령이 되면서 1655년 이곳에 3만 명 이상의 러시아인이 거주했는데 그 중 에벤키족이 2,000명이었다.[14] 모든 문헌에 하바로프는 매우 잔인한 성격이었고 그로 인해 토착민과 러시아인의 관계가 더 복잡하게 얽혔다고 기록되어 있다. 토착민인 다우르족이 프리아무리예에서 만주로 이주한 것도 만주족의 강압에 의한 것이 아니라 하바로프의 잔인성과 폭압을 벗어나기 위한 자발적 이주였다는 주장도 있다.[15] 이는 러시아의 이해관계에 역행하는 것이었다.

야쿠티야에서 러시아와 토착민의 관계가 순조롭게 해결되었지만 아무르 강 유역에서는 제3자인 청나라가 개입하게 되었다. 러시아가 프리아무리예를 네르친스크 조약으로 청나라에 양보한 것은 토착민과의 관계가 나쁜 상황에서 청나라와 맞붙는 것이 불가능하다는 판단도 작용했다. 러시아인에 대한 프리아무리예 토착민의 악감정은 150년 이후인 1860년대까지도 그대로 남아있었다. 이에 더하여 17세기 프리아무리예 지역에 대한 러시아의 현물세 납세 시스템은 토착민의 강한 반발을 불러왔다. 이러한 관계가 해소되기 시작한 것은 러시아 행정 당국이 에벤키족을 자신의 행정 체계에 포함시키고 일정 정도 보호정책을 펴면서부터이다.

"주변의 다른 종족이 에벤키족을 압박을 해오거나 괴롭힐 경우, 혹은

14 Dolgih B. O. "Etnicheskij sostav i rasselenie narodov Amura v XVII v. po russkim istochnikam", *Sbornik statej po istorii Dal'nego Vostoka*, M.: Izd. APN SSSR, 1958, pp. 138~142.

15 Ul'janitskij A. "Albazin i albazintsy", *Zapiski Priamurskogo otdelenija Imperatorskogo obshchestva vostokovedenija* 1, Habarovsk, 1912, p. 75.

청나라의 협박이 있을 경우 러시아 당국에 도움을 요청하는 청원서를 보냈다는 기록이 있다."(*Dopolnenija k aktam istoricheskim (DAI)*, SPb., T.6, №22, p. 154)

이 보호책은 에벤키족을 러시아 공민으로 인정하여 적극적으로 보호해 주기 위한 것은 아니었다. 에벤키족을 러시아가 주도하는 시베리아 정복 정책의 틀 안으로 끌어들이기 위한 유화 제스처와 억압적인 성격이 강했다. 하지만 이러한 과정을 거치면서 러시아인과 에벤키족의 관계는 점차 부드러워졌다.

1689년부터 19세기 중반까지 러시아가 프리아무리예를 떠나 있었기 때문에 이 시기 프리아무리예 에벤키족의 역사에 관해 러시아에는 거의 알려진 바가 없다. 19세기 후반 프리아무리예가 러시아에 귀속되면서 프리아무리예 에벤키족의 역사는 새로운 전환점을 맞이하게 되었다. 이때부터 에벤키족 및 대다수 토착민의 경제와 문화는 러시아의 영향을 강하게 받게 되었다. 러시아인의 영향으로 프리아무리예의 토착민들은 경제생활을 바꾸게 되었고 과거의 폐쇄적 씨족제도는 허물어졌다. 러시아인 마을은 프리아무리예 여러 종족의 상업 및 문화 교류의 중심지가 되었고 단기간에 아무르 주는 다종족 러시아의 일부가 되었다.

19세기 중반 러시아는 이 지역의 개발에 박차를 가했고 에벤키족은 아무르 강 좌안으로 이주했다. 특히 금광업의 발달로 상업 교류가 활발했던 셀렘자 강, 부레야 강, 암군 강 연안은 매력적인 지역이었고 일부 에벤키족은 이곳에서 정착생활을 시작했다. 금광에 인접한 경우 추가 수입을 올릴 수 있는 기회도 주어졌다. 에벤키족은 기꺼이 금광 회사에 취직을 해서 금광 채굴에 필요한 자재 운반, 건초나 장작 준비 등의 일을 했다. 이즈음 에벤키족은 이미 밀가루, 차, 몇몇 식료품 없이는 생활이 거의 불가능했다. 에벤키족의 삶에 가장 큰 영향을 준 것은 채굴업자들과의 교류였다. 이로 인해 순록 사유 문화는 변했다. 순록 사육의 가장 큰 이유는 화물 운반이 돼버렸다. 19세기 말~20세기 초 아얀 강~마야 강 에벤키족 60가구 중 40가구가 운반업에 종사했으며 이로 인한 수입은 에벤키족 전체 수입의 80% 이상인 15,000루블이었다.[16]

화물 운반은 순록 수요의 증가를 가져왔고 이로 인해 순록은 매매 대상이 되었는데 이는 과거에는 전혀 없던 풍습이다. 순록 사육의 목적이 바뀌면서 에벤키족의 문화도 일정한 변화를 겪게 되었다. 의복과 유르타를 만들 때 순록 가죽 대신 야쿠트족이 판매하는 직물이나 소가죽을 사용했다. 과거처럼 이런 용도를 위해 순록을 도살할 수는 없었다. 문화라는 무기를 앞세운 러시아인은 이런 식으로 프리아무리예 에벤키족 생활문화의 근간을 흔들었고 에벤키족은 전통적인 생활 방식, 전통 문화와는 점점 멀어져 갔다.

3. 17세기 프리아무리예 에벤키 문화의 순수성과 혼종성

1) 17세기 프리아무리예 에벤키족의 사냥문화

17세기 중반까지 프리아무리예 에벤키족 문화는 지역별로 다소 차이가 난다. 아무르 강 하류의 에벤키족은 토착민과 긴밀하게 교류하면서 네기달족과 나나이족의 출현에 결정적인 역할을 했다. 반면 아무르 강

16 Pekarskij E. K. & V. P. Tsvetov. *Ocherki byta priajanskih tungusov,* SPb., 1913, p. 21.

상류의 에벤키족은 토착민의 영향을 비교적 적게 받았기 때문에 다소간의 변화는 있었을지라도 고유의 전통문화를 보존했다.

17세기 프리아무리예에서 활동한 에벤키족의 절대 다수는 순록 사육에 종사했으며 말 사육에 종사하는 그룹은 아주 극소수였다. 프리아무리예 에벤키족이 순록 사육 에벤키족과 말 사육 에벤키족으로의 분화된 것은 17세기 이후이다. 17세기 프리아무리예 에벤키족이 순록 사육 에벤키족과 말 사육 에벤키족으로 명확하게 구분되지 않았듯이 씨족별 분화도 극명하게 나타나지 않았다. 이로 인해 17세기 프리아무리예에서 러시아인이 만난 에벤키족은 씨족별 지역별 차이가 그리 크지 않았다고 한다.

17세기 프리아무리예 에벤키족의 절대 다수가 순록 사육에 종사했지만 보유한 순록의 수는 그리 많지 않았다. 순록의 수는 가족의 경제력에 달려 있었다. 한 가족이 적게는 7마리에서 많게는 60마리의 순록을 가지고 있었다. 순록이 유목 이동 생활에 지대한 영향을 미치는 것은 사실이지만 이 수치는 정상적인 생존을 유지하기에는 턱없이 부족하다. 그렇다면 순록 사육은 프리아무리예 에벤키족의 생산 활동에서 보조적인 위치에 있었고 사냥이 주된 생산 활동이었을 것이다. 그런데 17세기 중후반 러시아인과 야쿠티아에서 모피 동물 사냥이 어려워진 일부 야쿠트족이 사냥을 위해 프리아무리예로 몰려들면서 에벤키족은 생존에 위협을 받게 되었다. 1684년 군사령관 톨부진(A. Tolbuzin)은 다음과 같이 보고하고 있다.

"1684년 여름 알바진 지역에 250명의 사냥꾼이 몰려 왔다. 대다수는 사냥철인 겨울에 사냥을 하러 갈 것이다. ... 1682~1683년 러시아 사냥꾼은 알바진에서 680마리의 흑담비를 사냥했다고 신고했으며 이 기간 425마리의 흑담비 모피가 현물세로 징수되었다. 러시아인이 포획한 동물은 현물세로 납부한 모피를 상회하는데 이러한 현상은 이후에도 계속되었다."(Aleksandrov V. A. "Nachalo hozjajstvennogo osvoenija russkim naseleniem Zabajkal'ja i Priamur'ja vtoraja polovina 17 v", *Istorija SSSR* 2, 1968, pp. 55, 57)

이런 상황에 더하여 야쿠티야에 거주하는 에벤키족마저 종종 프리아무리예로 사냥을 하러 왔는데 항상 무탈하게 끝난 것은 아니었다. 1654년 마네기르와 바카라이 씨족은 피의 혈투를 벌였고 바카라이 씨족은 치명적인 상처를 입었다. 17세기 중반 145명이었던 바카라이 씨족원의 수가 혈전 후에는 40명만 남았고 결국 이들은 더 이상 기록에서 발견되지 않았다.

"1680년대 올록마 강의 바카라이 씨족은 알바진 강에서 다른 에벤키족 씨족과 함께 우크라인스키 씨족의 이름으로 현물세를 납부했다. 이후에는 그 어디에서도 바카라이라는 이름을 찾을 수가 없다."(Dolgih B. O. *Rodovoj i plemennoj sostav narodnostej Sibiri v XII veke*, M.: Izdatel'stvo AN SSSR, 1960, pp. 486~487)

바카라이 씨족이 기록에 등장하지 않는다고 하여 멸족했다고 보기는 어렵다. 규모가 아주 축소되면서 생존을 위해 규모가 큰 다른 씨족에 편입했을 가능성이 크다. 씨족의 존폐와 씨족원의 목숨을 걸 만큼 프리아무리예 에벤키족에게 사냥터 확보는 절실한 문제였다. 이러한 정황으로 미루어 프리아무리예 에벤키족의 가장 중요한 생산 활동은 사냥이었고 순록 사육은 이차적인 생산 활동이었다.

2) 17세기 프리아무리예 혼종문화의 출현과 발전

① 에벤키 문화와 다우르 문화의 교류와 혼종

17세기 아무르 강 상류와 중류의 에벤키족은 다우르족, 듀체르족, 고굴족, 부분적으로 몽골족과 교류했는데 다우르족의 영향을 가장 많이 받았다. 특히 농경에 종사하게 된 에벤키족은 다우르족과 함께 거주했다. 아무르 강 계곡, 그 중에서도 제야 강~부레야 강의 저지대, 아무르 강 중류의 우안은 농사짓기에 적합했고 초원이 펼쳐져 있다. 반면 아무르 강 좌측 지류의 상류와 알단 강~우추르 강 상류는 흑담비, 삵괭이, 여우 등 야생동물이 풍부하다. 이러한 지형 조건으로 농경 적합지는 다우르족, 산악 타이가 지역은 에벤키족의 활동무대가 되면서 활동 지역 분배에서 두 종족 간의 갈등은 없었다. 이는 두 종족의 관계를 우호적으로 만들면서 문화 교류를 가능하게 했으며 17세기 생산력이 우위에 있던 다우르족이 에벤키족에게 더 많은 영향을 주었을 것이다.

> "순록 사육 에벤키족은 스타노보이 산맥과 북쪽에서 그에 인접한 올료마 강, 뉵자 강, 알단 강, 고남 강, 우추르 강 상류, 제야 강, 셀렘자 강, 길류이 강, 틴다 강 상류, 우다 강~투구르 강 연안에 분포되어 있었다. 아무르 강 좌측 지류의 하류에는 다우르족이 거주했다."(Ermolova N. V. *Evenki Priamur'ja i Sahalina. Formirovanie i kul'turno-istoricheskie svjazi XVII~nachalo XX vv.*, Avtoref. Dissert. Kandidat. Istor. Nauk., L.: LGU, 1984, p. 39)

순록 사육 에벤키족은 아무르 강 상류와 제야 강에서 다우르족에 동화된 에벤키족과 직접 경계를 맞대고 있었다.

"제야 강 상류에서 시작하여 강 아래쪽으로 300명의 에벤키족이 거주하는데 씨족 구성은 다양하다. 제야 강에서 에벤키족의 아래쪽에는 농경과 가축 사육에 종사하는 사람들이 정착 생활을 하고 있다. 제야 강 최상류는 에벤키족 우일라기르 씨족이 거주하며 흑담비를 많이 가지고 있다. 제야 강에서 그들의 아래쪽에는 세마기르, 둘란 혹은 둘라간 씨족이 거주한다."(*Chetenija v obshestve istorii i drevnostej Rossiskih*, Otd. U. 1861, p. 3)

세마기르 씨족은 이 시기 부레야 강에 거주하다 고린 강의 나나이족에 편입된 사마기르 씨족을 연상시킨다. 17세기 사마기르 씨족은 앙가라 강 중류에도 거주했다. 프리아무리예의 세마기르, 나나이족에 편입된 사마기르 씨족처럼 '세마~', '사마~', '샤마~형' 씨족의 기원은 모두 동일하다. 이 유형의 씨족은 고대에 기원하며 분포 지역이 무척 넓다. 그로 인해 이 유형의 씨족은 17세기에 이미 지역별로 서로 다른 경제・문화적 특성을 띠고 있었다.

"제야 강의 세마기르는 제야 강 지류의 하구와 데파 강에 거주했으며 농사를 지으면서 다우르족에 동화 되어갔다. 1630년 모스크비틴이 작성한 목록에 의하면 부레야 강의 사마기르는 순록 사육에 종사하면서 흑담비 모피를 나트카족에게 팔았다. 동일 지역의 세마기르 씨족은 말과 곡물을 가지고 있었고 이웃 종족에게 흑담비 모피를 주고 곡물을 받아왔다."(Dolgih B. O. *Rodovoj i plemennoj sostav narodnostej Sibiri v XII veke*, M.: Izdatel'stvo AN SSSR, 1960, p. 583; Stepanov N. N. "Russkie ekspeditsii v XVII veke na Ohotskom poberezh'e i ih materialy otungusskih plemenah", *Uchenye Zapiski Leningradskogo Gosudarstvennogo Pedagogicheskogo Instituta im. A. I. Gerchena* 188, L., 1959, p. 190)

위 기록에 근거할 때 프리아무리예 지역의 세마기르~사마기르 씨족에게 가장 중요한 생산 활동은 흑담비 사냥이었지만 말을 가지고 있다는 기록에 근거할 때 이들은 말 사육 에벤키족으로 보인다. 그런데 다우르족의 영향을 받은 제야 강의 세마기르 씨족만이 농사를 지었고 다른 씨족은 필요한 농작물을 다우르족에게서 조달한 것으로 보인다. 이는 제야 강의 세마기르를 제외한 그룹은 농경에 미숙했고 다우르족에 많이 동화되지 않았기 때문이다. 그렇기는 하나 17세기 세마기르 씨족 이외에 아무르 강 상류와 제야 강 하류 지역에서 다우르 문화의 영향으로 급격하게 다우르족에 동화된 에벤키족 씨족도 제법 있다.

> "17세기 중반 다우르족에 가장 많이 동화된 씨족은 셀로곤, 톰스키 퉁구스, 둘란인데 이들은 다우르족처럼 가축 사육과 농경에 종사했다. 제야 강의 다른 에벤키족은 다우르족에 동화되는 정도가 미미했으며 여전히 사냥에 종사했다."(Ermolova N. V. *Evenki Priamur'ja i Sahalina. Formirovanie i kul'turno-istoricheskie svjazi XVII~nachalo XX vv.*, Avtoref. Dissert. Kandidat. Istor. Nauk., L.: LGU, 1984, p. 32)

이 지역에서 다우르족에 동화 된 에벤키족은 다우르족에게 종속되었다. 다우르족은 새로운 농경지 개간이나 농사일에 에벤키족의 노동력을 이용했다. 다우르족에 동화된 에벤키족 씨족은 아무르 강 상류에서 다우르족과 함께 거주했다. 러시아인이 출현할 당시 이들은 더 이상 에벤키족 씨족명을 사용하지 않았다고 한다. 하지만 다사울, 추론차, 케냐울, 사나울과 같은 에벤키식 이름을 계속 사용하고 있었기 때문에 이들이 에벤키족에서 기원했음을 알 수 있었다고 한다.[17]

17세기 아무르 강 상류의 다우르족 사이에 형성된 넓은 물물교환 시장이 에벤키족에게는 무척 매력적이었다. 다우르족은 에벤키족을 이 체계로 끌어들이면서 종속관계를 더 굳게 다져나갔고 에벤키족은 더 적극적으로 다우르족에 동화되어갔다. 이는 17세기 프리아무리예 에벤키족의 수적 변화로 이어졌다. 당시 이 지역 순록 사육 에벤키족이 1,260명 정도였는데 다우르족에 동화 된 제야 강의 에벤키족은 1,240명가량이었다.[18]

이처럼 17세기 초 제야 강 하류와 아무르 강 상류에 거주하던 에벤키족은 자신들보다 더 발전한 농경민족인 다우르족의 영향을 강하게 받았다. 일부는 그들과 함께 1654년과 1656년 만주 북부 지역으로 떠났다. 따라서 순수한 프리아무리예 에벤키족으로는 프리아무리예 서쪽 지역에 거주하던 마네기르, 우일라기르, 비라리, 콜타기르 씨족 등을 들 수 있다. 이들도 17세기 중반까지는 확실하게 순록 사육에 종사했지만 집단적으로 순록을 잃어버리고 이웃의 다우르족과 다우르족에 동화 된 에벤키족의 영향으로 17세기 말경에는 말 사육자가 되었다.

아무르 강 중류, 제야 강, 쑹화 강, 논니 강의 농경지역으로 이주한 에벤키족은 농경생활을 시작하면서 그에 맞게 순록이 아닌 돼지, 말, 소 등의 가축을 길렀다. 또 그곳 토착민으로부터 새로운 주거 형태를 전수받았다. 유목 이동 생활에 적합한 가벼운 천막식 주거형태인 유르타나 춤 대신 튼튼한 반지하식 집을 지었고 전통적인 자작나무 식기 대신 농경생활에 적합한 토기를 사용했다.[19]

---

17 Dolgih B. O. *Rodovoj i plemennoj sostav narodnostej Sibiri v XII veke*, M.: Izdatel'stvo AN SSSR, 1960, p. 587.

18 Dolgih B. O. "Etnicheskij sostav i rasselenie narodov Amura v XVII v. po russkim istochnikam", *Sbornik statej po istorii Dal'nego Vostoka*, M.: Izd. APN SSSR, 1958, pp. 140~141.

19 Okladnikov A. P. & Derebjanko A. P. *Dalekoe proshloe Primor'ja i Priamur'ja*, Vladivostok: Dal'nevostochnoe kn. izd., 1973, p. 298.

② 에벤키 문화와 듀체르 문화의 교류와 혼종: 고굴족의 탄생

17세기 아무르 강 상류와 중류에서 에벤키족과 듀체르족의 상호작용으로 고굴족에 다수의 새로운 씨족이 출현했다. 사실 고굴족의 대다수가 에벤키족에서 기원하기 때문에 고굴족을 에벤키족으로 간주해도 무리는 없다.

> "1640년대 고굴족의 일부는 제야 강 하류에 거주했지만 대부분은 아무르 강 중류에 거주했다. 이들의 거주지는 부레야 강 하구에서 멀리 힌간 산맥에까지 이르렀다. 예로페이 하바로프가 이곳을 여행할 당시 이 강의 좌안에서 120여 개의 부락을 발견했는데 한 부락 당 유르트가 10개 이상이었다고 한다."(Ermolova N. V. *Evenki Priamur'ja i Sahalina. Formirovanie i kul'turno-istoricheskie svjazi XVII~nachalo XX vv.*, Avtoref. Dissert. Kandidat. Istor. Nauk. L.: LGU, 1984, p. 35)

위 기록으로 아무르 강 중류 지역에 1,200 가구의 고굴족이 거주했다는 것을 알 수 있는데 제야 강의 고굴족과 합치면 모두 1,400가구에 이른다. 한 가구당 4인을 기준으로 하면 고굴족은 5,600명 정도이다. 고굴족에는 아무르 강 중류에서 이주해온 순록을 사육하지 않는 에벤키족도 포함되어 있다. 그들은 순록을 잃어버린 뒤 다우르족과 듀체르족을 본보기로 말과 가축 사육, 사냥, 어로에 종사했다.

17세기 프리아무리예 지역에서 알단 강~오호츠크 해 연안의 남동지역에 거주한 에벤키족은 아무르 강 하류 좌안에 거주하는 길랴(닙흐)족, 아이누족을 비롯하여 다른 종족들과도 교류했다.

"1669년 투구르 현물세 징발소에 잡혀온 에벤키족은 러시아인에게 자신의 부모와 친척들은 쿠비족, 론카족, 낫키족, 골디키족에게 흑담비를 주고 은을 사온다고 했다."(Tugolukov V. A. "Evenki", *Etnicheskaja istorija narodov severa*, Instituta etnografii im. N. N. Mikluho-Maklaja AN SSSR, 1982, p. 133)

이들도 말하는 쿠비족은 아이누족이고 골디키족과 낫키족은 나나이족의 선조이며 론카족은 북동 방면에서 이주해 온 에벤키족인데 울치족에 편입되었다. 이처럼 프리아무리예는 에벤키 문화와 시베라 소수종족의 문화가 활발하게 교류하고 새로운 문화가 탄생하는 공간이었다.

4. 19세기 중반~20세기 초 프리아무리예 에벤키족 지역 그룹의 형성과 역사

19세기 중반 프리아무리예에서 가장 규모가 큰 씨족은 비라리와 마네기르였다. 이후 비라리와 마네기르는 개별 씨족명으로도 사용되었지만 프리아무리예 말 사육 에벤키족을 통칭하게 되었다. 19세기 프리아무리예에서 퉁구스라는 단어는 17세기 말 이후 북쪽과 오호츠크 해안에서 아무르 강 하류와 사할린 동쪽 지역으로 이주해 온 순록 사육 에벤키족만 가리켰다. 19세기 프리아무리예 서부의 순록 사육 에벤키족은 오로촌이라고 불렸다.

19세기 프리아무리예 에벤키족은 크게 세 그룹으로 나누어졌다. 프리아무리예 동부의 아무르 강 하류에 거주하는 순록 사육 에벤키족, 프리아무리예 서부의 말 사육 마네기르와 비라리 씨족, 그리고 순록 사육 오로촌이다. 여러 기록이나 문헌에 근거할 때 이와 같은 분화 과정은 16세기부터 시작되어 19세기 이전에 이미 고착되었지만 이에 대한 구체적인 자료는 찾을 수 없다.

1) 프리아무리예 서부의 말 사육 에벤키족: 비라리와 마네기르

오랫동안 에벤키족의 비라리와 마네기르 씨족은 베일에 쌓여 있었다. 1855~1856년 마악과 게르스트펠드가 아무르 강을 탐사하면서 드디어 프리아무리예 서부의 말 사육 마네기르와 비라리, 순록 사육 오로촌이 세상에 알려지게 되었다. 마악 탐사대와 동시대인 1855~1862년 장교 오를로프와 자연과학자 라데가 포함된 시베리아 탐사대도 프리아무리예 서부의 에벤키족을 알리는 데 지대한 공헌을 했다.

① 말 사육 에벤키족: 비라리와 마네기르

에벤키어로 '비라'는 '강'이라는 의미이다. 이에 근거할 때 초기에 비라리는 씨족명이 아니라 강에 거주하는 에벤키족을 가리키는 용어였을 것이다. 19세기 스타노보이 산맥 남쪽 지역의 말 사육 에벤키족을 부랄리 혹은 비랄리라 불렀다.[20] 그렇다면 19세기 들어서면서 비라리는 프리아무리예 말 사육 에벤키족을 통칭했던 것으로 추정된다. 그러면 비라리는 누구일까? 17세기 에벤키족은 비라리를 모코기르라고도 불렀다. 20세기 초 비라리의 하위 씨족 중 메케기르~모코기르~마카기르 씨족이 타우야 강과 수야 강에 거주했다.[21] 17세기 오호츠크 에벤키족 가운데 마케기

---

20 Middendorf A. *Puteshestvie na sever i severo-vostok Sibiri* 2, SPb., 1878, p. 727.

21 Dolgih B. O. *Rodovoj i plemennoj sostav narodnostej Sibiri v XII veke*, M.: Izdatel'stvo AN

르 씨족이 있었다. 프리아무리예의 비라리와 오호츠크 해 마카기르 씨족은 기원이 동일하다. 프리아무리예에 러시아인이 출현하기 전 오호츠크 해안의 마카기르 씨족은 남쪽 아무르 강 중류의 좌측 지류 상류 지역, 제야 강, 셀렘자 강으로 이동했는데 이후 지역 차원의 명칭인 비바리로 불리게 된 것으로 추정된다.

17세기 비라리는 프리아무리예 서부 에벤키족 중 가장 동쪽에 거주했다. 우르칸 강, 길류이 강, 뉴자 강에 480명, 셀렘자 강 상류, 우다 강 수원, 세블랴 강 위쪽 지역에 400명 정도가 거주하여 모두 880명이 거주하고 있었다. 비라리의 동쪽에는 골드족(나나이족)이 거주했다. 나나이족보다 더 북쪽에서 비라리는 네기달족과 이웃했고 더 북쪽인 길류이 강 상류에서는 순록 사육 에벤키족과 직접 맞닿아 있었다. 1887년 비라리는 부레야 강 하류와 부레야 강 근처의 비르아라 강에 거주하고 있었다.[22] 하지만 이후 1897년 인구조사 목록에서 비라리는 전혀 언급되지 않기 때문에 1890년 전후 프리아무리예를 떠난 것으로 추정된다.

> "비라리는 마네기르보다 더 동쪽에 거주하며 아무르 강 중류의 순헤 강에서 라가르 강에 걸쳐 거주했다. 마네기르는 아무르 강 상류의 네베르 강에서부터 제야 강까지 즉 아무르 강 우측 지류인 판그 강, 쿠마르 강 연안, 제야 강 좌측 연안의 전체 지역, 길류이 강 중류, 그 지류인 우르 강과 셀렘자 강 하류에 거주했다."(Ermolova N. V. *Evenki Priamur'ja i*

SSSR, 1960, p. 606; Shirokogoroff S. M. *Social organization of the northen tungus*, Shanghai, 1929, pp. 131~132.

22 Dadeshkeliani K. N. "Opisanie Amurskoj oblasti mezhdu rr. Bureej i Amgunoj", *Sbornik Geograficheskih, topograficheskih ii statisticheskih Materialov po Azii* 32, 1888, p. 266.

Sahalina. Formirovanie i kul'turno-istoricheskie svjazi XVII~nachalo XX vv., Avtoref. Dissert. Kandidat. Istor. Nauk., L.: LGU, 1984, p. 59)

위 텍스트에 근거하면 17세기 아무르 강 좌안에서 마네기르와 비라리는 인접해 있었다. 마네기르는 제야 강과 부레야 강 분기점에서 서쪽 지역에 거주했고 비라리는 그보다 동쪽에 거주했다. 아무르 강~제야 강의 초원 지대는 만주족과 다우르족이 차지했다. 이외에도 17세기 우일라기르 씨족 320명 정도가 프리아무리예 서부의 제아 강과 브란다 강 상류에서, 순록 사육 콜타기르 씨족 60명 정도가 알바진 지역에서 활동했다. 이들은 자바이칼리예 말 사육 에벤키족과 친척이다. 17세기 중반 말 사육 콜타기르 씨족은 인고다 강, 네르차 강에서 유목을 했고 아르군 촌락에 현물세를 납부했다.[23] 1880~1890년대 마네기르는 개별 소규모 그룹으로 나누어져서 과거에 비라리가 거주했던 곳에서 활동했다.[24] 그러면 비라리가 마네기르보다 먼저 프리아무리예를 떠난 것으로 추정된다.

그 결과 러시아인이 프리아무리예에 다시 출현한 19세기 중반 프리아무리예 서부에는 마네기르 씨족만 거주하고 있었다. 19세기 중반 이전 이곳에 거주하던 니나간, 솔로곤, 벨베트, 바야기르, 무른갓카르 등의 씨족은 이미 다른 곳으로 떠나고 없었다. 이들은 만주족에 의해 남쪽인 아무르 강 우안으로 이주했을 가능성이 높지만 이주 시기는 다소 차이가 날 것이다. 이때 17세기 제야 강 상류에 거주하던 우일라기르 씨족이 마네기르나 비라리보다 먼저 만주로 이주했을 가능성은 적다. 말 사육을

---

23 Dolgih B. O. *Rodovoj i plemennoj sostav narodnostej Sibiri v XII veke*, M.: Izdatel'stvo AN SSSR, 1960, pp. 606~608.

24 Patkanov S. "Opyt geografii i statistiki tungusov", *Zapiski Russkogo Geograficheskogo Obshchestva, Otd. Etnografii* 1, 1911a, p. 157.

시작하고 남쪽인 아무르 강으로 이주하는 과정에서 우일라기르는 마네기르 씨족에 편입한 것으로 보인다. 우일라기르의 음성 변형인 이글라기르 씨족이 1897년 인구조사 목록에서 아무르 강 상류에 거주하는 것으로 나타났기 때문이다.[25]

18세기부터 프리아무리예 서부의 소규모 에벤키족 씨족은 순차적으로 대규모 씨족에 편입되어 갔으며 19세기 후반 이후에도 이런 과정은 지속적으로 진행되었다. 아무르 강 상류에 거주하던 에벤키족 가운데 19세기 초에 사라진 씨족은 마네기르에 편입되었을 가능성이 높다. 따라서 마네기르는 단일 씨족이 아니라 씨족연합의 형태로 추정된다. 20세기 초에도 마네기르의 일부는 여전히 프리아무리예에 거주하고 있었다. 1901년 셀렘자 강에 26명, 1920년대 초 몇 가구가 제야 강에서 길류이 강 하구 아래쪽에 거주하고 있었다.[26]

하지만 20세기 초 마네기르의 일부와 비라리의 대다수는 중국에 거주하고 있었다. 비라리는 아르균 강에서 100킬로미터 떨어진 쿠르판 강과 수 강 사이의 좁은 지역에 거주했으며 일부는 타우나 강과 쿨루나 강 지역에서 나나이족 및 만주족과 인접해 있었다.[27] 19세기는 프리아무리예 에벤키족 씨족 구성과 거주지에 큰 변화가 발생한 시기이며 이 과정은 20세기 초에 마무리 되었다.

---

25 Patkanov S. *Opyt geografii i statistiki tungusskih plemen Sibiri na osnovanii dannyh perepisi 1897 g. i drugih istochnikov*, *Tungusy sobstvenno* 1(1), SPb.: Izd. SPb., 1906, p. 4.

26 Patkanov S. *Opyt geografii i statistiki tungusskih plemen Sibiri na osnovanii dannyh perepisi 1897 g. i drugih istochnikov. Tungusy sobstvenno* 1(1), SPb.: Izd. SPb., 1906, p. 158; Vasilevich G. M. "Material'naja kul'tura sredneamurskih evenkov po kollektsijam muzeev Leningrada", *Material'naja kul'tura narodov Sibiri i Severa*, L., 1976, p. 106.

27 Vasilevich G. M. "Material'naja kul'tura sredneamurskih evenkov po kollektsijam muzeev Leningrada", *Material'naja kul'tura narodov Sibiri i Severa*, L., 1976, p. 117.

"20세기 초 마네기르 씨족에는 마나기르, 우일라기르, 구라길의 대다수, 바야기르, 칼타기르, 사마기르, 나메트, 코누트 씨족의 일부가 속해 있었다."(Vasilevich G. M. "Material'naja kul'tura sredneamurskih evenkov po kollektsijam muzeev Leningrada", *Material'naja kul'tura narodov Sibiri i Severa*, L., 1976, pp. 120, 122)

이상의 내용에 근거할 때 비라리는 개별 씨족명이자 프리아무리예 서부의 말 사육 에벤키족을 가리키는 지역 차원의 용어였고 마네기르는 개별 씨족명이자 프리아무리예 서부 에벤키족의 씨족연합명이었다.

② 왜 이들은 순록 사육자에서 말 사육자가 되었는가?

17세기 프리아무리예 에벤키족 가운데는 순록이 거의 없거나 아예 없는 씨족이 출현했다. 그 수는 시간이 갈수록 점점 증가해갔고 결국 이들은 말 사육으로 전환하게 되었다. 다음의 기록에 의하면 비라리, 마네기르, 우일라기르는 17세기 중반까지는 순록 사육에 종사했고 말 사육으로 전환한 것은 그 이후의 일이다.

"1640년 포야르코프의 기록에 의하면 제야 강 지류인 브랸트 강에는 순록 사육 울라기르 씨족이, 셀렘자 강 상류에는 순록을 많이 보유한 비라리 씨족이 거주한다. 1647년 비젭초프(G. Vizhevtsov)의 기록에 의하면 그들은 매년 순록을 타고 늒자 강에서 아무르 강으로 이동한다."(*Dopolnenija k aktam istoricheskim (DAI)*, SPb., T.3, 1848, №12, p. 51, 53; №26, p. 102)

이들이 생산 활동을 전환하게 된 원인은 복합적이지만 러시아인의 과도한 현물세 징수, 사냥용 교통수단과 운송수단의 절실한 필요성, 다우르족 및 에벤키족 세마기르, 에단, 바야기르 씨족들의 말 사육의 영향을 우선적으로 꼽을 수 있다. 물론 과거에도 순록이 없거나 조금만 보유한 에벤키족이 있었지만 사냥으로 연명할 수 있었고 일정 시간이 흐른 뒤에는 다시 순록을 보유할 수도 있었다. 하지만 이제는 상황이 달라졌다. 한 번 순록을 잃어버리면 다시 순록을 보유하는 것은 불가능해졌다.

현물세 납세의 가중과 흑담비 사냥의 압박에 시달리는 에벤키족은 순록이 없으면 생존이 불가능했다. 순록과 모피 현물세를 납부해야 한다는 현실은 통해 있었다. 현물세를 미납할 경우 러시아의 형벌은 매우 혹독했기 때문에 사냥은 이들의 생존과 직결되는 문제였다. 이러한 상황에서 이들은 하는 수 없이 말 사육으로 전환할 수밖에 없었다. 특히 아무르 강 연안의 에벤키족에게 이 과정은 매우 빨리 진행되었다. 이런 이유로 비라리와 마네기르 이외에 킨디기르, 우일라기르 씨족 등도 말 사육으로 전환했을 것이다. 비라리, 마네기르 등의 씨족은 말 사육으로 생산 활동을 전환한 뒤 남쪽 아무르 강 유역으로 이주했다. 이는 다우르족과 듀체르족이 만주로 이주하면서 이 지역에 공백이 생겼기 때문이다. 높은 산악 지역에서 산악의 저지대, 부레야 강, 셀렘자 강, 제야 강 초원으로 내려왔고 산악 지역에서 기르던 순록 대신 말을 길렀다.[28]

그렇다면 17세기 이들의 생산 활동 전환과 이주의 선후관계는 어떠할까? 생산 활동 전환이 앞선 사건일까? 아니면 이주가 먼저일까? 이들은 순록을 잃어버리고 다시 순록을 보유하게 될 가능성을 발견하지 못하면서 말 사육을 시작했다. 마침 다우르족과 듀체르족이 만주로 이주하면서 말 사육에 적합한 아무르 강 연안이 빈 공간이 되자 자연스럽게 아무르

---

28 Shrenk L. *Ob inorodnitsah Amurskogo kraja* 1, Peterburg: Izd. AN SSSR, 1883, p. 181.

강 연안으로 이주하게 되었다. 그러므로 생산 활동 전환이 이주보다 먼저 발생한 사건이지만 두 사건은 서로 상관관계에 있다.

생산 활동을 전환한 뒤에도 마네기르와 비라리는 사냥을 지속했다. 대신 과거에는 겨울에만 집중적으로 사냥을 했다면 이제는 1년 내내 사냥에 종사했다. 물론 여전히 사냥은 겨울에 더 많은 비중을 차지했으며 여름에는 어로가 보조 생계 수단이었다. 주된 사냥감은 순록, 사슴, 사향고양이였다. 멧돼지와 곰도 사냥했지만 지역의 특성에 따라 사냥감이 달라졌다. 순록이 많은 지역에서는 순록을 집중적으로 사냥했고 멧돼지가 많은 지역에서는 멧돼지가 주요 사냥감이었다.

> "아무르 강 동쪽 지역, 투구르 만, 부레야 강, 팀가 강, 제야 강 좌측 지류에는 멧돼지가 많았기 때문에 겨울철 이 지역의 주된 사냥감은 멧돼지였다. 제야 강 상류, 우르 강, 비라 강처럼 초원이나 늪이 많은 지역에는 멧돼지가 거의 없기 때문에 순록과 사슴이 주된 사냥감이었다."(Middendorf A. *Puteshestvie na sever i severo-vostok Sibiri* 2, SPb., 1878, p. 86)

마네기르 씨족이 사냥을 하는 이유는 현물세 납부와 생필품 비축을 위해서다. 마네기르는 러시아인, 만주족, 다우르족과 물물교환을 하는데 녹용, 모피, 고기를 생필품과 교환한다. 만주족은 이러한 물물교환을 위해 매년 보트를 타고 아무르 강 상류를 따라 아르군 강까지, 제야 강을 따라 우르 강이나 길류이 강까지 올라가서 마네기르와 오로촌에게 술, 밀가루, 피리 등을 판다. 가을과 겨울이 되면 아무르 강 연안으로 돌아와 이듬 해 봄까지 머무른다.[29]

프리아무리예 에벤키족의 사냥 문화에 대해 잠깐 살펴보자. 사냥할 때 프리아무리예 에벤키족은 부패한 기름을 쇠뇌[30]에 묻혀 놓아 짐승을 빠른 시간 내에 죽게 만든다. 고통 없이 빨리 죽은 동물의 모피가 그렇지 않은 동물의 모피보다 더 질이 뛰어나기 때문이다. 아이누족과 프리아무리예 발해족도 이 방식을 사용했다.[31] 이를 근거로 프리아무리예 에벤키족과 지역 토착민이 먼 고대에 일정한 관계가 있었다고 유추할 수 있다. 사실 19세기 중반부터는 소총이 활이나 화살 대신 주요한 사냥 도구로 사용되었다. 프리아무리예의 마네기르와 비라리는 중국식 소총을, 인접한 순록 사육 에벤키족은 러시아식 소총을 주로 사용했다. 프리아무리예의 마네기르와 비라리는 사냥할 때 스키를 신지 않는다. 이는 산지가 험하다는 지형 조건과 눈이 적게 내린다는 기후 조건 때문이다. 마네기르나 비라리는 늘 순록의 먹이가 있는 새로운 장소를 찾아다니는 다른 순록 사육 에벤키족과는 생활방식이 다소 달랐다. 늘 같은 지역에 거주하는 것은 아니지만 겨울에는 항상 같은 장소를 찾아가서 지내다가 봄이 되면 아무르 강 기슭으로 돌아왔다.[32]

타이가 산악 지역에 거주하면서 사냥을 하다가 봄이 되며 아무르 강이

29 Bogoljubskij I. *Ocherk narodnostej, izvestnyh v amurskom krae i po beregom Vostochnom okeana so vremeni prishestvija russkih v XVII stoletii*, Gosudarstvennyj Arhiv Irkutskoj Oblasti (GAIO), f.293, op.1, ed.hr.618. 1888. l.1~5.

30 화살을 여러 개 잇달아 쏠 수 있도록 만들어진 활의 일종. 일반적으로 활보다 화살을 더 멀리 보낼 수 있고, 살상력도 더 강하다.
참고: http://dic.daum.net/word/view.do?wordid=kkwooo148969&supid=kku000187234#kku000187234. 검색일: 2016. 01. 20.

31 Middendorf A. *Puteshestvie na sever i severo-vostok Sibiri* 2, SPb., 1878, p. 601; Okladnikov A. P. & Derebjanko A. P. *Dalekoe proshloe Primor'ja i Priamur'ja*, Vladivostok: Dal'nevostochnoe kn. izd., 1973, p. 311.

32 Maak R. *Puteshestvie na Amur, sovershennoe po rasporjazheniju Sibirskogo Otdela Russkogo Geograficheskogo Obshchestva v 1855 g. R. Maakom*, Irkutsk: Izd. S. F. Solov'eva, 1859, pp. 69~70.

나 그 지류로 돌아와 여름내 그곳에서 어로에 종사했다. 가을이 되면 다시 자신의 겨울집이 있는 산악 지역으로 돌아갔다. 겨울에는 말을 타고, 봄이나 여름에는 물을 따라 이동했다.

2) 프리아무리예 서부 순록 사육 에벤키족: 오로촌

17세기 모스크비틴, 페트로프의 기록에 오로촐이라는 단어가 등장한다. 그렇다면 이미 17세기 이전부터 이 용어가 사용되었으며 18세기부터는 제법 널리 쓰였다고 주장할 수 있다. 오로촌이 본격적으로 러시아인 사이에 알려지게 된 것은 19세기 중후반 오를로프(1857), 미덴도르프(1878), 다데시켈리아니(1888), 파스빅(1883)에 의해서지만 만주족과 에벤키족 사이에서는 이미 오래 전부터 이 용어가 사용되었다. 그런데 오로촌의 의미[33], 거주 범위와 사용 영역 등에 대한 의문이 생긴다.

> "오로촌과 에벤키는 바르구진 강에서부터 동쪽으로 비팀 강과 이 강의 좌안 전체에서 이동생활을 하는 동일한 종족을 가리킨다. 에벤키는 앙가라 강과 키체라 강의 상류에서 활동하고 오로촌은 비팀 강 뒤편과 올룍마 강, 퉁기르 강, 뉴자 강, 올도이 강과 아무르 강에서 활동한다."(Orlov A. S. "Amurskie orochony", *Vestnik Russkogo Geograficheskogo Obshchestva* 21(6/2), 1857, p. 193)

1888년 프리아무리예와 극동을 여행한 보고류봅스키는 당시 에벤키족의 거주지에 대해 다음과 같이 적고 있다.

---

33 오로촌의 의미에 대해서는 2부 3장 1절 1항 참고.

"스타노보이 산맥에서 시작되어 실카 강, 아무르 강, 레나 강으로 흘러가는 강을 따라 많은 에벤키족이 살고 있다. 일부는 자바이칼리예에서 부랴트족과 함께 거주한다. 산악 에벤키족은 올료마 강과 고르비츠 강 상류부터 우다 강과 스타노보이 산맥의 경사면을 따라 알단 강에 걸쳐 분포되어 있다. 그들 대다수는 오로촌이라 불리는데 용감하고 지칠 줄 모르며 이쥬부리라는 사슴, 큰사슴, 흑담비 사냥을 주로 한다. 이들은 스타노보이 산맥의 지맥을 따라 올료마 강에서부터 우다 강까지, 알단 강 심지어는 야쿳스크에서 쑹화 강 상류까지 몇 천 베르스타[34]의 거리를 순록을 타고 돌아다닌다. 오로촌은 대부분 기독교 세례를 받았으며 씨족장의 지도하에 씨족 단위로 거주한다. 그들은 러시아인에게 충실하고 신망이 두텁다. 오로촌의 언어는 아무르 강과 제야 강 스텝지역의 마네기르의 언어나 만주어와 유사하다. 그들은 중국에 공납을 하며 아이군에도 세금을 내는데 매년 말을 타고 부레야 강, 제야 강, 길류이 강, 데프 강 연안에 유목을 하러 다닌다." (Bogoljubskij I. *Ocherk narodnostej, izvestnyh v amurskom krae i po beregom Vostochnom okeana so vremeni prishestvija russkih v XVII stoletii*, GAIO, f.293, op.1, ed.hr.618, 1888, pp. 3~5)

1897년 인구조사 목록에도 오로촌의 거주 범위가 위 텍스트와 동일하게 나타난다. 따라서 일정 시점부터 오로촌은 씨족이나 종족의 개념이 아니라 아무르 강 상류에서 순록 사육에 종사하는 에벤키족을 가리키는 지리적 분류개념으로 사용된 것으로 추정된다. 그렇다면 19세기 중엽 아무르 강 상류에서 말 사육에 종사하는 마네기르와 북쪽에서 이주해 온 순록 사육 오로촌이 동시에 활동했다는 것이다. 마네기르와 오로촌처럼 규모가 큰 두 씨족의 활동 범위가 일치할 수 있을까? 에벤키족은 생산력의 발전이 낮기 때문에 생존을 위해 거주지를 명확하게 구분하거나 동일 지역에서 활동할 경우에는 생산 활동을 엄격하게 구분했다. 마네기르와 오로촌은 생산 활동이 서로 변별적이었기 때문에 동일 지역에 거주할 수 있었을 것이다. 따라서 오로촌이 처음에는 순록 사육에 종사하던 마네기르를 지칭하다가 이들이 말 사육으로 전환한 뒤에 말 사육 에벤키족은 마네기르라고 부르고 순록 사육 에벤키족은 오로촌이라 부르게 된 것으로 보인다. 마네기르는 아무르 강 상류의 동쪽에서, 오로촌은 서쪽에서 유목을 했다. 이들의 경계는 대략 네베르 강을 따라 네베르 강에서부터 말리 올도이 강의 수원지까지였는데 마네기르는 계속 서진하는 경향을 보였다.[35]

1860년대 프리아무리예 서부에서 아무르 강의 좌측 지류인 아마자르 강, 우르칸 강, 오뭇나야 강, 올도이 강, 네베르 강, 제야 강, 그 우측 지류인 잘린드 강에 300명의 오로촌이 거주했다. 19세기 중반 이후 동 시베리아 전역에서 에벤키족 소규모 씨족의 이주는 아주 빈번한 현상이었다. 따라서 프리아무리예 타이가 지역으로 순록 사육 에벤키족이 꾸준히 이주해 오면서 19세기 말에는 오로촌의 수가 677명으로 증가했다.[36] 하지만 주요한 씨족은 여전히 니나간, 킨디기르, 불레트, 바야기르, 니카가르, 솔로곤 등으로 그리 많이 변하지 않았다. 다만 악다림, 발라타르, 이글라기르 등의 새로운 씨족이 등장했는데 이글라기르는 우일라기르의 음성

35 Ermolova N. V. *Evenki Priamur'ja i Sahalina. Formirovanie i kul'turno-istoricheskie svjazi XVII~nachalo XX vv.*, Avtoref. Dissert. Kandidat. Istor. Nauk., L.: LGU, 1984, p. 72.

36 Kabuzin V. M. *Kak zaseljalsja Dal'nij Vostok (vtoraja polovina XVII~nachalo XX v.)*, Habarovsk: Izd. Habarovsk, 1973, p. 42; Patkanov S. *Opyt geografii i statistiki tungusskih plemen Sibiri na osnovanii dannyh perepisi 1897 g. i drugih istochnikov, Tungusy sobstvenno* 1(1), SPb.: Izd. SPb., 1906, p. 9.

변형으로 보인다.[37] 결국 오로촌은 개별 씨족명이 아니라 아무르 강 상류 순록 사육 에벤키족의 통칭이자 씨족연합명으로 추정된다.

프리아무리예 서부 에벤키족 가운데 킨디기르와 콜타기르 씨족도 빼놓을 수 없다. 킨디기르 씨족은 올룍마 강에서, 콜타기르 씨족은 빌류이 강에서 이주해 왔다. 이들은 아무르 강에서 오랫동안 활동한 킨디기르, 콜타기르 씨족의 후손이 아니다.[38] 씨족명이 같다고 하여 모두 동일 지역에서 활동했다고 보아서는 안 된다. 이러한 예로 19세기 아무르 강 상류의 바야기르와 솔로곤 씨족을 들 수 있는데 이들은 17세기 제야 강 바야기르와 솔로곤 씨족의 후손들이 아니다. 17세기 제야 강의 바야기르와 솔로곤 씨족은 다우르족에 동화된 말 사육 에벤키족으로 다우르족과 함께 만주 북부 지역으로 떠났다. 아무르 강으로 이주해 온 바야기르와 솔로곤 씨족은 제야 강이 아닌 다른 지역에서 활동하던 씨족들이다. 이곳으로 벨레트, 뉴르마간, 니카기르 등의 씨족도 이주해 왔다. 이들은 19세기 야쿠티야 관구의 남서 지역인 알단 강, 암가 강, 바토마 강 상류 연안에서 유목하던 칸갈라스 에벤키족과 관련이 있다. 이 명칭은 이웃 야쿠트족의 마을 명에서 기원한다. 칸갈라스에는 셸로곤, 벨레트, 뉴르마간, 부야기르, 니카기르 씨족이 포함된다.[39] 이들은 17세기 빌류이 강 중류와 레나 강 상류 지류에서 아무르 강으로 이주해 왔다. 일부는 1688년 전염병이 돌면서 사람이 적게 사는 야쿠티야 남부 지역으로 다시 이주했다.[40]

---

37 Ermolova N. V. *Evenki Priamur'ja i Sahalina. Formirovanie i kul'turno-istoricheskie svjazi XVII~nachalo XX vv.*, Avtoref. Dissert. Kandidat. Istor. Nauk., L.: LGU, 1984, p. 122.

38 Ermolova N. V. *Evenki Priamur'ja i Sahalina. Formirovanie i kul'turno-istoricheskie svjazi XVII~nachalo XX vv.*, Avtoref. Dissert. Kandidat. Istor. Nauk., L.: LGU, 1984, p. 70.

39 Majnov I. I. "Nekotorye dannye o tungusah Jakutskogo kraja", *Vostochno-Sibirskogo otdela Russkogo Geograficheskogo Obshchestva* 2, Irkutsk, 1898, p. 168.

40 Tugolukov V. A. "Evenki", *Etnicheskaja istorija narodov severa*, Instituta etnografii im. N. N.

19세기 초 이들은 더 남쪽 지역으로 이주하여 아무르 강 상류에까지 이르렀다. 이들이 이처럼 계속 이주한 것은 러시아의 현물세 납세의 중압, 사냥의 어려움 등에 의한 것이었다. 제야 강 상류에 거주하던 솔로곤 씨족이 아무르 강으로 이주해 오고 벨레트 씨족이 알단 강을 떠난 것이 사냥의 '흉작' 때문이었다는 것은 이미 널리 알려진 사실이다. 니나간 씨족은 1820년대 이전, 솔로곤 씨족은 1830년대, 벨레트 씨족은 1840년대 야쿠티야에서 프리아무리예로 이주한 것으로 추정된다.

> "니니간 씨족은 17년 전인 1820년대에도 이곳에 살았다. 솔로곤 씨족은 1830년대 초 흉년이 들면서 제야 강 상류에서 아무르 강 상류로 옮겨 갔다. 그들은 아무르 강을 가로 질러 아무르 강 우안으로 이주했으며 1840년대 중반 아르군 강, 아무르 강, 알바지하 강 사이에서 유목을 했다. ... 1840년대 초 솔로곤과 니나간 씨족의 뒤를 이어 알단 강의 벨레트 씨족이 아무르 강으로 이주했다."(Middendorf A. *Puteshestvie na sever i severo-vostok Sibiri* 2, SPb., 1878, p. 732)

20세기 초 올룍마 강에서 프리아무리예 서부로 새로운 에벤키족이 이주해 왔으며 올룍마 강과 야블로니 산맥 뒤편으로 2~3 가족이 가끔 유목을 하러 왔다. 길류이 강~틴다 강에서는 콜토, 돈고, 틴다 강~길류이 강~제야 강~아무트카치 강에서는 헵긴, 늌자 강~아무트카치 강에서는 차키기르, 늌자 강~틴다 강에서는 부카차르, 틴다 강~제야 강에서는 인겔라르 씨족 등이 활동했다.[41] 1925년 프리아무리예에는 1,000명가량의 오로

Mikluho-Maklaja AN SSSR, 1982, p. 135.

41 Vasilevich G. M. *Evenki: Istoriko-etnograficheskie ocherki XVIII~nachala XX v.*, L.: Nauka, 1969, pp. 264, 267, 268, 271, 283; Arhiv Leningradskoj chastiInstituta Etnografii AN SSSR (ALCHIE

촌이 거주했다.[42] 이들은 자신만의 공동체적 정체성을 가지고 있었으며 스스로를 '아무르 에벤키'라 칭하면서 야쿠티아에 거주하는 에벤키족을 '타자'로 간주했고 그들과 일정한 거리를 유지했다.

3) 프리아무리예 동부의 순록 사육 에벤키족

19세기 중반 프리아무리예 동부에서 스타노보이 산맥 남쪽 사면의 동쪽 지역에는 순록을 사육하는 에벤키족 비탈리, 에단, 랄라기르, 이카기르, 에겐케기르 씨족이 거주했다.[43] 이들 중 에겐케기르 씨족만이 유일하게 지역 토착민이었다. 그런데 천연두로 수가 급격하게 감소하여 1680년 560명이었던 씨족원의 수가 1844년에는 31명으로 줄었다. 또 이카기르 씨족은 손에 손을 맞잡고 원무를 추면 원이 작은 구릉을 둘러쌀 정도로 한때는 그 수가 무척 많았다.[44]

17세기 중반 에겐케기르 씨족 남쪽의 부레야 강, 셀렘자 강, 투구르 강 수원과 암군 강 좌측 지류에는 묵테기르 씨족이 거주했는데 19세기 네기달족에 편입했다.[45] 묵테기르는 17~19세기 자바이칼리예 우다 강에서 거주한 묵티기르 씨족과 친연관계에 있는 것으로 추정되며 모두 무이쿠카르 씨족에서 기원한다. 이곳으로 오호츠크 해의 랄라기르, 에댠, 부탈 씨족이 이주해 왔다. 또 1840년대에는 야쿠티아에서 이주해온 바야기

AN), №61, l.36.

42 Lipskij A. N. "Kratkij obzor man'chzhuro-tungusskih plemen bassejna Amura", *Pervyj tuzemnyj s"ezd Dal'nevostochnogo okruga (protokoly s"ezda)*, Havarovsk: GAHK, 1925, p. 16; Vasilevich G. M. "Evenkijskaja ekspeditsija", *Kratkie Soobshchenija Instituta Etnografii AN SSSR* 5, 1949, p. 59.

43 Middendorf A. *Puteshestvie na sever i severo-vostok Sibiri* 2, SPb., 1878, p. 731.

44 Middendorf A. *Puteshestvie na sever i severo-vostok Sibiri* 2, SPb., 1878, p. 731.

45 Middendorf A. *Puteshestvie na sever i severo-vostok Sibiri* 2, SPb., 1878, p. 744.

르 씨족이 아무르 강의 여러 지역에 거주하고 있었다.[46] 이렇게 하여 19세기 초 프리아무리예 동부 우다 강~투구르 강 지역의 에벤키족 씨족 구성에 많은 변화가 생겼다.

에벤키족 분포의 지각 변동은 이미 여러 차례 언급했듯이 러시아인이 출현한 이후 나타난 여러 가지 부작용 특히 생존과 직결된 사냥감 급감이 가장 큰 이유이다. 러시아인이 출현한 이후 현물세 납세 등의 이유로 스타노보이 산맥에서 약탈적으로 흑담비를 사냥했다. 그로 인해 1840년대 이미 이곳에는 더 이상 흑담비가 서식하지 않았고 알단 산맥에서도 큰사슴 사냥이 불가능해졌다. 순록 사육 에벤키족은 해가 바뀔수록 사냥 자원이 다른 지역보다 더 풍부하게 보존되어 있는 남동쪽의 투구르 강 상류와 부루칸 강 연안으로 옮겨갈 수밖에 없었다.

19세기 말 프리아무리예 동부의 순록 사육 에벤키족은 1,125명 정도였다. 이들은 아무르 강 하류의 여러 종속 사이에 분포되어 있었는데 소규모 그룹별로 사냥감이 더 풍부하고 순록 사육에 적합한 땅을 찾아 끊임없이 동진하고 있었다. 이곳의 주요 씨족은 에단, 랄라기르, 부타, 에겐케기르 등으로 과거와 거의 변화가 없었지만 제르, 알라기르, 엔그칼, 발라우르, 베움, 아이누칸 등의 새로운 씨족도 등장했다.[47]

전반적으로 1920년대 프리아무리예 동쪽 에벤키족은 크게 5그룹으로 나누어졌으며 교류하는 종족 및 생산 활동에서 다소 차이가 났다. 첫 번

46 Ermolova N. V. *Evenki Priamur'ja i Sahalina. Formirovanie i kul'turno-istoricheskie svjazi XVII~nachalo XX vv.*, Avtoref. Dissert. Kandidat. Istor. Nauk., L.: LGU, 1984, p. 61; Middendorf A. *Puteshestvie na sever i severo-vostok Sibiri* 2, SPb., 1878, p. 735.

47 Ermolova N. V. *Evenki Priamur'ja i Sahalina. Formirovanie i kul'turno-istoricheskie svjazi XVII~nachalo XX vv.*, Avtoref. Dissert. Kandidat. Istor. Nauk., L.: LGU, 1984, p. 124.

째 그룹은 부루칸 에벤키족으로 네밀렌 강에서부터 오호츠크해 사이에서 유목을 했다. 이곳은 지의류가 풍부하여 이곳의 에벤키족은 순록을 많이 길렀고 삼림과 바다에서 사냥을 했으며 어로에도 종사했다. 에벤키족은 부루칸 마을의 시장에서 네기달족, 러시아인과 교류했고 가끔 닙흐족도 이곳에 와서 건어물을 모피와 바꾸어갔다. 두 번째 그룹은 쿨친 혹은 티블렌 에벤키족으로 야쿠트족, 네기달족과 함께 거주했으며 오렐 호수로 어로를 하러 오는 닙흐족, 네기달족과 교류했다.[48] 이 그룹에는 부타, 코니가, 에겐케기르, 에댠 씨족이 포함되며 이들은 순록 사육을 했으며 흑담비 사냥을 위해 사할린까지 가기도 했다.[49]

세 번째 그룹은 셀렘자 강~부레야 강~암군 강의 에벤키족으로 에댠, 부타, 랄라기르, 베툼, 몽골, 캉가 씨족이 포함되며 오랜 세월 야쿠트족과 교류한 결과 모두 야쿠트어를 사용할 수 있었다.[50] 네 번째 그룹은 아무르 강 좌안에서 비례 강, 쿠르 강, 우르미 강, 퉁구스카 강, 고린 강과 볼론 호수에 거주하는 에벤키족으로 부타, 베툼, 제르, 랄라기르, 몽골, 에댠, 마카기르, 사마기르 씨족이 포함된다.[51] 이들은 나나이족, 우데게이족, 야쿠트족의 영향을 많이 받았다. 20세기 초부터 이들 대부분 정착생활을 했고 주업은 사냥이었지만 어로도 중요한 역할을 했다. 에벤키족, 나나이족, 우데게이족, 야쿠트족, 러시아인의 교류가 이루어지는 이 지역

---

48 Lipskij A. N. "Kratkij obzor man'chzhuro-tungusskih plemen bassejna Amura", *Pervyj tuzemnyj s"ezd Dal'nevostochnogo okruga (protokoly s"ezda)*, Havarovsk: GAHK, 1925, pp. 131~140.

49 Smoljak A. V. *Etnicheskie protsessy u narodov Nizhnego Amura i Sahalina seredina 19~nachalo 20 vv.*, M., 1975b, p. 147.

50 Vasilevich G. M. "Ugdan-zhlishche evenkov Jablonovogo i Stanovogo hrebtov", *Sbornik Muzej ii Antropologii i Etnografii*, T.XX, M.-L., 1961, p. 30.

51 Smoljak A. V. *Etnicheskie protsessy u narodov Nizhnego Amura i Sahalina seredina 19~nachalo 20 vv.* M. 1975b. p. 147.

우르칸 강의 쿠칸 시장은 종족 간 교류에서 중요한 역할을 했다.[52]

다섯째 그룹은 카르긴 혹은 툼닌 에벤키족으로 부타, 베툼, 랄라기르, 에단 등의 씨족이 속한다. 툼닌 강과 타타르 해협에서 유목을 하며 모두 시장이 형성되는 카르가 마을 인근에 거주했다.[53] 이들은 아주 소수의 순록만 사육하거나 아예 사육하지 않았고 단계적으로 어로로 전환해 나갔으며 오로치족, 울치족, 나나이족과 교류했다.[54]

이상의 내용을 종합하면 에벤키족은 기본적인 생활 단위가 소규모 씨족이나 가족공동체이기 때문에 동일한 씨족이라고 해도 여러 지역 그룹에 속해 있었다. 1920년대 프리아무리예 동부에는 모두 2,020명의 에벤키족이 거주했는데 그들은 오로촌 혹은 마네기르라고 불리는 프리아무리예 서부 에벤키족과는 생활 방식에서 다소 차이가 났다. 이들은 남쪽의 아무르 강 연안으로 이주한 뒤 순록 사육에 부적합한 환경을 만나 순록을 잃어버린 후 정착생활을 하게 되었다. 이들은 야쿠트족과 아무르 강 하류에 거주하던 나나이족, 네기달족, 오로치족, 우데게이족의 영향을 강하게 받았다. 또 서부 에벤키족과 달리 러시아인과 밀접하게 교류했고 20세기 초 많은 이들이 러시아어를 사용했다.

52 Smoljak A. V. *Etnicheskie protsessy u narodov Nizhnego Amura i Sahalina seredina 19~nachalo 20 vv.*, M., 1975b, pp. 153, 181, 173, 203, 208.

53 Ermolova N. V. *Evenki Priamur'ja i Sahalina. Formirovanie i kul'turno-istoricheskie svjazi XVII~nachalo XX vv.*, Avtoref. Dissert. Kandidat. Istor. Nauk., L.: LGU, 1984, p. 127.

54 Smoljak A. V. *Etnicheskie protsessy u narodov Nizhnego Amura i Sahalina seredina 19~nachalo 20 vv.*, M., 1975b, pp. 147, 153, 167.

5. 프리아무리예 에벤키 문화와 야쿠트 문화의 교류와 융합: 혼종문화의 탄생

17세기 중반부터 아무르 강으로 이주하기 시작한 야쿠트족은 길류이 강 연안의 마네기르 사이에서 거주했으며 17세기 말에는 제야 강에도 출현했다. 아무르 강 지류에 출현한 첫 야쿠트인은 철제품, 육류, 우유 유제품을 파는 상인이었다. 이들은 겨울에는 순록에 물건을 싣고 왔다. 야쿠트족 상인들은 타이가에 몇 개월의 겨울을 보낼 집을 지었는데 이곳은 이후에 야시장이 되었다. 19세기 중반 금광업의 발전은 프리아무리예로 야쿠트족의 이주를 더욱 부추겼다. 이들은 큰 그룹을 이루어서 프리아무리예의 부례야 강, 셀렘자 강 상류로 이주해 왔다. 일부 야쿠트족 상인은 금광업자가 되어 직접 금광을 개발했고 화물 운반을 위해 순록을 사육하는 야쿠트족를 고용했다.[55] 이러한 과정을 거치면서 프리아무리예 동부에는 야쿠트족 마을이 생겨났고 20세기 초 제야 강과 셀렘자 강 상류에는 프리아무리예에서 가장 큰 야쿠트족 마을이 조성되었다.

이 지역 야쿠트족 마을은 규모는 작았지만 프리아무리예 동부 에벤키족도 서부 에벤키족도 야쿠트족으로부터 많은 영향을 받았다. 야쿠트족이 소수였던 사할린에서조차 에벤키족은 야쿠트족의 영향을 많이 받았다. 이는 단지 에벤키족이 야쿠트족 상인으로부터 상품을 구입하면서 생긴 현상이 아니다. 이는 프리아무리예 에벤키족 중 야쿠티야 지역에서 이주해온 사람들이 많기 때문에 생긴 현상이었다. 가령 프리아무리예 서부 에벤키족의 상당수는 야쿠티야 관구 남서쪽에서 유목을 했으며 프리

55 Arhiv Leningradskoj chastiInstituta Etnografii AN SSSR (ALCHIE AN), №59, p. 2; №205, p. 4.

아무리예 동부나 사할린 에벤키족에 편입된 부타, 제르, 알라기르 등의 씨족은 모두 야쿠트족 출신이다.[56] 그러므로 야쿠트 문화의 요소들은 에벤키족이 프리아무리예에 이주해 오기 전에 이미 에벤키 문화에 유입되어 있었다.

에벤키족과 야쿠트족의 교류가 집중적으로 이루어진 지역은 프리아무리예 동부였다. 동부 부레야 강과 셀렘자 강 상류에는 야쿠트족이 265명, 에벤키족이 757명 거주했다. 에벤키족이 절대적으로 많았지만 야쿠트족은 에벤키족에게 대단한 영향을 주었다.[57] 에벤키족의 대다수는 야쿠트어를 사용할 수 있었고 통혼이 빈번했으며 혼혈 2세대들은 자신들을 야쿠트족이라고 생각했다. 하지만 서부의 상황은 달랐다. 이곳은 야쿠트족이 많지 않아서 에벤키어로 대화를 했으며 야쿠트어를 사용하지 못했고 통혼의 경우 2세대들은 자신들을 에벤키족으로 생각했다.

프리아무리예 동부 에벤키족은 아무르 강 하류의 종족들과도 긴밀하게 교류했다. 함께 사냥을 가기도 하고 통혼도 했다. 1887~1917년 에벤키족 180쌍이 결혼을 했는데 에벤키족끼리의 결혼은 122쌍으로 68%이며 통혼은 58쌍이었다. 이 중 네기달족과의 결혼이 29쌍, 야쿠트족과의 결혼이 18쌍, 나나이족과의 결혼이 9쌍이었다.[58] 서로 다른 종족이 인접해서 거주한다고 하여 쉽게 통혼으로 이어지는 것은 아니다. 특히 에벤키족은 유목 이동 생활을 하기 때문에 타종족과 생활 관습상의 차이가 매우 커서 결혼할 경우 갈등의 소지가 매우 크다. 따라서 타종족과 통혼

56 Ermolova N. V. *Evenki Priamur'ja i Sahalina. Formirovanie i kul'turno-istoricheskie svjazi XVII~nachalo XX vv.*, Avtoref. Dissert. Kandidat. Istor. Nauk., L.: LGU, 1984, p. 176.

57 Vasilevich G. M. "Evenkijskaja ekspeditsija", *Kratkie Soobshchenija Instituta Etnografii AN SSSR* 5, 1949, p. 57.

58 Smoljak A. V. *Etnicheskie protsessy u narodov Nizhnego Amura i Sahalina seredina 19~nachalo 20 vv.*, M., 1975b, p. 204.

을 하는 에벤키족은 대개 정착 생활을 하는 그룹이다.

프리아무리예 에벤키족은 타지역의 에벤키족과 비교할 때 기원이나 분포 현황, 타종족이나 타씨족과의 관계, 문화적 특성에 대한 정보가 매우 부족하다. 특히 17세기 후반부터 19세기 중반까지 프리아무리예에 관한 정보는 전무하다. 이 시기 프리아무리예는 러시아와 청나라의 간섭에서 벗어난 '해방의 땅', '자유의 땅'이었다. 에벤키족을 비롯한 소수종족들은 이 땅으로 이주하기를 원했고 실제로 이주했을 것이다. 이로 인해 프리아무리예는 종족 구성이 매우 복잡해졌고 넓은 지역에서 문화 교류가 발생하면서 일률적으로 규정하기 힘든 고유한 특성을 가지게 되었다.

* * *

17세기 프리아무리예에서 활동한 에벤키족의 절대 다수는 순록 사육에 종사했으며 말 사육에 종사하는 그룹은 극소수였다. 프리아무리예 에벤키족이 순록 사육 에벤키와 말 사육 에벤키족으로 분화된 것은 17세기 이후이다. 프리아무리예 에벤키족은 이미 17세기 이전부터 이웃한 자바이칼리예, 야쿠티야 남쪽, 오호츠크 해안의 에벤키족과 밀접하게 교류했다. 프리아무리예 에벤키족의 서쪽 이웃은 가축 사육에 종사하는 자바이칼리예 에벤키족이고 남쪽 이웃은 야쿠티야 남쪽의 비비 강~알단 강 연안에 거주하며 순록을 사육하는 나나기르, 킨디기르, 포체고르, 바카라이 등 에벤키족 씨족이며, 동쪽 이웃은 오호츠크 에벤키족이었다. 또 17세기 아무르 강 중상류의 에벤키족은 다우르족, 듀체르족, 고굴족, 부분적으로 몽골족과 교류했는데 다우르족의 영향을 가장 많이 받았다. 특히 농경에 종사하게 된 에벤키족은 다우르족과 함께 거주했다. 17세기 아무르 강 중상류에서 에벤키족과 듀체르족의 상호작용으로 고굴족에 새로운 씨족이 대거 출현했다. 이러한 지형학적, 인종학적 특성으로 인해 프리아무리예 에벤키족 문화는 매우 독창적인 특성을 지니게 되었다.

19세기 프리아무리예가 러시아에 귀속되면서 프리아무리예 에벤키족의 역사는 새로운 전환점을 맞이하게 되었다. 러시아인의 영향으로 프리아무리예 토착민들은 경제생활을 바꾸게 되었고 과거의 폐쇄적 씨족제도는 허물어졌다. 러시아인이 거주하는 마을은 프리아무리예 여러 종족의 상업 및 문화 교류의 중심지가 되었고 단기간에 아무르 주는 다종족 러시아의 일부가 되었다.

19세기 프리아무리예 에벤키족은 크게 세 그룹으로 나누어졌다. 프리아무리예 동부의 아무르 강 하류에 거주하는 순록 사육 에벤키족, 프리아무리예 서부의 말 사육 마네기르와 비라리, 순록 사육 오로촌이다. 17세기 아무르 강 좌안에서 마네기르와 비라리는 이웃해서 살았는데 비라리가 마네기르보다 먼저 프리아무리예를 떠났다. 그 결과 러시아인이 프리아무리예에 다시 출현한 19세기 중반 프리아무리예 서부에는 마네기르 씨족만 거주하고 있었다.

19세기 프리아무리예 동부의 에벤키족은 서부의 에벤키족과는 생활방식에서 다소 차이가 났다. 이들은 남쪽의 아무르 강 연안으로 이주한 뒤 순록을 잃어버리고 정착생활을 하게 되었다. 이들은 야쿠트족과 아무르 강 하류에 거주하던 나나이족, 네기달족, 오로치족, 우데게이족의 영향을 강하게 받았다. 이들은 서부 에벤키족과 달리 러시아인과 밀접하게 교류했고 20세기 초 많은 이들이 러시아어를 사용했다.

프리아무리예 동부 에벤키도 서부 에벤키도 야쿠트족의 영향을 많이 받았다. 야쿠트족이 소수였던 사할린에서조차 에벤키족은 야쿠트족의 영향을 많이 받았다. 이는 단지 에벤키족이 야쿠트족 상인으로부터 상품을 구입하면서 생긴 현상이 아니라 프리아무리예 에벤키족 중 야쿠티야 지역에서 이주해 온 사람들이 많기 때문에 생긴 현상이다. 가령 프리아무리예 서쪽 에벤키족의 상당수는 야쿠티야 관구 남서쪽에서 유목을 했으며 야쿠트족 출신 에벤키족 씨족은 모두 동부나 사할린 에벤키족에 편입되었다. 그러므로 야쿠트 문화의 요소들은 에벤키족이 프리아무리예에 이주해 오기 전에 이미 에벤키 문화에 유입되어 있었다. 프리아무리예 에벤키 문화는 다른 지역 에벤키 문화와는 변별적이며 고유한 독창성을 지니고 있다. 하지만 17세기 초부터는 러시아인에 의해 부침을 겪으면서 러시아 문화에 편입되어 갔다. 프리아무리예는 시베리아 다른 지역보다 한민족과의 관련 여부가 계속 제기되는 지역이므로 지속적인 관심과 연구가 필요해 보인다.

제7장

사할린 에벤키족 씨족명 분포 현황 및 문화적 특징

제7장
사할린 에벤키족 씨족명 분포 현황 및 문화적 특징

표 14. 사할린 에벤키족 씨족명 분포 현황

사할린 에벤키족 씨족명		
번호	씨족명	씨족명 변이형 및 초기~20세기 초 주요 거주지
1	아이누칸	20세기 이후 사할린. 아이누족과 에벤키족의 혼혈로 출현했다.
2	아윰칸	우윰칸. 17세기 암군 강, 1949년 사할린 북부. 네기달족에도 아윰칸 씨족이 있다.
3	안카기르	19세기 말 이후 사할린.
4	알라기르	1897년 우다 강 유역에 4명 생존해 있었다. 1949년 사할린. 에벤키족에 편입된 야쿠트족이 지어준 명칭이다.
5	죽차기르	암군 강 유역에 거주하다 19세기 말 사할린으로 이주했다.
6	킬렌	킬레르, 킬라르, 킬로르, 킬라기르. 17세기 오호타 강, 울랴 강, 타우나 강, 아이마마야 강, 우다 강, 투구르 강, 한타이카 강, 예세이 호수. 19세기 아문 강, 우르마 강, 레나 강, 빌류이 강, 1897년 오호츠크해 연안, 1917년 사할린. 킬렌은 시베리아 지명과 관련이 깊다. 레나 강 상류 지류에 킬로르 강이 있고,

		비팀 강, 올렉마 강, 제야 강 지류에 킬리 강과 킬란 강이 있다. '킬'~형 씨족은 만주퉁구스어권 종족 사이에 넓게 분포되어 있다. 나나이족에 킬리, 오로치족에 킬렌기다, 울치족에 킬레르, 에벤족에 킬라르 씨족이 있다(Vasilevich, 1969, p. 270).
7	탓타	1946년 사할린.

1. 사할린 에벤키족의 출현과 정착사[1]

사할린 에벤키족이 처음으로 세상에 알려진 것은 1894년 시테른베르크[2]에 의해서다. 1912년 메르쿠셰프(V. V. Merkushev)는 사할린 토착민에 대한 통계 조사를 실시했는데 이는 시테른베르크가 제공한 사할린 에벤키족에 대한 정보를 일정 정도 보충해 주었다. 사할린 에벤키족은 지리적으로 인접한 프리아무리예 동부 에벤키족과 밀접한 관련이 있다. 이들은 기원이 동일할 뿐만 아니라 지리적 인접성으로 인해 오랫동안 지속

1 사할린 에벤키 씨족명은 Patkanov S. *Opyt geografii i statistiki tungusskih plemen Sibiri na osnovanii dannyh perepisi 1897 g. i drugih istochnikov. Tungusy sobstvenno* 1(1, 2), SPb.: Izd. SPb., 1906; ________. "Opyt geografii i statistiki tungusov", *Zapiski Russkogo Geograficheskogo Obshchestva, Otd. Etnografii* 1, 1911a; ________. "Statisticheskie dannye, pokazyvajushchie plemennoj sostav naselenija Sibiri", *Zapiski Russkogo Geograficheskogo Obshchestva* 2, 1911b; Dolgih B. O. *Rodovoj i plemennoj sostav narodnostej Sibiri v XII veke.*, M.: Izdatel'stvo AN SSSR, 1960; Stepanov N. N. "Hozjajstvo tungusskih plemen Sibiri v XVII v.", *Sbornik Voprosy Istorii Sibiri*, L., 1961; Taksami Ch. M. "Tugusskie narody Sahalina", *Strany i narody Vostoka* VI, M., 1968; Ermolova N. V. *Evenki Priamur'ja i Sahalina. Formirovanie i kul'turno-istoricheskie svjazi XVII~nachalo XX vv.*, Avtoref. Dissert. Kandidat. Istor. Nauk., L.: LGU, 1984; Tugolukov V. A. *Tungusy (evenki i eveny) Srednej i Zapadnej Sibiri*, M.: Nauka, 1985 등을 참고하여 작성했다.

2 Shternberg L. Ja. "Puteshestvie na Krajnij Severa Saharina", *Saharinskij kalendar' i materialy k izucheniju ostrova Sahalina,* 1895, pp. 39~40.

적으로 교류해 왔다. 에벤키족은 사할린 토착민이 아니다, 1848년 네벨의 사할린 원정 당시 아직 이곳에는 에벤키족의 발길이 미치지 않았다. 글렌이 1860~1862년 사할린 원정 당시 처음 에벤키족을 만났는데 봄이 되면 에벤키족은 교외로 순록 사냥을 나갔다.[3] 이러한 점을 종합할 때 사할린에 에벤키족이 등장한 것은 1848~1860년 사이이며 프리아무리예에 에벤키족이 등장한 이후이다.

파트카노프도 에벤키족이 사할린에 이주한 시기를 1860년대로 추정한다.[4] 그 당시까지도 사할린은 러시아인이나 다른 종족들에게 알려지지 않았다. 따라서 에벤키족에게 사할린은 사냥감이 풍부하고 순록을 키울 수 있는 훌륭한 목초지가 있는 아주 풍요의 땅이었다. 에벤키족은 처음부터 사할린에 정착하지는 않았다. 초기에는 현물세 납세를 위한 겨울철 모피 동물 사냥과 생존을 위한 야생순록 사냥의 계절형 이주의 성격이 짙었다. 시간이 흘러 사할린에 정착한 뒤에도 에벤키족은 프리아무리예와의 관계를 계속 이어갔다. 겨울이 되면 얼음을 타고 오렐 호수 근처의 야시장에 와서 순록과 모피를 생필품으로 바꾸었고 니콜라옙스크 시에 현물세를 납세했다.[5]

최초로 사할린으로 이주한 에벤키족 씨족은 추미칸 지역의 랄라기르, 에겐케기르, 코니가, 제르 씨족과 암군 강의 죽차기르, 베툰 씨족이며 이후에 부루칸 지역의 부타 씨족, 부르칸 강과 부레야 강의 에단 씨족이

3 Glen P. P. "Otchet o puteshestvie po ostrovu Sahalinu", *Trudy Sibirskoj Ekspeditsii Russkogo Geograficheskogo Obshchestva* 1, Fizicheskij otdel, SPb., 1868, p. 91.

4 Patkanov S. *Statisticheskie dannye, pokazyvajushchie plemennoj sostav naselenija Sibiri, jazyk i narody inorodtsev (na osnovanii dahhyh spetsial'noj razrabotki materiala perepisi 1897 g.)* 3, SPb., 1912, p. 1000.

5 Litvintsev V. P. "Plomyslovoe naselenie Amgunskogo rajona", *Ekonomicheskaja zhizn' Dal'nego Vostoka* 6~7, Havarovsk, 1926, p. 140.

사할린으로 건너갔다.[6] 린데나우에 의하면 19세기 말 우다 강 유역에 거주하는 오긴카기르, 키티기르, 묵티기르, 랄카기르 씨족은 자신들과 사할린 섬의 오리스족을 친족이라고 생각했다.[7] 이들이 말하는 오리스족은 사할린 섬의 오로크족을 가르킨다. 이들은 17세기 혹은 그 이전에 사할린으로 이주한 우다 강과 암군 강 에벤키족의 후손들이다.

1897년 무렵 사할린 에벤키족은 사할린 섬 좌안 북쪽의 란그르 곶에서부터 남쪽의 비아흐타 마을에 이르는 지역에 거주했다. 늦여름 그들은 동쪽 해안의 팀 강 하구와 니이보 만으로 유목을 떠났다. 이로 인해 1897년 인구 조사에서 사할린 에벤키족 중 30명은 우드 관구 소속으로 기록되어 있다.[8] 에벤키족의 사할린 이주는 20세기 초까지 계속되었다. 이는 1897년 인구조사 목록을 통해 알 수 있다.

> "1890년대 초와 비교할 때 1897년 사할린 에벤키족의 수가 증가했다. 1901년 기록에 의하면 사할린에는 99명의 에벤키족이 거주한다." (Shternberg L. Ja. "Puteshestvie na Krajnij Severa Saharina", *Saharinskij kalendar' i materialy k izucheniju ostrova Sahalina*, 1895, p. 39)

불과 4년 만에 사할린 에벤키족의 수가 배로 증가했다. 하지만 이들의 수는 기록물에 따라 많은 차이가 난다. 1898년 사할린 연표에는 157명으로 기록되어 있지만 파트카노프의 목록에는 143명으로 기록되어 있다.[9]

---

6 Krejnovich Ju. A. "Rasselenie tuzemnogo naselenija v sovetskoj chasti ostrova Sahalina", *Dal'nevostochnoe statistichestoe obozrenie* 12, 1928, p. 5.

7 Zolotarev A. M. "Novye dannye o tungusah i lamutah 18 veke.", *Istorik-marksist* 2, 1938, p. 75.

8 Patkanov S. *Opyt geografii i statistiki tungusskih plemen Sibiri na osnovanii dannyh perepisi 1897 g. i drugih istochnikov. Tungusy sobstvenno* 1(1), SPb.: Izd. SPb., 1906, p. 37.

파트카노프는 사할린 에벤키족의 수를 자신이 조사한 143명에 조사 당시 본토에 등록되어 있던 30명을 추가하여 173명이라고 주장한다.[10] 이와 같은 차이는 에벤키족을 오로크족에 포함시켜 기록했기 때문이다. 따라서 1898년 사할린 에벤키족의 수는 실제로는 이보다 더 많았을 것이다. 하지만 시간이 흐르면서 에벤키족이 오로크족에게 동화되었기 때문에 에벤키족의 수를 정확하게 알아내는 것은 불가능하다. 1927년 사할린 에벤키족은 160명이었다.[11] 사할린 에벤키족은 프리아무리예 동부에서 이주한 그룹이 절대 다수이기 때문에 씨족 성원에서 프리아무리예 동부 에벤키족과 거의 차이가 나지 않는다. 19세기 말 규모가 큰 에벤키족 씨족으로는 에겐케기르, 안카기르를 들 수 있다. 모두 48명이었는데 에댜 19명, 랄라기르 13명, 제르 10명, 부타 3명이었다.[12]

19세기 후반 섬 중앙의 모든 지역에서 에벤키족을 만날 수 있었다. 특히 알렉산드롭스크 지역과 티몹스크 지역에 집중되어 있었고 남쪽의 고르사코프 지역에 소수가 거주했다. 당시 이들은 사할린 섬의 서해안에 거주했으며 늦여름에는 동해안으로 옮겨가서 어로에 종사했다.[13] 1890

9 *Sahalinskij kalendar'*, Tipografija na o.Sahalin, 1898, p. 82; Patkanov S. *Statisticheskie dannye, pokazyvajushchie plemennoj sostav naselenija Sibiri, jazyk i narody inorodtsev (na osnovanii dahhyh spetsial'noj razrabotki materiala perepisi 1897 g.)* 3, SPb., 1912, p. 43.

10 Patkanov S. *Statisticheskie dannye, pokazyvajushchie plemennoj sostav naselenija Sibiri, jazyk i narody inorodtsev (na osnovanii dahhyh spetsial'noj razrabotki materiala perepisi 1897 g.)* 3, SPb., 1912, p. 37.

11 Krejnovich Ju. A. "Rasselenie tuzemnogo naselenija v sovetskoj chasti ostrova Sahalina", *Dal'nevostochnoe statistichestoe obozrenie* 12, 1928, p. 5.

12 Patkanov S. *Statisticheskie dannye, pokazyvajushchie plemennoj sostav naselenija Sibiri, jazyk i narody inorodtsev (na osnovanii dahhyh spetsial'noj razrabotki materiala perepisi 1897 g.)* 3, SPb., 1912, p. 3.

13 Shternberg L. Ja. "Puteshestvie na Krajnij Severa Saharina", *Saharinskij kalendar' i materialy k izucheniju ostrova Sahalina*, 1895, p. 39.

년대부터 에벤키족은 동쪽 해안가로 차츰 활동 범위를 넓혀 갔다. 20세기 초에는 타타르 해안, 비아흐투-니이데 지역의 서부 에벤키족과 차이보만 북쪽 오호츠크 해안의 동부 에벤키족으로 나누어졌다.[14]

2. 사할린 에벤키족의 문화적 특징

사할린의 에벤키족은 동부와 서부 그룹으로 나누어지며 인접 종족 및 문화적 특성에서 다소 차이가 난다. 에벤키족, 닙흐족, 오로크족은 주로 사할린 섬의 북쪽에서 활동했으며 서해안에는 에벤키족이, 동해안에는 닙흐족과 오로크족이 거주했는데 거주지의 변화가 거의 없었다. 사할린 서부 에벤키족은 닙흐족과 이웃했고 동부 에벤키족은 닙흐족, 오로크족과 이웃했다. 닙흐족과 에벤키족은 에벤키족이 사할린에 정착한 초기부터 아주 오랫동안 교류했다. 그럼에도 에벤키족은 언어, 경제활동 등 문화적인 측면에서 오로크족의 영향을 훨씬 더 많이 받았다.[15] 오르크족은 에벤키족과 같은 만주 퉁구스어권에 속한다. 따라서 에벤키족은 닙흐족보다 오로크족과 공통의 문화요소를 더 많이 갖고 있었을 것이고 이는 두 종족의 교류를 강하게 부추겼을 것이다.

사할린 에벤키족은 야쿠트족의 영향도 받았다. 야쿠트족은 에벤키족

14 Krejnovich Ju. A. "Rasselenie tuzemnogo naselenija v sovetskoj chasti ostrova Sahalina", *Dal'nevostochnoe statistichestoe obozrenie* 12, 1928, p. 5; Merkushev V. V. "Statisticheskoe obsledovanie inorodtsev Sahalinskoj oblasti", *Sahalin. Sbornik statej o proshlom i nastojashchem,* Sahalin, 1913, p. 59.

15 Ermolova N. V. *Evenki Priamur'ja i Sahalina. Formirovanie i kul'turno-istoricheskie svjazi XVII~nachalo XX vv.*, Avtoref. Dissert. Kandidat. Istor. Nauk., L.: LGU, 1984, p. 131.

과 비슷한 시기에 사할린에 출현했는데 무척 소수였다. 1926년에도 사할린 야쿠트족은 36명에 불과했다.[16] 야쿠트족은 소수였지만 에벤키 문화에 강한 영향을 미쳤다. 사실 두 종족의 교류는 프리아무리예에서 에벤키족과 야쿠트족이 접촉하던 시기에 이미 시작된 것이다.

사할린 에벤키족의 주된 생산 활동은 사냥이었으며 사냥 문화는 프리아무리예 동부 에벤키족과 거의 차이가 없었다. 이들에게 겨울에 가장 중요한 사냥감은 발굽이 있는 짐승인데 높은 산까지 쫓아가서 사냥을 한다. 가을에는 짐승이 다니는 길목에 올가미를 설치하고 이끼를 던져둔다. 사슴과에 속하는 코술은 가을이면 눈이 적은 곳을 찾아 남쪽으로 이동하기 위해 강을 건넌다. 이때 대량 사냥이 가능하고 북쪽으로 돌아오는 봄에도 대량 사냥이 가능하다. 녹용을 얻기 위해 6월 중순부터 7월 말까지는 큰사슴 사냥을 한다. 하지만 야생순록이 많은 사할린에서 가장 중요한 사냥감은 순록이다. 겨울에는 스키를 타고 사냥하며 여건이 허락하면 가끔은 10~20마리의 순록을 사냥하기도 한다. 가을과 초겨울에는 개를 데리고 사냥을 하는데 9월의 순록 가죽이 가장 비싸기 때문에 이 시기에 순록을 사냥하려고 애쓴다. 이외에도 멧돼지와 곰 사냥도 하며 보조적으로 물새 사냥도 한다. 4~5월, 9월에는 거위와 오리 사냥을 한다. 사할린 에벤키족은 쇠뇌와 올가미를 이용해 여우 사냥도 하는데 쇠뇌는 첫눈이 올 때 설치했다가 봄에 거둬들인다. 이들은 개를 데리고 순록이나 스키를 타고 다니면서 여우 사냥을 한다.

섬이라는 고립된 공간이지만 사할린 에벤키족은 프리아무리예 에벤키족과 지속적으로 교류했기 때문에 문화적으로 프리아무리예 에벤키족과

---

16 Krejnovich Ju. A. "Rasselenie tuzemnogo naselenija v sovetskoj chasti ostrova Sahalina", *Dal'nevostochnoe statistichestoe obozrenie* 12, 1928, p. 5.

큰 차이가 나지 않는다. 또 전반적으로 오로크족, 야쿠트족과 긴밀한 관계에 있었지만 에벤키족의 문화적 정체성을 상실할 만큼의 영향 관계는 아니었다.

* * *

여러 기록과 문헌에 근거할 때 사할린에 에벤키족이 등장한 것은 1860년대 이전으로 올라 갈 수는 없다. 사할린 에벤키족은 프리아무리예 에벤키족이 대다수이며 이들과 긴밀하게 교류했기 때문에 문화적으로 프리아무리예 동부 에벤키족과 큰 차이가 나지 않는다. 또 전반적으로 오로크족, 야쿠트족과 긴밀한 관계에 있었지만 에벤키족의 문화적 정체성은 여전히 보존해 갔다.

제8장

오호츠크해 에벤키족 씨족명 분포 현황 및 문화적 특징

제8장 오호츠크해 에벤키족 씨족명 분포 현황 및 문화적 특징

표 15. 오호츠크 에벤키족 씨족명 분포 현황

오호츠크 에벤키족 씨족명		
번호	씨족명	씨족명 변이형 및 초기~20세기 초 주요 거주지
1	골루신	17세기 오호츠크 주.
2	굴류기르	17세기 우야 강, 울랴 강, 알돔 강. 17세기 문헌에서 발견되는 고대 울랴 강과 관련이 있다. 울랴 강은 '자작나무 강'이란 의미의 코랴어 '빌길베옘(Vylgilveem)'으로 설명 가능하다. 이 씨족의 분포 지역은 울랴 강 인근으로 국한된다.
3	나카기르	17세기 오호타 강.
4	네네기르	뉴뉴기르. 17세기 울랴 강, 인나 강, 오호타 강. 이냐 강 인근에 이와 유사한 씨족명을 가진 사람들이 많기 때문에 이냐 강과 관련이 있을 것이라고 추정된다.
5	델랸	델랸칸, 젤델랸, 델랴누르. 17세기 오호츠크 해안에 거주. 20세기 초부터 마가단 주의 올라 강, 콜림 강, 오호타 강 등의 지역에 광범위하게 분포되어 있다. 캄차카에도 거주한다.
6	도칸	19세기 초, 1897년 기지긴 관구. 18세기 도보퉁구스는 순록 사육 에벤키족을 돈칸~둔칸이라고 불렀다. 자바이

		칼리예에서 돈코는 다우르족 출신 말 사육 에벤키족의 자명이었다.
7	돌기르	돌간족과 어근이 같기 때문에 돌간족과 일정한 관련이 있다.
8	랄카기르	1850년대 우다 강 유역.
9	률류기르	룰루기르, 랄라기르. 17세기~19세기 우추르 강, 우다 강, 오호츠크 해안, 울랴 강. 추코트카의 지명 '렐류보이(Leljuvoj)'나 '지류가 많은 강'이란 의미의 코랴어 지명 '률류바이(Ljuljuvaj)'와 관계가 있다.
10	마카기르	오호츠크해 연안.
11	무이쿠카르	오무투카기르, 우무흐투카기르, 무이투카르. 17~18세기 타우이 강, 올라 강. 씨족명 무이쿠카르는 마가단 주의 지명 '아마흐톤(Amahton)'에서 유래한 것으로 보이며 기원은 정확히 알 수 없다. 하지만 17세기 이후 자바이칼리예의 묵티기르, 19세기 중반 이후 아무르 강 유역의 묵테기르 씨족이 이 씨족에서 분리되었다고 전해진다. 따라서 이미 17세기 이전 자바이칼리예에 출현했고 그 이후 오호츠크해 지역으로 이주한 것으로 추정된다.
12	무옐라기르	17세기 우다 강, 울랴 강, 오호타 강. '목 아랫부분의 털'이라는 의미의 에벤키어 '무엘레(muelle)'와 관련이 있거나 이 씨족의 거주지에 인접한 무야 강과 관련이 있을 것이다.
13	바시센	17세기 오호타 강.
14	베튠	오호츠크 해안. 베투. 빌류이 강의 베티, 알단 강 하구 야쿠트족의 베틸 씨족과 친족으로 추정된다.
15	불듀카기르	불두카기르. 17세기 오호타 강. 에벤족에 불류카기르 씨족이 있다.
16	사나기르	샤나카르. 시냐기르. 17세기 오호타 강, 아임 강 좌측 지류의 치얀 강과 관련이 있을 것으로 추정된다. 17세기 타우이 강의 사나울 씨족과도 일정한 관련이 있을 것으로 보인다.
17	스마기르	17세기 타우이 강. 기원지에서 먼 곳까지 분포되어 있는 사마기르 씨족과 관련이 있을 것이다.
18	아긴카기르	20세기 이후 오호츠크해 연안.

19	아지간	안지. 17~19세기 타우이 강~우다 강. 일부는 에벤족의 울린 씨족에 편입했다.
20	알간	안간. 20세기 이후 오호츠크해 연안, 타우이 강, 모티흘레야 강.
21	에디겐	에지겐. 17~18세기 오호츠크 해안. 레나 강의 에디간과 친족으로 추정된다.
22	오무쯔키	17세기 타우이 강. 암군 강의 다른 명칭인 '오무트(Omut)'나 에벤키어에 호수라는 의미의 '아무트(amut)', 혹은 야쿠트족이 유카기르를 부르는 '(오묵Omuk)'과 관련이 있을 것이다.
23	오볼나기르	17세기 우다 강.
24	우낙투기르	우낙티르, 우나흐티기르. 17세기 우라크 강, 오호타 강. '코나 곶'이란 의미의 에벤키어 '옥토(okto)'에서 유래한 것으로 보인다.
25	우야기르	우얄기르. 17세기 우다 강. 같은 지역에 거주하는 에벤족의 우야간 씨족과 관련이 있다.
26	욱디르	읍디르, 움지르. 17세기 인나 강과 모티흘레야 강, 20세기 이후 울랴 강.
27	욱체르	17세기 타우이 강.
28	옵랴르	17세기 타우이 강.
29	유케기르	17세기 오호타 강.
30	인가킨	17세기 오호타 강.
31	젤리카기르	에벤족의 달랸칸 씨족과 관련이 있을 것이다.
32	착차기르	찹차기르. 17세기 울리야, 오호타 강. 아무르 강의 축차기르 씨족과 친족으로 추정된다.
33	칠루시르	17세기 오호타 강.
34	카타기르	카티기르. 17세기 우다 강, 울랴 강, 오호타 강. 쿠흐트이 강과 관련이 있을 것이다.
35	캅기르	17세기 오호타 강.
36	캅치기르	17세기 오호타 강. 축치족과 코략족에도 동일한 씨족명이 있었는데 이들은 순차적으로 에벤키족에 편입되었다.
37	코니가	콩니가. 1932~1955년 우살기나 강, 투구르 강, 추미칸 지역. 네기달족의 메케기르 씨족에서 분리되었다.

38	콘다카기르	17세기 오호타 강. 아무르 강 유역의 콘타기르, 니즈나야 퉁구스카 강의 콘도기르 씨족과 친족으로 추정된다.
39	쿠쿠기르	쿡투기르, 쿤쿠기르, 쿤키기르, 콤코기르, 쿵누르. 17세기 레나 강 하류, 20세기 이후 인디기르카 강 하류, 17~19세기 울랴 강, 오호타 강, 인냐 강. 쿠흐투이 강의 중심지에 이 씨족이 집중되어 있었기 때문에 이 강에서 출현한 것으로 보인다. 쿠르코기르 씨족은 위 지역에서 서쪽의 먼 곳까지 유목을 하러 다녔다.
40	큐르뷱디	20세기 이후 오호츠크 해안.
41	타기르	17세기 오호츠크 해안
42	탈바르	톨바르. 17세기 오호츠크 해안.
43	투마	투말, 투마트,. 17세기 오호츠크 해안의 다른 지역에 거주하는 퉁구체르 씨족, 자바이칼리예 투만딘 씨족과 친족으로 추정된다. 네기달족 가운데 나나이족에서 기원한 투말리 씨족이 있다.
44	퉁구체르	투무체르. 17~18세기 오호타 강. 오호츠크해로 흘러들어가는 투구르 강이나 아무르 강 상류 지류의 하나인 퉁기르 강에서 기원한 것으로 보인다.

1. 오호츠크해 에벤키족의 출현과 정착사[1]

오호츠크 해안에 에벤키족와 에벤족의 선조가 출현한 것은 대략 500년 전으로 거슬러 올라간다.[2] 퉁구스어권 종족의 시베리아 북동 지역과

1 오호츠크 에벤키족 씨족명은 Gurvich I. S. "Eveny-tjugjasiry", *Kratkie soobshchenija Instituta etnografii Akademii nauk SSSR* 25, M., 1956; Tugolukov V. A. "Ohotskie evenki", *Sovetskaja Etnografija* 1, M., 1958; Spevakovskij A. B. *Traditsionnaja i sovremennaja kul'tura evenov,* Avtoreferat. Dissert. Kandidat. Istor. Nauk., L., 1981; Burykin A. A. "Evenkijskie i evenskie etnonimy Ohotskogo poberezh'ja", *Traditsionnaja kul'tura vostoka Azii* 3, Blagoveshchensk, 2001 등을 참고하여 작성했다.

오호츠크 해안 지역으로의 이동은 10~13세기경 중앙아시아 튀르크어권 종족의 이동과 관련이 있다. 몽골어권 제 종족과 긴밀한 관계를 가지고 있던 튀르크어권 종족은 바이칼 호수에서 북쪽으로 이주했다. 이는 퉁구스어권 종족에게 일정 정도 영향을 주었는데 이는 만주퉁구스어권 종족의 설화를 통해서도 확인할 수 있다.

에벤키족 설화에 자주 등장하는 만기는 먼 고대 퉁구스어권이 아닌 다른 종족에서 기원해서 중앙아시아와 시베리아에 널리 분포되었다. 에벤키족 설화에서 '만기'는 에벤키족을 괴롭히는 머리 여덟 개 달린 괴물(보르콜툰(Berkol'ton)), 힘이 세고 비범한 거인이며 천상세계에 올라가서 사는 사람(만기 됴롬고(Mangi Deromgo))으로 묘사된다. 치나나이는 에벤키족과 다른 종족인 만기족 출신으로 그려지고 있다(치나나이(Chinanaj)). 그렇다면 만기 혹은 만기얀은 에벤키족 출신은 아니었다.

대략 13세기 말~14세기 초 튀르크어를 사용했던 야쿠트족의 선조는 레나 강 중류에 이르렀다. 일정 기간 순차적으로 이 지역에서 활동 범위를 넓혀가던 퉁구스어권 종족은 이 시기 오호츠크 해안에 이르렀다. 오클라드니코프는 퉁구스어권 종족이 오호츠크 해에 도달한 시기를 15~16세기경으로 추정한다. 고고학 자료에 의하면 이 시기는 오호츠크 해안에서 고대 코략족의 유물이 급감한다.[3] 이는 에벤키족이 이주해오면서 이 지역 토착민인 코략족이 북쪽으로 이주했기 때문으로 추정된다.

오호츠크해 에벤키족은 주로 자바이칼리예 북서지역에서 이주한 그룹이다. 린데나우는 우드스크 에벤키족에게서 그들의 선조가 레나 강을 따

---

2 Spevakovskij A. B. *Traditsionnaja i sovremennaja kul'tura evenov*, Avtoreferat. Dissert. Kandidat. Istor. Nauk., L., 1981, p. 121.

3 Spevakovskij A. B. *Traditsionnaja i sovremennaja kul'tura evenov*, Avtoreferat. Dissert. Kandidat. Istor. Nauk., L., 1981, p. 123.

라 올룍마 강 하구로 이동한 뒤 다시 알단 강과 오호츠크 해로 이주했다는 이야기를 들었다고 한다. 불리체프도 오호츠크 에벤키족에게서 그들의 선조가 바이칼 호수 지역에서 19세기 중반 이곳으로 이주했다는 이야기를 들었다고 한다.[4] 오호츠크 에벤키족의 주요 씨족에는 아긴카기르, 베튜, 부타, 큐르북디, 률르기르, 마카기르, 솔로곤, 에디겐, 에단이 있다.[5] 20세기 중반 오호츠크 에벤키족은 총 2,000명 정도였는데 투구로 추미칸 지역과 하바롭스크 지역의 아자노-마이 지역에 집중적으로 기주한다. 이들은 다른 지역 에벤키족과 구별되는 자신들만의 고유한 문화와 언어를 간직하고 있다.

2. 오호츠크해 에벤키족 문화의 특징

오호츠크 해안에 거주하는 순록 사육 에벤키족은 처음에는 자신들을 오로치, 오로첼이라고 불렀는데 이는 프리아무리예 서부 순록 사육 에벤키족을 가리키는 '오로촌'과 음성적으로 유사하다. 따라서 이 용어는 오호츠크 해안에서 순록을 조금 소유하거나 순록이 없는 에벤키족과 순록 사육 에벤키족을 구별해 주는 역할을 했을 것이다. 하지만 순록 사육 에벤키족이 더 이상 순록을 사육하지 않고 일시적 혹은 영구히 정착 생활을 하게 된 뒤에도 이 용어는 계속 사용되었다.

이미 오래전부터 오호츠크해 에벤키족의 주요 경제활동은 사냥과 순

4 Bulychev I. *Puteshestvie po Vostochnoj Sibiri, Jakutskoj oblasti i Ohotskomu kraju*, SPb., 1856, p. 8.

5 Tugolukov V. A. "Ohotskie evenki", *Sovetskaja Etnografija* 1, M., 1958, p. 11.

록 사육이었으며 어로와 바다 동물 사냥은 보조적인 생업 수단이었다. 이들은 유목 이동 생활을 하며 가볍고 이동이 편리한 춤에서 거주하는데 여름에는 자작나무껍질로, 겨울에는 순록 가죽으로 만든다. 무기와 도구는 주로 석기, 뼈, 목재를 이용해서 만들며 부분적으로는 철도 사용한다. 여러 정황으로 볼 때 오호츠크해 에벤키족은 철에 대해 늦게 알게 되었고 철을 채굴하거나 다룰 줄 몰랐으며 야쿠티야와 아무르 강에서 철제품을 가지고 왔다. 러시아인이 오호츠크 해에 나타났을 때 그들은 발달된 원시 씨족제도를 유지하고 있었다. 이 제도의 가장 중요한 점은 세습이었다.[6]

오호츠크해 에벤키족의 경제와 생활의 기본 단위는 가족공동체이며 원시적 수준의 사유재산제도가 있었고 일부일처제였다. 오호츠크해 에벤키족 씨족은 그 수나 규모가 매우 다양했다. 17세기 오호츠크해 에벤키족 중 가장 규모가 큰 씨족은 씨족원이 400명 이상인 아긴카기르였는데 1897년 인구조사 목록에서는 71명에 불과했다.

오호츠크해 에벤키족은 해안에서 정착 생활하는 주민들로부터 바다 동물 사냥법과 사냥 무기를 습득했다. 바다표범 사냥에는 가벼운 작살이 사용된다. 작살의 길이는 85~105미터 정도이며 가는 막대의 끝에는 갈고리가 달려 있다. 18세기 중반 이후 오호츠크 해안에서 정착생활을 하는 에벤족도 이 작살을 사용하기 시작했다. 20세기 초에는 사할린 남부의 오로치족, 오로크족, 울치족, 닙흐족, 아이누족도 이 작살을 사용했다.[7]

오호츠크해 에벤키족은 야쿠트족으로부터 집 순록의 방목지에 울타리를 설치하는 법을 배웠다. 타이가에서 이동 생활을 하면서 순록 사육을

---

6 Tugolukov V. A. "Ohotskie evenki", *Sovetskaja Etnografija* 1, M., 1958, p. 11.

7 Spevakovskij A. B. *Traditsionnaja i sovremennaja kul'tura evenov*, Avtoreferat. Dissert. Kandidat. Istor. Nauk. L., 1981, p. 125.

하던 에벤키족과는 거리가 먼 풍습이었다. 이는 에벤키족과 에벤족이 야쿠트족과 경계를 맞댄 지역에서 특히 널리 전파되었다. 이 울타리의 길이는 10킬로미터가량이었다. 오호츠크 해안 특히 야쿠티야 남동 지역에서 야쿠트족 및 러시아인과 경계를 이룬 지역의 에벤키족은 야쿠트족과 러시아인으로부터 가축 사육법을 차용했다. 19세기 말~20세기 초 정착생활을 하는 에벤키족은 뿔 달린 동물과 말을 사육하기 시작했다. 에벤족은 암소도 기르기 시작했지만 에벤키족은 암소는 기르지 않았다.

3. 오호츠크해 에벤키 문화와 타종족 문화의 교류와 혼종

1) 오호츠크 에벤키족과 러시아인의 관계: 착취와 피착취 관계

정확한 시점은 알 수 없지만 에벤키족이 오호츠크 지역에서 활동하기 시작한 것은 이미 오래전으로 추정된다. 동시베리아의 다른 지역과 달리 러시아인은 얼마간의 부침을 겪은 뒤에야 본격적으로 오호츠크 지역에 진출할 수 있었다. 1637년 마야 강 하구에서 100베르스타[8] 위쪽에 위치한 알단 강에서 대장 드미트리 코필로프의 지휘 하에 톰스크 카작인들이 부탈 현물세 징발소를 설치하고 있었다. 1639년 코필로프는 은광 개발을 목적으로 이반 모스크비틴의 지휘 하에 이곳에서 30명의 카작인을 이끌고 오호츠크해로 떠났다. 에벤키족과 에벤족의 경계지점인 울랴 강 하구에 도달한 모스크비틴은 그곳에 현물세 징발소를 설치했지만 은광은 발견하지 못했고 일 년 뒤 알단 강으로 되돌아왔다. 즉 러시아인은 1639년

8 미터법 시행 이전 러시아의 거리 단위로 1 베르스타는 1,067킬로미터이다.

울랴 강에서 오호츠크해 에벤키족을 처음 만났다.

그 이후 러시아인은 바실리 포야르코프의 원정 때 다시 오호츠크해 토착민을 만났는데 당시 이미 다우르족의 거주지에 대한 정보는 다 수집한 상태였다. 그는 배를 이용해 아무르강 하구에서 울랴 강 하구로 갔고 그곳에서 1645~1646년 겨울을 보냈다. 그로부터 몇 년 뒤인 1649년 아무르 강 원정으로 유명해진 기업인 예로페이 하바로프가 다시 이 길을 밟아갔다. 하바로프가 야쿠티야를 떠나 아무르 강을 따라 유영을 떠나자 체치긴 부대가 그 뒤를 따라갔다. 치체긴 부대는 아무르 강에 도착했지만 하바로프는 찾지 못했다. 카작인 이반 나기브와 26명의 관리들이 하바로프를 찾아 나섰다. 나기브는 하바로프가 있는 곳을 찾기 위해 아무르 강 하구로 갔지만 어떤 흔적도 발견하지 못한 채 야쿳스크로 돌아가야만 했다. 그런데 그들이 탄 배가 곧 난파되어 현재의 투구로 추미칸 지역인 우살긴 강으로 가게 되었다. 그곳에서 에벤키족, 에벤족, 닙흐족이 남긴 물고기로 목숨을 연명하던 카작인들은 다시 에벤키족과 네기달족과의 경계지점인 투구르 강으로 갔다. 1653년 카작인들은 이 강의 하구에 현물세 징발소를 설치했지만 몇 년 뒤 러시아인의 아무르 강 접근에 불만을 가진 청나라에 의해 철거되었다.[9]

이후 수십 년 동안 러시아인은 오호츠크 지역보다는 대륙 북쪽 방면의 원정을 선호했고 자연스레 남동지역은 미지의 세계로 남겨졌다. 당시 울랴 강 남쪽 지역은 순록 사육에 적합하지 않은 황무지였기 때문에 에벤키족이 거의 없었다. 하지만 북쪽은 정착 생활을 하며 어로에 종사하는 사람들이 밀집되어 거주하고 있었는데 이들이 이른바 라무트라고 불리는 도보 퉁구스족인 에벤족이다.

9 Tugolukov V. A. "Ohotskie evenki", *Sovetskaja Etnografija* 1, M., 1958, p. 12.

"1670년대 말부터 오호츠크해 남쪽 지역을 개발하기 시작했으며 당시 러시아인은 흑담비 사냥을 위해 우다 강으로 갔다. 1681년 우다 강 하구에서 90베르스타 떨어진 곳에 현물세 징발소가 설치되었고 17세기 말 오호츠크해 연안의 모든 지역이 러시아 영토가 되었다."(Tugolukov V. A. "Ohotskie evenki", *Sovetskaja Etnografija* 1, M., 1958, p. 13)

다른 지역의 에벤키족과 마찬가지로 오호츠크해 에벤키족도 현물세와 폼니키의 중압감에 시달려야 했다. 이에 더하여 17세기부터 오호츠크해 에벤키족은 전시에 짐마차를 수송해야 하는 의무가 있었다. 이로 인해 순록은 짐을 과도하게 운반해야 했고 이는 순록의 죽음으로 이어졌다. 결국 기르던 모든 순록이 죽으면서 에벤키족은 영락의 길을 걷게 되었다. 이에 더하여 당시 상업채무약정서가 에벤키족의 영락을 한층 더 부추겼다.

"오호츠크해 연안은 18~19세기 만주족과 러시아 상인의 중개업자나 다름없는 야쿠트족, 나나이족, 골디족의 중개무역이 성행했다. 상업 채무 약정서에 에벤키족은 개인 사업가로 기록되어 있다."(Tugolukov V. A. "Ohotskie evenki", *Sovetskaja Etnografija* 1, M., 1958, p. 13)

시베리아 여러 종족 간 상업 교류가 확대되면서 가장 많은 피해를 본 것은 에벤키족이었다. 상업 교류는 주로 에벤키족의 흑담비나 다람쥐 가죽을 다른 종족의 물품과 맞바꾸는 것이었다. 이 교류는 경쟁이 없는 이른바 독과점이었기 때문에 상인이 직접 교환되는 상품의 가격을 정했다. 상인들은 계산에 서투른 에벤키족을 속여 채무자로 전락시키기 일쑤였고 채무당사자가 죽으면 자식들에게까지 채무가 상속되었다. 거의 3세기 동안 오호츠크해 에벤키족은 러시아 행정당국, 여러 종족 출신의 상인,

러시아 정교회의 아주 손쉬운 착취 대상이었다. 이는 자연의 조화마저 깨뜨렸다. 아얀노-마야 지역에서 쉴 새 없이 흑담비 사냥을 하는 바람에 흑담비는 거의 멸종이 되었고 투구로 추미칸 지역에는 극소수의 흑담비만 서식하게 되었다.[10]

과도한 교통수단으로의 이용, 동물전염병과 맞서 싸울 수 있는 에벤키족의 능력 부재로 순록의 수는 줄어갔다. 비록 해안 지역에 거주한다고 하지만 에벤키족은 어로에는 익숙하지 않았다. 따라서 에벤키족의 생활은 나날이 힘들어졌다. 에벤키족은 다른 시베리아의 토착종족처럼 1917년 10월 혁명 이후에야 러시아인과 강한 토착종족의 착취에서 벗어나게 되었다.

2) 오호츠크해 에벤키족과 토착종족의 교류

북쪽에서 에벤키족은 그들과 비슷한 시기 오호츠크 지역에 출현한 에벤족과 경계를 맞대고 있었다. 서쪽에서는 알단 강과 마야 강 하류에 거주하는 야쿠트족이 에벤키족에게 많은 영향을 주었고 남쪽에서는 닙흐족과 네기달족과 인접해 있었다.

러시아인이 17세기 오호츠크해 남부 지방에 출현했을 당시 여러 종족 간에는 굉장한 긴장감이 흘렀다고 한다. 이에 대해 17세기 중반 러시아 카작인이 수집한 정보와 이후 이 지역을 연구한 일부 연구자들도 확증하고 있다. 또 1636년부터 코필로프와 모스크비틴이 작성한 '심문서와 인명 명부'에도 잘 나타나 있다. 당시 에벤키족을 만난 러시아인 관리들에 의하면 에벤키족은 광활한 오호츠크 해안의 주민들에 대해 아주 명확하게 알고 있었다. 특히 우다 강 에벤키족은 암군 강의 지류인 오무티 강의 에벤

10 Tugolukov V. A. "Ohotskie evenki", *Sovetskaja Etnografija* 1, M., 1958, p. 14.

키족 타마기르 씨족과 물물교환을 했고 나나이족 낫키 씨족에게 모피를 주고 대신 은과 철제품을 받아왔다.[11]

오호츠크해의 토착민들은 항시적으로 긴밀하게 교류했다. 늦여름 물고기가 떼를 지어 다니는 시기가 되면 에벤키족이 거주하는 알돔 강 하구로 오호트스크 지역의 에벤족이 이동해 올 정도였다. 우다 강 에벤키족은 맞은편 지역의 네기달족과 교류했으며 닙흐족에 대해서도 아주 정확하게 알고 있었다. 프리아무리에 에벤키족은 우다 강 에벤키족을 키달(kidal)이라고 불렀다. 북쪽 지역에서 우다 강 에벤키족은 순록 사육 에벤족 및 정착 생활 에벤족과 교류했는데 후자를 '모나(mona)'라고 불렀다. 야쿠트족, 코랴족과도 교류했는데 전자는 '야코(jako)', 후자는 '가텔(gatel)'이라고 불렀다. 그런데 18세기 우다 강 에벤키족에게 축치족, 유카기르족, 캄차달족을 부르는 용어는 발견되지 않다. 따라서 우다 강 에벤키족과 그들 간에 직접적 교류는 없었던 것으로 보인다.

이러한 상황은 이 지역 에벤키 문화에 영향을 주면서 다른 지역과 일정 정도 구별되는 오호츠크해 에벤키 문화를 탄생시켰다. 예를 들면 퉁구스어권 사냥꾼과 순록 사육인은 해안에서 정착생활로 전환했고 오호츠크해 토착민의 경제생활을 배워서 바다 동물 사냥과 어로에 종사했다.

---

11 Spevakovskij A. B. *Traditsionnaja i sovremennaja kul'tura evenov*, Avtoreferat. Dissert. Kandidat. Istor. Nauk., L., 1981, p. 124.

* * *

러시아인이 오호츠크해 에벤키족을 처음 만난 것은 1639년 오호츠크해 연안 울랴 강에서다. 오호츠크해 에벤키족은 다른 지역 에벤키족과는 다른 자신들만의 고유한 문화와 언어를 간직하고 있었다. 20세기 중반 오호츠크해 에벤키족은 총 2,000명 정도였다. 이미 오래전부터 오호츠크 에벤키족은 사냥과 순록 사육에 종사했으며 어로와 바다 동물 사냥은 보조적인 생업 수단이었다. 오호츠크해 에벤키족은 주로 자바이칼리예 북서지역에서 이주한 그룹이다. 이들은 자바이칼리예 에벤키족, 오호츠크 토착민인 에벤족, 넙흐족, 네기달족과 긴밀하게 교류했다.

제9장

에벤키족의 운명에 영향을 미친 종족들

제9장
에벤키족의 운명에 영향을 미친 종족들

에벤키족은 시베리아 대다수 토착종족과 서로 인접해 있었고 긴밀하게 교류하면서 문화를 주고받았다. 그 중 에벤키족의 운명에 결정적인 영향을 미친 종족은 야쿠트족과 러시아인이다.

1. 에벤키족과 야쿠트족의 관계: 긴장에서 화합으로

17세기 에벤키족과 야쿠트족의 관계는 복잡했다. 러시아인이 출현할 무렵 야쿠트족은 가축 사육에 적합한 땅을 조금 밖에 소유하지 못한 채 밀집된 에벤키족 사이에서 거주했다. 생산양식과 삶의 방식이 확연히 다른 두 종족 사이에는 항상 긴장감이 흘렀다. 가축 사육에 종사하는 야쿠트족은 매년 초원의 식물, 숲, 이끼 등에 불을 놓았고 그 바람에 동물들이 죽거나 다른 지역으로 떠났다. 이로 인해 해를 거듭할수록 야쿠트족에 대한 에벤키족의 반감은 커져만 갔다. 그런데 야쿠티야에 러시아인이 출현하면서 야쿠트족과 에벤키족의 긴장 관계는 변하기 시작했다.

> "에벤키족은 무척 열정적이었고 동 시베리아의 다른 종족과 달리 러시아 카작인의 공격에 계속적으로 저항했다. 하지만 야쿠트족은 저항 없이 즉시 복종했으며 이후 수차례 자신들에 대한 러시아인의 극단적인 가혹함과 불공정성을 호소했다. 그들은 러시아인과 우호적으로 지내길 원했고 러시아인과 에벤키족과의 싸움에서 러시아인의 편을 들었다. 이는 최북동지역에서 러시아인과 축치족의 충돌 시 에벤키족이 러시아인의 편을 들었던 것과 유사한 상황이다."(Seroshevskij V. L. "Jakuty", *Opyt etnograficheskogo issledovanija*, M.: Rosspen, 1993, p. 20)

러시아인이 등장한 이후 러시아인과의 전쟁으로 에벤키족의 힘이 약해진 틈을 타서 야쿠트족은 알단 강, 빌류이 강, 올룍마 강, 콜림 강, 인디기르카 강 등으로 활동 지역을 넓혀갔다. 에벤키족은 야쿠트족의 팽창에 저항하면서 자신의 활동무대를 굳건히 지켜 나갔지만 2개의 전선에서 투쟁하는 것은 불가능했다. 야쿠트족이 에벤키족의 활동무대로 진출할 수 있었던 것은 에벤키족 앞에 놓인 2개의 전선뿐 아니라 에벤키족 씨족의 적대감도 큰 역할을 했다. 에벤키족 씨족 간의 무력 충돌은 현물세 징수에도 영향을 주었다. 현물세의 징수 부족을 두려워한 러시아 행정당국이 씨족 간 중개인 역할을 하면서 씨족 간 충돌이 눈에 띄게 호전되었다. 18세기 중반 이후에는 이에 관한 기록을 찾기가 힘들다.

18세기 에벤키족과 야쿠트족의 관계는 안정적으로 유지되었다. 여기에는 러시아의 조세 정책도 큰 기여를 했다. 현물 납세를 위해 야쿠트족은 에벤키족의 도움을 받아야만 했다. 에벤키족만큼 사냥에 능숙하지 못한 야쿠트족은 에벤키족에게 철제품과 가축을 주고 현물세로 낼 모피를 구해 왔다. 이로 인해 알단 강 중류에 물물교환을 하는 장소가 만들어졌고 이곳으로 마야 강, 오호츠크해, 레나 강 등지의 에벤키족이 찾아왔다.

18세기~19세기 초 야쿠트족의 집단적인 이주는 알단 강~마야 강 에벤키족의 상당수를 야쿠트족으로 동화시켰다. 1897년 인구조사 목록에 의하면 이 지역 에벤키족은 3,200명인 데 절반에 해당하는 1,247명이 혼혈이었다. 이들은 형식적으로는 에벤키족으로 간주되었지만 언어, 생산 활동, 생활습관은 야쿠트식이었다.[1]

에벤키족과 야쿠트족의 관계가 안정적으로 유지되고 에벤키족 씨족 간의 적대감이 잦아들면서 에벤키족은 활동무대를 넓힐 수 있었다. 과거에는 낯설고 먼 지역으로 소규모 씨족이나 개별 가족 단위의 이주는 아주 위험하다고 생각되었지만 이제는 가능해졌다. 에벤키족은 현물세 납세 의무, 지역 행정 당국의 폭압, 러시아인이 등장하면서 나타난 전염병 및 여러 질병에서 벗어나기 위해 다른 지역으로 이주하기를 원했다. 이런 바람이 현실화 되면서 에벤키족의 활동 범위는 서쪽과 동쪽의 더 먼 곳까지 확장되었다.

1 Majnov I. I. "Nekotorye dannye o tungusah Jakutskogo kraja", *Vostochno-Sibirskogo otdela Russkogo Geograficheskogo Obshchestva* 2, Irkutsk, 1898, p. 142.

2. 에벤키족과 러시아인의 관계: 착취와 피착취 관계에서 공존의 관계로

에벤키족과 러시아의 관계는 한 마디로 러시아 제국주의적 식민지 팽창정책의 실현을 위한 착취-피착취 관계의 강화라고 규정할 수 있다. 17세기 초 에벤키족의 활동무대에 뛰어든 러시아는 현물세와 폼니키라는 세금을 받기 시작했다. 먼저 현물세에 관해 언급하면 17세기 중반부터 15~60세까지 모든 에벤키족 남성은 현물세를 납세했다. 노인들은 납세의무가 없는 대신 사냥 가능한 청소년은 납세를 해야 했다. 초기에는 죽은 사람에 대해서도 납세를 해야 했다. 당시에는 현물세 징수 규정이 비체계적이었고 규격화 된 현물세 납세자 목록도 없었다. 이른바 현물세 납세자 목록에는 징수원이 개인적으로 수집하여 행정당국에 전달한 씨족 대표의 이름만 적혀 있었다.

모피로 현물세를 내던 시기 현물세는 특별히 경제적 가치가 뛰어난 흑담비로만 계산했으며 납세 규모는 씨족의 사냥 장소, 정치적 상황, 경제 활동의 방향에 따라 달라졌다. 에벤키족은 1명 당 3~5마리의 흑담비 모피를 세금으로 내야 했다. 전체 씨족이 일정한 수의 흑담비를 납부하는 방식도 있었는데 이것이 훨씬 유리했다. 시베리아 전역에서 흑담비가 사라진 뒤에는 늑대, 여우, 오소리, 수달 등 다른 동물의 모피로 납세를 하게 되었다.

러시아 행정당국은 현물세를 더 효과적으로 징수하기 위해 '인질제도'를 고안해 냈다. 이는 각 씨족에서 가장 뛰어난 사람이나 씨족장, 그들의 아이들이나 친척들을 인질로 데리고 와서 현물세 징발소나 요새도시에서 거주하게 하는 제도였다. 물론 이것이 러시아인의 독창적인 창작물은 아니었다. 이 제도는 이미 고대부터 동 시베리아 제 종족 사이에 전파되어 있었다. 러시아인이 등장하기 전 시베리아와 극동의 여러 종족들은 힘의 우열에 의해 공물 관계에 묶여 있었다. 만주족은 에벤키족을 인질로 잡아두었다. 에벤키인 톰코닌은 만주족의 족장이 사는 곳에 가면 여러 씨족의 인질들을 만날 수 있었다고 전한다.[2]

인질제도는 에벤키족과 러시아인의 관계를 악화시켰고 인질을 구출하기 위해 요새도시나 현물세 징발소를 습격하기도 했다. 인질들은 세금의 압박에서 친척들을 구하기 위해 종종 자살로 생을 마감하고는 했다. 그런데 씨족 체제가 분해되고 씨족의 규모가 줄어들면서 이 제도는 효과를 발휘하지 못했다. 또 그런 시스템에서 징수한 모피의 상당량이 관고가 아닌 징수원 개인이나 지방 행정당국의 수중으로 들어갔다. 이를 근절하기 위해 정부는 토착민의 조세 시스템을 바꾸었다. 1769년부터 그룹 단위 조세 제도로, 19세기 초에는 다시 전체 씨족 단위의 조세 제도로 바뀌었다. 1763~1764년 현물세 개혁으로 현물세를 모피가 아닌 화폐로 낼 수 있었는데 1868년부터는 완전히 화폐로 납세하게 되었다. 비록 그 규모가 크지는 않았지만 에벤키족에게 현물세는 힘에 부쳤다. 이로 인해 에벤키족의 삶은 더욱 복잡하고 힘들어졌으며 미납자가 증가했는데 이런 상황은 1906년에야 종결되었다.[3]

이외에 러시아인은 현물세 납세 시스템의 행정상의 효율을 높이기 위해 '현물세 납세씨족명 제도'를 도입했다. 현물세 납세씨족명은 행정단위였기 때문에 씨족 단위와 일치하지 않았다. 현물세 납세씨족명에는 동

2 *Dopolnenija k aktam istoricheskim (DAI),* SPb., T.3, 1848, p. 3.

3 Soljarskij V. "Sovremennoe pravovoe i kul'turno-ekonomicheskoe polozhenie inorodtsev Priamurskogo kraja", *Materialy po izucheniju Priamurskogo kraja*, Habarovsk, 1916, p. 78.

일한 지역에 거주하는 동종의 씨족뿐만 아니라 타씨족도 포함되었다. 러시아인이 이러한 제도를 만든 이유는 러시아인이 출현한 이후 에벤키족 씨족 체제의 분해와 이주가 지속적으로 발생하고 혈연 씨족이 붕괴되면서 과거와 같은 방식으로는 도저히 현물세를 징수할 수 없게 되었기 때문이다. 이 문제를 해결하기 위해 등장한 것이 행정상의 씨족명인 현물세 납세씨족명이었다. 행정상의 씨족명은 전통적인 씨족명을 근거로 만들었는데 필요한 경우 킨디기르1, 킨디기르2, 킨디기르3처럼 일련의 숫자를 붙이기도 했다. 납세 초기에는 납세 씨족명과 실제 씨족명이 일치했지만 17세기 말부터는 이처럼 순수하게 행정적인 씨족명이 만들어지면서 실제 씨족명과 납세씨족명이 불일치하는 경우가 많아졌다. 결국 이는 에벤키족 씨족명 파악을 어렵게 만들었다.

17~18세기에는 이 외에도 황제와 군 사령관에게 바치는 선물인 '폼니키'도 내야만 했다.[4] 폼니키가 현물세와 다른 점은 개인적으로 납부하는 것이 아니라 씨족 차원에서 씨족장의 이름으로 납부하며 그 양이 현물세보다는 적다. 처음에는 반자발적인 성격의 세금이었으나 이후 의무 사항이 되었지만 실질적으로 능력이 있는 납세자만이 납부할 수 있었다. 이처럼 17~19세기는 에벤키족이 러시아 제국주의 팽창정책의 틀 안으로 편입되면서 서서히 종족정체성, 집단정체성을 상실해 가는 시기였다.

4 Tugolukov V. A. "Ohotskie evenki", *Sovetskaja Etnografija* 1, M., 1958, p. 13.

제4부

에벤키족의 이주 경로 및 원인

제4부
에벤키족의 이주 경로 및 원인

에벤키족은 동일한 시기에 동일한 장소에서 기원했지만 내외적 상황에 의해 시베리아 전역으로 흩어지게 되었다. 이것은 단기간의 일회적인 현상이 아니라 장기간에 걸친 지난한 과정이었으며 그 원인도 무척 복합적이었다. 이동생활이라는 삶의 특성과 문자의 부재로 인해 에벤키족은 유물, 유적 자료를 남기지 않았다. 따라서 현재적 위치에서 에벤키족의 이주 시기 및 경로 규명에 가장 적합한 자료는 구어 텍스트와 씨족명이다. 에벤키족 씨족명은 접미사 -gir가 -l'로 변하는 음운 축약 현상이 규칙적으로 발견되고 어미가 일정한 방향을 따라 변화[1]하기 때문에 에벤키족의 이주 경로 분석에 유용한 자료이다.

에벤키족은 이미 오래 전부터 빌류이 강, 레나 강 상류와 중류, 바이칼 호수 지역, 아무르 강, 오호츠크 해안에 거주하기 시작했다. 시베리아 동쪽 방면에서 에벤키족의 분포와 경계는 이미 16~17세기 큰 틀에서는 대

1 에벤키족 씨족명의 변화는 어말의 접미사를 중심으로 이루어졌는데 '모음 → 친족표지 -n 첨가형 → 중간 단계 어말 j 첨가형 → 사복수표지 -t 첨가형 → 후기 복수표지 -l(r) 첨가형 → 씨족표지(-gan/-gar, -gin/-gir)' 순으로 변해 왔다. 참고: 엄순천, 「에벤키 씨족명 접미사 분석」, 『외국학연구』 31, 2015, p. 231.

략 현재와 같은 양상을 띠었지만 서쪽 방면의 경계는 아직 확실하지 않았다. 하지만 러시아인이 출현하기 전에 시베리아 서쪽 경계 지점에서도 에벤키족이 활동했던 점을 염두에 둔다면 에벤키족은 이미 오래 전에 시베리아 서쪽 지역에도 진출한 것으로 보인다.

에벤키족의 이주는 역사적, 환경적 요인과 관련이 있으며 17세기 훨씬 이전인 고대부터 시작되어 20세기 초에 마무리 되었는데 크게 3차로 나눌 수 있다. 1차 이주는 6~7세기에 발생했으며 튀르크어권 종족의 북상과 관련이 있다. 2차 이주는 12~13세기에 발생했으며 몽골족의 팽창과 관련이 있다. 3차 이주는 17세기 이후 러시아인의 시베리아 출현 및 식민화 정책과 관련이 있다. 본고의 4부에서는 에벤키족 씨족명을 기초자료로 시기별 에벤키족의 이주 경로와 원인을 보다 구체적으로 분석할 것이다.

제1장

에벤키족의 1차 이주:

튀르크족의 북상 및

에벤키족과 에벤족의 분화

제1장
에벤키족의 1차 이주: 튀르크족의 북상 및 에벤키족과 에벤족의 분화

에벤키족의 선조는 모든 퉁구스어권 종족을 아우르는 원형퉁구스족[1]이다. 원형퉁구스족의 기원 및 분화 과정은 1단계 원형퉁구스족의 출현 → 2단계: 북 퉁구스족과 남 퉁구스족의 분화 → 3단계: 북 퉁구스족과 남 퉁구스족의 세분화로 나타낼 수 있다. 원형퉁구스족이 출현한 이후 2단계에서 만주족과 퉁구스족의 분화가 발생하면서 선[先]에벤키족이 출현했다. 3단계에서 북 퉁구스족과 남 퉁구스족이 더 세분화되면서 북 퉁구스족은 동과 서로 나누어졌고 에벤키족과 에벤족의 직접적인 선조가 형성되기 시작했다. 이러한 분화 과정을 거쳤지만 원형퉁구스족에서 기원한 모든 종족들은 서로 인접하면서 영향을 주고받았고 원형퉁구스족의 언어, 문화, 관습상의 특징들을 간직했을 것이다. 3단계에서 퉁구스족이 에벤키족과 에벤족으로 분화 된 것은 6세기 전후 유목 가축 사육에 종사하는 튀르크어권 제 종족이 프리바이칼리예로 이동한 사건과 관련이 있다. 이

1 본고에서는 '최초의 유형', '원형성'의 의미를 강조하기 위해 현대 만주 퉁구스족의 기원이 되는 인종을 원형 퉁구스족이라 명명하고 있다.

시기부터를 진정 의미에서 에벤키족의 이주시기에 포함시킬 수 있다.

"튀르크어권 제 종족이 북상하면서 북 퉁구스족은 앙가라 강~프리바이칼리예 노선의 서부 그룹과 렌스코~비팀스크와 자바이칼리예~아무르 강 노선의 동부 그룹으로 나누어졌다. 이들의 생활무대는 서쪽으로는 오비 강, 동쪽으로는 태평양 연안에 이를 정도로 광활했다. 이는 도보사냥꾼이 순록 사육에 종사하기 이전으로 대략 6세기경에 마무리 된다."(Vasilevich G. M. *Evenki: Istoriko-etnograficheskie ocherki XVIII~nachala XX v.*, L.: Nauka, 1969, p. 14)

에벤키족의 1차 이주는 상술했듯이 6세기 튀르크족의 북상으로 북 퉁구스족이 에벤키족과 에벤족으로 분화되는 과정과 관련이 있다. 이주 경로는 프리바이칼리예와 자바이칼리예 서쪽에서 자바이칼리예 동쪽과 프리아무리예인데 이 시기 이후 퉁구스어권 제 종족이 순록 사육을 시작한 것으로 추정된다. 그렇다면 원형퉁구스족은 남부그룹인 만주족과 북부그룹인 퉁구스족으로 분화된 것은 6세기 훨씬 이전으로 추정된다. 중국 문헌에 의하면 에벤키족의 1차 이주가 마무리 된 7세기경 자바이칼리예~프리아무리예 종족 분포는 다음과 같다.

"7세기경 레나 강 상류~앙가라 강의 튀르크어를 사용하는 쿠리칸족이 자바이칼리예로 이주했다. 셀렌가 강 상류는 위구르족, 아르군 강[2] 상류~오논 강은 바예구족과 오구지족, 논니 강~아무르 강은 실위족, 아르군 강 우안은 울로헤우족[3], 오논 강~실카 강 삼림지역은 우왕족[4]으로 추정되는

2 동일한 이름의 강이 캅카즈 북부에도 있으나 동시베리아의 아르군 강은 자바이칼리예 경계 지점에 위치해 있다.

순록 사육 쥬이족과 키욱족이 차지했다. 그곳에서 북서쪽으로 네르차 강~비팀 강 분기점의 산악 타이가 지역에는 다모(대한)족5이, 올료마 강 상류 지역에는 순록 사육 우왕족이, 아무르 강 하류에는 말갈족이 거주했다."(Bernshtam A. N. "Zametki po etnogenezu narodov Severnoj Azii", *Sovetskaja Etnografija* 2, 1947, p. 61)

그렇다면 에벤키족의 1차 이주가 마무리 된 7세기경 프리바이칼리예와 자바이칼리예 서쪽은 튀르크어권의 구리칸족, 바예구족, 오구지족이 차지했다. 자바이칼리예 동쪽과 프리아무리예는 만주퉁구스어권 제 종족이 차지했다. 아무르 강 연안은 울로헤우족과 우왕족이, 아무르 강 상류는 실위족이, 아무르 강 하류는 말갈족이 차지했다. 즉 프리앙가리예의 튀르크어권 제 종족이 프리바이칼리예와 자바이칼리예 서쪽으로 이주하면서 프리바이칼리예와 자바이칼리예의 퉁구스어권 제 종족은 자바이칼리예 동쪽과 프리아무리예로 이주하게 되었다.

에벤키족의 기원지에 대한 논쟁과는 무관하게 7세기 전후 자바이칼리예와 프리아무리예에 만주퉁구스어권 제 종족이 거주했던 것은 분명하다. 이 지역에서 에벤키족 씨족명 울레기르와 유사한 울로헤우라는 종족

3 음성적 유사성에 근거해 에벤키족 울레트~울레기르 씨족의 선조로 추정할 수 있다. 울레기르의 음성변형으로 울레트, 우굴레트, 울레신, 우블레트, 울랴트, 푸글랴트 등이 발견된다. 이처럼 울레기르의 음성 변이형이 다양한 것은 이 씨족의 출현 시기가 오래되었고 분포 지역이 넓기 때문이다.

4 에벤키족의 선조로 추정되는 오환족이다.

5 다모는 넓은 스텝[大漠]이라는 의미인데 시베리아에서 넓은 초원이라 하면 바이칼 호수 북동쪽으로 레나 강 상류지역에 있는 숲이 없는 평원을 가리킨다. 그곳 토착민들은 키가 무척 크며 양과 말을 기른다. 여러 특징으로 보아 야쿠트족의 특징이 일부 발견되며 다모족에 대한 기록에서 다모족과 상호교류 한 골사[骨師족]의 거주지가 등장하기 때문에 골사족의 모습도 일부 발견된다. 당서[唐書]에 다모족은 다한(Dahan)이란 명칭으로 등장하지만 골사족에 대한 기록은 없다. 참고: Bichurin N. Ja. *Sobranie svedenij o narodah, obitavshih v Srednej vremena* 1, M.-L.: Izd. AN SSSR, 1950, p. 442.

명이 발견되는 점, 이 시기 에벤키족의 선조로 추정되는 우왕족이 이미 쥬이족과 키육족으로 분화된 점, 말갈족과 실위족이 등장하는 점으로 미루어 적어도 7세기 전후 퉁구스족의 서부그룹과 동부그룹 즉 에벤키족과 에벤족의 분화는 마무리 단계에 접어들었다고 할 수 있다. 이 가운데 아무르 강 상류에 거주했던 실위족은 6~10세기 중국 동북부의 넌장 강, 아르군 강, 흑룡강 유역에서 활동했던 종족으로 7세기 중국문헌 『수서(隋書)』와 『북사(北史)』에는 선비족 우문부의 먼 후손으로, 11세기 중국문헌 『신당서(新唐書)』에는 북부 동호족의 하나이며 정령족의 먼 후손으로 기록되어 있는데[6] 대개 동호족과 선비족의 후예로 알려져 있다. 실위족에 대한 기록을 좀 더 살펴보자.

> "남[南]실위는 가축 사육과 농경에 종사했으며 거란족이라 불렸다. 북[北]실위는 도보 사냥꾼이며 자작나무 껍질로 집을 지었으며 보실위라고 불렸다. 북쪽에는 이들과는 다른 언어를 사용하는 대실위가 거주했다. 실위족은 만주족과 친족이다."(Vasilevich G. M. *Evenki: Istoriko-etnograficheskie ocherki XVIII~nachala XX v.*, L.: Nauka, 1969, p. 16)

실위족은 단일 종족이 아니라 7~10세기 중국문헌에서 만주 북부, 프리아무리예, 자바이칼리예 동쪽, 프리바이칼리예, 야쿠티야 남쪽에 거주했다고 기록된 종족연합체이다. 징기스칸이 소속되었고 이후 몽올실위족으로 바뀐 대실위족은 몽골계, 생활양식에 근거할 때 북실위(보실위)는 퉁구스계, 외형에 근거할 때 황두실위는 아리안계로 추정되며 발실위는 발해의 후손으로 알려져 있다. 실위족은 전반적으로 에벤키족과 인접해 있었는데 이들 가운데 북실위가 에벤키족과 가장 관련이 큰 것으로 추정

6 참고: http://ko.wikipedia.org/wiki/%EC%8B%A4%EC%9C%84. 검색일: 2015.01.17.

된다.

이 과정을 단순화 시키면 프리바이칼리예와 자바이칼리예 서쪽으로 튀르크어권 제 종족의 북상 → 자바이칼리예 동쪽과 프리아무리예로 자바이칼리예 서쪽 만주퉁구스어권 제 종족 이주와 에벤키족과 에벤족으로의 분화로 나타낼 수 있다. 이로 인해 자바이칼리예와 프리아무리예에서는 에벤키족을 포함한 만주퉁구스어권 제 종족과 지역 토착민인 고아시아족의 충돌과 융합 과정이 활발하게 진행되면서 인종적으로 비균일한 지역이 되었다. 이 시기 에벤키족의 쿠르~, 킬렌~, 돌간~, 돈고~, 키마~, 솔론~ 등의 씨족명이 등장한 것으로 보인다.[7] 그렇다면 에벤키족을 비롯하여 만주퉁구스어권, 튀르크어권, 몽골어권 제 종족 사이에 광범위하게 분포되어 있는 바이(백)~와 에덴(여진)~ 씨족은 이보다 이른 시기에 출현했다고 추정할 수 있다.

7 Vasilevich G. M. *Evenki: Istoriko-etnograficheskie ocherki XVIII~nachala XX v.*, L.: Nauka, 1969, p. 40.

제2장

에벤키족의 2차 이주: 자바이칼리에에서 야쿠티야의 레나 강 하류로

제2장
에벤키족의 2차 이주: 자바이칼리예에서 야쿠티야의 레나 강 하류로

12~13세기 몽골족의 급성장은 프리바이칼리예~자바이칼리예의 종족 분포에 영향을 준 두 번째 큰 사건이었다. 당시 알타이 산맥 지맥에서 활동하던 부랴트족이 몽골족을 피해 프리바이칼리예로 진입해 오면서 프리바이칼리예의 튀르크어권 종족은 야쿠티야의 레나 강 상류 쪽으로 밀려났다. 이렇게 밀려난 튀르크어권 종족들에 의해 레나 강 상류의 퉁구스어권 종족은 레나 강 좌안과 하류, 알단 강 하류의 타이가 지역으로 밀려나면서 알단 강 지류를 따라 오호츠크해까지 이주하게 되었다.[1] 이로 인해 에벤키족은 동서로 분리되면서 에벤키족 동부와 서부 그룹이 형성되었다.[2] 하지만 당시 에벤키족을 비롯한 퉁구스어권 제 종족이 모두 자바이칼리예와 프리아무리예를 떠난 것은 아니었다. 13세기 마르코 폴로의 기록에 의하면 몽골족이 자바이칼리예를 지배하던 시기에 에벤키족 보크라이 씨족과 멕리족, 벡리족[3]은 그대로 그곳에 남아있었으며 이

1 Vasilevich G. M. *Evenki: Istoriko-etnograficheskie ocherki XVIII~nachala XX v.*, L.: Nauka, 1969, p. 17.

2 현재 에벤키족 동서그룹의 구분은 레나 강~바이칼 호수이다.

미 순록 사육에 종사하고 있었다.[4] 그런데 시베리아 관련 문헌에서 자주 발견되는 멕리족, 벡리족은 누구일까? 이에 대한 답을 마르코 폴로의 기록에서 찾아보자.

"반구(Bangu) 혹은 바르구(Bargu) 계곡에 미개한 사냥꾼이자 가축 사육자이며 순록을 많이 소유한 멕리족이 거주한다. 이들은 순록을 타고 다니는데 풍습과 관습은 타타르족과 비슷하다. 이들이 사는 곳은 너무 추워 겨울에는 새도 동물도 살지 않는다. 여름에는 들짐승과 날짐승 사냥을 한다."(Marko Polo, *Puteshestvijz v vostochnye strany* Perevod: I. M. Minaev, M.: Mysl', 1997, p. 239).

마르코 폴로가 말하는 반구 혹은 바르구 계곡은 어디일까? 마르코 폴로는 바르구 계곡이 바다와 접해 있다고 기록하고 있다. 바다는 바이칼 호수로 추정되며 야쿠티야 공화국 남쪽과 부랴트 공화국 북쪽의 경계가 만나는 바르구진 강 상류에 바르구진 계곡이 있는데 이곳이 마르코 폴로가 말하는 반구 혹은 바르구 계곡일 것이다. 그렇다면 이곳에 살았다는 멕리족은 누구일까? 에벤키족 설화에 의하면 바르구진 계곡에는 야쿠트족과 에벤키족이 함께 살았는데 이들의 풍습과 관습은 타타르족과 비슷하다. 그렇다면 마르코 폴로 기록물의 주인공은 에벤키족과 야쿠트족의

3 멕리족은 메케리, 메르키트, 멕리트라고도 불리는데 에벤키족에 이와 유사한 씨족명으로 메케기르, 마카기르, 모코기르가 발견된다. 메케기르 씨족은 17세기 마야 강, 세블랴 강 연안, 알돔 강, 우다 강, 투구르 강. 아얀 지역, 20세기 초 사할린과 아무르 강 하류, 1947년 아얀 강, 알단 강, 넬칸 마을, 아먀 강, 아이마 강, 우다 강, 투구르 강 인근에 거주했다. 마카기르는 전반적으로 오호츠크해 연안에서 활동했다. 참고: Vasilevich G. M. *Evenki: Istoriko-etnograficheskie ocherki XVIII~nachala XX v.*, L.: Nauka, 1969, p. 275. 벡리족은 베케리, 베르키트, 벡리트라고도 불리는데 에벤키족 씨족명 중 이와 유사한 씨족명은 발견되지 않았다.

4 *Kniga Marko Polo*, Perevod I. P. Minaeva, M., 1956, p. 68.

혼혈로 출현했으며 순록을 사육하면서 사냥에 종사한 점으로 미루어 생산양식은 퉁구스족을 따르되 풍습과 관습은 야쿠트족을 따른 것으로 추정된다. 그로 인해 마르코 폴로의 눈에는 이들의 풍습과 관습이 친연관계에 있는 타타르족과 유사하게 비춰졌던 것이다.

> "자바이칼리예 에벤키족 보카라이 씨족은 멕리트~메르키트족과 관련이 있다. 바이칼 동쪽 연안에도 이들과 유사한 에벤키족 바카라이[5] 씨족이 있는데 이들은 말이나 순록을 사육했으며 17세기 빌류이 강과 자바이칼리예에서 활동했다."(Tugolukov V. A. *Vitimo-olekminskie evenki*, M.: Nauka, 1980b, p. 162)

알렉세예프(M. P. Alekseev)와 율(G. Jul')은 자바이칼리예의 멕리족은 튀르크계나 몽골계가 아닌 퉁구스계라고 주장한다. 또 율에 의하면 마르크 폴로의 기록에 등장하는 지역은 야쿠티야와 콜림 강 사이로 추정된다.[6] 에벤키족 설화에 벡리족 가운데 철제 무기를 사용하고 말을 타고 다니는 무사가 있었는데 에벤키족과의 전투에서 패한 뒤 보카라이라는 씨족명으로 비팀 강 에벤키족에 편입했다는 내용이 있다.[7] 그렇다면 마르코 폴로의 기록에 나오는 에벤키족 보크라이 씨족과 벡리족은 같은 종족의 다른 이름이며 여러 기록이나 음성적 유사성에 근거할 때 벡리족은 멕리족과 동일한 종족으로 추정된다.

투골루코프는 에벤키족이 12~13세기 무렵 자바이칼리예와 프리아무

---

5 음성 변형으로 박라이, 박리, 벡리 등이 가능하다.

6 Alekseev M. P. *Sibir' v izvestijah zapadnoevropejskih puteshestvennikov i pisaterej,* Irkutsk, 1941, p. 38.

7 Tugolukov V. A. *Tungusy (evenki i eveny) Srednej i Zapadnej Sibiri*, M.: Nauka, 1985, p. 190.

리예를 떠나 시베리아 여러 지역으로 이주하게 된 것은 몽골족이 아니라 여진족(훗날 만주족)의 침입에 의한 것이었다고 주장한다. 러시아어 문학자이자 아카데미 회원인 세그렌(I. M. Shegren 1794~1855)의 서고에 보관된 익명의 수기에서도 비슷한 내용의 기록이 발견된다.

> "중국군이 침입하자 퉁구스족은 몽골 스텝을 떠나 북쪽의 멀리 떨어진 삼림 지대로 숨었다. 이들은 최대한 아주 멀고 깊숙한 곳으로 이주해 갔으며 끊임없이 더 먼 곳의 삼림을 찾아 유목을 하면서 떠돌아다녔다."(재인용: Patkanov S. *Opyt geografii i statistiki tungusskih plemen Sibiri na osnovanii dannyh perepisi 1897 g. i drugih istochnikov. Tungusy sobstvenno* 1(1), SPb.: Izd. SPb., 1906, p. 32)

세그렌의 기록에 등장하는 중국군은 당시 중국을 통치하던 금나라 여진족의 군대이다. 하지만 이는 몽골족의 팽창 이전 특정 지역에서 발생한 에벤키족의 이주에 관한 것일 뿐 이 시기 에벤키족의 전반적인 이주 경향이라고는 할 수 없다. 즉 전반적으로 12~13세기 몽골족의 팽창으로 에벤키족이 이주하게 되었지만 그 이전인 11~12세기 여진족의 침략으로 에벤키족의 일부가 몽골 스텝을 떠났다는 결론이 가능해진다. 이 시기 에벤키족 바야기르, 바카라이, 이올리기르, 칼타기르, 킨디기르, 칠차기르, 사마기르 등의 씨족이 동 시베리아 북부 지역에 처음으로 모습을 드러냈다. 이들은 처음에는 빌류이 강 유역으로 이주했다가 이후 이곳에서 니즈냐야 퉁구스카 강과 올레뇩 강으로 이주했다.[8] 이 시기 에벤키족 씨족명에 근거할 때 12~13세기 이미 에벤키족 씨족의 분화가 일정 정도

8 Rastsvetaev M. K. *Tungusy mjamjal'skogo roda*, L.: AN SSSR, 1933, p. 72.

이루어졌다. 이 시기 에벤키족은 야쿠티야 북동 툰드라 지역으로도 이주했는데 이는 멕리 혹은 메르키트족의 후손으로 간주되는 자바이칼리예의 에벤키족 바카라이 씨족과 관련이 있다. 추콧카의 지명이 이 사실을 확증해주는데 암구메 강 지류에 바크리바이 강, 암구메 강 북동쪽에 차반-바고린 강, 마인 강과 아나디르 강이 합쳐지는 곳에 바카린 해협이 있다.[9] 이렇게 하여 에벤키족의 2차 이주는 몽골족의 급성장 → 프리바이칼리예로 부랴트족의 이주 → 레나 강 상류로 프리바이칼리예 튀르크어권 종족의 이주 → 레나 강 좌안과 하류, 알단 강 하류의 타이가 지역 및 오호츠크해 지역으로 레나 강 상류 에벤키족 및 퉁구스어권 종족의 이주로 단순화 시킬 수 있다. 이후부터 러시아인이 시베리아에 출현한 17세기 초까지 에벤키족의 거주지는 큰 변화 없이 그대로 유지되었던 것으로 추정된다.

9 Turaev V. A. *Istorija i kul'tura evenov,* M.: Nauka, 1997, p. 18.

제3장

에벤키족의 3차 이주: 에벤키족 전 씨족의 전방위적인 이주

제3장
에벤키족의 3차 이주: 에벤키족 전 씨족의 전방위적인 이주

에벤키족의 3차 이주는 1, 2차 이주와는 비교도 안 되는 규모와 범위였고 원인도 복합적이었으며 17세기 초~20세기 초까지 3세기 동안 지속적으로 이어진 대대적인 현상이었다. 전체적으로 17~20세기 초 에벤키족의 운명은 씨족의 재구조화 및 시베리아 전역으로의 이주, 러시아인을 비롯하여 야쿠트족, 부랴트족 등 인접 종족들의 압박 및 그들과의 긴밀한 교류로 규정지을 수 있다. 이 시기 에벤키족은 시베리아 서쪽, 동쪽, 북쪽의 모든 지역으로 이주했다. 이 중 프리바이칼리예와 프리앙가리예 에벤키족의 북쪽 포드카멘나야 퉁구스카 강, 니즈나야 퉁구스카 강, 투루한 강, 예니세이 강과 레나 강 사이의 삼림툰드라와 툰드라 지역으로의 이주가 가장 대표적이다. 이 시기는 국지적 차원의 이주도 빈번했으며 인위적, 자연발생적 이주가 복합적으로 나타났다.

1. 17세기 에벤키족의 이주 현황

17세기 북쪽에서 에벤키족은 예니세이 강과 레나 강 사이의 툰트라 지역과 예니세이 강 지류인 포드카멘나야 퉁구스카 강, 니즈나야 퉁구스카 강, 아무르 강 지류인 퉁구스카 강 연안의 타이가 지역에 거주했고, 동쪽에서는 레나 강에서 오호츠크 해에 이르는 타이가 지역에 거주했다. 에벤키족은 17세기 이미 시베리아 서쪽의 오비 강~예니세이 강 분기점에 있는 케티 강과 투루한 강 사이 지역까지 진출했는데 이는 당시의 지도와 역사문헌으로 확증된다.[1] 하지만 북서쪽에서 에벤키족은 니즈나야 퉁구스카 강 위쪽 지역에는 거의 거주하지 않았다. 어느 지역에 거주하던 에벤키족은 늘 더 동쪽 지역으로 이주하기를 원했고 17세기 상당수의 에벤키족은 자바이칼리예 북쪽과 프리아무리예로 이주했다.

17세기 초 에벤키족 거주지의 균형을 깨기에 충분한 사건이 발생했는데 바로 러시아인의 시베리아 출현이다. 이로 인해 에벤키족은 기존 활동무대를 떠나게 되었다. 1630년대 말과 1640년대 초 현재 사하(야쿠티야)공화국의 빌류이 강과 레나 강 하류 에벤키족이 가장 먼저 기존 거주지를 떠났다. 이들이 이주지로 택한 곳은 프리아무리예의 제야 강이었다. 이는 씨족명을 통해 알 수 있는데 제야 강의 셀로곤키과 빌류이 강의 솔로곤이 음성적으로 유사하다. 이들은 동일한 씨족에서 기원했다. 이주

---

1 참고: Alekseev M. P. *Sibsr' v izvestijah zapadnoevropejskih puteshestvennikov i pisatelej XIII~XVII vv.* 1~2, Irkutsk: Ogiz, 1932, 1936; Baklanova N. A. & Andreev A. I. "Obzor rukopisej G. F. Millera po istorii, geografii, etnografii I jazykam narodov Sibipi, hranjahsja v moskovskih i leningradskih arhivah i bibliotekah", *Istorii Sibiri* 1, 1937; Bahrushin S. V. *Ocherki po istorii kolonizatsii Sibiri v 16~17 vv.*, M., 1928; Dolgih B. O. "K voprosu o tungusah i lamutah severo-v0stoka v 17~18 vv.", *Uchenye zapiski Jakutskogo filialf AN SSSR* 5, Jakutsk: Izd. IJAiL, 1958 등.

과정에서 음성 변형을 겪게 된 것이다. 이처럼 이주 도중 씨족명에 음성 변형이 발생하는 이유는 에벤키족의 이주 기간이 길기 때문이다.[2]

그림 8 레나 강과 빌류이 강의 위치

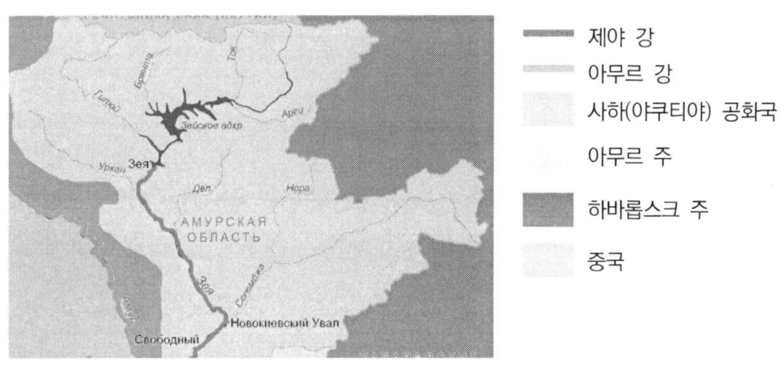

그림 9 제야 강과 아무르 주의 위치

2 에벤키족은 이주를 시작하면 그리 서두르지 않고 천천히 움직인다. 개인이나 가족이 잘 아는 방향으로 이동하면서 그 지역으로 다른 에벤키족 씨족을 계속 끌어 들이는데 이주 기간은 1년부터 십수 년 동안 계속되기도 한다. 이때 종종 그들에게는 처음에 이주를 시작한 이유와 이주 강도, 규모, 이주 기간 사이가 전혀 관련이 없어 보이기도 한다.

17세기 제야 강에서 에디간, 레나 강 하류에 지간, 17~18세기 오호츠크 지역에 에디겐 씨족이 기록된 점으로 미루어 이들은 제야 강보다 더 먼 곳을 이주지로 택하기도 했다.[3]

이후 17~18세기의 경계에서 빌류이 강 에벤키족의 대다수가 또 다시 이주를 했다. 이주의 가장 큰 원인은 1650~1653년과 1688년 동시베리아를 강타한 천연두였다. 1650~1653년의 천연두는 동시베리아 전역을 휩쓸면서 야쿠티야 지역 에벤키족의 수를 급감시켰다.[4] 빌류이 강의 에벤키족은 야쿠티야 남쪽 지역과 아무르 강 상류 지역으로 서서히 활동 범위를 넓히면서 유목지를 레나 강 좌안에서 우안으로 옮기기 시작했다. 19세기 이들은 레나 강 우안에서 '칸갈라스' 에벤키족으로 불렸고 19세기 말~20세기 초 그 수가 1,800명에 달할 만큼 규모가 컸다. 이 그룹에는 과거 빌류이 강에서 활동하던 에벤키족 바야기르, 뉴르마간, 솔로곤 등의 씨족이 포함된다.[5]

빌류이 강에 그대로 잔류한 씨족도 있었다. 17세기 빌류이 강 인근에 칼타기르 씨족이 거주했는데 1926~1927년 동일 지역에 켈테트 씨족이 거주하고 있었다. 17세기 빌류이 강에 브란가트 씨족이 거주했는데 20세기 초 올룍마 강과 빌류이 강에 부란가트 씨족이 거주하고 있었다.[6] 일부는 북서쪽으로 이주한 것으로 추정된다. 1670년대 빌류이 강 연안에 엘다기르 씨족이 거주했는데 19세기 말 니즈나야 퉁구스카 강, 투라 강, 코투이 강, 투루한 강에서 이엘데기르 씨족명이 발견되었다. 17세기 빌류이 강 에벤키족의 주된 이주 방향은 남쪽의 프리아무리예였지만 일부

---

3 Gurvich I. S. *Etnicheskaja istorija Severo-Vostoka Sibiri*, M., 1966, p. 173.

4 *Materialy po istorii Jakutii XVII veka (MIJa)*, 1947, pp. 1062~1064.

5 Tsentral'nyj Gosudarstvennyj Arhiv Jakutskoj ASSR (TsGA JaSSR), f.158-I, op.1, d.7, l.6.

6 *Polevye materialy V. A. Tugolukova (PM)*, 1971, №2, l.155ob.

는 북서쪽의 포드카멘나야 퉁구스카 강, 니즈나야 퉁구스카 강 등지로 이주했고 일부는 빌류이 강에 잔류했다.

17세기 에벤키족의 이주 가운데 빼놓을 수 없는 사건이 프리바이칼리예 에벤키족의 이주이다. 1630년경부터 바이칼 호수 인근의 일림 강에 거주하던 사마기르 씨족이 떠나기 시작했다. 이들이 처음 이주지로 택한 곳은 북동쪽의 레나 강 하류였다. 그곳에서 상당수가 다시 남동쪽 아무르 강 하류의 좌측 지류인 암군 강과 고린 강으로 이주한 뒤 나나이족에 편입하여 현재 나나이족 사마르 씨족의 기원이 되었다. 이주 중간 지점이었던 레나 강에 남은 사마기르 씨족은 야쿠트족에 동화되었다. 야쿠티야의 하마가틴(Hamagatin)이란 마을명이 이를 말해 준다.[7] 또한 이들 중 상당수는 어디로 갔는지 알려지지 않고 있다.

> "바이칼 호수의 일림 강에서 러시아 당국에 현물세를 납세하던 사마기르는 49단위였다. 이들은 앙가라 강, 라마(바이칼) 강, 그리고 멀리 떨어진 산 너머의 강으로 이동했고 42단위는 어디로 갔는지 알 수가 없다."(Sherstoboev V. N. *Ilimskaja pashnja* 1~2, Irkutsk: OGIZ, 1949, p. 522)

에벤키족 사마기르 씨족이 바이칼 호수 지역을 떠난 원인은 복합적이지만 가장 큰 원인은 러시아 식민정책의 일환인 현물세 납세의 중압감과 그로 인해 파생된 프리바이칼리예 자연 생태계의 파괴 및 사냥 조건의 급격한 악화이다. 이미 17세기 말 프리바이칼리예에는 흑담비가 거의 절멸했다고 밝혀졌을 만큼 프리바이칼리예의 자연환경은 심각한 상황이었다. 이로 인해 사마기르 씨족뿐만 아니라 상당한 수의 에벤키족이 바이

7 Tsentral'nyj Gosudarstvennyj Arhiv Jakutskoj ASSR (TsGA JaSSR), f.158-I, op.1, d.248, l.2ob.

칼 호수 지역을 떠났다. 프리바이칼리예 에벤키족의 최종 목적지는 프리아무리예지만 씨족의 규모나 상황에 맞추어 시베리아의 북동쪽, 북서쪽, 남동쪽, 남쪽 등 여러 지역으로 이주한 것으로 보인다.

> "프리바이칼리예 에벤키족 중 가장 규모가 큰 바야기르와 뉴룸냐 씨족의 일부가 17세기 중반부터 니즈나야 퉁구스카 강의 예세이 호수 지역으로 유목지를 옮기기 시작했다."(Dolgih B. O. *Rodovoj i plemennoj sostav narodnostej Sibiri v XII veke*, M.: Izdatel'stvo AN SSSR, 1960, pp. 158, 161)

이와 유사한 예는 얼마든지 찾을 수 있다. 17세기 프리바이칼리예에 거주하던 발리카기르 씨족은 발리카기르와 발리기르로 분리되어 전자는 북동쪽 야쿠티야 공화국과 부랴트 공화국의 경계에 있는 바르구진 강 방면으로, 후자는 북서쪽 포드카멘나야 퉁구스카 강 방면으로 이주한 것으로 추정된다. 또 바이칼 호수 인근에서 돌연 자치를 감춘 것으로 알려진 베르베기르 씨족이 1735년 일림페야 강에서 기록되어 있다. 따라서 이들은 북서쪽 니즈나야 퉁구스카 강 방면으로 이주한 것으로 추정된다. 1699년 레나 강 상류와 바이칼 호수 지역에 첼코기르 씨족이 거주했는데 19세기 후반부터 자바이칼리예 툰고코첸 지역에서 첼콘 씨족명이 발견되는 점으로 미루어 일부는 남동쪽의 자바이칼리예로 이주한 것으로 추정된다.

프리바이칼리예 에벤키족 이주의 또 다른 특징은 이주 방향이나 이후 활동에 대해 알려지지 않은 경우가 많다는 점이다. 상술했듯이 일림 강에서 러시아 당국에 현물세를 납세하던 사마기르 씨족 중 42단위는 이후의 행적을 알 수가 없다. 1669년 프리바이칼리예의 앙가라 강 최상류 지역에서 활동했던 자가친과 자엑타이 씨족도 그 이후의 행적은 알 수가 없다. 이들처럼 돌연 자취를 감춘 씨족들은 어떤 운명에 처했던 것일까? 이들은 멸족한 것이 아니라 씨족원의 수가 감소하면서 생존을 위해 규모가 큰 다른 씨족에 편입되었을 가능성이 높다.

이 시기 오호츠크 지역 에벤키족의 상황은 어떠했을까? 17세기 2차례의 전염병에서 살아남은 오호츠크 지역의 에벤키족은 오호츠크 해안의 더 남쪽 지역과 암군 강 사이로 이주했으며 일부는 사할린으로 건너갔고 일부는 아무르 강 남쪽으로 이주했다. 이후 알단 강에서 옮겨 온 에벤키족 씨족들은 오호츠크 지역에서 이주해 온 에벤키족에 합류했으며 최북동 지역의 에벤키족과 에벤족은 오호츠크 지역과 기지가 지역에서 캄차카로 이주했다.[8] 1674~1675년 우다 강과 오호츠크 해안 지역의 에벤키족이 마야 강과 투구로 강으로 이주해 왔다. 이들은 모두 900명 정도였으며 226납세 단위였다.[9] 17세기 말 아무르 강 좌측 지류인 암군 강에 거주한 에벤키족의 대다수는 오호츠크 해안의 북쪽과 레나 강 하류에서 이주해 왔다. 17세기 오호타 강의 콘다카기르, 프리아무리예의 콘타기르, 니즈나야 퉁구스카 강의 콘도기르 씨족이 음성적으로 유사하다. 에벤키족 씨족명 변형 규칙에 근거할 때 오호타 강의 콘다카기르가 가장 오래되었을 것이다. 따라서 오호츠크 지역 오호타 강 에벤키족은 일부는 프리아무리예로, 일부는 더 북서쪽의 니즈나야 퉁구스카 강으로 이주한 것으로 보인다.

이상의 내용을 종합할 때 17세기 빌류이 강, 프리바이칼리예, 오호츠크 지역 에벤키족의 주된 이주 방향은 남쪽인 프리아무리예였다. 하지만

---

8 Vasilevich G. M. *Evenki: Istoriko-etnograficheskie ocherki XVIII~nachala XX v.*, L.: Nauka, 1969, pp. 4~5.

9 *Dopolnenija k aktam istoricheskim (DAI)*, SPb., T.6, 1857, pp. 403~408.

일부는 북서쪽의 포드카멘나야 퉁구스카 강, 니즈나야 퉁구스카 강으로 향했고 일부는 원 거주지에 잔류했다. 17세기 이들의 이주 방향이 주로 프리아무리예에 맞춰진 것은 다음과 같은 외적 조건에 기인한다. 첫째, 1630~1689년 아무르 강 좌안 상류와 중류에 거주하던 다우르족, 듀체르족, 고굴족 및 에벤키족 남부 그룹이 만주족에 의해 아무르 강 우안으로 이주하게 되었다. 그로 인해 아무르 강 좌안 상류와 중류 지역이 빈 공간이 되었다. 둘째, 1689년 러시아와 청나라의 네르친스크 조약 체결로 아무르 강은 누구의 제재도 받지 않는 '자유와 해방의 땅'이 되었다. 이와 같은 상황으로 프리바이칼리예, 자바이칼리예, 알단 강, 마야 강, 오호츠크해 연안의 에벤키족은 17세기 말부터 적극적으로 프리아무리예로 이주해 왔다.

2. 18~19세기 에벤키족의 이주 현황

18~19세기 에벤키족의 일차적인 이주 장소는 17세기 말처럼 러시아와 청나라의 어디에도 속하지 않는 '자유와 해방의 땅'인 프리아무리예였다. 일차적으로는 지리적으로 인접한 오호츠크 지역의 에벤키족이 이곳으로 적극적으로 이주해 왔다. 이미 17세기 말부터 북쪽의 알단 강, 마야 강, 오호츠크해 연안의 에벤키족이 프리아무리예로 밀려 왔다. 1740년대 오호츠크 지역의 우다 강 에벤키족은 프리아무리예의 암군 강, 부레야 강, 셀렘자 강, 제야 강으로 사냥을 다녔다. 또 17세기 마야 강, 우다 강에서 기록된 메케기르 씨족이 20세기 초에는 아무르 강 하류와 사할린에 기록되어 있다. 이 점으로 미루어 이들은 18~19세기 사이 프리아무리예와 사

할린으로 이주한 것으로 보인다. 17세기 오호츠크 지역의 타우이 강과 울랴 강에는 무이쿠카르, 18세기 이후 프리아무리예에는 묵테기르 씨족이 거주했다.[10] 이러한 점으로 미루어 오호츠크 지역 에벤키족의 일차적인 이주 방향은 남쪽의 프리아무리예였다.

자바이칼리예 에벤키족도 프리아무리예로 적극적으로 이주해 왔다. 18세기 중반 자바이칼리예의 니나간 씨족은 19세기 중반 경에는 아무르 강 유역에 거주했다. 이들은 전반적으로 레나 강 방면으로 이주하는 경향을 보였다. 그런데 1850년대 말부터 프리아무리예로 이주해온 에벤키족은 전반적으로 빌류이 강에서 이주해 온 칸갈라스 에벤키족의 서쪽인 셀렘자 강, 부레야 강, 암군 강 쪽으로 향했다.[11] 대체로 프리아무리예로 이주해 오는 에벤키족의 상당수는 프리아무리예의 다른 지역보다 자연환경이 온화하고 사냥감이 풍부한 이 지역으로 이주하기를 원했다.

이 시기 이주의 특징 중 하나는 대규모 씨족의 소규모 씨족으로의 분화 → 이주를 통한 지역 분리 과정을 거친다는 점이며 이주 방향은 씨족별로 변별적이었다. 17세기 빌류이 강의 부르나기르, 17세기 올레뇩 강의 부르카노프, 19세기 자바이칼리예의 부르칼, 20세기 초 톡민 지역의 부나이르 씨족은 동일 씨족에서 분화된 뒤 여러 지역으로 이주했다. 씨족명에 근거할 때 이주 방향은 북쪽의 빌류이 강에서 남쪽의 자바리칼리예이다. 17세기 아무르 강 서쪽의 이글라기르, 20세기 초 니즈나야 퉁구스카 강과 투루한 강의 이올다기르, 17세기 니즈나야 퉁구스카 강 인근의 이올리기르, 17세기 말 니즈나야 퉁구스카 강의 이요일은 동일 씨족에서 분화되었다. 씨족명에 근거할 때 이주 방향은 남쪽의 프리아무리예

10 Tsentral'nyj Gosudarstvennyj Arhiv Drevnih Aktov (TsGADA), f.199, op.1, d.365, ch.1, №2, l.15ob.

11 Arhiv Akademicheskih Nauk (AAN), f.282, op.1, d.1, l.166.

에서 북서쪽의 니즈나야 퉁구스카 강이다. 17세기 앙가라 강, 니즈나야 퉁구스카 강, 포드카멘나야 퉁구스카 강의 차파기르, 17세기 예세이 호수와 아나바라 강의 차파기르 류톡, 17세기 포드카멘나야 퉁구스카 강의 쳄바, 17세기 이후 예세이 호수, 아나바라 강, 한타이 호수의 쳄포기르, 20세기 이후 니즈나야 퉁구스카 강과 치린그다 호수의 차페기르가 동일 씨족에서 분화되었다. 씨족명에 근거할 때 이주 방향은 남쪽의 프리앙가리예에서 북쪽의 니즈나야 퉁구스카 강이다. 17세기 울랴 강, 오호타 강의 착차기르, 17세기 암군 강의 친차기르, 축차기르, 1735년 프리바이칼리예의 차차기르, 18세기 프리아무리예의 착치르, 18세기 이후 자바이칼리예의 칠카기르, 19세기 퉁기르 강의 차키기르가 동일 씨족에서 분화되었다. 씨족명에 근거할 때 이주 방향은 오호츠크해에서 남서쪽과 남쪽의 프리바이칼리예, 자바이칼리예, 프리아무리예이다. 17세기 초 레나 강 하류의 쿠프, 17세기 중반 이후 투루한 강의 쿠포기르, 20세기 초 니즈나야 퉁구스카 강의 쿠페기르는 쿠프 씨족에서 분화되어 서쪽으로 이주한 것으로 추정된다. 17세기 예세이 호수, 아나바라 강의 탐베기르, 17세기 예세이 호수, 아나바라 강의 팁타기르, 20세기 초 니즈나야 퉁구스카 강의 템메기르, 20세기 초 헤타 강의 템베기르, 니즈나야 퉁구스카 강의 텝테기르, 20세기 바르구진 지역의 텝케기르, 자바이칼리예의 텝코기르가 동일 씨족에서 분화되었다. 씨족명에 근거할 때 북쪽의 예세이 호수 인근에서 기원하여 그 보다 조금 남쪽인 니즈나야 퉁구스카 강과 남동쪽의 자바이칼리예로 이주하는 경향을 보이고 있다.

또 17세기 프리바이칼리예의 투나 강에 거주하다 18세기 이후 프리아무리예로 이주한 불뎃, 18세기 초 빌류이 강의 벨데츠키, 18세기 프리아무리예의 불테기르, 1765년 이후 니즈나야 퉁구스카 강의 벨다기르, 불다기르 씨족도 동일 씨족에서 분화되었다. 씨족명에 근거할 때 프리아무

리예의 불테기르에서 기원하여 남쪽과 동쪽으로 이주하는 경향을 보이고 있다.[12]

18~19세기는 에벤키족의 북쪽과 서쪽 방면으로의 이주가 완성되는 시기로 일부는 니즈나야 퉁구스카 강의 북쪽으로, 일부는 예니세이 강 좌안으로 이주했다. 에벤키족이 시베리아 서쪽에서 니즈나야 퉁스카 강 북쪽의 포드카멘나야 퉁구스카 강이나 예니세이 강과 오비 강 사이 지역으로 본격적으로 이주한 것은 주로 18세기 이후의 일이다. 니즈나야 퉁구스카 강 에벤키족이 북쪽과 서쪽으로 이주하게 된 것은 프리바이칼리예와 프리앙가리예를 떠난 에벤키족이 활발하게 이곳으로 이주해 왔을 뿐만 아니라 이 강의 상류 지역을 러시아인과 야쿠트족이 점유했기 때문이다. 그럼에도 니즈나야 퉁구스카 강 하류와 그 인근 지역은 19세기까지는 에벤키족의 활동무대였다. 19세기 초에는 북쪽의 타이미르 강 인근에서 유목을 했다는 기록[13]이 있고 19세기 중반 경 니즈네촘 씨족이 바이힌 곡물저장소에서 곡물을 공급받았다는 기록이 있다.[14] 이는 그들이 니즈나야 퉁구스카 강의 하류인 투루한 강 연안 및 예니세이 강 좌안에 거주했음을 말해 준다. 20세기 초까지도 에벤키족의 예니세이 강 서쪽 방면으로의 이주는 거의 알려지지 않았다. 그런데 1920년대 러시아공화국 전(全)러시아중앙집행위원회 산하 북방위원회와 다른 기관의 활동으로 일정 부분 밝혀지게 되었다.

12 불테기르 씨족이 18세기 프리아무리예에서 기록되었다는 사실이 이들이 18세기에 기원한다는 사실을 말하는 것은 아니며 두 사건을 동일시해서도 안 될 것이다.

13 Dolgih B. O. "O rodoplemennom sostave i rasprostranennija ehtsev", *Sovetskaja Etnografija* 4, 1946, p. 717.

14 Mordvinov A. "Inorodtsy, obtajushchie v Turuhanskom krae", *Vestnik Russkogo Geograficheskogo Obshchestva* 27(2), 1860, p. 26.

"예니세이 강 에벤키족의 대다수는 예니세이 강~오비 강 사이의 출림 강, 케트 강, 팀 강에 거주했으며 북쪽에서는 타즈 강 상류와 중류 지역으로 활동범위를 넓혀갔다. 소규모 에벤키족 씨족은 오비 강~이르티시 강 사이의 강과 이 강들이 합쳐지는 곳에서 더 남쪽으로 떠났다."(Tsentral'nyj Gosudarstvennyj Arhiv Oktjabl'skoj revoljutsii (TsGAOR), f.3977. op.1, d.41, l.39)

19세기 말~20세기 초 에벤키족 서부 그룹은 오비 강을 지나 바슈가녜 강으로 이주했다. 일부 가족은 출림 강 상류와 팀 강에서 유목했고 일부는 투루한 강과 타즈 강 상류 지류에 거주했다. 그런데 대부분의 에벤키족은 러시아인이 예니세이 강, 레나 강, 비팀 강, 아무르 강에서 광산을 개발하자 그곳을 떠났다.

1926~1927년 인구조사 목록은 1897년의 목록과 그리 다르지 않았기 때문에 큰 윤곽에서 에벤키족의 이주는 19세기 말~20세기 초에 마무리된 것으로 보인다. 하지만 1959년 에벤키족 소그룹들이 알타이 산맥과 바이칼 호수 스텝지역을 제외한 시베리아 전역에 분포되어 있었다는 기록이 있다.[15] 그렇다면 전 시기에 비해 두드러지지는 않지만 소비에트 사회 이후에도 에벤키족의 이주는 계속된 것이다. 그런데 에벤키족이 알타이 산맥과 바이칼 호수 스텝지대로의 이주를 피한 이유는 무엇일까? 가장 큰 이유는 그 지역의 에벤키족이 자신들을 에벤키족이 아닌 부랴트족이나 몽골족으로 생각하고 있었고 이로 인해 다른 지역의 에벤키족이 그들과의 교류나 접촉을 원하지 않았기 때문이다.

15 Vasilevich G. M. *Evenki: Istoriko-etnograficheskie ocherki XVIII~nachala XX v.*, L.: Nauka, 1969, p. 7.

3. 에벤키족 3차 이주의 원인 및 특징

에벤키족은 17세기 초~20세기 초까지 동 시베리아 전역을 무수히 많이 옮겨 다녔다. 그 원인은 매우 복합적이지만 러시아의 식민정책 및 러시아인의 폭력과 횡포, 그로 인한 러시아인과의 빈번한 무장 충돌, 에벤키족 씨족 간의 충돌, 수나 힘에서 우위에 있는 야쿠트족과 부랴트족의 압력이 주된 원인이었다.

1) 러시아의 식민정책 및 러시아인과의 충돌

에벤키족이 17세기 초중반부터 시베리아 전역으로 이주하기 시작하게 된 일차적인 원인은 러시아의 식민정책이었다. 러시아는 시베리아에 출현한 초기부터 토착민으로부터 현물세를 징수하기 시작했고 기독교 수용을 강요했다. 현물세를 납세하지 못할 경우 러시아의 형벌이 혹독했기 때문에 토착민은 경쟁적으로 사냥을 했다. 이에 더하여 이 시기 모피는 경제적 이득이 보장되는 상품이었기 때문에 러시아인은 약탈적으로 모피동물 사냥에 뛰어들었다. 그 결과 시베리아 삼림의 생태계 균형이 깨졌고 에벤키족은 모피동물 사냥의 어려움에 직면하게 되었다. 그럼에도 현물세 부담은 줄어들지 않았고 에벤키족의 삶은 점점 더 나락을 향해 갔다. 게다가 전염병의 잦은 창궐은 이동 생활에 익숙한 에벤키족의 이주 욕구를 강하게 부추겼다. 이러한 여러 가지 이유로 러시아인이 출현하자 에벤키족은 러시아인에 대한 거부감을 노골적으로 표시했고 무력 충돌도 불사했다. 특히 1630~1640년대 니즈냐야 퉁구스카 강에서 러시아인과 에벤키족의 충돌은 매우 빈번한 현상이었다. 뿐만 아니라 1682~1683년 에벤키족은 예세이 현물세 징발소 경비대에 저항하여 대대적인 폭동을 일으켰다. 폭동 이후 예세이 호수 인근에 거주하던 에벤키족의 대다수는 러시아인의 보복을 피해 동쪽의 올레뇩 강과 레나 강 하류로 유목지를 옮겼다.[16] 이는 비단 이 지역에만 국한된 현상은 아니었다. 이와 유사한 경우를 찾는 것은 전혀 어려운 일이 아니다. 뿐만 아니라 18~19세기 러시아의 적극적인 농경 정책으로 농경지가 확장되면서 주변 삼림은 더욱더 황폐해져 갔다. 특히 19세기 중반부터 시작된 광갱개발로 에벤키족의 생활 터전은 말할 나위 없이 피폐해졌다. 이를 견디지 못한 많은 에벤키족은 사람들의 출입이 불가능한 타이가의 더 심원한 곳으로 이주해 갔다. 이주하지 않고 남아있던 에벤키족은 러시아인에 동화되어 갔으며 일부는 농사를 짓기 시작했고 일부는 육체노동자가 되면서 전통적인 삶과는 점점 멀어졌다. 하지만 그런 와중에도 에벤키족은 전통 생업인 사냥은 놓지 않았다. 이처럼 러시아의 제국주의적 팽창 정책으로 인류사에서 소중한 한 종족의 운명이 가시밭길을 걷게 되었다. 에벤키족의 수는 점점 감소해 갔고 종족정체성을 상실해 갔으며 언어, 생산양식, 관습을 비롯한 문화 전반이 사라질 위기에 처하게 되었다.

2) 에벤키족 씨족 간의 적대감

17세기 에벤키족의 삶에서 씨족 간의 무력 충돌은 매우 일상적인 현상이었는데 친족의 살인, 여인의 약탈, 타씨족 사냥 구역의 침범 등이 주된 원인이었다. 씨족끼리, 혹은 씨족연합끼리 적대적인 관계에 놓이기도 했으며 충돌 양상은 매우 심각했다. 에벤키족 사회는 부족사회였다고 주장하는 세로셉스키는 에벤키족 부족이 해체된 가장 큰 원인을 씨족 간의 적대감에서 찾기도 한다.

---

16 Arhiv Akademicheskih Nauk (AAN), f.21, op.4, d.32, l.59~62.

"에벤키족은 다른 종족에 비해 성격이 불같으며 씨족에 대한 열정이 넘친다. 이로 인해 에벤키족 부족 체제가 해체되었다. 과거 이 체제는 야쿠트족이 에벤키족의 활동 무대로 들어오지 못하게 하는 방패막이였는데 그것이 사라지고 말았다."(Seroshevskij V. L. "Jakuty", *Opyt etnograficheskogo issledovanija*, M.: Rosspen, 1993, p. 222)

올룍마 강의 실랴기르(마우기르) 씨족과 뉴르마간, 킨디기르 씨족 사이의 적내적인 관계, 제아 강 상류의 우일라기르와 랄리기르 씨족의 적대적인 관계, 레나 강 상류와 퉁구스카 강의 에벤키족, 퉁기르 강과 뉴자 강 에벤키족의 적대적인 관계는 이미 잘 알려져 있다.[17] 이와 관련하여 1620년대 예세이 군사령관 세멘 사홉스키(S. Shahovskij)에게 다음과 같이 보고하고 있다.

"레나 강 하류에 실랴기르와 무추기르 씨족이 거주하는데 러시아 황제에게 불복한다. 이들은 나랼기르와 시체기르 씨족보다 강하며 해를 거듭할수록 더욱 난폭해지고 있다."(Arhiv Akademicheskih Nauk (AAN), f.21, op.4, d.22, l.97, 98)

"1645년 야쿠티야 지역의 도보사냥꾼인 오세쿠이 씨족은 칼타기르 씨족이 자신들의 식량, 활, 화살, 철 등을 약탈하고 아내, 아이들, 농노들을 잡아간다고 하소연 하고 있다. 1656년에도 유사한 사건이 발생했다."(Tokarev S. A. "Problemy izuchenija sovremennogo polozhenija narodov Avstralii i Okeanii", *Kratkie Coobshchenija Instituta Etnografii* 7, 1949, p. 96)

17 Dolgih B. O. *Rodovoj i plemennoj sostav narodnostej Sibiri v XII veke*, M.: Izdatel'stvo AN SSSR, 1960, p. 607; Stepanov N. N. "Tungusy v XVII veke v Jakutii", *Jakutija v XVII veke*, Jakutsk: Jakut. kn. izd, 1953, p. 209.

칼타기르 씨족은 오시카기르 씨족에게 적대감을 가지고 있었다. 칼타기르 씨족은 니즈나야 퉁구스카 강 상류의 실랴기르 혹은 모모기르 씨족과도 적대적이었다. 칼타기르 씨족이 다른 씨족과 연합하여 러시아인을 공격했다는 다음과 같은 기록도 있다. 전반적으로 빌류이 강의 칼타기르 씨족은 공격성이 강했던 것으로 보인다.

"1648년 솔로곤, 무르가트(뉴르마간) 씨족과 빌류이 강 칼타기르 씨족이 니즈나야 퉁구스카 강의 티테이 현물세 징발소를 공격하여 100여 명을 살해하고 그들의 아내들, 아이들, 순록들을 데리고 간 사건이 발생했다."(Tsentral'nyj Gosudarstvennyj Arhiv Drevnih Aktov (TsGADA), f.1177, op.1, st.48, l.74-77)

에벤키족 씨족 간의 충돌은 장기간 계속되기도 한다. 동시베리아 북서 지역에 오랫동안 거주해 온 바야기르, 바냐디, 뉴룸냘 씨족과 새로 이주해 온 에단, 시니기르 씨족 사이의 전투는 1639년부터 1667년까지 거의 30년 동안 이어졌다. 18세기에도 에벤키족 씨족 간의 충돌은 매우 빈번한 현상이었다. 18세기 초 쿠레이 강 에벤키족 사이에서 잔인한 혈전이 발생했다.

"이들은 재판과정에서 만가제야 투루한 현물세 징수원의 교사로 1702년 자신들의 동족 13명을 죽였다고 보고했다. 죽은 이들은 코넨키 씨족 7명, 보야르신(보야르) 씨족 4명, 살라트킨 씨족 2명이었다. 그 후 죽은 이들의 아내와 아이들을 나눠가지고 죽은 이의 재산은 러시아인 관리가 가져갔다."(Sherstoboev V. N. *Ilimskaja pashnja* 1~2, Irkutsk: OGIZ, 1949, p. 561)

에벤키족 씨족 간의 적대감은 러시아의 현물세 징발에 큰 악재였다. 이에 러시아인이 씨족 간 중개인 역을 자처하면서 에벤키족 씨족 간 사이의 불화가 눈에 띄게 줄어들었고 18세기 중반부터는 에벤키족 씨족 간의 충돌에 관한 기록이 거의 발견되지 않는다. 이는 에벤키족에게 긍정적으로 작용하면서 에벤키족의 활동무대를 넓혀주는 계기가 되었다. 씨족 간의 불화가 사라지면서 과거에는 무척 위험해서 꺼려했던 소규모 씨족 혹은 가족 단위의 이주가 가능해졌다. 에벤키족은 이주 지역 및 이주 경로 탐색에 매우 신중을 기한다. 처음에는 씨족이나 가족을 대표하는 몇 사람이 이주하게 될 지역과 경로를 탐색하고 안전하다고 판단이 되면 1년 길게는 수십 년에 걸쳐 이주하게 된다. 그곳의 생활 조건이 윤택할 경우 얼마간의 시간이 흐른 뒤 점점 더 많은 에벤키족이 합류하게 된다. 그렇기 때문에 에벤키족은 안전한 이주 경로를 택해서 움직인다. 과거에는 이 경로가 제한적이었지만 이제는 그 한계가 거의 없어진 것이다.

3) 야쿠트족과 부랴트족의 압박

17세기에는 러시아인과 야쿠트족 및 부랴트족의 충돌도 빈번한 현상이었다. 이로 인해 다른 지역으로의 이주를 원한 야쿠트족, 부랴트족이 에벤키족을 압박하면서 에벤키족은 큰 강 주변에서 밀려나게 되었다. 예를 들어 현물세 납세 문제로 만가제야 러시아 카작인과 야쿠트족이 충돌하면서 상당 수의 야쿠트족이 레나 강 중류에서 빌류이 강, 아나바라 강, 올레뇩 강, 야나 강, 인디기르카 강으로 이주했다. 이로 인해 빌류이 강과 올레뇩 강의 일부 에벤키족은 빌류이 강 수원과 서쪽의 호수 지역으로 밀려났고 일부는 아무르 강~제야 강 방면으로 떠났다.

18세기에도 에벤키족에 대한 야쿠트족과 부랴트족의 압박은 계속되었다. 18세기 이후 야쿠트족이 레나 강 지류인 빌류이 강 연안과 상류 지역으로 이주해 오면서 빌류이 강 수원에 거주하던 에벤키족의 일부는 서쪽으로, 일부는 북동쪽으로, 일부는 남쪽의 프리아무리예로 이주했다. 그 결과 18세기 말 빌류이 강 연안과 상류는 완전히 야쿠트족의 독무대가 되었다. 또 부랴트족의 압박으로 앙가라 강 하류의 에벤키족은 예니세이 강 서쪽으로 이주했고 일부는 포드카멘나야 퉁구스카 강 연안으로 이주하면서 프리바이칼리예 지역은 부랴트족이 차지했다.

19세기 들어 야쿠트족과 부랴트족이 활동 범위를 적극 넓히면서 이런 현상은 더 두드러졌다. 1897년 인구조사목록에는 예니세이 강에서 서쪽으로, 앙가라 강에서 북쪽으로, 빌류이 강에서 서쪽으로 많은 수의 에벤키족이 이동한 것으로 기록되어 있다. 에벤키족은 레나 강, 올룍마 강 하류, 비팀 강을 떠났고 초나 강 북쪽 등 빌류이 강 상류 지류에 일부만 남아있다. 레나 강의 펠레두이 강과 코비차 강 사이는 야쿠트족이 차지했고 바르구진 강과 울두르가 강의 대부분은 부랴트족이 차지했다. 이렇듯 에벤키족은 17~20세기 초까지 내외적 상황에 의해 시베리아의 전역을 떠돌면서 격랑의 시기를 보내야만 했다.

* * *

이상으로 에벤키족 씨족명을 중심으로 에벤키족 씨족의 이주 경로 및 원인을 규명해 보았다. 에벤키족의 이주는 역사적, 환경적 요인과 관련이 있으며 17세기 훨씬 이전인 고대부터 시작되어 20세기 초에 마무리 되었으며 크게 3차 시기로 나눌 수 있다. 1차 이주는 6~7세기에 발생했고 튀르크어권 종족의 북상과 관련이 있다. 2차 이주는 12~13세기에 발생했고 몽골족의 팽창과 관련이 있다. 3차 이주는 17세기 이후 러시아인의 시베리아 출현 및 식민화 정책과 관련이 있다. 에벤키족의 1차 이주를 단순화 시키면 프리바이칼리예와 자바이칼리예 서쪽으로 튀르크어권 종족의 북상 → 자바이칼리예 동쪽과 프리아무리예로 자바이칼리예 서쪽 에벤키족 및 퉁구스어권 제 종족의 이주와 에벤키족과 에벤족으로의 분화로 나타낼 수 있다.

에벤키족의 2차 이주는 몽골족의 급팽창 → 프리바이칼리예로 부랴트족의 이주 → 레나 강 상류로 프리바이칼리예 튀르크어권 종족의 이주 → 레나 강 좌안과 하류, 알단 상 하류의 나이가 지역 및 오호츠크 지역으로 레나 강 상류 에벤키족 및 퉁구스어권 종족의 이주로 단순화 시킬 수 있다. 에벤키족의 3차 이주는 1, 2차 이주와는 비교도 안 되는 규모와 범위였고 원인도 복합적이며 17세기 초~20세기 초까지 3세기 동안 지속적으로 이어진 대대적인 현상이었다. 이 시기는 국지적 차원의 이주도 빈번했으며 인위적, 자연발생적 이주가 복합적으로 나타났다.

17세기 초~20세기 초 에벤키족이 이주하게 된 원인은 매우 복합적이지만 주된 원인은 러시아의 식민정책 및 러시아인의 폭력과 횡포, 그로 인한 러시아인과의 빈번한 무장 충돌, 에벤키족 씨족간의 충돌, 수나 힘에서 우위에 있는 야쿠트족과 부랴트족의 압력이었다. 이렇듯 에벤키족은 17~20세기 초까지 내외적 상황에 의해 동시베리아의 전역을 떠돌면서 격랑의 시기를 보내야만 했다. 이를 원하지 않은 에벤키족은 러시아인이나 규모가 큰 타 종족에 동화되어 갔다. 이 과정에서 에벤키족은 전통적으로 내려오던 정신문화와 물질문화의 상당 부분을 상실했는데 이는 인류사의 큰 손실이 될 것이다.

제5부

에벤키족 씨족명을 통한 시베리아 제 종족의 친연관계

제5부
에벤키족 씨족명을 통한 시베리아 제 종족의 친연관계

에벤키족 씨족명은 그 수가 매우 많고 구조가 복잡하며 음성, 형태적 변이형이 다양하여 정확한 파악이 힘들다. 하지만 '씨족명 어근+접미사'의 매우 규칙적이고 체계적인 구조로 이루어져 있어 씨족의 계통 파악은 일정 정도 가능하다. 본 장에서 에벤키족 및 시베리아 제 종족에서 발견되는 바이~, 킴~, 샤만/사만~, 에댠~, 돌/둘~, 솔론~, 쿠르~, 킬리~형 씨족명 분석을 통해 에벤키족과 시베리아 제 종족의 친연관계를 살펴볼 것이다.

제1장

바이~ 형 씨족명

제1장 바이~ 형 씨족명

1. 씨족명 '바이'의 기원

씨족명 '바이'의 기원에 대해 아직 명확하게 규명된 바는 없지만 바이가 등장하는 문헌, 바이가 포함된 씨족명과 지명 분석을 통해 바이의 기원을 파악할 것이다. 먼저 기원전 694년~250년 중국 문헌에 씨족명 바이~가 등장한다.

> "예니세이 강에서 시작하여 동쪽의 바이칼 호수에 이르기까지 앙가라 강 좌안에 정령족(Dingling)[1]의 바이디[白狄] 씨족이 거주하고 있다."(Bichurin N, Ja. *Sobranie svedenij o narodah, obitavshih v Srednej vremena 2*, M.-L.: Izd. AN SSSR, 1950, p. 17)

"바예구[拔野古]가 거주하는 비팀 강과 올룍마 강 수원지에서 탈것을

1 정령족은 중앙아시아의 튀르크계 종족으로 원래 바이칼 호수 서쪽의 레나 강 인근에서 거주했다고 알려져 있다. 참고: http://ko.wikipedia.org/wiki/%EC%A0%95%EB%A0%B9. 검색일: 2014.02.01.

이용해 북동쪽으로 50일 정도 가면 우왕[烏丸]족이 있다."(Kytmanov D. A. "Fuktsional'nye nevrozy sredi tungusov", *Sovetskij Sever* 7~8, 1930, p. 51)

위 두 텍스트에서 바이디(Baidi)와 바예구(Baegu)는 어근이 바이~로 동일하지만 백[白]과 발[拔]로 중국 문헌의 한자 표기가 서로 다르다. 위 연구자들이 중국 문헌을 참고했기에 한자의 중국 상고음/중고음/현대음 발음을 보면 백은 b'aˇk/bak/bai이고 발은 boət/buAt/bá이다.[2] 위 문헌이 작성될 당시 중국은 상고음 시대이므로 백과 발은 발음상 상당한 차이가 있음에도 위 연구자들은 한자의 중국어 현대음에 의거해 두 단어를 동일한 어근의 단어로 간주하고 있다. 이러한 문제에도 위 텍스트를 근거로 고대 바이칼 호수 인근에 바이~형 씨족이 거주했음을 알 수 있다.

바이~란 단어는 1562년 러시아의 젠킨손 지도에서도 찾을 수 있다. 이 지도를 보면 오비 강과 예니세이 강 사이의 '바이다'란 단어 옆에 다음과 같이 기록되어 있다.

"오비강 동쪽, 모예다 동쪽에 바이다와 콜막이라는 나라가 있다. 이 나라 사람들은 태양과 나무 기둥에 매달아 놓은 붉은 천 조각에 절을 하며 천막에서 생활한다. 고유한 언어가 있으며 날짐승, 뱀, 벌레 등을 먹는다."(Anuchin D. N. K *istorii ozakomlenija s Sibip'ju do Ermaka: Drevnee russkoe skazanie "O cherovetseh neznaemyh v viostochnoj strane"*, SPb.: Al'faret, 2010, p. 43)

2 본고에서 한자의 중국어 발음은 http://www.eastling.org를 참고했다. 검색일: 2014.02.13.

주로 사모예드어권 제 종족의 이야기를 담고 있는 "미지의 사람들 이야기(*Skazanie O chelovetsee neznaemyh v vostochoj strane*)"에는 동쪽 유고르 땅 너머 오비 강 근처에 바이드라는 넓은 나라가 있다[3]는 구절이 나온다. 여기에서 흥미로운 점은 에벤키족의 초기 씨족명인 어말 모음형과 접미사 -d(-t)형의 구조인 바이다, 바이드라는 지명이 등장한다는 점이다. 에벤키족 씨족명에서 -어말 모음형과 접미사 -d(-t)형은 생성 시기가 고대로 거슬러 올라간다. 그러므로 위 지명은 에벤키족의 초기 거주지역인 바이칼 호수 인근과 관련이 있어 보이지만 정확한 위치나 의미 파악은 어렵다. 하지만 상술한 내용을 근거로 '바이~'형 씨족은 바이칼 호수 인근 에벤키족에게서 기원한다고 추정할 수 있다.

2. '바이'의 의미

'바이'의 의미에 대해 아직 명확하게 규명된 바는 없지만 크게 '북쪽', '흰색', '풍요로운' 혹은 '자연의'라는 입장이 대립하고 있다. 본고에서는 바이가 등장하는 문헌, 바이가 포함된 씨족명과 지명 분석을 통해 바이의 의미를 분석할 것이다.

포즈드네프는 위 텍스트의 바이디(백적)에서 바이는 한자의 뜻을 염두에 둘 때 흰색을 의미하기 때문에 바이의 의미는 흰색이라고 주장한다.[4] 반면 비추린은 위 텍스트에 나온 바이디(백적)의 바이는 북쪽이라고 주

---

3 Anuchin D. N. *K istorii ozakomlenija s Sibip'ju do Ermaka: Drevnee russkoe skazanie "O cherovetseh neznaemyh v viostochnoj strane"*, SPb.: Al'faret, 2010, p. 43.

4 Pozdneev A. M. *Istoricheskij ocherk ujgurov (po kitajskim istochnikam)*, SPb., 1899, p. 65.

장한다.[5] 바실레비치에 의하면 위 텍스트의 바이디(백적)은 중앙아시아의 적족[狄族]과 북쪽 '바이'족과의 혼혈로 탄생한 종족을 가리키기 때문에 바이의 의미는 북쪽이다.[6] 바실레비치의 주장에 따르면 중국인들은 위 텍스트를 작성하면서 북적[北狄]을 백적으로 잘못 표기했다. 하지만 북적은 북쪽에 있는 타종족을 가리키는 포괄적인 용어인 데 반해 위 텍스트의 백적은 정령족에 속한 특정 씨족인 백적을 가리키기 때문에 위 텍스트의 백적과 북적을 동일시 할 수 없다.

마지막으로 바이칼 호수에 관한 중국 문헌 기록을 통해 바이의 의미를 해석하려는 시도로 "스타헤에프(1895)에 의하면 바이칼은 '북쪽의 바다(北海)'라는 의미의 중국어 베이하이(BejHaj) 혹은 페하이(Pehaj)에서 유래하기 때문에 바이의 의미는 '북'이다."[7]

많은 러시아 연구자들은 '바이'의 의미가 '북쪽'이라는 입장을 지지하지만 바이~가 포함된 바이칼 호수 인근 토착종족의 입장은 다소 다르다. 에벤키족은 바이칼을 바다란 의미의 '라무'라고 부르며 에벤키어의 '바이'는 '풍요롭다'는 의미이다. 또 부랴트어로 바이는 '자연의', '천연의'라는 의미[8]이므로 바이칼 호수는 '천연의 호수'라는 의미가 된다. 야쿠트족은 바이칼 호수를 바이켈이라 부르는데 "이는 풍요의 호수라는 의미이다."[9] 몽골어에서 바이갈은 '큰 불'이나 '풍요의 호수'라는 의미인데 몽골

---

5 Bichurin N, Ja. *Sobranie svedenij o narodah, obitavshih v Srednej vremena* 2, M.-L.: Izd. AN SSSR, 1950, p. 17.

6 Vasilevich G. M. "Drevnejshij etnomy Tsentral'noj Azii i nazvanija evenkijskih rodov", *Sovetskaja Etnografija*, 1946, p. 44.

7 Ivanova T. V. *Ekologicheskaja kul'tura kochevnikov bajkal'skogo regiona: obshchee i osobennoe*, Dissert. Kandidat. Kul'tur. Nauk., Ulan-Ude, 2012, p. 10.

8 Nimaev D. D. "O proishozhdenii nazvanija oz. Bajkal", *Etnokul'turnoe obrazovanie: Sovershestvovanie podgotovki spetsialistov v oblasti traditsionnyh Kul'tur. Materialy IV mezhd. nauch. simpoziuma 2003g*, Ulan-Ude, 2003, p. 6.

어 바이갈은 튀르크어 바이쿨에서 기원한다.[10] 이상으로 바이칼 호수 인근의 토착민족은 바이칼의 바이를 '자연'이나 '풍요'라는 의미와 연결시킨다. 그런데 바이칼은 바이칼 호수 인근에서 오랫동안 거주해 온 종족, 특히 에벤키족이나 부랴트족의 창작물일 가능성이 높기 때다. 따라서 바이칼에서 바이의 의미는 바이칼 호수 인근 토착종족의 의미 해석에 근거해야 할 것이다.

이렇게 '바이'의 의미를 둘러싸고 흰색[白], 북[北], 자연 혹은 풍요라는 입장이 대립함을 알 수 있다. 그런데 러시아 연구자들의 주장에는 다음과 같은 두 가지 문제점이 있다. 첫째, 중국문헌의 백적[白狄]이나 북해[北海]를 러시아어 음차 표기인 바이디나 바이칼과 동일시한 뒤 '바이'의 의미를 찾고 있다는 점이다. 하지만 중국인들은 이 단어를 다른 종족으로부터 전해들은 뒤 중국식으로 음차 했을 가능성이 있기 때문에 중국문헌에 대한 절대적인 신뢰나 의존은 경계해야 한다.

둘째, 러시아 연구자들은 중국 고대 문헌에 근거하면서 발음은 중국어 현대음 발음에 의거해 의미를 파악하고 있다는 점이다. 중국 상고음/중고음/현대음에서 백[白]은 b'a˘k/bak/bai이고 북[北]은 pək/p«k/bei'이므로 현대음 발음은 유사하다. 하지만 이 단어들이 주로 사용된 상고음/중고음 발음에서는 차이가 난다. 따라서 씨족명 '바이~'와 백[白], 지명 바이칼과 북[北]을 연결시켜 '바이'의 의미를 파악하려는 시도는 신중을 기해야 할 것이다.

바이~형 씨족명은 한국의 지명 중 백두산의 백과 한국인의 성 중 '백[白]'과 관련이 있다. 물론 한국인의 성이 만들어지는 과정과 에벤키족

9 Djagilev V. F. *Pribajkal'e*, Sibkrajizdat, 1929, p. 77.

10 Vereshchagin G. Ju. *Bajkal. Nauchno-populjarnyj ocherk*, Pod red. Talieva D. N., M., 1949, p. 21.

비롯한 시베리아 소수종족의 씨족명 형성 과정은 전혀 다르기 때문에 둘 사이의 친연관계를 입증하는 것은 의미가 없다. 하지만 중국인의 성 백[白]과 시베리아 소수종족의 바이~형 씨족명은 친연관계가 있을 수 있다. 따라서 이 둘의 친연관계가 규명된다면 '바이'의 기원과 의미는 보다 쉽게 밝혀질 수 있을 것이다.

3. 분포 현황

이 씨족명은 시베리아 제 종족 사이에 넓게 분포되어 있다. 먼저 알타이어계의 만주퉁구스어권에 속하는 에벤키족, 에벤족, 나나이족, 울치족, 오로크족, 오로치족, 만주족 등에 분포되어 있다. 아주 초기 중국 문헌에 의하면 바이~형 씨족이 바이칼 호수 지역에 거주했다.[11]

> "에벤키 씨족명 가운데 바약신과 바야기르가 있다. 바약신은 Sh- 방언이 특징인 프리바이칼리예~앙가라 강 노선에서 발견되고 바야기르는 S-방언이 특징인 자바이칼리예~아무르 강 노선에서 발견된다. 에벤족 가운데 오호크 해 연안의 바이신은 에벤키족의 바약신과 관련이 있을 것이다. 오호츠크해 연안과 아무르 강 하류의 울치족과 오로크족에 바야키가 있다. 오로치족 가운데는 타타르 해협에 바야 씨족이 있고 나나이족 가운데는 바이와 바야 씨족이 있으며 만주족 가운데는 바야라 씨족이 있다."(Vasilevich G. M. "Drevnejshij etnomy Tsentral'noj Azii i nazvanija evenkijskih rodov",

11 Bichurin N, Ja. *Sobranie svedenij o narodah, obitavshih v Srednej vremena* 2, M.-L.: Izd. AN SSSR, 1950, p. 92.

Sovetskaja Etnografija, 1946, p. 43)

위 두 텍스트에 근거할 때 이미 고대에 '바이~'형 씨족이 에벤키족의 초기 거주지라고 추정되는 바이칼 호수 지역에 거주했음을 알 수 있다. 에벤키족의 씨족명 바약신과 바야기르은 '어근 바이(baj)+접미사 -ㅋ신(kshin)/ -기르(gir)'의 구조이고 바이는 무접미사 구조이다. 그런데 접미사 첨가형 씨족명이 무접미사형 씨족명보다 이후에 형성되었기 때문에 씨족명의 구조로 볼 때 바이 씨족이 동일 지역에 거주한 에벤키족의 바약신과 바야기르보다 더 먼저 만들어졌다. 그런데 중국문헌에 등장하는 '바이'는 누구일까? 에벤키족 바약신과 바야기르가 이들로부터 분리된 것은 아닐까? 이 물음에 명확하게 답을 할 수는 없지만 이들이 에벤키족 바이~형 씨족의 선조일 가능성이 높다. 이 유형의 씨족명은 알타이어계의 몽골어권과 튀르크어권에도 분포되어 있다.

"몽골족 가운데 바이트가 있다. 징키스칸 시대에 바이아우드란 씨족이 여러 곳에 흩어져 거주했다. 일부는 징키스칸과 함께 유목을 했고 일부는 차이치우트 씨족과 함께 거주했다. 부랴트족 가운데는 바르구진 강에 바얀다이가 있다."(Vladimirtsov B. Ja. *Obshchestvennyj stroj mongolja. Mongol'skij kochevoj feodalizm*, L.: Izd. AN SSSR, 1934, p. 63)

야쿠트족 가운데 콜림 강에 바이드가 있고[12] 야쿠트족 설화에 야쿠트족의 신화적 시조로 바이가, 키르키즈 대한국[汗國]의 신화적 시조로 바이슈라가 등장하고 징기스칸의 후손인 아부르 카이르칸에게 바이치라란

12 Vasilevich G. M. "Drevnejshij etnomy Tsentral'noj Azii i nazvanija evenkijskih rodov", *Sovetskaja Etnografija*, 1946, p. 44.

아들이 있다.[13]

"6~7세기 톨로강 북쪽의 위구르족 가운데 바예구 씨족이 있었다. 이들은 7-10세기경 만주 국경 쪽으로 진출했으며 현재는 셀렌가 강 연안에 거주하고 있다. 당시 셀렌가 강의 수원 옆 벨리카야(Velikaja) 스텝 북쪽에 사냥과 가축 사육을 하는 바이시 씨족이 있었다."(Pozdneev A. M. *Istoricheskij ocherk ujgurov (po kitajskim istochnikam)*, SPb., 1899, pp. 38, 49; Bichurin N, Ja. Sobranie svedenij o narodah, obitavshih v Srednej vremena 2, M.-L.: Izd. AN SSSR, 1950, pp. 423, 440)

상술한 내용에 근거할 때 몽골족, 부랴트족, 야쿠트족, 위구르족의 바이~형 씨족명은 형태소 측면에서 에벤키어 초기 씨족 표지 접미사인 -d, -t, -gu 등이 첨가되어 있지만 형성 시기를 아주 고대가 아닌 최소한 6세기 이후로 추정해야 한다. 또 아불하이르 한의 아들 바이치라는 '어근 바이+후기 씨족표지접미사 -치라(chira)[14]'의 구조이므로 위 씨족명 중 생성 시기가 가장 늦다고 할 수 있다.

이 유형의 씨족명은 우랄어권의 사모예드 제 종족 사이에도 널리 분포되어 있다. 셀쿠프족 중 투루한 강에 바이신 혹은 바이힌 씨족이 있는데 이들은 에벤키족의 바약신 씨족에서 기원한다.[15]

"15~16세기 엔츠족의 바이 씨족이 타즈강 중류의 동쪽 지역에 거주했다.

---

13 Aristov N. A. "Etnicheskij sostav kirkiz-kazahskoj bol'shoj ordy", *Zhivaja starina* 3~4(5), 1894, pp. 394~395.

14 -chira는 에벤키어 후기 씨족표지 접미사 -gir의 음성 변형이라고 할 수 있다.

15 *M. Castren's Reisen und Forschungen*, Bd.12, S. 8, Petersburg, 1857, p. 8.

이들은 야쿠트족의 바이드와 몽골족의 바이트에서 기원한다."(Verbov G. D. "O drevnej Mangazee", *Izvestija Vserossijskogo Geograficheskogo Obshchestva* 75(5), 1943, pp. 20~21)

"엔츠족은 크게 마두(Madu)와 페바이(Pebaj)의 두 그룹으로 나누어진다."(Sokolova Z. P. & Tugolukov V. A. "Starye i novye nazvanija narodov severa", *Sovetskaja Etnografija* 1, M.: Nauka, 1983, p. 81)

위 기록에 근거할 때 셀쿠프족과 엔츠족의 바이~ 씨족은 에벤키족이나 시베리아 다른 토착종족에서 기원한다. 또 엔츠족의 페바이는 '페+바이'의 구조가 되어 여러 바이~형 씨족의 연합이었으며 규모가 제법 컸던 것으로 보인다. 이 유형의 씨족명은 예니세이어권이나 고립어권에서도 발견된다.

"1800년대 중반 케트족의 바이가도 씨족이 예니세이 강에 거주했다. 유카기르족에 바이신 혹은 바이키 씨족이 있고 닙흐족 중 아무르 강 하류에 바일 씨족이 있다."(Vasilevich G. M. "K voprosu o tungusah i lamutah severo-v0stoka v 17~18 vv.", *Uchenye zapiski Jakutskogo filialf AN SSSR* 5, Jakutsk: Izd. IJAiL, 1958, p. 43)

이처럼 씨족명 '바이~'는 시베리아 토착종족 사이에 널리 분포되어 있지만 만주퉁구스족, 특히 에벤키족 사이에서 가장 많이 발견된다. 따라서 이 유형의 씨족은 에벤키족의 초기 기원지라고 추정되는 프리바이칼리예에서 기원하여 인근의 부랴트족, 몽골족, 야쿠트족 사이에 넓게 전파되었을 것이다. 이후 동쪽으로는 아무르 강의 닙흐족, 북쪽으로는 유카기르족과 케트족 같은 예니세이 고아시아어권 종족, 서쪽으로는 엔츠족과 셀쿠프족 같은 사모예드어권 종족 사이에 넓게 전파된 것으로 보인다.

제2장

킴~형 씨족명

제2장
킴~형 씨족명

'킴~'형 씨족명은 한국인의 성 중 김(Kim)을 연상시키기 때문 한국인의 입장에서는 무척 흥미롭다.

1. 기원 및 의미

킴~형 씨족은 먼 고대에 기원하는데 그 기원에 대해서는 아직 구체적으로 연구된 바도, 알려진 바도 없다. 하지만 '킴'의 의미와 관련해서 두 가지 가설이 가능하다. 첫째, 에벤키어에는 이 단어가 없지만 만주퉁구스어권에 이와 유사한 단어가 있다. 나나이어에 키물리(kimuli), 만주어에 키문(kimun)이라는 단어가 있는데 모두 '적'이라는 의미다.[1] 그렇다면 '킴'의 의미는 '나-적', '자아-타자'의 틀 속에서 '사람'과 관련이 있다고 할 수 있다. 에벤키족 설화에 의하면 킴~형 씨족은 에벤키족의 다른 씨족

1 Vasilevich G. M. "Drevnejshij etnomy Tsentral'noj Azii i nazvanija evenkijskih rodov", *Sovetskaja Etnografija*, 1946, p. 44.

과 족외혼 관계에 있다. 따라서 이들과 혼인 관계를 맺는 다른 씨족이 '타자'의 의미로 이들을 '킴'이라 불렀을 수도 있다.

둘째, 에벤키족 설화 "중간세계의 우무스닌단(Srednej zemli Ymusnindjan)"의 주인공 키모와 키모코는 에벤키 남성을 유인하여 '철집'에 가둔다. 그렇다면 이들은 철을 잘 다루는 집단이라고 할 수 있으며 에벤키족의 씨족명 '킴~'은 중국인의 성 중 김[金]과 음성적으로 유사하다. 중국인의 성 '김'은 금, 쇠, 돌이라는 의미로 금, 쇠, 돌 등이 풍부한 지역, 혹은 금, 쇠, 돌 등을 잘 다루는 집단과 관련이 있을 것이다. 중국인의 성 '김'과 에벤키 씨족명 '킴~'의 관계가 명확히 규명되지 않았다. 하지만 중국인의 성 '김'의 의미, 에벤키족 설화에 나타난 '킴~' 씨족의 특징을 근거로 에벤키족 씨족명 '킴'은 '사람'의 의미를 지니고 있지만 금, 쇠, 돌과도 일정 정도 관련이 있다고 할 수 있다.

2. 분포 현황

씨족명 '킴~'은 시베리아 소수종족 사이에 널리 분포되어 있지만 에벤키족 사이에 가장 많이 분포되어 있다. 이 유형의 에벤키족 씨족명은 '킴~'형과 '켐~'형으로 나누어진다. 전자에는 키모, 키몰릴, 키마-코시카가 있고 후자에는 케무, 케무카기르가 있는데 모두 예니세이 강 동쪽과 서쪽 지역에 거주한다. 에벤키족 설화에서 이 씨족은 키모~키모코~키모닌~키모노리와 같은 명칭으로 등장한다. 이들의 특성은 설화에 따라 조금씩 다르게 묘사되고 있다.

"설화에서 에벤키족은 키모~키모코 씨족으로부터 아내를 맞이하는데 먼저 아내가 될 아가씨의 오빠와 결투를 해서 이겨야 한다. 키모 씨족은 에벤키족으로부터 동쪽의 아주 멀리 떨어진 곳에 거주하기 때문에 1~2년쯤 걸어가야 만날 수 있다. 이들은 털이 더부룩하게 덮여 있고 구불구불한 머리털이 머리 주위를 휘감고 있으며 반지처럼 눈을 굴린다. 키는 작고 뚱뚱하며 동작이 둔하다. 이들은 순록 사육을 한다. 에벤키족은 이들로부터 아내를 맞이할 때 순록도 같이 데리고 온다. 이들은 큰 동물 뼈로 만든 반시하 움집에 거주하며 출입구가 굴뚝에 있어 그곳으로 들어오고 나간다. 집의 내부는 몇 칸으로 나누어져 있다. 그런데 설화 속의 모든 에벤키족 남성들이 자신의 고향으로 돌아오는 것은 아니다."(Vasilevich G. M. "K voprosu o tungusah i lamutah severo-0stoka v 17~18 vv.", *Uchenye zapiski Jakutskogo filialf AN SSSR* 5, Jakutsk: Izd. IJAiL, 1958, p. 45)

에벤키족 설화 "중간세계의 우무스닌단"의 주인공인 키모와 키모코는 위 설화 속 주인공들과는 사뭇 다르다. 이들은 강기슭의 붉은 빛이 도는 은빛 오두막집에서 거주한다. 집안에는 흑담비, 여우 모피가 즐비하며 에벤키족 남성에게 순록고기를 대접을 한다. 따라서 이들의 생활양식은 에벤키족과 비슷하여 흑담비와 여우 사냥 그리고 순록 사육을 했고 은빛 오두막집은 철을 연상시킨다. 이들이 에벤키족 남성을 자신들의 집으로 유혹해서 죽이려 하는 것으로 보아 이들은 에벤키 남성에 대해 적대감을 가지고 있다. 그 원인은 정확하게 알 수 없지만 에벤키족 남성들이 이들을 아내로 맞이한 뒤 자신의 고향으로 데리고 가기 때문으로 추정된다. 또 다른 에벤키족 설화인 "시크토불(Shiktovul')"에서 주인공 시크토불은 키마 씨족 출신이다. 그는 에벤키족 옥디릴 씨족과 함께 살았으며 매우 민첩하고 화살을 잘 만들었으나 사람 죽이는 일을 평생 멈추지 못했다.[2]

위 설화 속 '킴~' 씨족의 공통점은 순록 사육을 하며 에벤키족과 자유롭게 대화를 한다는 점이다. 따라서 이들의 언어는 에벤키어와 크게 다르지 않을 것이다. 두 설화 속에 그려진 집안 풍경, 여인들의 모습과 성격, 다른 에벤키족 씨족과의 족외혼 관계에 있는 점, 철로 만든 집 등을 근거로 이들이 먼 고대 바이칼 호수 연안에서 퉁구스족 혹은 선에벤키족에 편입된 이후 동쪽으로 이주하여 독자적인 씨족을 형성하든가 아니면 다른 종족에 편입된 것으로 보인다.

"키마 씨족의 일부는 바이칼 호수 인근에서 퉁구스족에 편입되어 현재 거주하는 앙가라 강과 예니세이 강으로 이주했고 일부는 9~10세기경 튀르크족 키마키 씨족의 기원이 되었다. 1897년 인구센서스 목록에 의하면 오로치족에 케카르, 우데게이족에 키몬코 씨족이 있는데 이들은 오로치족과 우데게이족을 대표한다. 이들은 에벤키족 설화에도 자주 등장한다."(Vasilevich G. M. "K voprosu o tungusah i lamutah severo-0stoka v 17~18 vv.", *Uchenye zapiski Jakutskogo filialf AN SSSR* 5, Jakutsk: Izd. IJAiL, 1958, pp. 45, 46)

이 씨족명은 시베리아뿐만 아니라 중국 인근에도 분포되어 있었다.

"4~6세기경 중국문헌에 쿠모히와 키마키 씨족이 등장한다. 쿠모히는 쿠젠히과 같은 씨족에서 분리되었으며 풍습은 유사하다. 하지만 쿠모히가 더 서쪽에 거주한다. 이들은 활솜씨가 능숙하고 약탈을 좋아하며 말, 황소, 돼지, 새를 기르고 두꺼운 가죽으로 만든 천막에서 거주한다. 수수를 재배

---

2 에벤키족 설화는 Vasilevich G. M. Sbornik *po evenkijskomu (tugusskomu) fol'kloru*, L.: Uchpegiz, 1936을 참고했다.

하여 지하 창고에 저장하고 토기를 사용한다. 쿠모히는 487년까지 만주의 안조우와 윤조우에 거주하면서 국경지대 중국인들과 교류하고 물물교환을 했으나 488년 폭동을 일으킨 뒤 중국에서 멀리 떨어진 곳으로 떠났다. 6세기경 쿠모히는 규모가 무척 커지면서 5개의 씨족으로 분리되었다."(Bichurin N. Ja. *Sobranie svedenij o narodah, obitavshih v Srednej vremena* 2, M.-L.: Izd. AN SSSR, 1950, pp. 87~89)

능숙한 활 솜씨, 가축 사육 풍습, 음성적 유사성에 근거해 중국 문헌 속의 쿠모히, 쿠마키는 에벤키족 키마와 친연관계에 있을 것이라고 추정된다. 하지만 이에 대해 확증할 수 없기 때문에 보다 체계적인 연구가 필요해 보인다. 비추린은 쿠모히는 말갈족과 관련 있으며 말 사육과 사냥에 종사하는 거란족과 기원이 같지만 풍습은 말갈족과 유사하다고 한다.[3] 하지만 이들과 달리 쿠모히는 타이가의 나무위에 고인을 매장한 뒤 3년 뒤 화장한다. 10~11세기 페르시아의 문헌에도 키마키라는 씨족명이 발견된다.[4]

"키마키는 서쪽에서는 키르기즈와 인접했으며 이르티시 강 인근, 현재 카자흐스탄 북쪽 지역에서 유목을 했다. 이들은 말, 소, 양을 사육하면서 모피를 얻기 위해 흑담비 사냥을 했다. 모피는 이들의 필수품이었을 뿐만 아니라 대외 무역에 필요했다."(Bichurin N, Ja. *Sobranie svedenij o narodah, obitavshih v Srednej vremena* 2, M.-L.: Izd. AN SSSR, 1950, pp. 87~89)

---

3 Bichurin N, Ja. *Sobranie svedenij o narodah, obitavshih v Srednej vremena* 2, M.-L.: Izd. AN SSSR, 1950, p. 75.

4 Bartol'd V. V. *Istorija turets-mongol'skih narodov*, Tashkent: Izd. KVPI, 1928, p. 11; Vjatkin M. *Ocherki po istorii Kazahskoj SSR*, M.: OGIZ, Gospolitizdat, 1941, p. 53.

위 텍스트의 키마키는 바실레비치(1946)가 바이칼 인근의 퉁구스족이었다가 9~10세기 튀르크족에 편입되었다는 키마 씨족과 동일한 그룹일 수 있다. 상술한 내용을 통해 씨족명 '킴~'의 기원은 명확하게 규명할 수 없지만 먼 고대 바이칼 호수 인근의 에벤키족에 편입된 후 만주퉁구스어권의 제 종족 사이에 널리 전파되었고 더 나아가 튀르크어권 제 종족 사이로 전파되었음을 알 수 있다.

제3장

샤마/사마~형 씨족명

제3장
샤마/사마~형 씨족명

씨족명 '샤마/사마'도 한국인에게는 무척 흥미롭다. 중국 주나라(기원전 1046년~256년) 초에 사관을 지낸 '사마[司馬]'라는 집안이 있었고 부여인 가운데도 '사마'라는 성이 있었다. 현재 한국인 가운데도 '사마'라는 성이 있을 뿐만 아니라 명사 '샤만'과 음성적 유사성이 있다. 먼저 명사 샤만의 기원에 대해 퉁구스어 기원설, 인도 산스크리트어 Sramana와 파리어 Samana 기원설 등이 있다. 일찍부터 만주와 몽골에서는 무당을 샤만이라고 불렀다. 명사 샤만은 17세기 러시아인이 퉁구스족을 정복하는 과정에서 러시아인에 의해 처음으로 세상에 알려지게 되었다.[1]

음성적으로 유사하지만 명사 샤만과 씨족명 샤마는 서로 관련이 없다는 입장이 널리 퍼져 있지만 모두 퉁구스족과 관련이 있기 때문에 전혀 관계가 없다고 단정할 수 없다. 이 유형의 씨족명은 알타이어계의 만주 퉁구스어권 종족, 튀르크어권 종족, 우랄어계의 사모예드어권 종족 등 시베리아의 전역에 널리 분포되어 있으며 음성적 형태도 무척 다양하지만

1 Shirokogoroff S. M. "Sramana-Shaman. Etymology of the word shaman with N. D. Mironov", *Journal of the North China Branch of the Royal Asiatic Society* 54, 1924a, p. 130.

에벤키족 사이에 가장 널리 분포되어 있다. 이 씨족명의 음성 변이형이 다양하고 분포 범위가 넓다는 것은 생성 연대가 오래되었다는 증거이다.

1. 만주퉁구스어권 내의 분포 현황

씨족명 '샤마/사마'는 에벤키족 사이에 가장 많이 분포되어 있으며 만주족, 울치족, 우데게이족, 오로치족 등 만주퉁구스어권의 제 종족 사이에도 두루 분포되어 있는데 모두 에벤키족에서 기원한다. 이 유형의 씨족명은 만주퉁구스어권의 종족 중 오로크족에게서는 발견되지 않는다. 에벤키족에게서 발견되는 이 씨족명의 음성 변이형으로는 샤만, 샤마기, 샤마기르, 샤마긴, 샤마르, 사마르, 사마기르, 사마기트, 차마기르 등이 있는데 이는 거주지역의 차이에 기인한 것이다.

에벤키족에 속한 이 씨족의 초기 기원지는 프리앙가리예 지역으로 추정된다. 이는 프리바이칼리예~프리앙가리예와 바이칼 호수 북부 에벤키족의 음성학적 특징인 Sh-음과 앙가라 강 지류에 베르흐냐야 샤만카(Verhnjanja Shamanka) 강과 샤만카 강이 있다는 사실에 근거한다. 이 씨족은 두 차례에 걸쳐 시베리아 내에서 대이동을 감행했다. 첫 이동은 17세기 말 초기 정착지인 프리앙가리예에서 '알 수 없는 곳'으로의 이동이다. 두 번째는 18세기~19세기 프리바이칼리예에서 레나 강과 프리아무리예로의 이동이다.

"17세기 사마~ 씨족들은 프리앙가리예 중간 지역인 앙가라 강과 그 지류에 주로 거주했다. 일부는 가족 단위로 레나 강 지류로 이주했으며 니즈나야 퉁구스카 강과 그 지류들, 그리고 더 북쪽 지역으로 이주하기도 했다. 일부는 자바이칼리예로 이주했는데 그곳에서 더 동쪽인 제야 강으로 이주하기도 했다. 그런데 18세기 문헌에 의하면 17세기 말 모든 샤마~들은 에벤키족 날랴기르 씨족과 함께 프리앙가리예에서 알 수 없는 곳으로 떠났다."(Vasilevich G. M. "Etnonim saman → samaj i narodov Sibiri", *Sovetskaja Etnografija* 3, 1965, p. 139)

17세기 말 프리앙가리예의 '샤마/사마~'씨족이 알 수 없는 곳으로 떠난 이유는 무엇일까? 1649년 현물세 납부의 압박, 사냥 조건의 급격한 악화,[2] 현물세 징수기관의 폭압과 씨족 간의 충돌[3]이 가장 큰 이유일 것이다. 1650~53년과 1688년 천연두가 동시베리아를 습격했던 사실을 염두에 둘 때 이들이 초기 거주지를 떠난 원인은 복합적이었던 것 같다. 즉 러시아인의 과중한 현물세와 현물세 징수기관의 폭압이 가장 큰 원인이었고 다른 씨족과의 잦은 충돌과 전염병의 빈번한 창궐이 이를 부추겼다고 할 수 있다.

연구자들은 17세기 말 프리앙가리예를 떠난 '샤마/사마~' 씨족이 어떤 경로를 거쳐 어디로 갔는지 규명하기 위해 많은 노력을 기울였다. 이들 중 49 납세단위는 일림 강에서 앙가라 강, 라마(바이칼) 강, 그리고 멀리 떨어진 산 너머의 강으로 이동했고 42 납세단위는 찾지 못했다.[4] 그런데 1925년 립스키가 기록한 설화를 보면 프리앙가리예를 떠난 '샤마/사마~' 씨족이 어디로 갔는지 조금 명확해진다.

---

2 Sherstoboev V. N. *Ilimskaja pashnja* 1~2, Irkutsk: OGIZ, 1949, p. 544.

3 Aleksandrov V. A. *Russkoe naselenie Sibiri XVII~nachala XVIII v. (Enisejskij kraj)*, M.: Nauka, 1964, p. 20.

4 Sherstoboev V. N. *Ilimskaja pashnja* 1~2, Irkutsk: OGIZ, 1949, p. 522.

"한 그룹은 셀렌가 강 상류~셀렌가 강~바이칼 호수~프리바이칼리예로 이어지는 북부 지역의 노정을 거쳤고 다른 그룹은 타이가~분수령~앙가라 강~바이칼 호수의 노정을 지났다."(Vasilevich G. M. "Etnonim saman → samaj i narodov Sibiri", *Sovetskaja Etnografija* 3, 1965, p. 139)

이 설화를 통해 17세기 말 프리앙가리예를 떠난 '샤마/사마~' 씨족의 일부는 베르흐나야 앙가라 강 하류나 프리바이칼리예로 갔으며 일부는 야쿠티야 인근에서 발견되는 사마이 씨족의 기원이 되었다고 추정할 수 있다. 이렇게 하여 이 씨족의 첫 번째 이동이 마무리되었다. 18~19세기 시베리아 여행객의 증언이나 연구자들의 주장에 근거할 때 '샤마/사마~' 씨족은 18~19세기 다시 바이칼 호수에서 레나 강, 프리아무리예 남쪽으로 이주했다.

"마악에 의하면 19세기 하바롭스크 지역의 쿠르 강에서 샤마기 씨족이 유목을 했으며 시로코고로프에 의하면 19세기 초 아무르 강 상류와 중류에서 사마기트 씨족이 유목을 했다."(Vasilevich G. M. "Etnonim saman → samaj i narodov Sibiri", *Sovetskaja Etnografija* 3, 1965, p. 143)

19세기 중엽 샤마기르 씨족이 레나 강 지류에서 유목했으며,[5] 샤마~ 씨족은 18~19세기 바이칼 호수에서 레나 강 서쪽인 니즈나야 프리아무리예로 이주했다. 1897년 인구조사 목록에 의하면 바르구진 관구에 세마기르 씨족이 있다.[6]

---

5 Middendorf A. *Puteshestvie na sever i severo-vostok Sibiri* 2(1), SPb., 1855, pp. 556~557.

6 Patkanov S. *Opyt geografii i statistiki tungusskih plemen Sibiri na osnovanii dannyh perepisi 1897 g. i drugih istochnikov. Tungusy sobstvenno* 1(1), SPb.: Izd.SPb, 1906, p. 144.

이로써 19세기 말경 기원지인 프리앙가리예를 떠난 샤마/사마~ 씨족은 동시베리아 전역에 분포해 있었음을 알 수 있다. 이들의 노정을 면밀하게 연구한 바실례비치는 이들의 이동 경로를 다음과 같이 제시한다.

"프리앙가리예에서 남동쪽으로 떠난 사마~ 씨족은 다음 세 노선을 따라 이동했다. 첫째, 앙가라 강의 지류인 일림 강~쿠타 강~레나 강 노선, 둘째, 일림 강~니즈나야 퉁구스카 강 수원지~에이코 호수 노선, 세 번째, 앙가라 강~예니세이 강 노선이다. 북쪽 지역으로 이주한 그룹은 들짐승과 물고기가 풍부한 호수의 분계점에 가서 도보사냥꾼이자 어부가 되어 사마이라고 불리게 되었다. 야쿠티야족 설화에 전해져 오는 사마이의 특징은 얼굴 문신, 염소모피 테두리가 있는 웃옷, 순록의 머리 가죽으로 만든 인티카(intyka)라는 모자, 자작나무 보트인 베레스탼키, 사마이라는 씨족명이다. 현재 앙가라 강 지류인 심 강 유역의 에벤키족도 이 모자를 사용하는 것으로 보아 이들은 친족으로 보인다."(Vasilevich G. M. "Etnonim saman → samaj i narodov Sibiri", *Sovetskaja Etnografija* 3, 1965, p. 143)

이 씨족명은 만주퉁구스어권의 만주족, 울치족, 우데게이족에도 널리 분포되어 있다. 여러 문헌에 근거할 때 이들은 오로치족의 사마딘가 씨족에서 기원하며 사마딘가는 에벤키족의 사마기르 씨족에서 기원한다. 16세기 군인 명부에 의하면 만주족에 사마르기, 울치족에 사마딘 씨족이 다. 이들은 자신들이 오로치족의 사마딘가 씨족에서 기원한다고 생각한다.[7] 또 오로치족의 사마딘가는 우데게이족 샤마~ 씨족의 기원이 되었다.[8]

7 Shternberg L. Ja. *Giljaki, orochi, gol'dy, negidal'tsy, ajny. Klassifikatsija, korennogo naselenija Priamurskogo kraja*, Habarovsk: Dal'giz, 1933, pp. 405~406.

에벤키족 샤마/사마~ 씨족은 나나이족에 편입하여 중요한 씨족을 형성했다. 이들이 나나이족에 편입하게 된 과정은 많은 연구자들의 관심의 대상이었다. 나나이족에 편입한 에벤키족 샤마/사마~ 씨족은 자신들이 늘 다니던 길을 이용해 나나이족에 편입했다고 한다. 그렇다면 이들은 아무르 강이나 그 지류를 따라 이동했을 것이다.

"나나이족에 편입한 첫 샤마~ 씨족은 남동쪽인 아무르 강 우측 지류에서 이주해 온 사람들이다. 이주 경로는 아무르 강 우측 지류 → 암군 강 → 논니 강 하류의 호수 → 쑹화 강 → 아무르 강 하류일 것이다. 그 이후에 편입한 그룹은 아무르 강 좌측 지류 → 암군 강과 우측 지류 → 부레야 강의 경로를 거쳐 왔다. 이 노선의 곳곳에 아직도 샤마~형 지명이 남아 있다."(Vasilevich G. M. "Etnonim saman → samaj i narodov Sibiri", *Sovetskaja Etnografija* 3, 1965, p. 2)

당시의 주객관적 상황으로 미루어 에벤키족 샤마/사마~ 씨족의 상당수가 나나이족에 편입한 것으로 보인다. 하지만 나나이족의 정식 구성원이 된 이들은 20세기 무렵 고린 강에서 유목을 하던 샤마/사마~ 씨족이기 때문에 위 두 번째 그룹에 속한 이들의 이주 경로가 관심을 끈다.

"아무르 강 좌측 지류에서 유목을 하던 에벤키족 사마기르 씨족은 이 강을 따라 남쪽으로 이동하여 나나이족의 유목 지역으로 들어간 뒤 나나이족 사마르 씨족의 기원이 되었다. 이들은 20세기 무렵 고린 강에서 유목을 하던 샤만 씨족의 선조는 19세기 부레야 강, 암군 강에서 순록 유목을 하던 에벤키족 사마기르 씨족이다. 이들은 자신들의 선조가 바이칼 호수에서

8 Zolotarev A. M. *Rodovoj stroj i religija ul'chej*, Habarovsk: Dal'giz, 1939, pp. 65~67.

이곳으로 이주해 온 경로를 기억하고 있다. 이들은 에벤키족의 킬렌, 마네그르, 비라리 씨족처럼 아무르 강 계곡으로 이주했지만 순록 사육에 부적합한 환경에 부딪히면서 순록을 잃어버리고 생업을 바꾸었다."(Vasilevich G. M. "Etnonim saman → samaj i narodov Sibiri", *Sovetskaja Etnografija* 3, 1965, pp. 141~142)

상술한 내용을 통해 에벤키족 샤마/사마~ 씨족의 나나이족으로의 편입은 오랜 시간에 걸쳐 일어났음을 알 수 있다. 또 이들의 노정 곳곳에 샤마/사마~형 지명이 남아 있다는 점으로 미루어 일부는 이주 도중 일시적 이주 장소였던 곳에 정착을 하게 된 것 같다. 이처럼 동쪽으로 이주한 에벤키족 샤마/사마~ 씨족은 삶의 근저를 위협하는 새로운 지형, 경제, 문화적 환경을 마주하면서 점차 지역 토착민들에게 융화되어 갔다.

튀르크어권 종족 사이에서도 이 유형의 씨족명이 발견된다. 오비 강 위쪽 키르기르족에 사마 씨족이 있고 사얀 산맥에 사마야 타야(Samaj Taja)라는 지명이 있다.[9] 이 지명과 씨족명 샤마~의 관계는 아직 밝혀지지 않았다. 중앙아시아 남쪽 산악 몽골족의 시라예구르족 가운데 산 추아니(Sah' Chuani) 씨족이 있는데 에벤키족은 그들을 샤마르라고 부른다.[10] 이들과 에벤키족 '샤마/사마~' 씨족의 관계도 아직 밝혀지지 않았지만 이들의 관계 규명은 샤만/사만~ 씨족의 기원 문제와 이동경로 해결에 많은 도움을 줄 것이다.

---

9 Aristov N. A. "Zametki ob etnicheskom sostave tjurskih plemen i narodnostej", *Zhivaja starina* 4(4), 1896, p. 379.

10 Vasilevich G. M. "Etnonim saman→samaj i narodov Sibiri", *Sovetskaja Etnografija* 3, 1965, p. 144.

2. 사모예드어권 내의 분포 현황

이 씨족명은 사모예드족 가운데도 넓게 분포되어 있는데 모두 에벤키족의 샤마/사마~ 씨족에서 기원한다.

"엔츠족에 샤마기르, 사마두, 사마투 씨족이 있다. 고대 사마투는 상당히 광활한 지역에서 거주했다. 네네츠족에 사모딘, 사모예딘 씨족이 있으며 엔츠족과 네네츠족 모두 예니세이 강과 관련이 있다. ... 18세기 돌간족에 의해 레나 강에서 밀려난 에벤키족 샤마~씨족은 서진한 뒤 느가나산족과 엔츠족에 편입했다. 처음에 느가나산족과 엔츠족은 에벤키족 출신의 이들을 사마이라고 불렀다. 하지만 이후 돌간족과 그들과 이웃한 에벤키족의 다른 씨족들은 느가나산족과 엔츠족을 모두 사마이라고 불렀다."(Vasilevich G. M. "Etnonim saman → samaj i narodov Sibiri", *Sovetskaja Etnografija* 3, 1965, pp. 142, 143)

"돌간족은 엔츠족과 느가나산족을 사마이데르라고 불렀고 그들과 이웃한 에벤키족을 사마일이라고 불렀다."(Dolgih B. O. "O rodoplemennom sostave i rasprostranennija ehtsev", *Sovetskaja Etnografija* 4, 1946, p. 110)

샤마/사마~는 18세기까지 앙가라 강, 바이칼 호수 인근, 레나 강 주변에서 에벤키족 씨족명으로 알려져 있었을 만큼 규모가 크고 강력했다. 하지만 이들이 사모예드족에 편입한 것은 자신보다 강하고 수적으로 우세한 다른 종족이나 에벤키족 다른 씨족에 의해 거주지에서 밀려났기 때문이다. 에벤키족과 에벤족 출신의 야쿠트족 설화에 의하면 서쪽에서 그들과 인접한 사마이는 정착생활을 하면서 어업과 사냥에 종사했는데 이

후 이곳으로 이주한 돌간족과 야쿠트족에 의해 다른 곳으로 밀려났다.[11]

이 유형의 씨족명이 엔츠족과 네네츠족에 분포되어 있는 점, 이 유형의 씨족명이 이웃 종족에 의해 느가나산족과 엔츠족의 종족명으로 불린 점 등으로 미루어 사모예드 제 종족에 편입한 이후 이들은 해당 종족에서 제법 우위를 차지했으며 그 규모도 컸던 것으로 보인다. 특히 17세기 엔츠족은 마두와 사마투 씨족으로 나누어졌다가 18세기에는 사마투로 통일되었다.[12] 즉 엔츠족의 사마투 씨족은 18세기 이후 엔츠족 내에서 상당한 세력을 가졌던 것이다. 엔츠족 설화에서 사마투의 선조 중 일부는 다른 종족 출신으로 그려지고 있다. 따라서 엔츠족의 사마투에 17세기 말 프리앙가리예에서 '알 수 없는 곳'으로 떠난 에벤키족 '샤마/사마~' 씨족이 포함되어 있을 것으로 추정된다.

네네츠족의 사모예드, 사모딘, 사모겐, 사모예딘 씨족 등은 우랄 강과 예니세이 강 사이에 널리 분포되어 있다. 사모예드는 20세기 이후 네네츠족의 종족명으로 알려졌고 네네츠족과 관련이 있는 엔츠족, 느가나산족, 셀쿠프족과 그들의 언어 계통을 나타내는 용어가 되었다. 하지만 네네츠족이 자신들을 부르던 용어는 사모예드가 아니다.

"네네츠어에는 사람이란 의미를 지닌 네네츠(Nenetsy)란 단어가 있으며 민족명 네네츠는 여기에서 기원한다. 서구, 특히 핀란드와 헝가리에서는 네네츠족 대신 사모예트라는 구 종족명을 사용하기도 하지만 점차 네네츠란 종족명을 사용하는 추세이다."(Sokolova Z. P. & Tugolukov V. A. "Starye

11 Vasilevich G. M. "Etnonim saman→samaj i narodov Sibiri", *Sovetskaja Etnografija* 3, 1965, p. 142.

12 Dolgih B. O. "O rodoplemennom sostave i rasprostranennija ehtsev", *Sovetskaja Etnografija* 4, 1946, p. 123.

i novye nazvanija narodov severa", *Sovetskaja Etnografija* 1, M.: Nauka, 1983, p. 81)

사모예드 제 종족 중 엔츠족과 네네츠족에 분포된 이 유형의 씨족명은 구조적 차이를 보인다. 엔츠족의 씨족명 사마두, 사마투는 '사마(어근)+-du, -tu(씨족표지 접미사)'의 구조이다. 접미사 -du, -tu는 사모예드식이므로 사마투~사마두는 사모예드식 씨족명이다. 네네츠족의 씨족명 사모예드, 사모딘, 사모예딘는 '어근+씨족표지 접미사 -d/-din'의 구조이다. -d는 에벤키어 기원이지만 -din은 몽골어에서 기원하는데 몽골과 프리아무리예 일부 지역의 에벤키족, 최극동 에벤키족 설화 속 인물명에서 찾을 수 있다.[13]

그렇다면 엔츠족 사마/사마~ 씨족의 기원은 에벤키족이지만 네네츠족 사마/사마~ 씨족의 기원은 몽골족으로 서로 기원이 다른 것일까? 위 씨족명 중 가장 널리 알려진 사모예드란 단어는 어디에서 기원하는 것일까? 이에 대해서는 다양한 의견이 존재한다. 주로 네네츠어에서 '깨끗하지 않은'이란 의미의 'samaj'나 카렐어에서 '늪'이란 의미의 'saamus', 엔츠족의 씨족명 사마투 연결시킨다.[14] 하지만 사모예드가 네네츠족의 씨족명이기 때문에 호미치[15]는 네네츠어 'saam의 땅'이란 의미의 'same edna'에서 기원했다고 주장한다. 사모예드의 기원은 다음 두 가지로 생각해 볼 수 있다. 먼저 호미차가 제시한 네네츠어 'same edna'에 근거하

13 Vasilevich G. M. "Etnonim saman → samaj i narodov Sibiri", *Sovetskaja Etnografija* 3, 1965, p. 144.

14 Sokolova Z. P. & Tugolukov V. A. "Starye i novye nazvanija narodov severa", *Sovetskaja Etnografija* 1, M.: Nauka, 1983, p. 81.

15 Homich L. V. *Nenetsy*, L.: Nauka, 1976, p. 27.

여 사모예드를 ‘어근 사모(Samo)+접미사 –예드(ed)’로 나눌 수 있다. 어근 사모는 same에, 접미사 -ed는 -edna에 해당하여 ‘samo edna’는 ‘샤마 씨족의 땅’이란 의미로 해석할 수 있다. 두 번째, 먼저 네네츠족에 편입한 에벤키족 샤마/사마~ 씨족은 네네츠족에 맞게 음성적 변형을 가한 뒤 에벤키어 초기 씨족표지 접미사 -d(t)를 첨가하여 자신들을 사모예드라고 불렀을 것이다. 이후 인접한 튀르크어나 몽골어의 영향을 받아 사모예드에서 사모딘과 사모예딘이 만들어졌을 것이다.

11세기부터 17세기까지 이 씨족명의 분포 양상을 연구한 헝가리 학자 Hajdu(1948~1950)는 시베리아의 사모딘과 유럽의 사모예드는 기원상 아무런 관련이 없다고 주장한다. 미덴도르프도 “사모예드는 공식문서의 사모딘과는 관계가 없다”[16]고 주장한다.

“Hajdu에 의하면 러시아인은 위그르족으로부터 사모딘이란 단어를 들었으며 사모딘, 사모게트, 사모예드는 시베리아 그룹에만 해당한다. 사모예드라는 단어가 유럽 북부지역에 등장한 것은 더 이후의 일이다.”(재인용: Vasilevich G. M. “Etnonim saman → samaj i narodov Sibiri”, *Sovetskaja Etnografija* 3, 1965, p. 144)

이 씨족명은 우랄어족의 핀우구르어권 종족에서도 발견된다.

“사마르~ 씨족은 남쪽 오브 강으로 전파되었으며 한티족와 오브 강 유역의 튀르크 제 종족 사이에서 발견된다. 시베리아 문헌에 1582년 러시아가 오스탸크족을 물리치면서 사마루와 그 씨족을 죽였다는 기록이 있고 사마

16 Middendorf A. *Puteshestvie na sever i severo-vostok Sibiri* 1, SPb.: Imperatorskaja AN, 1860, p. 557.

로보라는 마을명이 발견된다."(Aristov N. A. "Zametki ob etnicheskom sostave tjurskih plemen i narodnostej", *Zhivaja starina* 4(4), 1896, p. 378)

시베리아 토착종족은 자신의 씨족명을 거주지의 지명에 반영하려는 습성이 있다. 당시 사마로보라는 마을이 있었다는 점으로 미루어 사마루는 특정 개인이 아니라 씨족명이었을 가능성이 있다. 상술한 내용으로 미루어 다음의 사실을 알 수 있다. 첫째, 퉁구스어권, 사모예드어권, 위구르어권, 튀르크어권 종족 사이에 이 씨족명이 널리 분포되어 있다는 사실은 알타이어계과 우랄어계 사용 종족들이 아주 먼 과거에 관련이 있었다는 증거이다. 둘째, 이 씨족명의 출현은 남쪽 지역인 셀렝가 강~사얀 산맥과 관련이 있기 때문에 만주퉁구스, 사모예드, 위구르 제 종족의 종족문화 측면에서 남방 요소의 하나이다. 셋째, 이 씨족의 출현은 알타이어계의 아주 먼 고대로 거슬러 올라간다. 따라서 이 씨족명은 아시아에서 역사상 유명했던 민족의 신화적 시조나 영웅과 관련이 없다. 따라서 현대어로 번역이 불가능하며 의미와 기원 파악은 결코 쉬운 작업이 아니다. 넷째, 이 씨족명은 오로크족을 제외한 만주퉁구스어권의 모든 종족 사이에서 발견되는데 이에 대한 규명이 필요하다.

제4장

에댠/여진~형 씨족명

제4장
에댠/여진~형 씨족명

씨족명 '에댠'은 만주퉁구스어권의 에벤키족, 에벤족, 돌간족, 나나이족, 오로치족, 울치족, 만주족에 두루 분포되어 있다. 하지만 에벤키족 사이에 가장 많이 분포되어 있고 음성적 형태도 가장 다양한데 네기달족과 오로크족에게만 발견되지 않는다.[1] 이 유형이 씨족명이 흥미로운 이유는 숙신 → 읍루 → 물길 → 말갈 → 여진 → 만주족 순으로 이어지면서 한민족과 관련이 있는 중국 고대 여진족과 음성적으로 유사하기 때문이다. 여러 자료를 토대로 할 때 이 유형에 속하는 씨족명의 출발은 '여진'이며 씨족명 에댠~은 여진의 러시아어 음차로 추정된다. 이 씨족명의 음성 변이형으로는 에쟌~오쟌~아쟌~오잘~오쟐~우쟐~유달라 등이 있다.

"에벤키족의 에댠은 에덴~에젠~에쟌이라는 씨족명으로 야쿠티야, 극동의 프리아무리예, 오호츠크해 연안, 사할린에 널리 분포되어 있다. 위 지역에서 이 씨족명이 처음으로 언급된 것은 17세기이다. 당시 오호츠크해 연안에는 에젠 씨족이 거주했다. 씨족명 에쟌은 18세기 카작인들이 특별한

1 에댠/여진~형 씨족명이 만주퉁구스어권의 종족 중 네기달족과 오로크족에서만 발견되지 않는 이유에 대해서는 보다 구체적인 연구가 필요해 보인다.

내용 없이 형식적으로 보낸 문서에 여러 차례 언급되고 있다."(Vasilevich G. M. "Drevnejshij etnomy Tsentral'noj Azii i nazvanija evenkijskih rodov", *Sovetskaja Etnografija*, 1946, p. 37)

올레뇩 현물세 징발소의 주요 납세자 층은 아쟌 혹은 오쟌 씨족이었다.[2] 이로 미루어 러시아인이 지금의 야쿠티야 공화국의 올레뇩 강에 등장했을 무렵 그곳에는 에벤키족만 거주했으며 아쟌 혹은 오쟌이 주요 씨족이었던 것 같다. 다음의 기록에 근거할 때 아쟌 혹은 오쟌 씨족은 수적, 힘적으로 그 지역에서 우위를 점했던 것 같다.

"1651~1952년 천연두가 동 시베리아 전역을 강타했다. 당시 올레뇩 강의 아쟌족은 예세이 지역의 바냐디르 혹은 마이아트 씨족을 공격한 시니기르 씨족과 겨룰 만큼 수가 많고 용감했다. 당시 아쟌족의 성인 남자는 110명에 이르렀다."(Bichurin N. Ja. *Sobranie svedenij o narodah, obitavshih v Srednej vremena* 1, M.-L.: Izd. AN SSSR, 1950, p. 450)

만주퉁구스어권의 돌간족과 에벤족 사이에 이 씨족명의 기원을 말해주는 설화가 널리 분포되어 있다. 설화 속에서 형제들은 새를 나누어 먹었다. 머리(dylma)를 먹은 사람은 킬마기르(Kilmagir), 옆구리(edzhekej)를 먹은 사람은 예젠(Edzhen), 뱃살(dulang)을 먹은 사람은 둘간(Dulgan)이라고 부르게 되었다.[3] 이와 같은 설화를 만든 배경은 여러 개 씨족으로 분리되었지만 기원이 같다는 사실을 강조하기 위해서일 것이다. 에벤키

---

2 Bichurin N. Ja. *Sobranie svedenij o narodah, obitavshih v Srednej vremena* 1, M.-L.: Izd. AN SSSR, 1950, p. 45.

3 Ubrjatova E. I. "O Jazyke dolgana", *Jazyki i fol'klor narodov sibirskogo Cevera*, M.-L., 1966.

족에게도 씨족으로 분리될 때 형제들끼리 새와 그 깃털을 나눈다는 화소는 널리 퍼져 있는데 위 설화처럼 새의 신체명이 새로운 씨족명 구성의 근거가 된다. 이 씨족명은 에벤족에게도 발견된다.

"레나 강의 에디간 씨족 중 에벤족에 동화 된 그룹을 '에댠예'라 부른다. 그들은 올레뇩 강에서 타이미르 강으로 이주했으며 20세기 초 모든 예단녜와 에디간은 야쿠트어로만 말을 했다."(Tugolukov V. A. *Tungusy (evenki i eveny) Srednej i Zapadnej Sibiri*, M.: Nauka, 1985, pp. 191-192)

위와 같은 점으로 미루어 에벤족의 에댠~ 씨족은 에벤키족에게서 기원했으며 20세기 초 에벤키족과 에벤족 에댠~ 씨족의 상당수가 야쿠트족에 동화되었음을 알 수 있다. 이 유형의 씨족명은 만주퉁구스어권의 나나이족, 울치족, 오로치족, 만주족 등에도 널리 퍼져 있다.

"나나이족에 오쟐 씨족이 있는데 립스카야는 이 씨족의 출현을 여진족의 해서여진과 연결시킨다. 나나이족의 오쟐과 축치족의 우쟐 씨족은 친족인데 울치족은 이들이 아무르 강 연안에 거주하는 몽골족의 골디[赫哲] 씨족에서 기원한다고 생각한다."(Petrova T. I. *Kratkij nanajsko-russkij slovar'*, L.: Uchpedgiz, 1935, p. 9)

"오로치족의 코핀카 씨족은 골디족의 오잘 씨족과 친족이다."(Shternberg L. Ja. *Giljaki, orochi, gol'dy, negidal'tsy, ajny. Klassifikatsija, korennogo naselenija Priamurskogo kraja*, Habarovsk: Dal'giz, 1933, p. 407)

"만주족에는 닌구타에서 기원한 유달라 씨족이 있는데 만주족은 한국인과 중국인 가운데 이 씨족 출신들이 많다고 주장한다."(Shirokogoroff S.

Social organization of the Manchus, Shanghai, 1924b, p. 27)

에단~ 씨족은 예니세이 강 연안의 타이가 지역을 제외한 만주퉁구스어권 종족이 분포된 거의 모든 지역에서 발견된다. 이상의 내용에 근거할 때 만주퉁구스어권에 분포된 이 유형의 씨족명은 몽골족, 만주족과 깊은 관련이 있다. 종족의 계통관계로 볼 때 울치족과 오로치족이 나나이족에서 분리되었기 때문에 나나이족 오잘 씨족이 가장 먼저 출현했다. 따라서 이 씨족의 전파 방향은 여진족의 해서여진 → 나나이족의 오잘 → 울치족의 우잘, 오로치족의 오잘, 만주족의 유달라가 된다.

이 유형의 씨족명은 변방의 몽골족이나 징기스칸 시대에도 발견된다. 이는 이 씨족이 몽골어 계통에서도 이미 고대에 출현했음을 말해준다.

> "몽골족에 우첸 씨족이 있다. 부세(Busse, 1880)에 의하면 이들은 간티무로프 공의 지휘를 받은 네르친스크 에벤키족에 포함되어 있었다. 서쪽에서는 티벳과 인접한 몽골 산추안족 가운데 에젠 씨족이 있다. 보우난 시 변방의 산추안족은 자신을 에젠니 쿤, 코차니 쿤이라고 부르는데 이는 에젠 사람, 코찬 사람이라는 의미다. 시라예구리족은 자신들을 에젠니 몽골이라고 부른다. ... 몽골 시대의 에젠과 에젠 씨족은 에젠-보그도 부족의 구성원이었으며 설화 속에서 가끔 이 부족의 밑에 징기스칸이 출현한다."(Potanin G. N. *Puteshestvija* 1, SPb., 1893. p. 410; Vostochnye legendy, M., 1899, p. 241)

이상의 내용으로 몽골족에는 에단~ 씨족의 여러 그룹이 분포되어 있었다. 이들은 자신들이 여진족 기원임을 알리기 위해 에단~형 자명[自

名]을 사용한 것으로 보인다. 그렇다면 몽골족 가운데 여진족 출신이 상당히 많다고 할 수 있지만 상술한 간티무로프의 지휘를 받은 씨족의 구체적인 현황에 대해서는 알려진 바가 없다.

튀르크어권에서도 이 유형의 씨족명이 발견된다. 17세기 예니세이 강 상류 키르기즈 지역에 예제르 씨족이 있었다. 이들은 예니세이 강 좌안에 거주했던 예제르 계열 4개 씨족의 하나다.[4] 중국 문헌에 의하면 이들은 에지 씨족이라고 불리는데 예니세이 강 수원 코소골 호수 동쪽 방면에 거주한다.[5]

씨족명 에댜~이 여진에 상응한다면 여진의 선조인 숙신족, 읍루족, 물길족, 말갈족과도 일정 정도 관련이 있을 것이다.

> "5~6세기 중국 문헌에 씨족명 우젠이 처음 언급되었는데 이 씨족명은 여진족보다 앞선 시기의 읍루족에 상응한다. 이들은 사냥과 어로에 종사했으며 위에 출입구가 있는 굴에서 거주했다. 이아킨프에 의하면 물길과 우기를 말갈족이라고도 불렀으며 아무르 강 연안의 말갈족은 7세대째 이어져 내려오고 있다."(Vasilevich G. M. "Drevnejshij etnomy Tsentral'noj Azii i nazvanija evenkijskih rodov", *Sovetskaja Etnografija*, 1946, p. 38)

이상의 내용을 바탕으로 시베리아 소수종족 사이에 넓게 분포되어 있는 씨족명 에댜~은 숙신 → 읍루 → 물길 → 말갈 → 여진의 계보로 이어

---

4 Bartol'd V. V. *Istorija turets-mongol'skih narodov*, Tashkent: Izd. KVPI, 1928, p. 23.

5 Bichurin N. Ja. *Sobranie svedenij o narodah, obitavshih v Srednej vremena* 1, M.-L.: Izd. AN SSSR, 1950, p. 445; Bartol'd V. V. *Kirkizy: Istoricheskij ocherk*, Frunze: Kirgosizdat, 1943, p. 25.

지는 씨족명이라고 추정할 수 있다. 에젠족은 물길족과 같은 갈래이다. 물길족은 5~6세기 프리아무리예에 거주했으며 고대 숙신족의 후손들로 말갈족보다 선행한다. 에댠~ 씨족은 에젠~우진과 같은 변이형으로 5세기부터 프리아무리예~오호츠크해 연안의 만주퉁구스어권 종족들 사이에 넓게 분포되기 시작했지만 사얀 산지의 몽골족과 튀르크족 사이에도 많이 분포되어 있음을 알 수 있다. 이로써 이 유형의 씨족명은 퉁구스어권 제 종족에게서 기원하여 에젠~우진이라는 에벤키족 개별 씨족의 형태로 사얀 산지의 튀르크 제 종족과 몽골족 사이에 편입되었다고 유추할 수 있다. 이것은 언어적 자료로 확증이 가능하지만 이 씨족의 기원이 고대이기 때문에 현대어의 자료만으로 설명하기에는 불충분하다.

씨족명 에댠~은 시베리아 지명과 많은 관련이 있다. 오호츠크해 의 에댠 만, 우다 강 지류의 에젠 마을, 레나 강, 우추르 강, 제야 강, 타우이 강의 지류의 에젠~에댠 강, 빌류이 강 연안의 에제 강, 자바이칼리예의 오잔쿠르 마을, 우추라 강 지류의 에댠 강, 셀렌가 강 상류 지류의 에데르 강, 예니세이 강 상류 지류의 오자 강[6]을 들 수 있다. 이처럼 에댠~ 씨족명과 관련된 지명이 자바이칼리예부터 오호츠크해에 이르기까지 넓게 분포되어 있다는 사실은 이 유형에 속하는 씨족명의 기원이 오래되었음을 말해 준다. 이 유형에 속하는 씨족의 기원과 관련하여 아직 명확하게 규명된 바는 없지만 바실레비치는 다음과 같이 주장한다.

> "신석기시대 레나 강 중류에 거주하던 퉁구스족의 일부가 신석기 시대 말 동쪽으로 이주했다. 그들이 토착민과 혼합하여 퉁구스족 중 여진족의 기원이 되었고 이들이 에댠 씨족의 기원이 되었다."(Vasilevich G. M.

6 Vasilevich G. M. *Evenki: Istoriko-etnograficheskie ocherki XVIII~nachala XX v.*, L.: Nauka, 1969, p. 286.

Evenki: Istoriko-etnograficheskie ocherki XVIII~nachala XX v., L.: Nauka, 1969, p. 39)

바실레비치가 이 씨족의 구체적인 기원지를 명시하지는 않았지만 예니세이 강 타이가 근처 지역에 위 씨족명이 없다는 사실, 17세기 오호츠크해 연안에서 위 씨족명이 발견된 사실, 만주족과 나나이족 가운데 위 씨족명이 존재한다는 사실로 위 씨족이 바이칼 호수 서쪽이 아닌 바이칼 호수 동쪽에서 오호츠크 해에 이르는 지역, 즉 에벤키어 골간이 되는 에벤 S-방언[7] 지역인 프리아무리예에서 출현했다고 할 수 있다. 그리고 그 이후 만주퉁구스어권 종족, 몽골어권과 튀르크어어권 종족 사이로 광범위하게 전파되었다고 유추할 수 있다.

7 고대 에벤키어 방언은 S-형과 Sh-형으로 나누어지는데 S-방언은 자바이칼리예~아무르 강 노선에서 발견되고 Sh-방언은 프리바이칼리예~앙가라 강 노선에서 발견된다.

제5장

돌/둘~형 씨족명

제5장
돌/둘~형 씨족명

씨족명 돌/둘~의 의미에 대해 아직 명확하게 규명된 바는 없지만 에벤키어에서 '둘(dul)~'이 '한낮에 태양이 떠오르다'는 의미이므로 이 씨족명은 하늘이나 천신사상과 관련이 있을 것이다. 그렇다면 이 유형의 씨족명은 '어간 돌/둘+씨족표지 접미사 -a, -u, -gan'의 구조이며 '하늘과 맞닿아 있는 땅에 거주하는 사람' 혹은 '하늘을 숭배하는 사람'이라는 의미를 지니게 된다. 이 씨족명은 알타이어계의 만주퉁구스어권, 몽골어권, 튀르크어권 종족들 사이에 광범위하게 전파되어 있으며 음성 변형으로는 돈/둔, 톨/툴, 톤/툰 등이 있다. 씨족명 돌/둘~은 2세기 튀르크어권 불가르족 공작의 기록에서 처음으로 문헌에 등장하는데 기원전에 이미 튀르크계통의 훈족과 관련이 있는 둘루라는 씨족이 존재했던 것으로 추정된다.

"둘루 씨족은 2세기경 훈족과 함께 현재 서 몽골 키르기즈 스텝지역으로 유목지를 옮겼다. 아틸라 제국이 몰락한 뒤인 5세기 이후 둘루가 불가리아 그 지역의 수장이 되었고 두나예 이후 불가리아 제국 최고 지도자 되었다. 7세기 둘루 씨족은 튀르크 제 종족 사이에서 가장 뛰어났다."(Aristov N.

A. "Etnicheskij sostav kirkiz-kazahskoj bol'shoj ordy", *Zhivaja starina* 3~4(5), 1894, pp. 390~393)

돌/둘~ 씨족명은 5세기 이후 중국 문헌에 꾸준히 등장한다.

"5세기 문헌에는 둘루 혹은 툴루 씨족은 위그르족의 선조인 고거족[1]의 한 줄기이다. 이들은 몽골 서부의 톈샨 산맥과 알타이 산맥 사이에 거주한다고 기록되어 있다. 6세기 문헌에는 둘라 혹은 툴레, 둘가라는 씨족이 있었는데 551년 툴레 씨족을 둘가의 투민 공이 죽였다는 기록이 있다." (Bichurin(Iakinf) N. Ja. *Zapiski o Mongolii* 1, Izd.: SPb., 1828, p. 106)

둘가~툴가 씨족은 가축 사육과 사냥에 종사했으며 6세기 이후 그 세력이 점점 강해지고 규모도 커지면서 시베리아 여러 지역으로 퍼져 나간 것으로 추정된다. 6세기 말경 이들은 모래초원에서 북쪽의 해양까지 넓게 분포되어 있었다. 7~8세기경에는 바이칼 호수 연안으로 이주하여 그곳의 토착민들을 몰아냈다.[2] 뿐만 아니라 이들은 규모가 커지면서 인접한 몽골족과 튀르크어권 종족에 적극적으로 편입한 것으로 추정된다.

"둘루와 누세비 씨족은 6세기 투르케스탄 동쪽에서 서튀르크 한국[汗國]과 인접해 있었다. 둘가의 후손들은 몽골, 우즈벡, 카자흐, 차카타이 한국에

1 비추린은 중국 문헌에 근거할 때 위구르족 혹은 오이호르족은 훈족 즉 몽골족의 한 갈래라고 주장한다. 참고: *Entsiklopedicheskij Slovar' Brokgauza i Efrona VIII.*, Red. Arsen'eva K. K. & Petrushevskogo F. F., 1894, p. 105.

2 Bichurin N. Ja. *Sobranie svedenij o narodah, obitavshih v Srednej vremena* 1, M.-L.: Izd. AN SSSR, 1950. pp. 266~271; Pozdneev A. M. *Istoricheskij ocherk ujgurov (po kitajskim istochnikam)*, SPb., 1899, p. 65.

편입했다."(Jakubovskij A. Ju. K *voprosu ob etnogeneze uzbekov*, Tashkent, 1941, p. 6; Bartol'd V. V. *Istorija turets-mongol'skih narodov*, Tashkent: Izd. KVPI, 1928, p. 20)

"16~17세기 돌로트~돌로고트 계열의 씨족에 속하는 둘라트 씨족은 몽골족의 한 갈래인 준가르족에 복속되었고 1832년 둘라트~툴라트는 튀르크계통의 오손[烏孫]족에 편입되었다. 코브도 지역에 탄누-투바족의 돈쿠르 씨족이 있으며 소이오트족 중 톤가 씨족이 있다."(Vasilevich G. M. "Drevnejshij etnomy Tsentral'noj Azii i nazvanija evenkijskih rodov", *Sovetskaja Etnografija*, 1946, p. 40; "Pis'ma N. F. Katanova", *Zapis' AN* 73, 1893, p. 4)

이처럼 이 유형의 씨족명은 이미 기원전부터 튀르크어권 종족 사이에 넓게 분포되기 시작했으며 만주퉁구스어권 종족 사이에도 분포되어 있었다. 특히 자바이칼리예와 프리아무리예 에벤키족 사이에 많이 분포되어 있고 북쪽으로는 타이미르 강 유역까지 넓게 퍼져 있다.

"둘란은 레나 강 출신으로 타이미르 강의 툰드라 지역에 거주하는데 야쿠트족에 동화된 에벤키 씨족이다. 돌론은 몽골족 출신이며 둘루기르는 자바이칼리예와 몽골 북동지역에 거주하고 둘라트, 둘라르, 둘레가트는 자바이칼리예 치타 주에 거주한다. 둔가, 돈말, 둔나기르는 자바이칼리예의 네르차 강, 비팀 강, 툰기르강, 아무르 강 연안에 거주한다. "(Vasilevich G. M. *Evenki: Istoriko-etnograficheskie ocherki XVIII~nachala XX v.*, L.: Nauka, 1969, pp. 267~268)

이 유형의 씨족명은 에벤키족뿐만 아니라 만주퉁구스어권의 에벤족,

나나이족, 울치족, 솔론족 가운데도 분포되어 있다.

> "돌간은 야쿠티아와 극동 캄차카 지역에 거주하는 에벤족의 씨족명이다. 돈고는 타이미르 관구 돌간족[3]의 씨족명이고 돈칸은 나나이족의 씨족명이다. 돈차는 울치족의 씨족명이고 둘라르는 솔론족의 씨족명인데 몽골족 출신이다."(Vasilevich G. M. "Drevnejshij etnomy Tsentral'noj Azii i nazvanija evenkijskih rodov", *Sovetskaja Etnografija*, 1946, p. 39)

만주퉁구스어권 종족이나 씨족들의 동쪽 방면의 이동은 전반적으로 바이칼 호수~레나 강 노선과 관련이 있는데 돌간/둘간~ 씨족명은 이미 언어적으로 에벤키어와 분리된 종족인 야쿠트족에서도 발견된다. 이것은 이 씨족이 퉁구스어권에서 출현한 것이 아니라 먼 과거 남쪽에서 퉁구스어권에 편입한 뒤 다시 북쪽으로 이주해 갔다는 사실을 말해 준다. 즉 돌간은 에벤키족에 동화 된 뒤 북쪽으로 떠났고 그곳에서 토착민에 융화되어 에벤족 돌간 씨족의 기원이 되었으며 이에 소요된 시간은 그리 길지 않았다.

돌/둘~ 씨족의 기원에 관해 연구된 바가 거의 없는데 아리스토프는 이 씨족이 알타이 산맥 지역에서 기원한다고 주장한다.[4] 하지만 이 유형의 씨족이 자바이칼리예부터 프리아무리예, 야쿠티야 그리고 그보다 더 먼 곳까지 분포되어 있는 점, 기원전 이미 불가리아 지역에서 이 씨족명이 발견되는 점으로 미루어 이 씨족은 먼 과거 남쪽의 튀르크어권에서 출현

3 첫 번째와 두 번째 돌간은 서로 다르다. 첫 번째 돌간은 만주퉁구스어권 에벤족의 씨족명이며 두 번째 돌간은 튀르크어권의 종족명이다.

4 Aristov N. A. "Etnicheskij sostav kirkiz-kazahskoj bol'shoj ordy", *Zhivaja starina* 3~4(5), 1894, p. 404.

하여 7세기경 자바이칼리에 퉁구스어권 종족에 편입한 뒤 북쪽 지역으로 퍼져 나간 것으로 추정된다.

제6장

솔론~형 씨족명

제6장
솔론~형 씨족명

솔론~ 씨족은 알타이어계 종족에 두루 분포되어 있지만 만주퉁구스어권, 특히 에벤키족에 가장 많이 분포되어 있으며 시베리아 동쪽으로 주로 레나 강~바이칼 호수 노선에 집중되어 있다. 17세기 중반까지 에벤키족 솔론 씨족은 주로 중국과 인접한 만주 북부, 제야 강, 아르군 강에 거주했다. 중국은 솔론 씨족과 다구르족에게 중국 북부와 서부 국경 수비를 담당하게 하였다. 이에 1639년 중국 정부는 군부대 창설을 위해 에벤키족 솔론 씨족을 논니 강으로 이주시켰다.[1] 이 과정에서 이들 대다수는 중국인 혹은 몽골족에 동화되었지만 솔론족[2]의 부흐타-솔론 씨족은 여전히 사냥에 종사하면서 자신의 언어를 보존했다.[3]

1640~1641년 레나 강 지류인 비팀 강과 알단 강 지류인 마야 강 인근에 셀론 읍이 발견된 점으로 미루어 에벤키 솔론~ 씨족은 이미 오래 전부터 레나 강 지류에 거주한 것으로 추정된다. 이들은 야쿠트족이 레나 강에 등장하면서 다른 곳으로 밀려나게 되었다. 러시아인이 출현할 무렵

---

1 Ivanovskij A. O. "Mandzhurija 1", *Obraztsy solonskogo i daurskogo jazykov*, SPb., 1894, p. 3.

2 솔론은 에벤키족 씨족명인 솔론과 만주퉁구스어권에 속하는 종족명 솔론이 있다.

3 Ivanovskij A. O. "Mandzhurija 1", *Obraztsy solonskogo i daurskogo jazykov*, SPb., 1894, p. 3.

에벤키족의 솔론~ 씨족은 비팀 강과 마르하 강, 그보다 조금 아래쪽인 레나 강 인근의 키렌가 강 옆과 빌류이 강에 아주 소수만이 남아 있었고 대다수는 비팀 강과 올룍마 강 남쪽, 아무르 강 연안에 거주했다. 만주와 몽골에 남겨진 그들의 동족들은 현재까지 에벤키와 함께 솔론, 온그코르-솔론, 부흐타-솔론이란 자명을 보존하고 있다. 17세기 중반을 기점으로 이 씨족의 분포 지역은 서쪽으로는 예니세이 강, 북동쪽으로는 오호츠크해 연안까지 더 넓어졌다.

> "1640~1641년 오호츠크해 연안 모티흘레야 강과 셀렘자 강 남쪽에 에벤키족 셀론 씨족이 거주했고 1712년 중국 여행객들은 예니세이 강과 이르쿠츠크 사이에서 솔론을 만났다고 한다."(Ivanovskij A. O. "Mandzhurija 1", *Obraztsy solonskogo i daurskogo jazykov*, SPb., 1894, p. 3; Vasilevich G. M. "Drevnejshij etnomy Tsentral'noj Azii i nazvanija evenkijskih rodov", *Sovetskaja Etnografija*, 1946, p. 41)

에벤키족 솔론~ 씨족은 현재는 중국과 인접한 아무르 강 연안과 자바이칼리예에 주로 분포되어 있다. 1897년 인구센서스 목록에 의하면 아무르 강 우안에 솔론이 거주했고,[4] 현재 에벤키족 솔론고르 씨족이 올룍마 강 지류인 퉁기르 강, 뉵자 강, 제야 강에 거주하고 있다.[5]

1680년부터 중국에서 활동한 프랑스인 선교사 Jean-François Gerbillon은 솔론이 '강을 따라 상류로 이동하다'는 의미이므로 솔론 씨족과 '강의 상류에 거주하는 사람'이란 의미의 에벤키족 솔로곤 씨족이 서로 관련이

4 Shrenk L. *Ob inorodnitsah Amurskogo kraja* 1, Peterburg: Izd. AN SSSR, 1883, p. 192.

5 Vasilevich G. M. "Drevnejshij etnomy Tsentral'noj Azii i nazvanija evenkijskih rodov", *Sovetskaja Etnografija*, 1946, p. 41.

있다고 주장한다. 하지만 여러 기초자료에 근거할 때 시베리아에 널리 분포된 솔론 씨족과 에벤키족 솔로곤 씨족은 관련이 없어 보인다.

> "에벤키족 솔론 혹은 숄론 씨족은 17세기 오호츠크해 에벤키족에 속했으며 19세기 아무르 강에서 아르군 강과 알바지하 강 사이에 거주했다. 19세기 말 중국의 헤이룽성과 몽골 북동지역인 바르가 강으로 이주한 에벤키족을 솔론이라 불렀는데 이들이 우량하이의 후손이라는 주장도 있다. 에벤키족 솔로곤 혹은 숄로곤 씨족은 17세기 셀림바 강 유역 다우르 족에 속했으며 18세기 말까지 레나 강 지류인 빌류이 강 연안에 거주했다. 19세기 중반부터 20세기 중반까지는 아무르 강 우안 지류에 거주했다."(Vasilevich G. M. Evenki: *Istoriko-etnograficheskie ocherki XVIII~nachala XX v.*, L.: Nauka, 1969, pp. 284~285)

이 유형의 씨족은 만주퉁구스어권의 에벤족에도 분포되어 있는데 베르호얀스크 지역의 톰포 강, 신 강, 마트 강에 에벤족 숄로곤 씨족이 있다.[6] 이들은 에벤키족에서 기원하며 에벤키족의 솔론 씨족은 러시아인이 시베리아에 등장하기 훨씬 전, 튀르크어권 제 종족이 야쿠티야에 정착하기 훨씬 전 북쪽 야쿠티야 타이가 지역과 그보다 더 먼 곳의 에벤족에게 이동하여 솔론 씨족의 기원이 되었다.

이 유형의 씨족은 알타이어계의 몽골어권과 튀르크어권에도 분포되어 있다. 부랴트족에 숄로트 씨족이 있으며 미누신스크 튀르크족 가운데 솔론과 숄로신 씨족이 있는데 모두 에벤키족에서 기원한다.[7] 씨족명의 구

6 Vasilevich G. M. "Drevnejshij etnomy Tsentral'noj Azii i nazvanija evenkijskih rodov", *Sovetskaja Etnografija*, 1946, 41.

7 Shrenk L. *Ob inorodnitsah Amurskogo kraja* 1, Peterburg: Izd. AN SSSR, 1883, pp. 190, 193.

조로 볼 때 부랴트족의 숄로트와 튀르크족의 솔론은 어말 -t, -n에 근거해 기원이 오래되었다고 할 수 있다. 튀르크족의 씨족명 숄로신은 에벤키족이 Sh-방언을 사용하던 시기 에벤키어 씨족표지 접미사 -kshin, -shin이 첨가되어 만들어진 것으로 보인다. 그 시기 숄로신은 Sh-방언 사용 지역인 앙가라 강에서 남쪽으로 예니세이 강과 바이칼 호수 사이에, 그리고 미누신스크와 인접한 지역에 거주했을 것이다.

그런데 솔론~ 씨족은 어디서 기원하는 것일까? 씨족명 '솔론'은 음성적으로 S-형과 Sh-형으로 나누어지는데 솔론은 S-방언이 특징적이므로 그 기원지를 자바이칼리예라고 추정할 수 있다. Jean-François Gerbillon는 솔론의 기원을 여진족이라 주장한다.

> "솔론은 자신들이 여진족의 후손이며 1204년 여진족과 몽골족의 전쟁이 끝난 후 자바이칼리예로 오게 되었다고 생각한다. ... 중국 문헌에 의하면 솔론은 자바이칼리예에서 기원하며 이들의 후손은 함니간~캄니간의 거란족이다."(Shrenk L. *Ob inorodnitsah Amurskogo kraja* 1, Peterburg: Izd. AN SSSR, 1883, pp. 190, 193)

그런데 거란족과 여진족은 서로 계보가 다르기 때문에 솔론이 여진족의 후손이며 거란족의 선조라는 주장은 모순된다. 그럼에도 명확한 것은 씨족명 솔론~이 알타이어계의 만주퉁구스어권, 몽골어권, 튀르크어권에도 두루 분포되어 있고 모두 에벤키족에서 기원하기 때문에 자바이칼리예 S-방언을 사용하는 에벤키족에서 출현했다고 추정할 수 있다.

제7장

쿠르~ 형 씨족명

제7장
쿠르~ 형 씨족명

이 유형의 씨족명은 바이칼 호수 인근의 에벤키족에게서 가장 많이 발견된다. 쿠루~, 큐르~, 케르~, 굴리~, 푸리~, 후리~등의 변이형이 있으며 쿠레~는 앙가라 강 인근 에벤키족 설화에 등장한다. 이들은 식인족으로 종종 에벤키족을 공격해서 포로로 데려간 뒤 여인들은 아내로 취하고 남자들은 잡아먹는다. 쿠레~에서 두 번째 철자의 구개장음 e는 퉁구스제어 중 에벤키어에만 나타나는 특징이기 때문에 이 씨족의 시조는 다른 언어 사용 종족에서 퉁구스어권으로 편입해 온 것이다. 20세기 이전 에벤키족 다른 씨족은 포드카멘나야 퉁구스카 강의 에벤키족을 모두 '쿠레이'라고 불렀다.

에벤키족 쿠리~ 씨족은 앙가라 강 좌측 지류의 타이가에 거주하던 이른 시기부터 이미 에벤키 다른 씨족들과 자주 충돌했다. 앙가라 강 우측 지류인 일림 강과 니즈나야 퉁구스카 강, 포드카멘나야 퉁구스카 강의 수원에 거주한 쿠르카기르 씨족은 포드카멘나야 퉁구스카 강의 론토기르 씨족과 항시적인 전투 상태에 놓여 있었다. 하지만 이들 사이의 마지막 전투는 니즈나야 퉁구스카 강 좌측 이콘도요 산 근처의 이코콘다 강에서 7~8세대 전에 있었다.[1] 따라서 이러한 상황은 이미 오래 전에 종결되었다. 현재 포드카멘나야 퉁구스카 강의 에벤키족에게는 쿠리~ 씨족과 관련하여 코렌도와의 결투에 관한 설화가 전해 온다. 이 설화는 예니세이 강 서쪽 방면에 널리 전파되어 있다.

> "코렌도는 식인족의 우두머리로 바이칼 호수 인근에 산다. 어느 날 코렌도는 새처럼 날아와서 모든 에벤키 사람들을 잡아먹은 뒤 자신의 집으로 갔다. 에벤키 사람 중 할머니 한 분만 살아남았는데 복수를 위해 소년 우냔니를 신비로운 방법으로 길렀다. 우냔니는 보통 사람과는 달리 아주 빠른 속도로 자라서 몇 달 사이 어른이 되었다. 어른이 된 우냔니는 자신의 몸에 강철 날개를 박아 넣고는 코렌도가 사는 바이칼 호수로 갔다. 가는 도중 강제로 코렌도의 아내가 된 에벤키 여인들을 만났는데 모두 에벤키 이름을 간직하고 있었다. 코렌도를 찾아간 우냔니는 바이칼 호수 위에서 단 둘이 최후의 결전을 펼치자고 제안했다. 우냔니는 코렌도뿐만 아니라 그의 아들들과도 차례차례 결투를 했고 결국 승리를 거두었다. 우냔니가 강철 날개로 코렌도의 배를 찢자 살아있거나 반쯤 살아있는 에벤키 사람들이 모두 쏟아져 나왔다."(코렌도, 우냔니(Korendos, Unjanny))

강철 날개가 출현하는 것으로 보아 이 설화는 철기시대에 출현했으며 예니세이 강 인근에 전해오는 설화이므로 프리바이칼리예에서 서쪽으로 떠난 에벤키족은 이미 철을 다룰 줄 알았다. 또 설화의 내용으로 미루어 과거 코렌도는 그 지역의 다른 에벤키족보다 생활이나 문화 수준이 높았고 에벤키족 여인을 아내로 취한다는 내용으로 미루어 에벤키족과 족외혼 관계에 있었다. 위 설화를 통해 고대 퉁구스족과 쿠르~ 씨족은

---

1 Vasilevich G. M. "Drevnejshij etnomy Tsentral'noj Azii i nazvanija evenkijskih rodov", *Sovetskaja Etnografija*, 1946, 47.

긴밀한 상호관계에 놓여 있었지만 그리 친밀한 관계는 아니었음을 알 수 있다.

7~12세기부터 이 유형의 씨족명에 해당하는 굴리간~쿠리칸~쿠리 혹은 푸리 씨족에 관한 정보가 중국 문헌과 페르시아 문헌에 등장한다.

> "중국 문헌에 의하면 굴리간 씨족은 바이칼 호수 연안을 따라 해안 지역에 이르기까지 북쪽에서 주로 거주했다. 중국과 교류했으며 서쪽에서는 두비족의 두보 씨족과 인접했다. 그들의 나라에는 나리가 많았고 말은 크고 튼튼했으며 낮은 낙타를 닮았다."(Aristov, N. A. "Zametki ob etnicheskom sostave tjurskih plemen i narodnostej", *Zhivaja starina* 4(4), 1896, p. 331)

> "페르시아 문헌에 의하면 쿠리~푸리는 키르기즈 칸의 진영에서 세달 정도 떨어진 늪에서 사는 식인 야만인이다. 키르기즈에 포로로 잡혀온 쿠리~푸리 사람들은 음식을 거부했고 도망갈 기회만 찾았으며 사람이 죽으면 산으로 데리고 가서 나무 위에 올려 놓았다."(Bartol'd V. V. *Kirkizy: Istoricheskij ocherk*, Fruze: Kirgosizdat, 1943, pp. 34, 36)

> "키르키즈 지역에 쿠리칸 씨족이 거주했다. 이들의 언어는 키르기즈어와는 확연히 달랐다."(Schott Heinrich Wilhelm, *Über die echten Kirgisen*, Berlin, 1865, p. 436)

그렇다면 쿠르~ 씨족은 어디서 기원하는 것일까? 이에 대해서는 야쿠트족 기원설, 비튀르크계 기원설, 몽골족 기원설 등 다양한데 오클라드니코프의 마지막 레나 강 원정을 통해 이에 대한 의문을 상당 부분 해결하게 되었다.

"철기시대인 5~10세기 레나 강 상류에 문화 수준이 높은 씨족이 거주했다. 이들은 가축 사육을 하면서 철제품도 만들었다. 이들의 예술은 미누신스크 지역과 알타이 지역의 예술과 공통점이 많은데 예니세이형 문자를 가지고 있었으며 튀르크어권에 속했다"(Okladnikov A. L. *Istoricheskij put' narodov Jakutii*, Jakutsk: Jakutsk. Gos. Izd, 1943, pp. 56~58)

오클라드니코프가 발굴한 유물의 주인은 상술한 에벤키족 설화의 내용에 근거할 때 쿠르~ 씨족일 가능성이 높다. 그렇다면 쿠르~ 씨족은 예니세이 강 인근 튀르크어권 종족에서 기원했지만 이 유형의 씨족명이 에벤키족 이외의 퉁구스어권 종족에게는 잘 발견되지 않는 점으로 미루어 퉁구스어권 종족에 적극적으로 편입하지는 않았던 것으로 보인다.

이 유형의 씨족명은 불가리아에서도 발견되는데 불가리아 쿠리기르 씨족 출신의 관리에게 오모르타그(814~831)의 명령으로 기념비를 세워 주었다[2]는 기록이 있다. 상술한 내용에 근거할 때 쿠르~ 씨족은 바이칼 호수 서쪽 방면 예니세이 강 인근의 튀르크어권에서 출현하여 동쪽으로는 바이칼 호수 인근 에벤키족에게 전파되었으며 서쪽으로는 불가리아에까지 전파된 것으로 보인다.

---

2 *Izvestija Russkogo arheologicheskogo Obshchestva v Kostatinopole*, 1905, p. 181.

제8장

킬리~형 씨족명

제8장
킬리~형 씨족명

킬리~형 씨족명은 나나이족, 네기달족, 오로치족, 오로크족, 울치족, 에벤족 등 만주-퉁구스어권의 거의 모든 종족에게서 발견되지만, 특히 에벤키족에게 가장 많이 발견되었다. 에벤키족 킬렌, 킬리 씨족은 사할린 섬 남쪽 지역에 거주하며 언어적으로는 아얀 에벤키족과 전혀 차이가 없다. 에벤키족 킬렌 씨족은 프리아무리예로 이주한 뒤 나나이족, 오로크족, 오로치족, 울치족, 그리고 고립어에 속하는 아무르 길략족(닙흐족)에 편입했다. 킬렌이 프리아무리예에 온 것은 무척 오래 전의 일이다.

"에벤키족 킬렌 씨족은 나나이족의 킬리, 볼렌 호수의 둔칸~돈칸, 우르미 강의 유카민카, 쿠르 강의 우딘카 씨족의 기원이 되었다. 에벤키족 킬렌 씨족은 언어와 풍습에서 나나이족과 무척 유사하지만 나나이어 방언과는 차이가 난다. 이들은 세 씨족으로 분리되었는데 한 그룹은 네기달족에 편입되었다. 네기달 유코밀 씨족은 나나이족 킬리와 우르미 강의 에벤키족 유카민카 씨족의 혼혈에 의한 것이다. 오로치족에는 킬렌기다, 울치족에는 킬레르, 에벤족에는 킬라르 씨족이 있다."(Vasilevich G. M. "Drevnejshij etnomy Tsentral'noj Azii i nazvanija evenkijskih rodov", *Sovetskaja Etnografija*, 1946, p. 48)

에벤키족 킬리~ 씨족은 만주퉁구스어권 중 나나이족과 네기달족에 가장 적극적으로 편입했다. 만주퉁구스어권에서 킬리~ 씨족의 형성 순서는 에벤키족 → 나나이족 → 네기달족이 된다. 아무르 강 하류의 토착민들은 이 유형의 씨족명을 종족명처럼 광의의 의미로 이용한다. 에벤키족 비라리 씨족은 아무르 강과 우수리 강 연안의 나나이족을 킬레라고 부른다. 오로치족, 오로크족, 울치족, 아무르 강의 닙흐족은 지금도 에벤키족을 킬레라고 부른다. 중국인들과 만주족은 아무르 강 연안의 모든 에벤키족을 킬린~길린~칠린~칠리라고 부르는데 한국인을 이렇게 부르기도 한다. 이처럼 킬리~가 한 종족의 씨족명을 넘어 인근 종족명으로도 사용되는 것은 킬리~ 형의 씨족이 그만큼 광범위하게 유포되어 있고 사용빈도가 높다는 증거이다. 이와 유사한 사례로 돌간족을 들 수 있다.

이 씨족명의 기원을 둘러싸고 여러 의견이 대립하고 있다. 시로코고로프(1929)는 킬리~형 씨족명의 기원을 기린 강에서 찾는다. 즉 16~17세기 기린 강에서 처음으로 에벤키족을 만난 중국인들이 강 이름을 차용해서 그들에게 씨족명을 만들어 주었고 이후 이를 아무르 강의 토착민에게까지 사용하게 되었다는 것이다. 반면 시테른베르크는 킬리는 닙흐어 '킬레'에서 유래한다고 주장한다.

"닙흐어로 킬레는 에벤키족을 의미한다. 이를 여행객들이 잘못 발음하여 길략이라는 종족명이 생겼다. 이는 아무르 강 하류의 길략족이 에벤키어를 사용하기 때문에 나타나는 현상이다. 그들의 설화에 의하면 퉁구스족은 닙흐족, 골드(나나이)족, 오로촌과 한 민족이었다. 아무르 길략어와 아무르 강 변방에서 많이 사용되는 에벤키어의 공통점 때문에 만주족은 길략족과 에벤키족을 모두 킬레라고 불렀다."(Shternberg L. Ja. Gil*jaki, orochi, gol'dy, negidal'tsy, ajny. Klassifikatsija, korennogo naselenija Priamurskogo* *kraja*, Habarovsk: Dal'giz, 1933, p. 347)

킬리~는 시베리아 지명과 관련이 깊다. 레나 강 상류 지류에 킬로르 강, 비팀 강, 올룍마 강, 제야 강의 지류에 킬리 강과 킬란 강이 있다.[1] 이상으로 킬리~ 씨족은 아무르 강의 에벤키족에서 출현했으며 만주퉁구스어권의 여러 종족에 편입하여 킬리~ 씨족의 기원이 되었음을 알 수 있다.

* * *

이상으로 알타이어계, 예니세이어계, 고립어계에서 공통적으로 발견되는 에벤키족 바이~, 킴~, 사마~, 에댠,~ 돌/둘~, 솔론~, 쿠르~, 킬리~형 씨족명을 중심으로 해당 씨족명의 기원과 의미, 분포 현황, 이동경로, 해당 씨족명이 존재하는 시베리아 제 종족 사이의 친연관계를 규명했다. 씨족명 바이~는 알타이어계 만주퉁구스어권의 에벤키족, 에벤족, 나나이족, 울치족, 오로크족, 오로치족, 만주족 그리고 몽골어파와 튀르크어권에 분포되어 있으며 예니세이어계이나 고립어권에서도 발견된다. 하지만 이 유형의 씨족명이 에벤키족 사이에서 가장 많이 발견되는 점으로 미루어 이 씨족명은 프리바이칼리예의 에벤키족에서 기원하여 인근의 부랴트족, 몽골족, 야쿠트족 사이로 넓게 전파되었다. 그 이후 동쪽으로는 아무르 강의 닙흐족, 북쪽으로는 유카기르족과 케트족 같은 예니세이 고아시아어권 종족, 서쪽으로는 엔츠족과 셀쿠프족 같은 사모예드어권 종족

---

1 Vasilevich G. M. "Drevnejshij etnomy Tsentral'noj Azii i nazvanija evenkijskih rodov", *Sovetskaja Etnografija*, 1946, p. 48.

에게로 전파된 것으로 보인다.

씨족명 킴~은 시베리아 소수종족 사이에 널리 분포되어 있지만 에벤키족 사이에 가장 많이 분포되어 있으며 중국 인근과 페르시아에도 분포되어 있었다. 킴~의 기원은 명확하게 규명할 수 없지만 먼 고대 바이칼 호수 인근의 에벤키족에 편입된 후 만주퉁구스어권의 제 종족 사이에 널리 전파되었고 더 나아가 튀르크어권 제 종족 사이로 전파되었음을 알 수 있었다. 씨족명 사마/사마~는 알타이어계의 만주퉁구스어권, 튀르크어권, 우랄어계의 사모예드어권 종족 등 시베리아의 전역에 널리 분포되어 있으며 음성적 형태도 무척 다양하다. 하지만 에벤키족 사이에 가장 널리 분포되어 있다. 이 씨족명이 알타이어계와 우랄어계의 제 종족 사이에서 발견된다는 점은 이 두 어계의 종족들이 아주 먼 과거에 관련이 있었다는 증거이다.

씨족명 에댠~은 여진족에서 기원한 것으로 추정되며 에댠~은 여진의 러시아어 음차로 보인다. 예니세이 강 타이가 지역에 위 씨족명이 없다는 점, 12세기 오호츠크해 연안에서 위 씨족명이 발견된 점, 만주족와 나나이족 가운데 위 씨족명이 존재한다는 점은 위 씨족이 바이칼 호수 서쪽이 아닌 바이칼 호수 동쪽에서 오호츠크해에 이르는 지역, 즉 고대 에벤키어 S-방언 지역인 아무르 강 연안에서 출현했다고 할 수 있다. 따라서 이 유형의 씨족은 고대 에벤키족에서 기원하여 만주-퉁구스어권 종족, 몽골어권과 튀르크어권 종족 사이로 광범위하게 전파된 것이다.

돌/둘~형 씨족의 기원에 관해 명확한 입장은 없다. 하지만 이 유형의 씨족명이 자바이칼리예부터 프리아무리예, 야쿠티야 그리고 그보다 더 먼 곳까지 분포되어 있는 점, 기원전 이미 불가리아 지역에서 이 씨족명이 발견되는 점으로 미루어 이 씨족은 먼 과거 남쪽에서 자바이칼리예 퉁구스어권 종족에 편입한 뒤 북쪽 지역으로 퍼져 나갔다고 할 수 있다. 솔론~ 씨족은 알타이어계의 만주퉁구족어권, 몽골어권, 튀르크어권에도 두루 분포되어 있고 모두 에벤키족에서 기원하기 때문에 자바이칼리예 에벤키족에서 출현했으며 S-방언 그룹에 속하는 씨족이었다고 추정할 수 있다.

쿠르~ 씨족은 바이칼 호수 서쪽 방면 예니세이 강 인근의 튀르크어권에서 출현하여 바이칼 호수 인근의 에벤키족에게 전파된 것으로 보이지만 이들은 에벤키족에 적극적으로 편입하지는 않았다. 킬리~ 씨족은 나나이족, 네기달족, 오로치족, 오로크족, 울치족, 에벤족 등 만주퉁구스어권의 거의 모든 종족에게서 발견되지만 에벤키족에게 특히 많이 분포되어 있다. 따라서 킬리~ 씨족은 아무르 강의 에벤키족에서 출현했으며 만주퉁구스어권 여러 종족에 편입하여 킬리~ 씨족의 기원이 되었다고 추정된다. 이처럼 에벤키족은 만주퉁구스어권 여러 종족의 씨족 형성에 중요한 역할을 했다. 하지만 에벤키족에게서 가장 많이 발견된다고 하여 에벤키족에게서 기원했다고 단정할 수는 없다.

제6부

총론

제6부
총론

에벤키족의 기본적인 생활단위는 씨족이었다. 에벤키족은 씨족에 따라 생활양식과 문화적 차이가 두드러졌으며 때로는 서로 모순되기도 했다. 이에 그들 스스로 자신들을 단일한 종족으로 자각하고 있는 것인지 아니면 편의상 에벤키족이라는 단일 종족으로 묶은 것인지에 대한 의문이 수차례 제기되었다. 이러한 문제제기에도 불구하고 언어, 종교, 관습 등은 그들이 동일한 종족에서 기원한다는 사실을 알려준다. 그렇다면 에벤키족은 종족정체성을 가지고 있을까? 종족정체성은 특정 종족 구성원들의 오랜 세월에 걸친 직간접적 삶의 경험과 인지의 결과물로 특정 종족에 대한 소속감을 말한다. 이는 물질문화와 정신문화의 총합에 의한 것으로 거시적 구성요소로는 생산양식, 종교관, 타[他]종족에 대한 거리감, 아[我]종족에 대한 동질감을 들 수 있다.

에벤키족은 생활 특성상 동족의 다른 집단과 관계를 깊게 가질 수 없었다. 20세기 초까지 자신들과 유사한 사람들이 시베리아 곳곳에 거주한다는 사실을 자각하지 못한 에벤키족도 있었다. 심지어 자신들과 외모가 비슷하고 같은 방언을 사용하는 사람이 다른 지역에도 존재한다는 사실을 알게 되었을 때 신기하게 느낀 그룹도 있었다고 한다. 사실 20세기 초 특히 1930년대 이전까지 에벤키족 전체를 하나로 묶는 행정기구나 사회제도, 전체 집단을 표상하는 상징물, 종족명 등은 존재하지 않았다. 그로 인해 에벤키족은 자신들이 동일한 종족이라는 의식으로까지 성장하지 못했기 때문에 에벤키족 전체를 포괄하는 종족정체성이 존재했다고 보기에는 한계가 있다.

에벤키족은 소규모 씨족이나 가족 단위로 분산 생활하면서도 넓고 거친 시베리아 타이가와 툰드라를 자신들의 활동무대로 만들었다. 같은 씨족끼리 동시베리아의 여러 지역에 흩어져 활동하는 경우도 비일비재했다. 17세기 러시아의 현물세 납세 기록에 의하면 뉴룸냘 씨족은 예니세이 강과 퉁구스카 강의 투리지 현물세 징발소를 제외한 전 지역에서 활동했으며 고라기르 씨족은 니즈나야 퉁구스카 강 중하류의 전 지역과 상류에서 활동했다. 센테이와 엘리기르 씨족은 아주 넓은 지역에 걸쳐 활동했으며 콘도기르, 차포기르 씨족은 니즈나야 퉁구스카 강 상류의 모든 지역에서 활동했다.[1] 어떻게 이들은 동시베리아 전역을 자신들의 활동무대로 만들 수 있었을까?

이는 에벤키족의 문화, 인지, 행동학적 특성에서 찾아야 할 것이다. 에벤키족은 다른 종족과 달리 사냥으로 다져진 특별한 지형학적 기동성과 다양한 기후에 순응할 수 있는 탁월한 능력을 가지고 있다. 또 에벤키족은 늘 자신들보다 수적으로 우세한 다른 종족과 경계를 맞대고 살았지만 그들에게 동화되는 것을 두려워하지 않았다. 오히려 그들의 생산 양식이나 관습을 자신들에게 맞게 받아들일 수 있는 능력이 있었다. 에벤키족은 예니세이 강 연안과 투루한 강에서는 한티족 및 네네츠족, 앙가라 강

1 Karlov V. V. "Sotsial'naja i etnicheskaja struktura enisejskih evenkov v 17~18 vekah", *Sovetskaja Etnografija* 1, 1971, p. 20.

연안, 레나 강 상류와 자바이칼리예에서는 부랴트족, 레나 강 중류와 하류에서는 야쿠트족, 극동 북쪽 지방에서는 축치족, 코략족, 추반족, 유카기르족, 극동에서는 닙흐족, 한국인, 중국인들과 인접해서 생활했다.2 하지만 에벤키족은 이들의 문화 요소를 자신들의 조건에 맞게 긍정적으로 수용하면서 동시에 자신들의 문화와 언어를 보존할 수 있는 능력이 있었다. 이처럼 에벤키족은 뛰어난 환경 적응력과 낙천적인 성정의 소유자이다. 이로 인해 에벤키족은 소규모 씨족 단위로 생활했지만 시베리아 거친 타이가와 툰드라의 주인이 될 수 있었다. 본고에서는 퉁구스라는 명칭으로 우리에게 친숙하지만 거의 알려진 바가 없는 에벤키족의 문화와 역사를 씨족명을 중심으로 고찰하고 있다.

1부에서는 에벤키족의 국내외 연구사를 살펴보았다. 에벤키족의 거주지가 러시아인만큼 국외 연구는 주로 러시아 연구사를 중심으로 살펴보았다.

2부에서는 에벤키족의 기원, 사회 구조, 씨족명의 의의 및 특징 등에 대해 살펴보았다. 에벤키족은 어디에서 왔고 어떤 삶의 도정을 지나왔을까? 에벤키족은 16세기 무렵부터 이미 러시아의 기록에 등장하지만 그들이 어디에서 왔는지는 여전히 풀리지 않고 있다. 같은 퉁구스어권 종족인 울치족, 우데게이족, 나나이족은 여진족의 후손이고 이들의 출현에 에벤키족이 결정적인 역할을 했다는 사실은 거의 정설로 굳어졌지만 에벤키족의 기원은 아직 밝혀지지 않고 있다. 이는 에벤키족의 삶이 특성에 기인한 측면이 크다. 에벤키족은 사냥과 순록 사육을 위해 시베리아의 타이가와 툰드라 지역을 끊임없이 이동하기 때문에 특정 공간에 머무르

---

2 Vasilevich G. M. "Drevnejshij etnomy Tsentral'noj Azii i nazvanija evenkijskih rodov", *Sovetskaja Etnografija,* 1946, p. 49.

는 시간이 길지 않았다. 이로 인해 에벤키족은 고고학 유물과 유적을 남길 수 없었고 이에 더하여 이들에게는 문자마저 없었다. 따라서 에벤키족의 기원 문제는 상당한 어려움을 내포하고 있는데 본고에서는 언어 자료를 이용해 에벤키족의 기원 규명을 시도해보았다.

먼저 에벤키의 어원을 통해 에벤키족의 기원을 규명해 보았다. 대다수의 에벤키족 연구자들은 에벤키의 어원을 중국 토착종족인 오환족 및 선비족과 관련시키는데 음성적 유사성, 개 숭배 사상, 순록 사육 문화에 근거할 때 오환족 기원설이 더 설득력이 있어 보인다. 즉 오환족에서 에벤키족과 에벤족을 아우르는 예본이라는 단어가 기원했다. 에벤키는 퉁구스족이 언어, 문화적으로 분리되어 에벤족이 북쪽으로 이주한 뒤 에벤키족과 에벤족을 구별하기 위해 예본에 '사람'이란 의미의 접미사 '-ki'를 첨가하여 만들어졌다. 마지막 단계에서 에벤족의 이주와 두 종족의 경계 설정이 마무리될 때 즈음 에벤족을 나타낼 용어가 필요해지면서 에벤키에서 접미사 '-ki'를 생략하여 에벤이라는 용어가 만들어졌다. 이상의 내용을 종합하면 오환 → 예본 → 에벤키 → 에벤으로 단순화 시킬 수 있다.

에벤키족 사회는 소규모 씨족이나 가족공동체 → 씨족 → 씨족연합의 계층화된 구조이지만 가장 중요한 것은 부계 혈통에 바탕을 둔 씨족이고 씨족연합은 혈연이 아니라 계보나 필요에 의해 맺어진 관계이다. 하지만 에벤키족 생산의 기본 단위는 씨족이나 가족공동체 혹은 씨족연합이 아니라 또 다른 단위인 이동부락이었다. 이동부락은 2~3명 이상의 노동 가능한 성인 남성과 그 가족으로 구성된다. 주로 부모, 기혼의 아들, 미혼의 손자들로 구성되지만 독신자, 기혼의 손자들, 다른 친척들이 들어오기도 하는데 정주공동체가 아니라 이동공동체였다. 에벤키족은 항시적으로 이동생활을 하기 때문에 생산 활동 부문과 계절에 따라 적절하게 노동력을 분배해야만 했다. 이러한 조건은 생산의 기본 단위인 이동부락을 매우 유동적, 비항구적으로 만들었고 그 구성원은 매우 넓은 범위의 친족, 이웃도 가능했으며 서로의 관계는 탄력적이었다. 에벤키족 사회가 이렇게 오랫동안 유동성을 지닌 이동부락을 구성하며 활동할 수 있었던 데는 씨족원의 수적 증가를 제한하는 생산력의 저급함, 시베리아의 혹독한 기후도 큰 몫을 담당했다.

에벤키족의 삶의 중심은 씨족이었고 에벤키족 씨족은 저마다의 명칭을 가지고 있었다. 에벤키족 씨족명 연구는 에벤키족 씨족 구조의 복잡함, 에벤키 씨족들의 잦은 개명, 씨족명 체계의 이중 구조, 다양한 변이형으로 인해 연구 초기부터 큰 난관과 혼란에 부딪쳤다. 비록 변이형이 다양하지만 에벤키족 씨족명은 음성 및 형태적 측면에서 기본 틀이 유지되고 있다. 에벤키족 씨족명은 씨족의 거주지나 이동경로, 생산 및 생활양식에 관한 중요한 정보를 함의하고 있다. 또 에벤키족 씨족명은 동시베리아 지명, 에벤키어의 특정 어휘와 관련된 경우가 많아서 개별 씨족의 역사를 밝힐 수 있는 중요한 자료이다. 뿐만 아니라 에벤키족 씨족 간, 또는 시베리아 토착종족과 에벤키족의 관계나 교류 규명의 근거 자료가 될 수 있었다.

3부에서는 러시아 문서보관소와 각종 문헌 등에서 수집한 씨족명 531개를 시베리아의 지형학적 조건, 에벤키족의 거주 현황, 주요 활동무대와 문화적 특성에 따라 크게 프리바이칼리예, 프리앙가리예, 예니세이 강의 포드카멘나야 퉁구스카 강, 니즈나야 퉁구스카 강, 투루한 강, 예니세이 강 좌안, 야쿠티야 지역의 레나 강~올레뇩 강, 자바이칼리예, 프리아무리예, 사할린 섬, 오호츠크 지역의 8개 지역으로 나누어 씨족명 분포 현황 및 생활양식, 문화적 특성 등을 고찰하였다. 지역적 구분과 무관하게 에벤키족의 운명에 가장 결정적인 영향을 미친 사건은 러시아인의 시베리아 출현이었다.

프리바이칼리예 에벤키족은 러시아인의 출현으로 예기치 못했던 운명의 소용돌이 속으로 휘말려 들어갔다. 17세기 초 느닷없이 출현한 러시아인은 강제로 현물세를 징수하기 시작했고 17세기 말에는 농사를 짓고 사냥을 하겠다며 밀고 들어왔다. 그로 인해 풍요롭던 프리바이칼리예의 삼림은 황폐화 되었고 산불도 자주 발생하여 동물들마저 프리바이칼리예를 등지면서 에벤키족은 생업인 사냥에 큰 타격을 받게 되었다. 사냥은 현물세 납세뿐만 아니라 생존을 위해서도 반드시 필요했다. 에벤키족은 변화하는 생활환경을 받아들여야 했다. 환경에 적응하지 못하는 사람들은 그 지역을 떠나갔다. 결국 에벤키족은 러시아인에 동화되든가 사람이 적은 더 먼 곳으로 이주했는데 그들이 어디로 이주했는지 알려지지 않는 경우도 제법 많다. 에벤키족이 프리바이칼리예를 떠나게 된 근본적인 원인은 러시아인의 출현과 현물세의 강제 징수지만 그로 인해 파생된 생활의 궁핍, 농업 생산양식의 보급과 전파 및 그에 대한 부적응, 기독교 보급, 에벤키족 씨족 간의 충돌 등이 복합적으로 작용했다.

프리바이칼리예는 여러 종족의 문화가 충돌, 융합, 재탄생하는 복합적인 문화 공간이었다. 삼림스텝 지역인 레나 강 상류와 일림 강 상류에서 러시아인과 인접한 에벤키족은 러시아 문화의 영향을 강하게 받았다. 17세기 말~18세기 초 일부는 러시아인 마을에서 정착생활을 하면서 기독교로 개종했고 러시아식 이름을 지었다. 삼림스텝 지역인 앙가라 강 상류의 에벤키족은 몽골족과의 교류로 대다수가 몽골족에 동화 되면서 가축 사육자로 전환되었지만 이후에는 다시 대다수가 부랴트족에 편입되었다. 레나 강 상류의 북쪽 지역, 앙가라 강 중류와 하류 타이가 지역의 에벤키족은 러시아인이 출현한 이후에도 절대 다수가 사냥과 순록 사육에 종사했다. 하지만 18세기 중반부터 앙가라 강 중류와 하류의 에벤키족도 기독교를 수용하고 농업에 뛰어들면서 점점 러시아인에 동화되어 갔다. 타이가 지역의 에벤키족은 케트어권의 아산족과 코트족의 영향도 오랫동안 받았다. 17세기 후반 프리바이칼리예 에벤키족은 투바족의 카이소트 씨족과도 교류했으며 타타르족과의 적극적인 교류로 야쿠트족이 출현하는 계기를 마련하기도 했다.

프리앙가리예에 에벤키족이 등장한 것은 12~13세기로 추정되지만 이들이 러시아 문헌에 등장한 것은 17세기 이후이다. 러시아인이 출현한 이후 점점 더 삶의 조건이 악화된 프리앙가리예 에벤키족은 최소한의 생존을 위해 러시아인이나 다른 토착종족에게 동화되거나 다른 지역으로 이주했다. 러시아인에 동화된 에벤키족은 18세기 초부터 기독교를 수용하고 러시아식 성과 이름을 사용하기 시작했다. 전통적인 삶의 방식을 고수하려는 에벤키족은 북쪽이나 동쪽 혹은 서쪽 지역으로 떠났다. 이런 현상은 이후에도 계속 이어지면서 20세기 이후 프리앙가리예 거주하는 에벤키족은 극소수에 불과했다.

17세기 프리앙가리예는 에벤키 문화와 타문화의 교류, 융합, 혼종이 지속적으로 발생하는 공간이었다. 프리앙가리예에서 에벤키족과 케트어권 종족의 관계는 다소 복잡하게 진행되었다. 케트어권의 셀쿠프족, 한티족과 에벤키족의 관계는 적대적이었다. 하지만 에벤키족은 아린족, 아산족, 케트족, 코트족과는 적극적으로 교류했다. 당시 프리앙가리예 에벤키족은 케트어권 종족보다 수적, 문화적으로 우위에 있었던 것으로 보인다. 프리앙가리예 에벤키족은 부랴트족과도 긴밀하게 교류했는데 이는 생필품 구입을 위한 물물교환 때문이었다. 하지만 부랴트족과의 교류가 프리바이칼리예와는 달리 에벤키족에게 큰 영향을 주지는 않았다. 이외에 프리앙가리예 에벤키족은 지리적으로 인접한 프리바이칼리예 다른 에벤키족 씨족과도 교류를 했다. 이로 인해 프리앙가리예 에벤키 문화는 다른 지역 에벤키 문화와 구별되는 고유한 특성을 지니게 되었다.

예니세이 강에서 에벤키족은 포드카멘나야 퉁구스카 강, 니즈나야 퉁구스카 강, 투루한 강 등에 주로 거주했으며 극히 일부는 예니세이 강 좌안에도 거주했다. 러시아인이 출현하기 전 포드카멘나야 퉁구스카 강에 거주하는 에벤키족은 극소수였다. 하지만 러시아인이 출현한 이후 프리바이칼리예와 프리앙가리예 에벤키가 이곳으로 집중적으로 이주하면서 이 지역 에벤키족의 수는 급증했다. 포드카멘나야 퉁구스카 강의 에벤키족 가운데 18세기 중엽 러시아 기록에 자주 등장하는 가날치라는 씨족이 관심을 끈다. 가날치는 에벤키족이 순록 사육보다는 사냥에 주력하던 시기에 생긴 에벤키족의 통칭으로 추정된다. 가날치는 쿠르카기르, 차파기르, 모몰 씨족의 연합이고 하위 씨족으로는 모몰, 코초닐, 호르보, 듀론골, 로팔, 코르두얄, 첼콜, 로포콜, 모모차르가 있었다. 가날치의 시대는 18세기 중엽 이전부터 19세기 초이며 가날치는 포드카멘 퉁구스카 강에서 자신들의 위쪽 지역에 거주하는 쳄달 씨족, 니즈니 퉁구스카 강의 상류와 중류에 거주하는 뉴룸날 씨족뿐만 아니라 케트족과도 적대적이었다. 전반적으로 포드카멘나야 퉁구스카 강 에벤키족과 케트족은 적대적이었지만 물물교환과 통혼 관계는 유지했다. 그 결과 러시아인이 출현했을 때 예니세이 강 우안에는 에벤키-바르가간이라는 독특한 혼혈 인종과 혼종문화가 존재했다.

에벤키족이 니즈나야 퉁구스카 강에 본격적으로 이주하게 된 것은 러시아인이 프리바이칼리예와 프리앙가리예 지역에 출현한 이후로 에벤키족이 포드카멘나야 퉁구스카 강으로 이주한 시기와 일정 정도 맞물린다. 러시아인이 본격적으로 이 지역에 진출한 1630년부터 니즈나야 퉁구스카 강의 에벤키족은 이 강의 북쪽으로, 일부는 더 북쪽 지역으로 이주했다.

니즈나야 퉁구스카 강 하류는 에벤키족과 사모예드족의 교류가 활발했던 지역이다. 그 결과 니즈나야 퉁구스카 강과 그 북쪽 지역은 에벤키어를 사용하지만 사모예드 문화의 특성을 지닌 불랴시, 뉴룸냐, 바냐디같은 혼종그룹이 출현했다. 불랴시는 에벤키족과 사모예드족의 혼혈로 특정 씨족명이 아니라 현물세 납세씨족명 혹은 씨족연합명으로 보이는데 1638년 이후 더 이상 기록에 등장하지 않는다. 바냐디는 불랴시가 기록에서 사라지기 직전인 1634년 처음 기록에 등장하지만 이들도 어느 시점부터 기록에 등장하지 않는다. 뉴룸냐은 에벤키족과 사모예드족의 혼혈로 추정된다. 이들은 이미 17세기 이전에 출현했으며 18세기 말까지도 니즈나야 퉁구스카 지역에서 계속 기록에 등장하기 때문에 불랴시처럼 단기간에 해체된 것이 아니라 적어도 2세기에 걸쳐 서서히 해체된 것으로 추정된다. 여러 기록에 근거할 때 바냐디와 뉴룸냐은 기원이 동일한 씨족으로 단지 지역에 따라 북부 그룹은 바냐디, 남쪽 니즈나야 퉁구스카 강의 그룹은 뉴룸냐로 불렸다.

예니세이 강 북서쪽 투루한 강의 에벤키족은 다른 에벤키족 씨족과 거의 교류를 하지 않고 고립적으로 생활하면서 역사적, 인종적으로 매우 독특한 특성을 지니게 되었다. 투루한 강의 에벤키족은 규모는 무척 적지만 이미 17세기 이전부터 이 지역에서 거주한 것으로 보인다. 20세기 중반까지 투루한 강에서 가장 큰 씨족은 초노콜이었으며 차포기르, 판카기르, 류톡, 추미스키 씨족도 눈에 띤다. 에벤키족은 투루한 강에서 네네츠족, 셀쿠프족과 경계를 맞대고 있었지만 서로의 경계를 넘어가지는 않았고 비교적 우호적인 관계를 유지했으며 사모예드어권의 케트족, 느가나산족과도 교류를 한 것으로 추정된다.

에벤키족이 본격적으로 예니세이 강 좌안으로 이주한 구체적인 시기를 알아낼 수는 없지만 러시아인이 출현한 이후로 추정된다. 이 지역의 에벤키족은 지역에 따라 문화적 특성이 다소 차이가 난다. 대다수 에벤키족은 토착민인 케트족, 셀쿠프족, 한티족, 엔츠족, 네네츠족, 타타르족뿐만 아니라 러시아인과도 긴밀하게 교류했으며 이들로부터 문화적 영향을 많이 받았다.

야쿠티야 지역의 레나 강~올레뇩 강에는 에벤키족뿐만 아니라 에벤족, 야쿠트족, 사모예드족까지 포함하여 아주 소규모 씨족이 많아서 씨족명 파악이 굉장히 어렵다. 이 지역에서 두드러지게 눈에 띄는 에벤키족 씨족에는 무르가트가 있다. 무르가트는 여러 연구자들의 논란의 대상이었지만 개별 씨족명이자 동시에 레나 강 유역 말 사육 에벤키족의 통칭이었다. 레나 강~올레뇩 강에서는 에벤키족 씨족 간의 무력 충돌이 자주 발생했는데 충돌의 주된 원인은 사냥지역과 관련된 분쟁으로 추정된다.

레나 강~올레뇩 강 지역에 거주하기 시작한 에벤키족은 지역의 토착민과 교류했으며 일부는 사모예드족에 편입되면서 20세기 초 새로운 북방 토착종족인 느가나산족이 출현으로 이어졌다. 17세기 중반 이후 레나 강과 빌류이 강 하류로 야쿠트족이 이주해 오면서 에벤키족은 언어적, 문화적으로 야쿠트족에 동화되어 갔다. 이런 현상은 빌류이 강 에벤키족에게 특히 강하게 나타났다. 1860년대 이곳의 에벤키족은 주거, 관습, 의복, 언어 모든 면에서 야쿠트족과 차이가 없으며 심지어 외형도 야쿠트족과 비슷했다. 17~19세기 야쿠트족이 시베리아 북서지역에 집중되면서 에벤키족은 다른 지역으로 이주하게 되었다. 그 결과 북방에서 야쿠트어 계통의 새로운 토착종족인 돌간족과 순록 사육에 종사하는 새로운 야쿠트족 씨족이 출현하게 되었다.

자바이칼리예 에벤키족은 거주 지역에 따라 생활양식에서 많은 차이를 보인다. 동쪽에서 프리아무리예 에벤키족과 인접한 에벤키족은 주로 가축 사육에 종사했다. 북쪽에서 750명가량의 킨디기르와 칠차기르 씨족은 앙가라 강 상류와 비팀 강에서 순록 사육에 종사했으며 20세기에도 이 생활 전통을 그대로 유지했다. 자바이칼리예 남부 에벤키족은 처음에는 몽골족의 영향으로 말이나 가축 사육을 시작했지만 이후에는 부랴트족의 영향을 강하게 받았다. 러시아인이 출현할 무렵 자바이칼리예 남부 에벤키족의 대다수는 가축 사육으로 전환했다.

자바이칼리예 남부 에벤키족의 주요 거주지는 바르구진 지역이었다. 말 사육 에벤키족 중 네르친스크 그룹이 가장 규모가 컸는데 이들은 둘리카기르 씨족의 긴티무로프 가문과 밀접한 관련이 있다. 19세기 자바이칼리예 남부 말 사육 에벤키족 가운데 러시아와 청나라의 국경 수비를 담당했던 아르막 에벤키족도 빼놓을 수 없다. 자바이칼리예 남부 가축 사육 에벤키족의 문화는 남쪽에 인접한 몽골족, 부랴트족의 영향으로 매우 비균일하고 복잡하다. 가축 사육 에벤키족의 몽골족, 부랴트족과의 문화적 융합은 러시아인이 시베리아에 들어오기 전에 이미 시작되었으며 17~18세기에는 더욱 공고화되었다. 자바이칼리예 남부에 가축 사육 에벤키 문화와 러시아 문화의 융합은 에벤키 문화를 더욱 복잡하게 만들면서 카림이라는 혼혈 종족과 혼종문화를 탄생시켰다.

자바이칼리예 북부는 산악타이가 지대로 이곳의 에벤키족은 주로 자바이칼리예 남부 계곡에서 이주해 왔으며 사냥과 순록 사육에 종사했다. 자바이칼리예 북부 지역의 에벤키족은 씨족 간 거주지의 경계가 확실했으며 교류하는 종족이나 씨족에서도 확연하게 차이가 났다. 20세기 초 이 지역 에벤키족의 상당수가 다른 지역으로 이주하든가 부랴트족이나 러시아인에 편입되면서 에벤키족의 수는 급감했다. 17~19세기 자바이칼리예 북부 에벤키족의 형성은 야쿠트족, 부랴트족 및 러시아인과의 긴밀한 교류와 접촉이라는 조건 속에서 이루어졌지만 다른 지역 에벤키족의 영향도 컸다. 특히 지리적 인접성으로 인해 프리아무리예 에벤키족의 영향을 많이 받았다.

17세기 프리아무리예에서 활동한 에벤키족의 절대 다수는 순록 사육에 종사했으며 극소수만이 말 사육에 종사했다. 프리아무리예 에벤키족이 순록 사육 에벤키족과 말 사육 에벤키족으로 분화된 것은 17세기 이후이다. 프리아무리예 에벤키족은 이미 17세기 이전부터 이웃한 자바이칼리예, 야쿠티야 남쪽, 오호츠크 해안의 에벤키족과 밀접하게 교류했다. 프리아무리예 에벤키족의 서쪽 이웃은 가축 사육에 종사하는 자바이칼리예 에벤키족이고 남쪽 이웃은 야쿠티야 남쪽의 비비 강~알단 강 연안의 순록을 사육하는 나나기르, 킨디기르, 포체고르, 바카라이 등 에벤키 씨족이며, 동쪽 이웃은 오호츠크 에벤키족이었다. 또 17세기 아무르 강 중상류의 에벤키족은 다우르족, 듀체르족, 고굴족, 부분적으로 몽골족과 교류했는데 다우르족의 영향을 가장 많이 받았다. 특히 농경에 종사하게 된 에벤키족은 다우르족과 함께 거주했으며 17세기 아무르 강 중상류에서 에벤키족과 듀체르족의 상호작용으로 고굴족에 새로운 씨족이 대거 출현했다. 이러한 지형학적, 인종학적 특성으로 인해 프리아무리예 에벤키족 문화는 매우 독창적인 특성을 지니게 되었다.

19세기 프리아무리예가 러시아에 귀속되면서 프리아무리예 에벤키족의 역사는 새로운 전환점을 맞이하게 되었다. 러시아인의 영향으로 프리아무리예 토착민들은 생산 활동을 바꾸게 되었고 과거의 폐쇄적 씨족제도는 허물어졌다. 러시아인이 거주하는 마을은 프리아무리예 여러 종족의 상업 및 문화 교류의 중심지가 되었고 단기간에 아무르 주는 다종족 러시아의 일부가 되었다.

19세기 프리아무리예 에벤키족은 크게 세 그룹으로 나누어졌다. 프리아무리예 동부의 아무르 강 하류에 거주하는 순록 사육 에벤키족, 프리아무리예 서부의 말 사육 마네기르와 비라리, 순록 사육 오로촌이다. 17

세기 아무르 강 좌안에서 마네기르와 비라리는 이웃해서 살았으며 비라리가 마네기르보다 먼저 프리아무리예를 떠났다. 그 결과 러시아인이 프리아무리예에 다시 출현한 19세기 중반 프리아무리예 서부에는 마네기르 씨족만 거주하고 있었다. 19세기 프리아무리예 동부의 에벤키족은 서부의 에벤키족과는 생활 방식에서 다소 차이가 났다. 이들은 남쪽의 아무르 강 연안으로 이주한 뒤 순록을 잃어버리고 정착생활을 하게 되었고 야쿠트족과 아무르 강 하류의 나나이족, 네기달족, 오로치족, 우데게이족의 영향을 강히게 받았디. 또 서부 에벤기족과 달리 리시아인과 밀접하게 교류했고 20세기 초 많은 이들이 러시아어를 사용했다.

프리아무리예에서는 동부 에벤키족도 서부 에벤키족도 야쿠트족의 영향을 많이 받았다. 야쿠트족이 소수였던 사할린에서조차 에벤키족은 야쿠트족의 영향을 많이 받았다. 이는 단지 에벤키족이 야쿠트족 상인으로부터 상품을 구입하면서 생긴 현상이 아니라 프리아무리예 에벤키족 중 야쿠티야 지역에서 이주해 온 사람들이 많기 때문에 생긴 현상이다. 가령 프리아무리예 서쪽 에벤키족의 상당수는 야쿠티야 지역 남서쪽에서 유목을 했으며 야쿠트족 출신 에벤키족 씨족은 모두 동부나 사할린 에벤키족으로 편입되었다. 그러므로 야쿠트 문화의 요소들은 에벤키족이 프리아무리예에 이주해 오기 전에 이미 에벤키 문화에 유입되어 있었다. 프리아무리예 에벤키 문화는 다른 지역 에벤키 문화와는 변별적이며 고유한 독창성을 지니고 있었다. 하지만 17세기 초부터 러시아인에 의해 부침을 겪으면서 서서히 러시아 문화에 편입되어 갔다.

여러 기록과 문헌에 근거할 때 사할린 섬에 에벤키족이 등장한 것은 1860년대 이전으로 올라갈 수는 없다. 사할린 에벤키족은 프리아무리예 에벤키족이 대다수이며 이들과 긴밀하게 교류했기 때문에 문화적으로 프리아무리예 동부 에벤키족과 큰 차이가 없다. 또 전반적으로 오로크족,

야쿠트족과 긴밀한 관계에 있었지만 에벤키족의 문화적 정체성은 여전히 보존했다.

러시아인이 오호츠크해 에벤키족을 처음 만난 것은 1639년 오호츠크해 연안 울랴 강에서다. 오호츠크해 에벤키족은 다른 지역 에벤키족과는 다른 자신들만의 고유한 문화와 언어를 간직하고 있었다. 20세기 중반 오호츠크해 에벤키족은 총 2,000명 정도였다. 이미 오래전부터 오호츠크해 에벤키족은 사냥과 순록 사육에 종사했으며 어로와 바다 동물 사냥은 보조적인 생업 수단이었다. 오호츠크해 에벤키족은 주로 자바이칼리예 북서지역에서 이주한 그룹이다. 이들은 자바이칼리예 에벤키족, 오호츠크해 토착민인 에벤족, 닙흐족, 네기달족과 긴밀하게 교류했다. 그 결과 오호츠크해 에벤키족은 다른 지역의 에벤키 문화와는 일정 정도 구별되는 독창적인 오호츠크해 에벤키 문화를 탄생시켰다.

4부에서는 에벤키족 씨족명을 중심으로 에벤키족의 이주 경로 및 원인을 규명해 보았다. 에벤키족은 이미 오래 전부터 빌류이 강, 레나 강 상류와 중류, 바이칼 호수 지역, 아무르 강, 오호츠크 해안에 거주하기 시작했다. 시베리아 동쪽 방면에서 에벤키족의 분포와 경계는 이미 16~17세기 큰 틀에서는 대략 현재와 같은 양상을 띠었지만 서쪽 방면의 경계는 아직 확실하지 않았다. 에벤키족의 이주는 역사적, 환경적 요인과 관련이 있으며 17세기 훨씬 이전인 고대부터 시작되어 20세기 초에 마무리 되었는데 크게 3차 시기로 나눌 수 있다. 1차 이주는 6~7세기에 발생했으며 튀르크어권 종족의 북상과 관련이 있다. 2차 이주는 12~13세기에 발생했으며 몽골족의 팽창과 관련이 있다. 3차 이주는 17세기 이후 러시아인의 시베리아 출현 및 식민화 정책과 관련이 있다. 에벤키족의 1차 이주를 단순화 시키면 프리바이칼리예와 자바이칼리예 서쪽으로 튀르크어권 종족의 북상→자바이칼리예 동쪽과 프리아무리예로 자바이칼리예 서쪽 에벤키족 및 퉁구스어권 제 종족의 이주와 에벤키족과 에벤족으로의 분화로 나타낼 수 있다.

에벤키족의 2차 이주는 몽골족의 급팽창→프리바이칼리예로 부랴트족의 이주→레나 강 상류로 프리바이칼리예 튀르크어권 종족의 이주→레나 강 좌안과 하류, 알단 강 하류의 타이가 지역 및 오호츠크해 지역으로 레나 강 상류 에벤키족 및 퉁구스어권 종족의 이주로 단순화 시킬 수 있다. 에벤키족의 3차 이주는 1, 2차 이주와는 비교도 안 되는 규모와 범위였고 원인도 복합적이며 17세기 초~20세기 초까지 3세기 동안 지속적으로 이어진 대대적인 현상이었다. 이 시기는 국지적 차원의 이주도 빈번했으며 인위적, 자연발생적 이주가 복합적으로 나타났다.

에벤키족 3차 이주의 원인은 매우 복합적이지만 주된 원인은 러시아의 식민정책 및 러시아인의 폭력과 횡포, 그로 인한 러시아인과의 빈번한 무장 충돌, 에벤키족 씨족간의 충돌, 수나 힘에서 우위에 있는 야쿠트족과 부랴트족의 압력이었다. 17세기 빌류이 강, 프리바이칼리예, 오호츠크 지역 에벤키족의 주된 이주 방향은 남쪽인 프리아무리예였지만 일부는 북서쪽의 포드카멘나야 퉁구스카 강, 니즈나야 퉁구스카 강으로 향했고 일부는 원 거주지에 잔류했다. 17세기 이들의 이주 방향이 주로 프리아무리예에 맞춰진 것은 다음과 같은 외적 조건에 기인한다. 첫째, 1630~1689년 아무르 강 좌안 상류와 중류에 거주하던 다우르족, 듀체르족, 고굴족 및 에벤키족 남부 그룹이 만주족에 의해 아무르 강 우안으로 이주하게 되었다. 그로 인해 아무르 강 좌안 상류와 중류 지역이 빈 공간이 되었다. 둘째, 1689년 러시아와 청나라가 네르친스크 조약을 체결하면서 아무르 강은 누구의 제재도 받지 않는 '자유와 해방의 땅'이 되었다. 이와 같은 상황으로 프리바이칼리예, 자바이칼리예, 알단 강, 마야 강, 오호츠크해 연안의 에벤키족은 17세기 말부터 적극적으로 프리아무리예로 이주해 왔다.

18~19세기는 에벤키족의 북쪽과 서쪽 방면으로의 이주가 완성되는 시기로 일부는 니즈냐야 퉁구스카 강의 북쪽으로, 일부는 예니세이 강 좌안으로 이주해갔다. 니즈냐야 퉁구스카 강 에벤키족이 북쪽과 서쪽으로 이주하게 된 것은 프리바이칼리예와 프리앙가리예를 떠난 에벤키족이 활발하게 이곳으로 이주해 왔을 뿐만 아니라 이 강의 상류 지역을 러시아인과 야쿠트족이 점유했기 때문이다. 1926~1927년 인구조사 목록은 1897년의 목록과 그리 다르지 않았기 때문에 큰 윤곽에서 에벤키족의 이주는 19세기 말~20세기 초에 마무리 된 것으로 보인다. 이렇듯 에벤키족은 17~20세기 초까지 내외적 상황에 의해 동시베리아의 전역을 떠돌면서 격랑의 시기를 보내야만 했다. 이를 원하지 않은 에벤키족은 러시아인이나 규모가 큰 타 종족에 동화되어 갔다. 이 과정에서 에벤키족은 전통적으로 내려오던 정신문화와 물질문화의 상당 부분을 상실했는데 이는 인류사의 큰 손실임에 분명하다.

5부에서는 알타이어계, 예니세이어계, 고립어계에서 공통적으로 발견되는 에벤키족 바이~, 킴~, 사마~, 에댠,~ 돌/둘~, 솔론~, 쿠르~, 킬리~형 씨족명을 중심으로 해당 씨족명의 기원과 의미, 분포 현황, 이동경로, 해당 씨족명이 존재하는 시베리아 제 종족 사이의 친연관계를 규명했다. 씨족명 바이~는 알타이어계 만주퉁구스어권의 에벤키족, 에벤족, 나나이족, 울치족, 오로크족, 오로치족, 만주족 그리고 몽골어파와 튀르크어권에 분포되어 있으며 예니세이어계이나 고립어권에서도 발견된다. 하지만 이 유형의 씨족명이 에벤키족 사이에서 가장 많이 발견되는 점으로 미루어 이 씨족명은 프리바이칼리예의 에벤키족에서 기원하여 인근의 부랴트족, 몽골족, 야쿠트족 사이로 넓게 전파된 뒤 이후 동쪽으로는 아무르 강의 닙흐족, 북쪽으로는 유카기르족과 케트족 같은 예니세이 고아시아어권 종족, 서쪽으로는 엔츠족과 셀쿠프족 같은 사모예드어권 종족에게로 전파된 것으로 보인다.

씨족명 킴~은 시베리아 소수종족 사이에 널리 분포되어 있지만 에벤키족 사이에 가장 많이 분포되어 있으며 중국 인근과 페르시아에도 분포되어 있었다. 킴~의 기원은 명확하게 규명할 수 없지만 먼 고대 바이칼 호수 인근의 에벤키족에 편입된 후 만주퉁구스어권의 제 종족 사이에 널리 전파되었고 더 나아가 튀르크어권 제 종족 사이로 전파되었음을 알 수 있었다. 씨족명 샤마/사마~는 알타이어계의 만주퉁구스어권, 튀르크어권, 우랄어계의 사모예드어권 종족 등 시베리아의 전역에 널리 분포되어 있으며 음성적 형태도 무척 다양한데 에벤키족 사이에 가장 널리 분포되어 있다. 이 씨족명이 알타이어계와 우랄어계의 제 종족 사이에서 발견된다는 점은 이 두 어계의 종족들이 아주 먼 과거에 관련이 있었다는 증거이다.

씨족명 에댠~은 여진족에서 기원한 것으로 추정되며 에댠~은 여진의 러시아어 음차로 보인다. 예니세이 강 타이가 지역에 위 씨족명이 없다는 점, 12세기 오호츠크해 연안에서 위 씨족명이 발견된 점, 만주족과 나나이족 가운데 위 씨족명이 존재한다는 점은 위 씨족이 바이칼 호수 서쪽이 아닌 바이칼 호수 동쪽에서 오호츠크 해에 이르는 지역, 즉 고대 에벤키어 S-방언 지역인 아무르 강 연안에서 출현했다고 할 수 있다. 따라서 이 유형의 씨족은 고대 에벤키족에서 기원하여 만주-퉁구스어권 민족, 몽골어권과 튀르크어권 민족 사이로 광범위하게 전파된 것이다.

돌/둘~형 씨족의 기원에 관해 명확한 입장은 없지만 이 유형의 씨족명이 자바이칼리예부터 프리아무리예, 야쿠티야 그리고 그보다 더 먼 곳까지 분포되어 있는 점, 기원전 이미 불가리아 지역에서 이 씨족명이 발견되는 점으로 미루어 이 씨족은 먼 과거 남쪽에서 자바이칼리예 퉁구스어권 종족에 편입한 뒤 북쪽 지역으로 퍼져 나갔다고 할 수 있다.

솔론~ 씨족은 알타이어계의 만주퉁구족어권, 몽골어권, 튀르크어권에도 두루 분포되어 있고 모두 에벤키족에서 기원하기 때문에 자바이칼리예 에벤키족에서 출현했으며 S-방언 그룹에 속하는 씨족이었다고 추정할 수 있다.

쿠르~ 씨족은 바이칼 호수 서쪽 방면 예니세이 강 인근의 튀르크어권에서 출현하여 바이칼 호수 인근의 에벤키족에게 전파된 것으로 보이는데 이들은 에벤키족에 적극적으로 편입하지는 않았다. 킬리~ 씨족은 나나이족, 네기달족, 오로치족, 오로크족, 울치족, 에벤족 등 만주퉁구스어권의 거의 모든 종족에게서 발견되지만 에벤키족에게 특히 많이 분포되어 있다. 따라서 킬리~ 씨족은 아무르 강의 에벤키족에서 출현했으며 만주퉁구스어권 여러 종족에 편입하여 킬리~ 씨족의 기원이 되었다고 할 수 있다. 이처럼 에벤키족은 만주퉁구스어권 여러 종족의 씨족 형성에 중요한 역할을 했다. 하지만 에벤키족에게서 가장 많이 발견된다고 하여 에벤키족에게서 기원했다고 단정할 수 없다.

이상으로 본고에서는 씨족명을 중심으로 17세기 초부터 20세기 초까지 에벤키족의 삶의 여정을 살펴보았다. 17세기 이후 에벤키족의 삶은 러시아의 제국주의적 착취-피착취 관계의 강화로 인해 고통의 굴레 속으로 밀려들어 갔다. 자연친화적, 생태적이었던 에벤키족의 삶은 점점 파괴되었고 서서히 종족정체성, 집단정체성을 상실해갔다. 이렇게 하여 지구에서 존재했던 아주 소중한 종족의 문화가 문명과 종교를 앞세운 제국주의의 논리 앞에서 무너지는 안타까운 현실이 벌어지고 말았다. 비단 이는 에벤키족만의 운명은 아니었다. 이미 흔적도 없이 역사의 저 너머로 사라져간 종족도 제법 많다. 분명 이는 인류사의 커다란 손실이자 아픔으로 남을 것이다. 에벤키족을 비롯한 시베리아 및 세계 전역의 소수종족 문화에 대한 보호의 필요성에 대해 한 목소리로 입을 모아야 할 것이다. 21세기의 화두는 글로벌과 화해 그리고 공존이다. 글로벌의 기치 아래 강한 다수가 약한 소수의 문화를 저당 잡아서는 안 될 것이다. 화해와 공존의 메시지를 재해석하면서 소수와 다수가 함께 공존하는 세계, 강자와 약자가 함께 가는 세계, 문화의 다양성이 인정되는 세계란 어떤 세계인가? 라는 문제 제기를 통해 이러한 가치 체계에 대한 인식의 저변을 확대해야 할 것이다.

참고 문헌

Ⅰ. 1차 자료

1. 문서보관소 및 박물관

Архив Академических Наук (ААН). Arhiv Akademicheskih Nauk (AAN).

Архив Археолого-Этнографического Музея Томского Государственного Университета (ААЭМТГУ). Arhiv Arheologo-Etnograficheskogo Muzeja Tomskogo Gosudarstvennogo Universiteta (AAEMTGU).

Акты Архивов Якутской Области 1650-1800 гг. (ААЯО). Составитель. Е. Д. Стрелов. Якутск. 1916. Akty Arhivov Jakutskoj Oblasti 1650-1899 gg. (AAJaO).

Архив Института Этнографии АН СССР (АИЭ АН). Arhiv Instituta Etnografii AN SSSR (AIE AN).

Архив Ленинградской Части Института Этнографии АН СССР (АЛЧИЭ АН). Arhiv Leningradskoj chastiInstituta Etnografii AN SSSR (ALCHIE AN).

Архив Всесоюзного Географического Общества (АВГО). Arhiv Vsesojuznogo Geograficheskogo Obshchestva (AVGO).

Архив Института Востоковедения АН СССР (АИВ АН СССР). Arhiv Instituta Vostokovedenija AN SSSR (AIV AN SSSR).

Архив Института Этнографии АН СССР (АИЭ АН СССР). Arhiv Instituta Etnografii AN SSSR (AIE AN SSSR).

Архив Якутского Филиала Сибирского Отделения АН СССР (АЯФСО АН). Arhiv Jakutskogo Filiala Sibirskogo Otdelenija AN SSSR (AJaFSO AN).

Государственный Архив Иркутской Области (ГАИО). Gosudarstvennyj Arhiv Irkutskoj

Oblasti (GAIO).

Государственный Архив Красноярского Края (ГАКК). Gosudarstvennyj Arhiv Krasnojarskogo Kraja (GAKK).

Государственный Архив Таймырского Автономного Округа (ГАТАО). Gosudarstvennyj Arhiv Tajmyrskogo Okruga (GATO).

Государственный Архив Читинской Области (ГАЧО). Gosudarstvennyj Arhiv Chitinskoj Oblasti (GAChO).

Государственнвй Архив Эвенкийского Автономного Округа (ГАЭАО). Gosudarstvennyj Arhiv Evenkijskogo Avtonomnogo Okruga (GAEAO).

Красноярский Краевой Краевеческий Музей (КККМ). Krasnojarskij Kraevoj Kraevedcheskij Muzej (KKKM).

Музей Антропологии и Этнографии (МАЭ). Muzej Antropologii i Etnografii (MAE).

Русская Историческая Библиотека (РИБ). Russkaja Istoricheskaja Biblioteka (RIB).

Центральный Государственный Архив Древних Актов (ЦГАДА). Tsentral'nyj Gosudarstvennyj Arhiv Drevnih Aktov (TsGADA).

Центральный Государственный Архив Октябрьской Революции (ЦГАОР). Tsentral'nyj Gosudarstvennyj Arhiv Oktjabl'skoj revoljutsii (TsGAOR).

Центральный Государственный Архив Якутской АССР (ЦГА ЯАССР). Tsentral'nyj Gosudarstvennyj Arhiv Jakutskoj ASSR (TsGA JaSSR).

Центральный Государственный Исторический Архив (ЦГИА). Tsentral'nyj Gosudarstvennyj Istoricheskij Arhiv (TsGIA).

2. 사전

Абдразаков К. С. & Амиров Г. С. & Асадуллин А. Ш. и др. *Татарско-Русский Словарь (ТРС)*. Казань:Современная энциклопедия. 1966. Abdrazakov K. S. & Amirov G. S. & Asadullin A. Sh. i dr. *Tatarsko-Russkij Slovar' (TRS)*. Kazan':Sovremmennaja entsiklopedija. 1966.

Болдырев Б. В. *Эвенко-русский словарь* 1~2. Новосибирск:Филиал СО РАН ГЕО. 2000. Boldyrev B. V. *Evenko-russkij Slovar'* 1~2. Novosibirsk:Fillial SO RAN GEO. 2000.

Василевич Г. М. *Эвенкийско-русский словарь*. М.:ГИИ и НС. 1958. Vasilevich G. M. *Evenkijsko-russkij slovar'*. M.:GII I NS. 1958.

_____. *Русско-эвенкийский словарь* 1~2. СПб.:Изд. Просвещение. 2005. *Russko-evenkijskij*

Slovar' 1~2. SPb.:Izd. Prosveshchenie. 2005.

Географический Словарь Амурской Области (ГСАО). Благовещенск. 1978. *Geograficheskij Slovar' Amurskoj oblasti (GSAO).* Blagoveshchenck. 1978.

Голстунский К. Ф. *Монгольско-русский словарь.* СПб. 1895. Golstunskij K. F. *Mongol'sko-russkij slovar'.* SPb. 1895.

Кириллов А. В. *Географическо-статистический словарь Амурской и Приморской обла стей.* Благовещенско. 1894. Killirov A. V. *Geografichesko-statisticheskij Slovar' Amurskoj i Primorskoj oblastej.* Blagoshchensko. 1894.

Леонтьев В. В. & Новикова К. А. *Топонимический словарь Северо-Востока СССР.* Маг адан. 1989. Leont'ev V. V. & Novikov K. A. *Toponimicheskij Slovar' Severo-Vostoka SSSR.* Magadan. 1989.

Мифологический словарь. Гл. ред. Мелетинский Е. М. М.:Советская энциклопедия. 1991. *Mifologicheskij slovar'.* Gr. red. Meletinskij E. M. M.:Sovetskaja entsiklopedija. 1991.

Сравнительный словарь Тунгусо-Маньчжурских языков: Материалы к этимологическо му словарю (ССТМЯ). Под ред. Цинциус В. И. Л.:Наука. 1975. *Sravnitel'nyj Slovar' Tunguso-Man'chzhurskih jazykov: Materialy k etimologicheskomu slovarju (SSTMJa).* Pod red. Tsinius V. I. L.:Nauka. 1975.

Энциклопедический словарь Брокгауза и Ефрона VIII. Ред. Арсеньева К. К. & Петруш евского Ф. Ф. 1894. *Entsiklopedicheskij Slovar' Brokgauza i Efrona VIII.* Red. Arsen'eva K. K. & Petrushevskogo F. F. 1894.

II. 2차 자료

1. 국내문헌 및 자료

강인욱.「말갈 문화의 형성과 2~4세기 읍루, 선비, 부여계 문화의 관계」.『고구려발해연구』 33. 2009.

국립민속박물관.『퉁구스족의 곰 의례』. 서울: 국립민속박물관. 2014.

곽진석.『시베리아 만주 퉁구스족 신화』. 서울: 제이앤씨. 2009.

______.「에벤크족 샤먼 북에 나타난 상징」.『한국문학논총』51. 서울: 한국문학회. 2009.

______. 『시베리아 만주 퉁구스족 신화론』. 서울: 지식과 교양. 2011.

김우승. 「되살아나는 시베리아의 신화」. 『아시아문화』 17. 2001.

김예경. 「중국의 소수민족 정의와 그 정치적 함의: 민족과 족군 논쟁을 중심으로」. 『국제지역연구』 . 2007.

드니 쿠슈. 『사회과학에서의 문화 개념』. 한울출판사. 2009.

레빈 G. M. 「퉁구스의 인종적 기원」(김원용 옮김). 『백산학보』2. 1967.

『세계의 민속을 만나다: 시베리아 문화를 만나다』. 국립민속박물관. 2011.

서길수. 『아시아의 진주 알타이』. 서울:학연문화사. 2009.

엄순천. 「에벤키 씨족명 접미사 분석」. 『외국학연구』31. 2015.

______. 「에벤키족 씨족명 어근을 중심으로 시베리아 토착민족 씨족명 분석」. 『한국시베리아연구』19-1. 2015.

______. 「퉁구스 민족명의 어원 및 자명(自名) 분석: 에벤키족과 에벤족을 중심으로」. 『비교문화연구』39. 2015.

이건욱. 「시베리아 샤먼에 대하여 - 샤먼의 자격, 입무 과정, 샤먼의 종류」. 『한국시베리아연구』 13(1). 2009.

이필영. 「북아시아 샤마니즘과 한국 무교의 비교연구: 종교사상을 중심으로」. 『白山學報』 25. 1979.

______. 「샤먼과 무당의 호칭에 대하여」. 『한남대 논문집』 14. 1984.

임봉길. 「동북시베리아지역 퉁구스족의 민족정체성의 형성과 변화」.『지역연구』3(4). 1994.

임수산. 강인욱 옮김. 「소련학자가 보는 퉁구스-만어민족의 기원」.『한국상고사학보』16. 1994.

제임스 포사이스(James Forsyth). 정재겸 옮김. 『시베리아 원주민의 역사』 . 서울: 솔 출판사. 2009.

조지 케넌(Georgy Kennon). 정재겸 옮김. 『시베리아 탐험기』』. 서울: 우리역사연구재단. 2011.

최남선. 「살만교차기(薩滿教箚記)」.『계명(啓明)』19. 1927.

2. 국외문헌 및 자료

1) 영어권 문헌 및 자료

Alexia Bloch. *Red Ties and Residential Schools: Indigenous Siberians in a Post-Soviet State.*

Philadelphia: Pennsylvania University Press. 2004.

Between Heaven and Hell: The Myth of Siberia in Russian Culture. Diment Galya & Slezkine Yuri(ed.). New York: St. Martin's Press. 1993.

Brand A. 1698. *Beschreibung der chinesischen Reise*. Hamburg.

Czaplicka M. A. *Aboriganal Siberia*. Oxford. 1914.

Donner K. *Ethnological Notes about the Yenisey-Ostyak*. Hels. 1933.

_____. Sibirien. *Folk och fornitid*. Tammerfors. 1933

Du Halde. 1735. *Description geographique, historique, chronologique, politique et physique de l'Empire de la Chine et de la Tatarie chinoise*. Paris: P.G. Lemercier.

Findeisen H. *Dokumente umtumlicher Weltanschauung der Volker Nord-eurasiens*. Oosterhout. 1970.

Hiekisch Carl. Die *Tungusen*. St Petersb:Buchdruckerei der Kaiserlichen Akademie der Wissenschaften. 1879.

Jan Vansina. *Oral Tradition as History*. The University of Wisconsin Press. 1985.

Jochelson W. "The Jukaghir and the jukaghirized Tungus". *Pt 1(9)*. NewYork. 1910.

Klaproth Y. *Asia polyglotta*. Paris. 1823.

Laufer B. "The reindeen and its demestication". *Memoires of the American Antropological Association* 4(2). Lancaster. 1917.

Mannerheim C. G. R. "A visit to the Saro and Shera Yögurs". *Journal de lf Sociéné Finno-Ougrienne* 27. 1911-1912.

Messerschmidt D. G. *Forschungsreise durch Siberian* 1720~1727 I. Berlin. 1962.

_____. *Forschungsreise durch Siberian* 1720~1727 II. Berlin. 1964.

_____. *Forschungsreise durch Siberian* 1720~1727 III. Berlin. 1966.

M. Castren's Reisen und Forschungen. Bd.12. S. 8. Petersburg. 1857.

Ostir Karel, "Veneti in Anti." *Etnolog II*. 1928.

Pallas P. S. *Reise durch verschiedene Provinzen des Russischen Reichs*. Vol. 1~3. St.Petersberg. 1771~1776.

Pelliot P. "Tokharien et Koutcheen". *Journal Asiatique* 1. 1934.

Radloff W. *Aus Sibirien Lose Blaatter aus dem eines reisen den Linguisten von Wihelm Radloff*. Bd. I. Leipzig. 1884.

Reid Anna. 윤철희 옮김. *The Shaman's coat*. 2002. 미다스북스. 2003.

Riles Annelise. "Empty Place: Legal Formalities and the Cultural State". In A. Sarat, M.

Merill and L. Douglas (eds.). *The Place of Law*. Ann Arbor: Michigan University Press. 2006.

Schiefner A. "Beiträge zur Kentniss der tungusische Mundarten". *MA* 3, St. Petersberg. 1859.

_____. "Alexander Czekanowskii's tungusische Wörterverzeichniss". *BAIS* 24, St.Petersberg. 1878.

Schott Heinrich Wilhelm. *Über die echten Kirgisen*. Berlin. 1865.

Shimkin D. B. "A Sketch of the Ket or Yenisei-Ostyak". *Ethnos* 4(3~4). 1989.

Shirokogoroff S. M. "Sramana-Shaman. Etymology of the word shaman with N. D. Mironov". *Journal of the North China Branch of the Royal Asiatic Society* 54. 1924a.

_____. *Social organization of the Manchus*. Shanghai. 1924b.

_____. *Northen Tungus Migrations*. JNChBRAS 57. 1926.

_____. *Social organization of the northen tungus*. Shanghai. 1929.

_____. *Psycho-mental complex of the northern tungus*. London. 1935.

Strahlenberg Ph. J. *Das Nord und ostliche Theil von Europa und Asia*. Stockholm. 1730.

Starostin S. A. & Dybo A. & Mudrak O. with assistance of I. Gruntov and V. Glunov. *Entymological Dictionary of the Altaic Languages 3*. Brill, Lreiden: Boston. 2013.

Viacheslavovitch A. N. "Concerning the Ethnic and Cultural Relationships between ancient Korea and Ŝhaan-Altai people". *The Studies of Kogyuryo* 18. 2004.

Wassilewitsch G. "Schamanengesange der Ewenken (Tungusen)". *Glaubenswelt und Folklore der sibirischen Volker*. Budapest. 1963.

Wood Alan & French R. A. *The Development of Siberia: People and Resource*. New York: St. Martin's Press. 1989.

Znamenski A. A. *Shamanism and Christianity: Native Encounters With Russian Orthodox Missions in Siberia and Alaska 1820~1917*. Westport, Connecticut · London: Greenwoon Press. 1999.

2) 러시아어권 문헌 및 자료

Абаев Н. В. "Идентичность Танну-Урянхая и Урянхайская проблема". *The Studies of Kogyuryo* 18. 2004. Abaev N. V. "Identichnost' Tannu-Urjahhaja i Uranhajskaja problema". *The Studies of Kogyuryo* 18. 2004.

Абуль-Гази. "Родословное дерево тюрков". Перевод Г. Саблукова. *Известия Общества Археологии, Истории, Этнографии* 21~22. 1906. Abu'-Gazi. "Rodoslovnoe derevo tjurkov". Perevod G. Sablukova. *Izvestija Obshchestva Arheologii, Istorii, Etnografii* 21~22. 1906.

Андерсон Д. Дж. *Тундровики: экология и самосознание таймырских эвенков и долга н.* Новосибирск. 1998. Anderson D. Dzh. *Tundroviki: ekologija i samosoznanie tajmyrskih evenkov i dolgan.* Novosibirsk. 1998.

Андреев А. И. *Буляши (одно из эвенкийский объединений XII в).* М.-Л. 1937. Andreev A. I. *Buljashi (odno iz evenkijskij ob''edinenij XII v.).* M.-L. 1937.

Александров В. А. *Русское население Сибири XVII~начала XVIII в. (Енисейский край).* М.Наука. 1964. Aleksandrov V. A. *Russkoe naselenie Sibiri XVII~nachala XVIII v. (Enisejskij kraj).* M.:Nauka. 1964.

_____. "Начало хозяйственного освоения русским населением Забайкалья и Приамурья вторая половина 17 в". *История СССР* 2. 1968. "Nachalo hozjajstvennogo osvoenija russkim naseleniem Zabajkal'ja i Priamur'ja vtoraja polovina 17 v". *Istorija SSSR* 2. 1968.

_____. *Росссия на дальневосточных рубежах вторая половина 17 в.* М. 1969. *Rossija na dal'nevostochnyh rubezhah vtoraja polpvina 17 v.* M. 1969.

Алексеев В. П. "Материалы по храниологии мохэ". *Палеоантропология Сибири.* М.: Наука. 1980. Alekseev V. P. "Materialy po hraniligii mohe". *Paleoantropologija Sibiri.* M.: Nauka. 1980.

_____. *Этногегез.* М.: Высшая школа. 1986. *Etnogenez.* M.: Vysshaja shkola. 1986.

Алексеев М. П. *Сибирь в известиях западноевропейских путешественников и писател ей XIII~XVII вв.* 1~2. Иркутск: ОГИЗ. 1932, 1934. Alekseev M. P. *Sibsr' v izvestijah zapadnoevropejskih puteshestvennikov i pisatelej XIII~XVII vv.* 1~2. Irkutsk: Ogiz. 1932, 1936.

_____. *Сибирь в известиях западноевропейских путешественников и писателей.* Иркутс к. 1941. *Sibir' v izvestijah zapadnoevropejskih puteshestvennikov i pisaterej.* Irkutsk. 1941.

Андреев А. И. "Буляши". *Советская Этнография* 2(3). 1937. Andreev A. I. "Buljash". *Sovetskaja Etnografija* 2(3). 1937.

Анисимов А. Ф. *Родовое общество эвенков (тунгусов).* Л.:Изд. Института народов Сев ера ЦИК СССР им. П. Г. Смидовича. 1936. Anisimov A. F. *Rodovoe obshchestvo evenkov (tungesov).* L.:Izd. Instituta narodov Severa TSIK SSSR im. P. G. Smidovicha.

1936.

_____. “Представления эвенков о шингкэн’ах и проблема происхождения первобытной религии”. *Сборник Музея Антропологии и Этнографии* 12. 1949. “Predstavlenija evenkov o shingken‘ah i problema proishozhdenija pervobytnoj religii”. *Sbornik Muzeja Antropologii i Etnografii* 12. 1949.

_____. “Семейные охранители у эвенков и проблема генезиса культа предков”. *Советска я Этнография* 3. 1950. “Semejnye ohraniteli u evenkov i problema genezisa kul’ta predkov”. *Sovetskaja Etnografija* 3. 1950.

_____. “Шаманские духи по воззрениям эвенков и тотемические истоки идеологии шама нства“. *Сборник Музея Антропологии и Этнографии* 13. 1951. “Shamanskie duhi po vozzrenijam evenkov i totemicheskie istoki ideologii shamanstva”. *Sbornik Muzeja Antropologii i Etnografii* 13. 1951.

_____. “Религия эвенков в историко-генетическом изучении и проблемы происхождения первобытных верования”. *АН СССР Музей истории религии и атеизма.* М.-Л: Изд. АН СССР. 1958. “Religija evenkov v istoriko-geneticheskom izuchenii i problemy proishozhdenija pervovytnyh verovanija”. *AN SSSR Mezej istorii religii i ateizma.* M.-L.: Izd. AN SSSR. 1958.

Анучин Д. Н. *К истории ознакомления с Сибирью до Ермака: Древнее русское сказан ие “О человецех незнаемых в восточной стране”.* СПб.: Альфарет. 2010. Anuchin D. N. *K istorii ozakomlenija s Sibip’ju do Ermaka: Drevnee russkoe skazanie “O cherovetseh neznaemyh v viostochnoj strane”.* SPb.: Al’faret. 2010.

Аристов Н. А. “Этнический состав киргиз-казахской большой орды”. *Живая старина* 3~4(5). 1894. Aristov N. A. “Etnicheskij sostav kirkiz-kazahskoj bol‘shoj ordy”. *Zhivaja starina* 3~4(5). 1894.

_____. “Заметки об этническом составе тюркских племен и народностей”. *Живая старин а* 4(4). 1896. “Zametki ob etnicheskom sostave tjurskih plemen i narodnostej”. *Zhivaja starina* 4(4). 1896.

Арсеньев В. К. “Промысел белухи в Удской губе”. *Советское Краеведение* 7. 1936. Arsen’v. V. K. “Promysel beluhi v Udskoj gube”. *Sovetskoe Kraevedenie* 7. 1936.

Атлас географических открытий в 17~18 вв. М.-Л. 1864. *Atlas geograficheskih otkryij v 17~18 vv.* M.-L. 1864.

Афанасьев Г. “Занятия и жизнь сахалинских эвенков“. *Тайга и Тундра* 1. 1928.

Afanas'ev G. "Zanjatija i zhizn' sahalinskih evenkov". *Tajga i Tundra* 1. 1928.

_____. "Жизнь женщины-эвенки на Сахалине". *Тайга и Тундра* 2. 1930. "Zhizn' zhenshchiny-evenkov na Sahaline". *Tajga i Tundra* 2. 1930.

Афанасьева А. В. "Охотничий промысел в районе хребта Дуссе-Алинь к северу от Дульниканского перевала". *Труды Совета по изучению производитедельных си л. Дальневосточная серия 2. Амгунь-Селемджинская экспедиции АН СССР 1. Бу рейнский отряд.* Л. 1934. Afanas'eva A. V. "Ohotnicheskij promysel v rajone hrebta Dusse-Alin' k severu ot Dul'nikanskogo perevala". *Trudy soveta po izucheniju proizvoditel'nyh sil. Dal'nevostochnaja serija 2. Amgun'-Selemdzhinskaja ekspeditsii AN SSSR 1. Burejnskij otrjad.* L. 1934.

Бакланова Н. А. & Андреев А. И. "Обзор рукописей Г. Ф. Миллера по истории, геогра фии, этнографии и языкам народов Сибири, хранящихся в московских и ленинг радских архивах и библиотеках". *Истории Сибири* 1. 1937. Baklanova N. A. & Andreev A. I. "Obzor rukopisej G. F. Millera po istorii, geografii, etnografii I jazykam narodov Sibipi, hranjahsja v moskovskih i leningradskih arhivah i bibliotekah". *Istorii Sibiri* 1. 1937.

Бартольд В. В. *История турец-монгольских народов.* Ташкент: Изд. КВПИ. 1928. Bartol'd V. V. *Istorija turets-mongol'skih narodov.* Tashkent: Izd. KVPI. 1928.

_____. *Киргизы: исторический очерк.* Фрунзе: Киргосиздат. 1943. *Kirkizy: Istoricheskij ocherk.* Frunze: Kirgosizdat. 1943.

Бахрушин С. В. *Очерки по истории колонизации Сибири в 16~17 вв.* М. 1928. Bahrushin S. V. *Ocherki po istorii kolonizatsii Sibiri v 16~17 vv.* M. 1928.

Бахтин С. А. "Проблема дифференциации якутов и долган". *Этносы Сибири. Прошло е. Настоящее. Будущее: Материалы междунар. науч.-практ. конф.* 2(1). Краснояр ск. 2004. Bahtin S. A. "Problema differentsiatsii jakutov i dolgan". *Etnosy Sibiri. Proshloe. Nastojashchee. Budushchee: Materialy mezhdunar. nauch.-prakt. konf.* 2(1). Krosnojarsk. 2004.

Берг Л. С. *История географического ознакомления с Якутским краем.* Л. 1927. Berg L. S. *Istorija geograficheskogo oznakomlenija s Jakutskim kraem.* L. 1927.

Бернштам А. Н. "Заметки по этногенезу народов Северной Азии". *Советская Этногра фия* 2. 1947. Bernshtam A. N. "Zametki po etnogenezu narodov Severnoj Azii". *Sovetskaja Etnografija* 2. 1947.

Бичурин(Иакинф) Н. Я. *Записки о Монголии* 1. Изд.: СПб. 1828. Bichurin(Iakinf). N. Ja. *Zapiski o Mongolii* 1. Izd.: SPb. 1828.

_____. *Статистическое описание Китайской империи* 2. СПб. 1842. *Statisticheskoe opisanie Kitajskoj imperii* 2. SPb. 1842.

_____. *Собрание сведений о народах, обитавших в Средней Азии в древние времена* 1~3. М.-Л.: Ин-т этнографии им. Миклухо-Маклая. 1950. *Sobranie svedenij o narodah, obitavshih v Srednej Azii v vremena* 1~3. M.-L.: Izd. In-t etnografii im. Mikluho-Maklaja. 1950.

_____. *Собрание сведений о народах, обитавших в Средней Азии в древние времена* 3. М.-Л.: 1953. *Sobranie svedenij o narodah, obitavshih v Srednej vremena* 3. M.-L.:In-t etnografii im. Mikluho-Maklaja 1953.

Богданов Р. К. “Воспоминания амурского казака о прошлом с 1849 по 1880 г.”. *Записки Приамурского Отдела Русского Географичесого Общества* 3(3). Хабаровск. 1900. Bogdanov R. K. “Vospominanija amurskogo kazaka o proshlom c 1849 po 1880 g.”. *Zapiski Priamurskogo Otdela Russkogo Geograficheskogo Obshchestva* 3(3). Habarovsk. 1990.

Боголюбский И. *Очерк народностей, известных в Амурском крае и по берегам Восточного океана со времени пришесвия русских в XVII столетии.* ГАИО, ф.293, оп.1, ед.хр.618. 1888. Bogoljubskij I. *Ocherk narodnostej, izvestnyh v amurskom krae i po beregom Vostochnom okeana so vremeni prishestvija russkih v XVII stoletii.* GAIO, f.293, op.1, ed.hr.618. 1888.

Богораз В. Г. “Древние переселения народов в северной Евразии и Америке”. *Сборник Музея Антропологии и Этнографии.* Л. 1927. Bogoraz V. G. “Drevnie pereselrnija narodov v severnoj Evrazii i Amerike”. *Sbornik Muzeja Antropologii i Etnografii.* L. 1927.

Болотин Д. П. “Истоки мохэской археологической традиции”. *Приамурия. Археология и социокультурная антропология Дальнего Востока и сопредельных территория.* Благовещенск: Изд. БГР. 2003. Bolotin D. P. “Istoki moheskoj arheologicheskoj traditsii”. *Priamurija. Arheologija i sotsioKul'turnaja antropologija Dal'nego Vostoka i sopredel'nrh territorija.* Blagoveshchesk: Izd. BGR. 2003.

_____ . “Происхождение амурских эвенков”. *Краеведение Приамурия* 3. 2008. “Proishozhdenie amurskih evenkov”. *Kraevedenie Priamurija* 3. 2008.

Булатова Н. Я. "Местоимения в сибирской группе тунгусо-маньчжурских языках". *Acta Linguistica Petropolitan* 1(3). СПб.: Наука. 2003. Bulatova N. Ja. "Mestoimenija v sibirskoj gruppe tunguso-mah'chzhurskih jazykah". *Acta Linguistica Petropolitan* 1(3). SPb.: Nauka. 2003.

Булычев И. *Путешествие по Восточной Сибири, Якутской области и Охотскому краю.* СПб. 1856. Bulychev I. *Puteshestvie po Vostochnoj Sibiri, Jakutskoj oblasti i Ohotskomu kraju.* SPb. 1856.

Бурыкин А. А. "Эвенкийские и эвенские этнонимы Охотского побережья". *Традицион ная культура востока Азии* 3. Благовещенск. 2001. Burykin A. A. "Evenkijskie i evenskie etnonimy Ohotskogo poberezh'ja". *Traditsionnaja kul'tura vostoka Azii* 3. Blagoveshchensk. 2001.

Буссе Э. "Список слов бытвого значения некоторых кочевых народов Восточной Сиби ри". *Записки Русского Географического Общества по отделению этнографии* 6. 1880. Busse E. "Spisok slov bytvogo znachenija nekotoryh kochevyh narodov Vostochnoj Sibiri". *Zapiski Russkogo Geograficheskogo Obshchestva po otdeleniju etnografii* 6. 1880.

_____ . "Происхождение амурских эвенков". *Краеведение Приамурия* 3. 2008. "Proishozhdenie amurskih evenkov". *Kraevedenie Priamurija* 3. 2008.

Василевич Г. М. "Игры тунгусов". *Этнограф-исследователь* 1. 1927. Vasilevich G. M. "Igry tungusov". *Etnograf-issledovatel'* 1. 1927.

_____. "Древнейшие этнонимы Центральной Азии и названия эвенкийских родов". *Сове тская Этнография.* 1928. "Drevnejshie etnonimy Tsentral'noj Azii i nazvanija evenkijskih rodov". *Sovetskaja Etnografija.* 1928.

_____. "Витимо-тунгир-олекминские тунгусы". *Советский Север* 3. 1930. "Vitimo-tungir-olekminskie tungusy". *Sovetskij Sever* 3. 1930.

_____. *Сборник по эвенкийскому (тунгусскому) фольклору.* Л.: Учпедгиз. 1936. *Sbornik po evenkijskomu (tugusskomu) fol'kloru. L.: Uchpegiz. 1936.*

_____. "Древнейший этномы Центральной Азии и названия эвенкийских родов". *Советс кая Этнография* 4. 1946. "Drevnejshij etnomy Tsentral'noj Azii i nazvanija evenkijskih rodov". *Sovetskaja Etnografija.* 1946.

_____. *Очерки диалектов эвенкийского языка.* Л. 1948. *Ocherki dialektov evenkijskogo jazyka.* L. 1948.

_____. “Эвенкийская экспедиция”. *Краткие Сообщения Института Этнографии АН СССР* 5. 1949. “Evenkijskaja ekspeditsija”. *Kratkie Soobshchenija Instituta Etnografii AN SSSR* 5. 1949.

_____. “Ессейско-Чирингдинские эвенки”. *Сборник Музея Антропологии и Этнографии* 13. 1951. “Essejsko-Chringdinskie evenki”. *Sbornik Muzeja Antropologii i Etnografii* 13. 1951.

_____. “Древние охотничьи и оленеводческие обряды эвенков”. *Сборник Музея Антропологии и Этнографии* 17. 1957. “Drevnie ohotnich’e i olenevodcheskie obrjady evenkov”. *Sbornik Muzeja Antropologii i Etnografii* 17. 1957.

_____. “К вопросу о тунгусах и ламутах северо востока в 17-18 вв.”. *Ученые записки Якутского филиала АН СССР* 5. Якутск: Изд. ИЯиЛ. 1958. “K voprosu o tungusah i lamutah severo-0stoka v 17~18 vv.”. *Uchenye zapiski Jakutskogo filialf AN SSSR* 5. Jakutsk: Izd. IJAiL. 1958.

_____. К вопросу о классификации тунгусо-маньчжурских языков. *Вопросы Языкознания* 2. 1960. K voprosy o klassifikatsii tunguso-man’chzhuskih jazykov. *Voprosy Jazykoznanija* 2. 1960.

_____. “Угдан-жилише эвенков Яблонового и Станового хребтов”. *Сборник Музей Антропологии и Этнографии.* Т.XX. М.-Л. 1961. “Ugdan-zhlishche evenkov Jablonovogo i Stanovogo hrebtov”. *Sbornik Muzej ii Antropologii i Etnografii.* T.XX. M.-L. 1961.

_____. “Эвенки Катангского района“. *Сибирский Этнографический Сборник. Новая серия* 78. 1962a, b. “Evenki Katanskogo rajona“. *Sibirskij Etnograficheskij Sbornik. Novaja serija* 78. 1962a, b.

_____. “Самоназвание орочон, его происхождение и распространение”. *Известия Сибирского отделения АН СССР. Серия общественных наук* 3. Новосибирск. 1963. “Samozvanie orochon, ego proishozhdenie i rasprostranenie”. *Izvestija Sibirskogo otdelenija AN SSSR. Serija obshchstvennyh nauk* 3. Novosibirsk. 1963.

_____. “Этноним саман→самай у народов Сибири”. *Советская Этнография* 3. 1965. “Etnonim saman→samaj i narodov Sibiri”. *Sovetskaja Etnografija* 3. 1965.

_____. *Исторический фольклор эвенков. Сказания и предания.* М.: Наука. 1966. Istoricheskij fol’klor evenkov. Skazanija i predanija. M.: Nauka. 1966.

_____. *Эвенки: Историко-этнографические очерки XVIII~начала XX в.* Л.: Наука. 1969. *Evenki: Istoriko-etnograficheskie ocherki XVIII~nachala XX v.* L.: Nauka. 1969.

_____. *Исторический фольклор эвенков.* М. 1970. *Istoricheskij fol'klor evenkov.* M. 1970.

_____. "Отражение межродовых войн в фольклоре эвенков". *Вопросы языка и фольклора народностей Севера.* 1972. "Otrazhenie mezhrodovyh vojn v fol'klore evenkov". *Voprosy jazyka i fol'klora narodnostej Severa.* 1972.

_____. "Материальная культура среднеамурских эвенков по коллекциям музеев Ленингр ада". *Материальная культура народов Сибири и Севера.* Л. 1976. "Material'naja kul'tura sredneamurskih evenkov po kollektsijam muzeev Leningrada". *Material'naja kul'tura narodov Sibiri i Severa.* L. 1976.

Василевич Г. М. & Магид С. М. "Эвенкийская песня". *Советский фольклор* 5. 1940. Vasilevich G. M. & Magid S. M. "Evenkijskaja pesnja". *Sovetskij fol'klor* 5. 1940.

Вербов Г. Д. "О древней Мангазее". *Известия Всероссийского Географического Обще ства* 75(5). 1943. Verbov G. D. "O drevnej Mangazee". *Izvestija Vserossijskogo Geograficheskogo Obshchestva* 75(5). 1943.

Верещагин Г. Ю. *Байкал. Научно-популярный очерк.* Под ред. Талиева Д. Н. М. 1949. Vereshchagin G. Ju. *Bajkal. Nauchno-populjarnyj ocherk.* Pod red. Talieva D. N. M. 1949.

Викторова Л. "К вопросу о расселении монгольских племен на Дальнем Востоке в IV веке до н.э. XII в. н.э.". *Ученые Записки Ленинградского Государственного Универститета* 256. Серия Востоковед. наук. вып.7. 1958. Viktorova L. "K voprosu o rasselenii mongol'skih plemen na Dal'nem Vostoke v IV veke do n.e. XII v. n.e.". *Uchenye Zapiski Leningradskogo Gosudarstvennogo Universiteta* 256. Serija Vostokoved. nauk. vyp.7. 1958.

Витсен Н. *Северная и Восточная Тартария.* 1692. Vitsen N. *Severnaja i Vostochnaja Tartarija.* 1692.

Владимирцов Б. Я. *Общественный строй монгола. Монгольский кочевой феодализм.* Л.: Изд. АН СССР. 1934. Vladimirtsov B. Ja. *Obshchestvennyj stroj mongolja. Mongol'skij kochevoj feodalizm.* L.:Izd. AN SSSR. 1934.

Владимирцев Л. Б. *Сравнительная грамматика.* Л. 1924. Vladimirtsev L. B. *Sravnitel'naja grammatika.* L. 1924.

Воронково Е. "История одного народа: тайна происхождения эвенков". *Мир коренных народов живая артика* 23. 2009. Voronkovo E. "Istorija odnogo naroda: tajna proishozhdenija evenkov". *Mir korennyh narodov zhivaja artika* 23. 2009.

Востобойников М. Г. *Эвенкийский фольклор.* Л. 1960. Vostobojnikov M. G. *Evenkijskij fol'klor.* L. 1960.

_____. "Эвенкийский народные предания". *Языки и фольклор народов Крайнего Севера.* Л. 1965. "Evenkijskij narodnye predanija". *Jazyki i fol'klop narodov Krajnego Severa.* L. 1965.

_____. "Современные устные рассказы и предания эвенков". *Этнографический сборник* 5. Улан удэ. 1969. "Sovremennse ustnye rasskazy iipredanija evenkov". *Etnograficheskij sbornik* 5. Ulan Ude. 1969.

Врангель Ф. П. *Путешествие по северным берегам Сибири и по Ледовитому морю.* М.: Главсевморпуть. 1948. Vrangel' F. P. *Puteshestvie po severnym beregam Sibiri i po Ledovitomu morju.* M.: Glavsevmorput'. 1948.

Всесоюзная перепись населения 1926 г. Т.VII. М. 1928. *Vsesojuznaja perepis' naselenija 1926 g. T.VII.* M. 1928.

Вяткин М. *Очерки по истории Казахской ССР.* М.: ОГИЗ, Госполитиздат. 1941. Vjatkin M. *Ocherki po istorii Kazahskoj SSR.* M.: OGIZ, Gospolitizdat. 1941.

Георги И. Г. *Описание всех в Российском государстве обитающих народов, также их житейских обрядов, обыкновений, жилищ, одежд, упражнений, забав, вероиспов еданий и других достопримечательностей* 1~3. СПб.: Русская Симфония. 1775~1779. Georgi I. G. *Opisanie vseh v Rossiskom gosudarstve obitajushchih narodov, takzhe ih zhtejskih obrjadov, obyknovenij, zhilishch, uprazhnenij, zabav, veroispovedanij i drugih dostoprimechatel'nostej* 1~3. SPb.: Russkaja Simfonija. 1775~1779.

_____. *Описание всех обитающих в Российском государстве народов* 3. О народах самое дских, манджурских и восточных сибирских, как и о шаманском законе. СПб. 1799. *Opisanie vseh obitajushchih v Rossiskom gosudarstve narodov* 3. O narodah s samoedskih, mandzhurskih i vostochnyh sibirskih, kak i o shamanskom zakone. SPb. 1799.

_____. *Описание всех обитающих в Российском государстве народов.* СПб.: Русская симфония. 2005. *Opisanie vseh obitajushchih v Rossiskom gosudarstve narodov*. SPb.: Russkaja Simfonija. 2005.

Герстфельд. "О прибрежных жителях Амура". *Вестник Русского Географического Об щества* 20. 1857. Gerstfel'd. "O pribrezhnyh zhiteljah Amura". *Vestnik Russkogo Geograficheskogo Obshchestva* 20. 1857.

Глен П. П. "Отчет о путешестви по острову Сахалину". *Труды Сибирской Экспедици и Русского Географического Общества* 1. Физический отдел. СПб. 1868. Glen P. P. "Otchet o puteshestvie po ostrovu Sahalinu". *Trudy Sibirskoj Ekspeditsii Russkogo Geograficheskogo Obshchestva* 1. Fizicheskij otdel. SPb. 1868.

Гмелин С. Г. *Путешествие по России* 3. СПб. 1785. Gmelin S. G. *Puteshestvie po Rossii* 3. SPb. 1785. Gmelin S. G. *Puteshestvie po Rossii* 3. SPb. 1785.

Гребенщиков А. В. В Бутху и Мэргень по р. Нонни/ из путешествия по Хэйлунцзянск ой провинции. Харбин. 1910. Grebenshchikov A. V. V Buhtu i Mergen' po r. Nonni/ iz puteshestvie po Hejluntsjanskoj provintsii. Harbin. 1910.

Григоровский Н. П. "Описание Васюганской тундры". *Записки Сибирского отдела Рус ского Географического общества* 6. 1884. Grigorovskij N. P. "Opisanie Vasjuganskoj tundry". *Zapiski Sibirskogo otdela Russkogo Geograficheskogo Obshchestva* 6. 1884.

Грум-Гржимайло Т. Е. *Описание Амурской области.* СПб. 1894. Grum-Grzhimajlo T. E. *Opisanie Amurskoj oblasti.* SPb. 1894.

Губельман М. И. "О тунгусах Олекминского округа". *Изветия Русского Географическ ого общества* 57(2). 1925. Gebel'man M. I. "O Tungusah Olekminskogo okruga". *Izvestija Russkogo Geograficheskogo Obshchestva* 57(2). 1925.

Гурвич И. С. "Эвены-тюгясиры". *Краткие сообщения Института этнографии Академи и наук СССР* 25. М. 1956. Gurvich I. S. "Eveny-tjugjasiry". *Kratkie soobshchenija Instituta etnografii Akademii nauk SSSR* 25. M. 1956.

_____. *Этническая история Северо-Востока Сибири.* М. 1966. *Etnicheskaja istorija Severo-Vostoka Sibiri.* M. 1966.

Гут Г. "Тунгусская народная литература и ее этнологическое значение". *Известия Ак демии Наук* 15(3). 1901. Перевод: Материалы по эвенкийскому фольклору. Л. 1936. Gut. G. "Tungusskaja narodnaja literatura i ee etnologicheskoe znachenie". *Izvestija Akademii Nauk* 15(3). 1901. Perevod: Materialy po evenkijskomu fol'kloru. L. 1936.

Дадешкелиани К. Н. "Описание Амурской области между рр. Буреей и Амгуной". *Сб орник Географических, Топографических и Статистических Материалов по Кзи и* 32. 1888. Dadeshkeliani K. N. "Opisanie Amurskoj oblasti mezhdu rr. Bureej i Amgunoj". *Sbornik Geograficheskih, topograficheskih i statisticheskih Materialov po Azii* 32. 1888.

Деревьянко А. П. *Приамурье (I тысячелетие до нашей эры)*. Новосибирск: Наука. 1976. Derev'janko A. P. *Priamur'e (I tysjachletie do nashej ery)*. Novosibirsk: Nauka. 1976.

Деревьянко Е. И. "О роли мохэских племен в этногенезе тунгусо-маньчжурских наро дов бассейна Амура". *Очерки социально-экономической культурной жизни Сиб ири*. Новосибирск: Наука. 1972. Derev'janko E. I. "O roli moheskih plemen v etnogeneze tunguso-man'chzhurskih narodov bassejna Amura". *Ocherki sotsial'no-ekonomicheskoj kul'turnoj zhizni Sibiri*. Novosibirsk: Nauka. 1972.

_____. *Мохэские памятники Среднего Амура*. Новосибирск: Наука. 1975. Moheskie pamajatniki Srednego Amura. Novosibirsk: Nauka. 1975.

Добромыслов Н. М. "Заметки по этнографии баргузинских орочен". *Труды Троицкоса вско-Кяхтинского отделения Приамурского отдела Русского Географического О бщества* 5(1). Кяхта. 1902. Dobromyslov N. M. "Zametki po etnografii barguzinskih orochen". *Trudy Troitskosavsko-Kjahtinskogo otdelenija Priamurskogo otdela Russkogo Geograficheskogo Obshchestva* 5(1). Kjahta. 1902.

Доброва-Ядринцева Л. Н. & Шнейдер А. Р. *Население Сибирского края*. Новосибирск. 1928. Dobrova-Jadrintseva L. N. & Shnejder A. R. *Naselenie Sibirskogo kraja*. Novosibirsk. 1928.

Долгих Б. О. "О родоплеменном составе и распространения энцев". *Советская Этногр афия* 4. 1946. Dolgih B. O. "O rodoplemennom sostave i rasprostranennija ehtsev". *Sovetskaja Etnografija* 4. 1946.

_____. *Родовой и племенной состав народностей Севера Средней Сибири*. Кандидат. Диссерт. Исторической Науки. М. 1946. *Rodovoj ii plemennoj sostav narodnostej Severa Srednej Sibiri*. Kandidat. Dissert. Istoricheskoj Hauki. M. 1946.

_____. "О населении басейнов рек Оленека и Анабары". *Советская Этнография 2*. 1952a. "O naselenii bassejnov pek Oleneka i Anabary". *Sovetskaja Etnografija* 2. 1952a.

_____. "Происхождение нганасанов". *Сибирский этнографический сборник* 1. М.-Л. 1952b. "Proishozhdenie nganasanov". *Sibirskij etnograficheskij sbornik* 1. M.-L. 1952b.

_____. "Племена и роды коренного населения Забайкалья и южного Прибайкалья". *Кратк ие Сообщения Института Этнографии АН СССР* 17. М. 1953. "Plemena i rody korennogo naselenija Zabajkal'ja i Juzhnogo Pribajkal'ja". *Kratkie Soobshchenija Instituta Etnografii AN SSSR* 17. M. 1953.

_____. “Этнографический состав населения Якутского уезда в 17 веке.”. *Краткие Сообще ния Института Этнографии АН СССР* 24. М. 1955. “Etnograficheskij sostav naselenija Jakutskogo uezda v 17 veke.”. *Kratkie Soobshchenija Instituta Etnografii AN SSSR* 24. M. 1955.

_____. “Этнический состав и расселение народов Амура в XVII в. по русским источника м”. *Сборник статей по истории Дальнего Востока.* М.: Изд. АПН СССР. 1958. “Etnicheskij sostav i rasselenie narodov Amura v XVII v. po russkim istochnikam”. *Sbornik statej po istorii Dal'nego Vostoka.* M.: Izd. APN SSSR. 1958.

_____. *Родовой и племенной состав народов Сибири в XVII веке.* М.: Издательство АН СССР. 1960. *Rodovoj i plemennoj sostav narodnostej Sibiri v XII veke.* M.: Izdatel'stvo AN SSSR. 1960.

_____. *Племя у народов севера. Общественной строй у народов Северной Сибири.* М. 1970. *Plemja u narodov severa. Obshchestvennoj stroj u narodov Severnoj Sibiri.* M. 1970.

Дополнения к актам историческим (ДАИ). СПб. Т.2, 1846; Т.3, 1848; Т.4, 1851; Т.6, 1857; Т.7, 1859; Т.8, 1862; Т.9 1865; Т.10, 1867. *Dopolnenija k aktam istoricheskim (DAI).* SPb. T.2, 1846; T.3, 1848; T.4, 1851; T.6, 1857; T.7, 1859; T.8, 1862; T.9, 1865; T.10, 1867.

Дульзон А. П. *Кетские сказки.* Томск. 1966. Dul‘zon A. P. *Ketskie skaski.* Tomsk. 1966.

Дьяченко В. И. *Эвенки и якуты юга Дальнего Востока XVII~XX вв.* СПб. 1994. D‘jachenko V. I. *Evenki i jakuty juga Dal'nego Vostoka XVII~XX vv.* SPb. 1994.

Дягилев В. Ф. *Прибайкалье.* Сибкрайиздат. 1929. Djagilev V. F. “Pribajkal'e”. Sibkrajizdat. 1929.

Егорова А. И. “Элементы полового символизма в традиционной культуре якутов”. *Эт нографическое Обозрение* 4. 1996. Egorova A. I. “Elementy polovogo simvolizma v traditsionnoj Kul'ture jakutov”. *Etnograficheskoe Obozrenie* 4. 1996.

Ермолова Н. В. *Эвенки Приамурья и Сахалина. Формирование и культурно-историчес кие связи XVII~начало XX вв.* Автореф. Диссерт. Кандидат. Истор. Наук. Л.: ЛГ У. 1984. Ermolova N. V. *Evenki Priamur'ja i Sahalina. Formirovanie i kul'turno-istoricheskie svjazi XVII~nachalo XX vv.* Avtoref. Dissert. Kandidat. Istor. Nauk. L.: LGU. 1984.

Жербильон Ж. Ф. “Описание и известие о великой Татарии”. *Собрание сочинений, выбранных из месяцесловов на разные годы* 1. СПб. 1785. Zherbil'on Zh. F. "Opisanie i izvestie o velikoj Tatarii". *Sobranie sochnenie, vybrannyh iz mesjatseslovov na raznye gody* 1. SPb. 1785.

Задорожный В. Ф. & Михеев В. С. & Напрасников А. Т. и др. *Традиционное природоп ользование эвенков:обоснование территорий в Читинской области.* Новосибирс к: Наука, Сибирская издательская фирма РАН. 1995. Zadorozhnyj V. F. & Miheev V. S. & Naprasnikov A. T. i dr. *Traditsionnoe prirodopol'zovanie evenkov:obosnovanie territorij v Chitinskoj oblasti.* Novosibirsk: Nauka, Sibirskaja izdatel'skaja firma RAN. 1995.

Залкинд Е. М. "Древние народы китайских хроник и эвенки: Хунну, Дунху, Сянь-би, Ши-вей (обзор теорий)". *Советская Этнография* 1. 1937. Zalkind E. M. "Drevnie narody kitajskih hronik i evenki: Hunnu, Dunhu, Sjan'-bi, Shi-vej (obzor teorij)". *Sovetskaja Etnografija* 1. 1937.

Зиннер Э. П. *Сибирь в известиях западноевропейских путешественников и ученых XVIII в.* Иркутск. 1968. Zinner E. P. *Sibir' v izvestijah zapadnoevropejskih puteshestvsnnikov i uchenyh XVIII v.* Irkutsk. 1968.

Золотарев А. М. *Пережитки тотемизма у народов Сибири.* Л. 1934. Zolotarev A. M. *Perezhitki totemizma u narodov Sibiri.* L. 1934.

_____. "Новые данные о тунгусах и ламутах 18 веке.". *Историк-марксист* 2. 1938. "Novye dannye o tungusah i lamutah 18 veke.". *Istorik-marksist* 2. 1938.

_____. *Родовой строй и религия ульчей.* Хабаровск: Дальгиз. 1939. *Rodovoj stroj i religija ul'chej.* Habarovsk: Dal'giz. 1939.

Зуев Ю. А. "Джами от таварих Рашид-Ад-дина как источник по ранней истории джал аиров". *Письменные памятники Востока:Историко-филологичесские исследован ия.* М. 1972. Zuev Ju. A. "Dzhami ot tavarih Rashid-Ad-dina kak istochnik po rannej istorii dzhalairov". *Pis'mennye pamjatniki Vostoka: Istoriko-filologicheskie issledovanija.* M. 1972.

Иванищенко В. Ф. *Живой календарь эвенков Амурской области.* 2008. Ivanishchenko V. F. *Zhivoj kalendar' evenkov Amurskoj oblasti.* 2008.

Иванов В. Н. *Вхождение Северо-Востока Азии в состав Русского государства.* Новоси бирск:Наука. 1999. Ivanov V. N. *Vhozhdenie Severo-Vostoka Azii v sostav Russkogo gosudarstva.* Novosibirsk:Nauka. 1999.

Иванова Т. В. п. Усть-Нюкжа. *Эвенкийский этнос в начале третьего тысячелетияк* 2. 2008. Благовещенск: Изд. БГПУ. 2008. р. Ust'-Njukzha. *Evenkijskij etnos v nachale tret'ego tysjacheletija* 2. Blagoveshchesk: Izd. BGPU. 2008.

_____. *Экологическая культура кочевников байкальского региона: общее и особенное.* Автореф. Диссерт. Кандидат. Культур. Наук. Улан-Удэ. 2012. Ivanova T. V. *Ekologicheskaja kul'tura kochevnikov bajkal'skogoo regiona: obshchee i osobennoe.* Dissert. Kandidat. Kul'tur. Nauk. Ulan-Ude. 2012.

Ивановский А. О. Манджурия 1. *Образцы солонского и даурского языков.* СПБ. 1894. Ivanovskij A. O. Mandzhurija 1. *Obraztsy solonskogo i daurskogo jazykov.* SPb. 1894.

Ивановский А. А. "Два типа тунгусов". *Русский антропологический журнал. Издание антропологического отдела Императорского Общества Любителей Естествознания* 2. 1901. Ivanovskij A. A. "Dva tipa tungusov". *Russkij antropologicheskij zhurnal. Izdanie antropologicheskogo otdela Imperatorskogo Obshchestva Ljubitelej Estestvoznanija* 2. 1901.

Идес И. & Бранд А. *Записки о русском посольстве в Китае (1692~1695).* М. 1967. Ides I. & Brand A. *Zapiski o russkom posol'stve v Kitae (1692~1695).* M. 1967.

Известия Русского археологического Общества в Константинополе. 1905. *Izvestija Russkogo arheologicheskogo Obshchestva v Kostatinopole.* 1905.

Иохельсон В. "Натуралистический сюжет о происхождении комаров и других гадов в сибирско-американских мифах". *Сборник Музея Антропологии и Этнографии* 10(1). 1918. Iohel'son V. "Naturalisticheskij sjuzhet o proishozhdenii komarov i drugih gadov v sibirsko-amerikanskih mifah". *Sbornik Muzeja Antropologii i Etnografii* 10(1). 1918.

История и культура эвенов. СПб.: Наука. 1997. *Istorija i kul'tura evenov.* SPb.: Nauka. 1997.

Кабузан В. М. *Как заселялся Дальний Восток (вторая половина XVII~начало XX в.).* Хабаровск: Изд. Хабаровск. 1973. Kabuzin V. M. *Kak zaseljalsja Dal'nij Vostok (vtoraja polovina XVII~nachalo XX v.).* Habarovsk: Izd. Habarovsk. 1973.

Кабузан В. М. & Троицкий С. М. "Новые источники по истории населения Восточной Сибири во второй половине XVIII в.". *Советская этнография* 3. 1966. Kabuzan V. M. & Trojtskij S. M. "Novye istochniki po istorii naselenija Vostochnoj Sibiri vo vtoroj polovine XVIII v.". *Sovetskaja etnografija* 3. 1966.

Карлов В. В. “Социальная и этническая структура енисейских эвенков в 17~18 века х.”. *Советская Этнография* 1. 1971. Karlov V. V. “Sotsial’naja i etnicheskaja struktura enisejskih evenkov v 17~18 vekah”. *Sovetskaja Etnografija* 1. 1971.

_____. *Эвенки в 17~начале 20 в. (Хозяйство и социальная структура).* М.: Изд. МГУ. 1982. *Evenki v 17~nachalo 20 v. (Hozjajstvo ii Sotsial’naja struktura).* M.: Izd. MGU. 1982.

Каруновская Л. Э. “Представления алтайцев о вселенной (материалы к алтайскому ша манству)”. *Советская Этнография* 4. 1935. Karunovskaja L. E. “Predstavlenija altajtsev o vselennoj (materialy k altajskomu shamanstvu)”. *Sovetskaja Etnografija* 4. 1935.

Кастрен М. А. “Путешествие по Лапландии, Северной Россий и Сибири”. *Собрание старых и новых путешествий* 2. М. 1860. Kastren M. A. “Puteshestvie po Laplandii, Severnoj Rossij i Sibiri”. *Sobranie staryh i novyh puteshestvij* 2. M. 1860.

Кейметинов В. А. *Аборигенная (эвенская) топонимика Якутии.* Якутск. 1996. Kejmetinov V. A. *Aborigennaja (evenskaja) toponimika Jakutii.* Jakutsk. 1996.

Кириллов. врач. Отчет о поездке в Нижне-Ангарск в 1885 году. *Известия Восточно-С ибирского Отдела Русского Географического Общества* 18(1). 1886. Kirillov. vrach. Otchet o poezdke v Nizhne-Angarsk v 1885 godu. *Izvestija Vostochno-Sibirskogo Otdela Russkogo Geograficheskogo Obshchestva* 18(1). 1886.

Кириллов Н. *Охотничий промысел в Забайкалье.* Чита. 1900. Kirillov N. *Ohotnichij promysel v Zabajkal’e.* Chita. 1900.

Кларк П. “Очеулские и тутурские тунгусы в Верхоленском округе Иркутской губерн ии”. *Записки Сибирского Отдела Русского Географического Общества* 6. 1863. Klark P. “Ocheulskie i tuturskie tungusy v Verholenskom okruge Irkutskoj gubernii”. *Zapiski Sibirskogo Otdela Russkogo Geograficheskogo Obshchestva* 6. 1863.

_____. “Вилюйск и его округ”. *Записки Сибирского Отдела Русского Географического Общества* 7. 1864. “Viljujsk i ego okrug”. *Zapiski Sibirskogo Otdela Russkogo Geograficheskogo Obshchestva* 7. 1864.

Книга Марко Поло. Перевод И. П. Минаева. М. 1956. (Polo) *Kniga Marko Polo.* Perevod I. P. Minaeva. M. 1956.

Ковязин Н. М. “Комовские тунгусы”. *Советский Север* 7~8. 1931. Kovjazin N. M. “Komovskie tungusy”. *Sovetskij Sever* 7~8. 1931.

Колониальная Политика Московского Государства в Якутии в XVII в. (КПМГЯ). Л.: Институт народов севера ЦИК СССР им. Н. Г. Смидовича. 1936. *Kolonial'naja Polotika Moskovskogo Gosudarstva v Jakutii v XVII v. (KPMGJa).* L.: Institut narodov severa TsIK SSSR im. N. G. Smidovicha. 1936.

Константинова О. А. *Эвенкийский язык. фонетика. Морфология.* М.-Л.: Наука. 1964. Konstatinova O. A. *Evenkijskij jazyk. Fonetika. Morfologija.* M.-L.: Nauka. 1964.

Константинова О. А. & Лебедева Е. П. Эвенкийский язык. М.-Л. 1953. Konstatinova O. A. & Lebedeva E. P. Evenkijskij jazyk. M.-L. 1953.

Косвен М. О. "Материалы по истории ранней русской этнографии (12~13вв.). Очерки истории русской этнографии (12-13вв.)". *Труды Института Этнографии АН СССР* 30. 1956. Kosven M. O. "Materialy po istorii rannej russkoj etnografii (12~13 vv.). Ocherki istorii russkoj etnografii (12-13vv.)". *Trudy Instituta Etnografii AN SSSR* 30. 1956.

Костров Н. "Население Енисейской губернии". *Записки Восточно-Сибирского Отдела Русского Географического Общества* Т.2. Отд.2, 1856; Т.4. Отд.1~2. 1857; Т.5. Отд.1 1858; Т.6 Отд.1. 1863; Т.8 Отд.1. 1865. Kostrov N. "Naselenie Enisejskoj gubernii". *Zapiski Vostochno-Sibirskogo Otdela Russkogo Geograficheskogo Obshchestva* T.2. Otd.2, 1856; T.4. Otd.1~2, 1857; T.5. Otd.1, 1858; T.6, Otd.1, 1863; T.8, Otd.1, 1865.

Крапоткин П. "Поездка из Забайкалья на Амур через Маньчжурию". *Русский Вестник* 57. 1865. Krapotkin P. "Poezdka iz Zabajkal'ja na Amur cherez Man'chzhuriju". *Russkij Vestnik* 57. 1865.

Крейнович Ю. А. "Расселение туземного населения в советской части острова Сахалина". *Дальневосточное статистическое обозрение* 12. 1928. Krejnovich Ju. A. "Rasselenie tuzemnogo naselenija v sovetskoj chasti ostrova Sahalina". *Dal'nevostochnoe statistichestoe obozrenie* 12. 1928.

Кривошапкин М. Ф. "Енисейский округ и его жизнь". *Записки Русского Географического Общества* 1. СПб. 1865. Krivoshapkin M. F. "Enisejskij okruk i ego zhizn'". *Zapiski Russkogo Geograficheskogo Obshchestva* 1. SPb. 1865.

Кропоткин П. А. *Отчет об Олекминско Витимской экспедиции.* 1873. Kropotkin P. A. *Otchet ob Olekminsko Vitimskoj ekspeditsii.* 1873.

Ксенофонтов Г. В. "Легенды и рассказы о шаманах". *Очерки по изучению Якутского края* II. Якутск. 1928. Ksenofontov G. V. "Legendy i rasskazy o shamanah". *Ocherki po izucheniju Jakutskogo kraja* II. Jakutck. 1928.

Кулемзин В. М. "Своеобразие эмоциональных проявлений хантов и селькупов". *Сибирский психологический журнал* 2. Томск. 1996. Kulemzin P. A. "Svoeobrazie emotsional'nyh projavlenij hantov i sel'kupov". *Sibirskij psihologicheskij zhurnal* 2. Tomsk. 1996.

Курилович А. П. & Наумов Н. П. *Советская Тунгусия (Эвенкийский национальный округ Восточносибирского края).* М.-Л. 1934. Kurilovich A. P. & Naumov N. P. *Sovetskaja Tungusija (Evenkijskij natsional'nyj okrug Vostochnosibirskogo kraja).* M.-L. 1934.

Кытманов Д. А. "Функциональные неврозы среди тунгусов". *Советский Север* 7~8. 1930. Kytmanov D. A. "Fuktsional'nye nevrozy sredi tungusov". *Sovetskij Sever* 7~8. 1930.

Лапина М. А. *Этика и этикет хантов.* Томск: Изд. ТГУ. 1998. Lapina M. A. *Etika i etiket hantov.* Tomsk: Izd. TGU. 1998.

Лаппо Д. Е. "Советизация туземных племен Туруханского края". *Туземцы Приенисейского Севера.* Красноярск. 1927. Lappo D. E. "Sovetizatsija tuzemnyh plemen Turuhanskogo kraja". *Tuzemtay Prienisejskogo Severa.* Krasnojarsk. 1927.

Латкин П. В. *Енисейская губерния, ее прошлое и настоящее.* СПб. 1892. Latkin P. V. *Enisejskaja gubernija, ee ploshloe i nastojashchee.* SPb. 1892.

Лебедева Е. П. & Константинова О. А. & Монахова И. В. *Эвенкийский язык.* Л. 1985. Lebedeva E. P., Konstantinova O. A., Monahova I. V. *Evenkijskij jazyk.* L. 1985.

Левин М. Г. *Этническая антропология и проблемы этногенеза народов Дальнего Востока.* М. 1958. Levin M. G. *Etnicheskaja antripologija i problemy etnogeneza narodov Dal'nego Vostoka.* M. 1958.

_____. "Этнографические и антропологические материалы как исторический источник". *Советская Этнография* 1. 1961. "Etnograficheskie i antropologicheskie materialy kak istoricheskoj istochnik". *Sovetskaja Etnografija* 1. 1961.

Левин М. Г. & Чебоксаров Н. Н. "Хозяйственно-культурные типы и историко-этнографические области". *Советская Этнография* 4. 1955. Levin M. G. & Cheboksarov N. N. "Hozjajstvenno-Kul'turnye tipy i istoriko-etnograficheskie oblasti". *Sovetskaja Etnografija* 4. 1955.

Линденау Я. И. "Описание народов Сибири (первая половина XVIII века)". *Историко-этнографические материалы о народах Сибири и Северо-Востока*. Магадан.: Книж. издательство. 1983. Lindenau Ja. U. "Opisanie narodov Sibiri (pervaja polovina XVIII veka)". *Istoriko-etnograficheskie materialy o narodah Sibiri ii Severo-Vostoka.* Magdan: Knizh. Izdatel'stvo. 1983.

Липский А. Н. "Краткий обзор маньчжуро-тунгусских племен бассейна Амура". *Первый туземный съезд Дальневосточного округа (протоколы съезда)*. Хабаровск: ГАХК. 1925. Lipskij A. N. "Kratkij obzor man'chzhuro-tungusskih plemen bassejna Amura". *Pervyj tuzemnyj s"ezd Dal'nevostochnogo okruga (protokoly s"ezda).* Havarovsk: GAHK. 1925.

Литвинцев В. П. "Промысловое население Амгунского района". *Экономическая жизнь Дальнего Востока* 6~7. Харабовск. 1926. Litvintsev V. P. "Plomyslovoe naselenie Amgunskogo rajona". *Ekonomicheskaja zhizn' Dal'nego Vostoka* 6~7. Havarovsk. 1926.

Маак Р. *Путешествие на Амур, совершенное по распоряжению Сибирского Отдела Русского Географического Общества в 1855 г. Р. Мааком.* Иркутск: Изд. С. Ф. Соловьёва. 1859. Maak R. *Puteshestvie na Amur, sovershennoe po rasporjazheniju Sibirskogo Otdela Russkogo Geograficheskogo Obshchestva v 1855 g. R. Maakom.* Irkutsk: Izd. S. F. Solov'eva. 1859.

_____. Вилюйский округ Якутской области 1~3. СПб. 1883, 1886, 1887. Viljujskij okrug Jakutskoj oblasti 1~3. SPb. 1883, 1886, 1887.

Мазин А. И. *Традиционные верования и обряды эвенков-орочонов (конец XIX~начало XX в.).* Новосибирск: Наука. 1984. Mazin A. I. *Traditsionnye verovanija i obrjady evenkov-orochonov (konets XIX~nachalo X v.).* Novosibirsk: Nauka. 1984.

Майнов И. И. "Некоторые данные о тунгусах Якутского края". *Восточно-Сибирского отдела Русского Географического Общества* 2. Иркутск. 1898. Majnov I. I. "Nekotorye dannye o tungusah Jakutskogo kraja". *Vostochno-Sibirskogo otdela Russkogo Geograficheskogo Obshchestva* 2. Irkutsk. 1898.

Максимова И. Е. "Военное дело у сымско-кетского эвенков". *Вопросы этнокультурной истории народов Западной Сибири.* Томск. 1992а. Maksimova I. E. "Voennoe delo u symsko-ketskogo evenkov". *Voprosy etnokul'turnoj istorii narodov Zapadnoj Sibiri.* Tomsk. 1992a.

_____. "Представления о мире у сымско-кетского эвенков". *Сибирские чтения.* СПб.

1992b. “Predstavlenija o mire u symsko-ketskogo evenkov”. *Sibirskie chtenija*. SPb. 1992b.

_____. *Тунгусский ойкос (по материалам сымско-кетской группы эвенков)*. Автореф. Дис... Канд. Истор. Наук. Новосибирск. 1994. *Tungusskij ojkos (po materialam symsko-ketskoj gruppy evenkov)*. Avtopef. Dissert. Istorik. Nauk. Novosivirsk. 1994.

Марко Поло. Перевод: Минаев И. М. *Путешествия в восточные страны*. М.:Мысль. 1997. Marko Polo. Perevod: Minaev I. M. *Puteshestvijz v vostochnye strany*. M.:Mysl’. 1997.

Марр Н. Я. 1922. Кавказские племенные названия и местные параллели. КИПС. №5. Marr N. Ja. Kavkazskie plemennye nazvanija i mestnye paralleli. KIPS. №5.

Марр Н. Я. “От шумеров и кеттов к палеоазиатам”. *Избранные работы* 4. Изд.:ГАИМК. 1933. Marr N. Ja. “Ot shumerov i kettov k paleoaziatam”. *Izbrannye raboty* 4. Izd.:GAIMK. 1933.

Материалы по истории Якутии XVII века (МИЯ) 1~3. М.: Наука. 1970. *Materialy po istorii Jakutii XVII veka (MIJa)* 1~3. M.: Nauka. 1970.

Материалы по эвенкийскому (тунгусскому) фольклору. Под. ред. Василевич Г. М. Новосибирск:ИИНСЦС. 1936. *Materialy po evenkijskomu (tungusskomu) fol’kloru*. Pod. red. Vasilevich G. M. Novosibirsk:IINSTSS. 1936.

Меркушев В. В. “Статистическое обследование инородцев Сахалинской области”. *Сахалин. Сборник статей о прошлом и настоящем*. Сахалин. 1913. Merkushev V. V. “Statisticheskoe obsledovanie inorodtsev Sahalinskoj oblasti”. *Sahalin. Sbornik statej o proshlom i nastojashchem*. Sahalin. 1912.

Мидцендорф А. *Путешествие на север и северо-восток Сибири* 1. Спб. 1855. Middendorf A. *Puteshestvie na sever i severo-vostok Sibiri* 2(1). SPb. 1855.

_____. *Путешествие на север и северо-восток Сибири* 1. Спб.: Императорская АН. 1860. *Puteshestvie na sever i severo-vostok Sibiri* 1. SPb.: Imperatorskaja AN. 1860.

_____. *Путешествие на север и северо-восток Сибири* 2. Спб. 1878. *Puteshestvie na sever i severo-vostok Sibiri* 2. SPb. 1878.

Миллер Г. Ф. *Истории Сибири* 1, 2. Л. 1937; 2, 1941. Miller G. F. *Istorii Sibiri* 1, 2. L. 1937; 2, 1941.

_____. *История Сибири* 3. М.: Вост. лит. 2005. *Istorija Sibiri* 3. M.: Vosto. lit. 2005.

_____. *Описание Сибирских народов*. М.: Памятники ист. мысли. 2009. *Opisanie Sibirskih narodov*. M.: Pamjatnik ist. mysli. 2009.

Миллер Ф. Ф. *Оленская экспедиция* 2. СПб. 1875. Miller F. F. *Olenskaja ekspeditsija* 2. SPb. 1875.

_____. “Северная часть Восточной Сибири. Тунгусы“. *Живописная Россия* 12(1). 1895. “Severnaja chast’ Vostochnoj Sibiri. Tungusy”. *Zhivopisnaja Rossija* 12(1). 1895.

Мордвинов А. “Орочоны”. *Современник* 26(4). 1851. Mordvinov A. “Orochony”. *Sovremennik* 26(4). 1851.

_____. “Инородцы, обитающие в Туруханском крае”. *Вестник Русского Географического Общества* 27(2). 1860. “Inorodtsy, obtajushchie v Turuhanskom krae”. *Vestnik Russkogo Geograficheskogo Obshchestva* 27(2). 1860.

Мыреева А. Н. *Лексика эвенкийского языка: Растительный и животный мир*. Новосибирск: Наука. 2001. Myreeva A. N. *Leksika evenkijskogo jazyka: Rastitel‘nyj i zhivotnyj mir*. Novosibirsk: Nauka. 2001.

Неупокоев В. *Тунгусы Бурятии*. Верхнеудинск: Изд. Жизнь Бурятии. 1928. Neupokoev V. *Tungusy Burjatii*. Verhneudinsk: Izd. Zhizn’ Burjatii. 1928.

Никульшин Н. П. *Первобытные прозводственные объединения и социалистическое строительство у эвенков*. Л. 1939. Nikul‘shin N. P. *Pervobytnye proizvodstvennye ob”edinenija i sotsialisticheskoe stroitel‘stvo u evenkov*. L. 1939.

Нимаев Д. Д. “О происхождении названия оз. Байкал”. *Этнокультурное образование: Совершенствование подготовки специалистов в области традиционных культур. Материалы IV межд. науч. симпозиума 2003 г.* Улан-Удэ. 2003. Nimaev D. D. “O proishozhdenii nazvanija oz. Bajkal”. *Etnokul’turnoe obrazovanie: Sovershestvovanie podgotovki spetsialistov v oblasti traditsionnyh Kul’tur. Materialy IV mezhd. nauch. simpoziuma 2003g*. Ulan-Ude. 2003.

Новикова К. А. *Эвенский фольклор*. Магадан. 1958. Novikova K. A. *Evenskij fol’klor*. Magadan. 1958.

Огородников В. И. *Очерки истории Сибири до начала XIX в 1*. Иркутск. 1920. Ogorodnokov V. I. O*cherki istorii Sibiri do nachala XIX v. 1*. Irkutsk. 1920.

_____. *Туземное и русское земледелие на Амуре в XVII в*. Владивосток. 1927. *Tuzemnoe i russkoe zemledelie na Amure v XVII v*. Vladivostok. 1927.

Окладников А. Л. *Исторический путь народов Якутии*. Якутск: Якутск. Гос. Изд. 1943. Okladnikov A. L. *Istoricheskij put’ narodov Jakutii*. Jakutsk: Jakutsk. Gos. Izd.

1943.

_____. "Арехеологические работы в зоне строительства ангарских гидроэлектростанций (общие итоги)". *Записки Иркутского краеведческого музея.* Иркутск: Иркутск. Кн. Изд. 1958. "Arheologicheskie raboty v zone stroitel'stva angarskih gidroelektrostantsij (obshchie itogi)". *Zapiski Irkutskogo kraevedcheskogo muzeja.* Irkutsk: Irkutsk. Kn. Izd. 1958.

Окладников А. П. *Очерки по истории западных бурят-монголов.* Л. 1937. Okladnikov A. P. *Ocherki po istorii zapadnyh burjat-mongolov.* L. 1937.

_____. "Прошлое Якутии до присоединения к Русскому государству". *История Якутии* 1. Якутск. 1949. "Proshloe Jakutii do prisoedinenija k Russkomu gosudarstvu". *Istorija Jakutii* 1. Jakutsk. 1949.

_____. "К изучению начальных этапов формирования народов сибири". *Советская Этнография* 2. Изд.: АН СССР. 1950. "K izucheniju nachal'nyh etapov formirovanija narodov sibiri". *Sovetskaja Etnografija* 2. Izd.: AN SSSR. 1950.

_____. *Неолит и бронзовый век Прибайкалья.* М.-Л. 1955. *Neolit i bronzovyj vek Pribajkal'ja.* M.-L. 1955.

_____. "Тунгусо-маньчжурская проблема и археология". *История СССР* 6. 1968. Tunguso-man'chzhurskaja problema i arheologija. *Istorija SSSR* 6. 1968.

_____. *Далекое прошлое Приморья и Приамурья.* Владивосток. 1973. *Dalekoe proshloe Primor'ja i Priamur'ja.* Vladivostok. 1973.

_____. "Археология Северной, Центральной и Восточной Азии". *Избранные труды.* Новосибирск. 2003. "Arheologija Severnoj, Tsentral'noj i Vostochnoj Azii". *Izbrannye trudy.* Novosibirsk. 2003.

Окладников А. П. & Деревянко А. П. *Далекое прошлое Приморья и Приамурья.* Владивосток: Дальневосточное кн. изд. 1973. Okladnikov A. P. & Derebjanko A. P. *Dalekoe proshloe Primor'ja i Priamur'ja.* Vladivostok: Dal'nevostochnoe kn. izd. 1973.

Окладников А. П. & Мазин А. П. *Писаницы реки Олёкмы и Верхнего Приамурья.* Новосибирск. 1976. Okladnikov A. P. & Mazin A. P. *Pisanitsy reki Olekma i Verhnego Priamur'ja.* Novosibirsk. 1976.

Орлов А. С. "Амурские орочены". *Вестник Русского Географического Общества* 21(6/2). 1857. Orlov A. S. "Amurskie orochony". *Vestnik Russkogo Geograficheskogo Obshchestva* 21(6/2). 1857.

Островских П. Е. “Корреспонденция из Красноярска”. *Восточное Обозрение* 23. Ирку тск. 1903. Ostrovskih P. E. “Korrospondentsija iz Krasnojarska”. *Vostochnoe Obozrenie* 23. Irkutsk. 1903.

Паллас П. С. *Путешествие по разным провинциям Российского государства.* Спб.: Им ператорская Академия Наук. 1788. Pallas P. S. *Puteshestvie po raznym plovintsijam Rossijskogo gosudarstva.* SPb.: Imperatorskaja AkadeMIJa nauk. 1788.

Паршин. “Нерчинские тунгусы”. *Журнал Министерства Внутренних Дел* 5. СПб. 1844a. Parshin P. S. “Nerchinskie tungusy”. *Zhurnal Ministerstva Vnutrennih Del* 5. SPb. 1844a.

_____. *Поездка в Забайкальский край.* М. 1844b. *Poezdka v Zabajkal'skij kraj*. M. 1844b.

Патканов С. *Опыт географии и статистики тунгусских племен Сибири на основании данных переписи 1897 г. и других источников. Тунгусы собственно* 1(1, 2). Сп б.: Изд-СПб. 1906. Patkanov S. *Opyt geografii i statistiki tungusskih plemen Sibiri na osnovanii dannyh perepisi 1897 g. i drugih istochnikov. Tungusy sobstvenno* 1(1, 2). SPb.: Izd.-SPb. 1906.

_____. “Опыт географии и статистики тунгусов”. *Записки Русского Географического Общества, Отд. Этнографии* 1. 1911a. “Opyt geografii i statistiki tungusov”. *Zapiski Russkogo Geograficheskogo Obshchestva, Otd. Etnografii* 1. 1911a.

_____. “Статистические данные, показывающие племенной состав населения Сибири”. *Записки Русского Географического Общества по отделения статистики* 2. 1911b. “Statisticheskie dannye, pokazyvajushchie plemennoj sostav naselenija Sibiri”. *Zapiski Russkogo Geograficheskogo Obshchestva* 2. 1911b.

_____. *Статистические данные, показывающие племенной состав населения Сибири, язык и роды инородцев (на основании данных специальной разработки материала переписи 1897 г.)* 3. СПб. 1912. *Statisticheskie dannye, pokazyvajushchie plemennoj sostav naselenija Sibiri, jazyk ii rody inorodtsev (na osnovanii dahhyh spetsial'noj razrabotki materiala perepisi 1897 g.)* 3. SPb. 1912.

Пекарский Э. К. “Поездка к приаянским тунгусам”. *Известия Общества Археологии, Истории, Этнографии* 15(4). 1904. Pekarskij E. K. “Poezdka k priajanskim tungusam”. *Izvestija Obshchestva Arheologii, Istorii, etnografii* 15(4). 1904.

_____. “Приаянские тунгусы”. *Живая Старина* 20(2). 1911. “Priajanskie tungusy”. *Zhivaja Starina* 20(2). 1911.

Пекарский Э. К. & В. П. Цветков. *Очерки быта приаянских тунгусов.* СПб. 1913. Pekarskij E. K. & V. P. Tsvetov. *Ocherki byta priajanskih tungusov.* SPb. 1913.

Перевалова Е. В. 1992. "Эротика в культуре хантов". *Модель в культурологи Сибири и Севера.* Екатеринбург. 1992. Perevalova E. V. "Erotika v Kul'ture hantov". *Model' v Kul'turologi Sibiri i Severa.* Ekaterinburg. 1992.

_____. *Северные ханты: этническая история.* Екатеринбург. 2004. *Severnye hanty: etnicheskaja istoruja.* Ekaterinburg. 2004.

Пестов И. *Записки об Енисейских губернии Восточной Сибири в 1831 г.* М. 1833. Pestov I. *Zapiski ob Enisejskih gubernii Vostochnoj Sibiri v 1831 g.* M. 1833.

Петри Б. Э. *Элементы родовой связи у бурят* Иркутска. 1924a. Petri B. E. *Elementy rodovoj svjazi u burjat.* Irkutsk. 1924a.

_____. *Территориальное родство у северных бурят.* Иркутск. 1924b. *Territorial'noe rodstvo u severnyh burjat.* Irkutsk. 1924b.

_____. *Охота и оленеводство у тутурских тунгусов в связи с организацией охотхозяйства.* Иркутск. 1930. *Ohota i olenevodstvo u tuturskih tungusov v svjazi s organizatsiej ohothozjajstva.* Irkutsk. 1930.

Петрова Т. И. *Краткий нанайско-русский словарь.* Л.: Учпедгиз. 1935. Petrova T. I. *Kratkij nanajsko-russkij slovar'.* L.:Uchpedgiz. 1935.

_____. *Ульчский диалект нанайского языка.* М.-Л.: Учпедгиз. 1936. Petrova T. I. *Ul'chskij dialekt nanajskogo jazyka.* M.-L.: Uchpedgiz. 1936.

"Письма Н. Ф. Катанова". *Запись АН* 73. 1893. "Pis'ma N. F. Katanova". *Zapis' AN* 73. 1893.

Поворознюк О. А. *Забайкальские эвенки: Социально-экономические и культурные трансформации в 20-21 вв.* М.: ИЭА РАН. 2011. Povoroznjuk O. A. *Zabajkal'ja evenki: Sotsial'no-ekonomicheskie ii Kul'turnye transformatsii v 20-21 vv.* M.: IEA RAN. 2011.

"Поездка зимним путем вверх по Амуру от Николаевского поста до устья Стрелочного, совершенная в 1856~1857 гг. Прагачевским". *Вестник Русского Географического Общества* 21. 1857. "Poezdka zimnim putem vverh po Amuru ot Nikolaevskogo posta do ust'ja Strelochogo, sovershenija v 1856~1857 gg. Pragachevskim". *Vestnik Russkogo Geograficheskogo Obshchestva* 21. 1857.

Позднеев А. М. *Исторический очерк уйгуров (по китайским источникам).* СПб. 1899. Pozdneev A. M. *Istoricheskij ocherk ujgurov (po kitajskim istochnikam).* SPb. 1899.

Полевой Б. П. "Забытый источник сведений по этнографии Сибири XVII в.(о сочинении Адама Каменского-Длужика". *Советская Этнография* 5. 1965. Polevoj B. P. "Zabytyj istochnik svedenij po etnografii Sibiri XVII v.(o sochinenii Adama Kamenskij Dluzhika". *Sovetskaja Etnografija* 5. 1965.

Полевые материалы В. А. Туголукова (ПМ). 1955, тетр.3, л.170; 1965, тетр.1 л.64.; 1969, т.1, л.27об.; 1973, л.49-51об. *Polevye materialy V. A. Tugolukova (PM).* 1955, tetr.3, l.170; 1965, tetr.1, l.64; 1969, tetr.1, l.27ob.; 1971, №2, l.155ob.; 1973, l.49~51ob.

Попов А. А. "Материалы по родовому строю долган". *Советская Этнография* 6. М. 1934. Popov A. A. "Materialy po rodovomu stroju dolgan". *Sovetskaja Etnografija* 6. M. 1934.

Попова У. Г. *Эвены Магаданской области.* М.: Наука. 1981. Popova U. G. *Eveny Magadanskoj oblasti.* M.: Nauka. 1981.

Потанин Г. Н. *Очерки сев-записи. Монголии* 4. 1883. Potanin G. N. *Ocherki sev-zapisi. Mongolii* 4. 1883.

_____. *Путешествия* 1. Спб. 1893. *Puteshestvija* 1. SPb. 1893.

_____. *Восточные легенды.* М. 1899. *Vostochnye legendy.* M. 1899.

Птицин В. *Очерки тунгусского языка.* СПб. 1903. Ptitsin V. *Ocherki tungusskogo jazyka.* SPb. 1903.

Путешествие на Амур, совершенное по распоряжению Сибирского РГО в 1855 г. Р. Мааком. Иркутск. 1859. *Puteshestvie na Amur, sovershennoe po rasporjazheniju Sibirskogo RGO v 1859 g. R. Maakom.* Irkutsk. 1859.

Путешествие по Амуру и Восточной Сибири А. Мичи с прибавлением статей их путешествия Г. Радде, Р. Маака. СПб. 1868. *Puteshestvie po Amuru I Vostochnoj Sibiri A. Michi s pribavleniem statej ih puteshestvija G. Radde, R. Maaka.* SPb. 1868.

Путешествие флота капитана Сарычева по северо-восточной части Сибири, Ледовитому морю и Восточному океану под начальством флота капитана Биллингса с 1785 г. по 1793 г. 1~2. СПб. 1802. *Puteshestvie flota kapitana Sarycheva po severo-vostochnoj chasti Sibiri, Ledovitomu morju i Vostochnomu okeanu pod nachal'stvom flota kapitana Billingsa s 1785 po 1793 g.* 1~2. SPb. 1802.

"Расспросные речи Москвитина И. Ю. и Д. Е. Копылова". *Труды Томского областного краеведческого музея* 4(2). Томск. 1963. "Rassprosnye rechi Moskvitina I. Ju. i D.

E. Kopylova". *Trudy Tomskogo oblastnogo kraevedcheskogo muzeja* 4(2). Tomsk. 1963.

"Расспросные речи служилого человека Нехорошко Колобова". *Извевтия Всесоюзного Географического Общества* 90(5). 1958. "Rassprosnye rechi sluzhilogo cheloveka Nehoroshko Kolobova". *Izvestija Vsesojuznogo Geograficheskogo Obshchestva* 90(5). 1958.

Расцветаев М. К. *Тунгусы мямяльского рода.* Л.: АН СССР. 1933. Rastsvetaev M. K. *Tungusy mjamjal'skogo roda.* L.: AN SSSR. 1933.

Рогинский Я. Я. "Материалы по антропологии тунгусов Северного Прибайкалия". *Ан тропологический журнал* 3. 1934. Roginskij Ja. Ja. "Materialy po antropologii tungusov Severnogo Pribajkalija". *Antropologicheskij zhurnal* 3. 1934.

Рычков К. М. "Енисейские тунгусы". *Землеведение* 1~2, 1917; 3~4. 1922. Rychkov K. M. "Enisejskie tungusy". *Zemlevedenie* 1~2, 1917; 3~4, 1922.

Рычков Ю. Г. "Материалы по антропологии западных тунгусов". *Антропол. сб.3. Труд ы Института Этнографии Академии Наук СССР. нов. сер.* 71. 1961. Rychkov Ju. G. "Materialy po antropologii zapadnyh tungusov". *Antropol. cb.3. Trudy Instituta Etnografii Akademii Nauk SSSR. nov. ser.71.* 1961.

Сапунов Б. С. "Средневековые городища Амурской области". *Проблемы этнокультурн ой истории Дальнего Востока и сопредельных территорий.* Благовещенск: Изд. БГПУ. 1993. Sapunov B. S. "Srednevekovye gorodishcha Amurskoj oblasti". *Problemy etnokul'turnoj istorii Dal'nego Vostoka ii sopredel'nyh territorij.* Blagoveshchesk: Izd. BGPU. 1993.

Сафьянников М. П. "Материалы по устройству судебной части по делам инородцев Приамурского края, Инородцы Читинской округи". *Труды Троицкосавско-Кяхти нского отделения Приамурского отдела Русского Географического общества* 1(1). Кяхта. 1898. Saf'jannikov M. P. "Materialy po ustrojstvu sudebnoj chasti po delam inorodtsev Priamurskogo kraja. Inorodtsy Chitinskoj okrugi". *Trudy Troitskosavsko-Kjahtinskogo otdelenija Russkogo Geograficheskogo Obshchestva* 1(1). Kjahta. 1898.

Сахалинский календарь. Типография на о.Сахалин. 1898. *Sahalinskij kalendar'.* Tipografija na o.Sahalin. 1898.

Сборник документов по истории Бурятии XVII век 1. Составители: Румянцев Г. Н. & Окунь С. Б. Улан-Удэ. 1960. *Sbornik dokumetov po istorii Burjatii XVII vek* 1.

Sostaviteli: Rumjantsev G. N. & Okun‘ S. B. Ulan-Ude. 1960.

Серебренников И. И. “Инородцы Восточной Сибири”. *Известия Восточно-Сибирского Отдела Русского Географического Общества* 10(3). 1914. Serebrennikov I. I. “Inorodtsy Vostochnoj Sibiri”. *Izvestija Vostochno-Sibirskogo Otdela Russkogo Geograficheskogo Obshchestva* 10(3). 1914.

Серошевский В. Л. “Якуты”. *Опыт этнографического исследования.* М.: Росспэн. 1993. Seroshevskij V. L. “Jakuty”. *Opyt etnograficheskogo issledovanija.* M.: Rosspen. 1993.

Сирина А. А. “Преемственность в организации среды жизнедеятельности (на примере эвенков верховья р. Нижняя Тунгуска)”. *Этнографическое Обозрение* 2. 1992. Sirina A. A. “Preemstvennost’ v organizatsii sredy zhiznedejatel’nosti (na primere evenkov verhov’jah r. Nizhnjanja Tunguska)”. *Etnograficheskoe Obozrenie* 2. 1992.

_____. “Современные религиозные представления у нижнетунгусских эвенков (по матер иалам Катангского района Иркутской области)”. *Традиционные ритуалы и верован ия.* М. 1995. “Sovremennye religioznye predstavlenija u nizhnetungusskih evenkov (po materialam Katangskogo rajona Irkutskoj oblasti)”. *Traditsionnye ritualy i verovania.* M. 1995.

_____. *Проблемы типологии и преемственности этнических культур эвенков и эвенов (конец начало веков).* Диссерт. доктора исторических наук. МГУ. 2011. *Problemy tipologii i preemstvennosti etnicheskih Kul'tur evenkov i evenov (konets nachalo vekov).* Dissert. doktora Istorik. nauk. MGU. 2011.

Сказы народов Сибири. Новосибирск:НКИ. 2005. *Skazy narodov Sibiri.* Novosibirsk:NKI. 2005.

Слюнин Н. В. *Охотско-Камчатский край* 1~2. СПб. 1900. Sljunin N. V. *Ohotsko-Kamchatskij kraj* 1~2. SPb. 1900.

Смоляк А. В. “О тунгусском, негидальском, орокском компонентах в родовом составе ульчей”. *Полевые Исследования Института Этнографии 1974.* М. 1975a. Smoljak A. V. “O tungusskom, negidal‘skom, orokskom komponentah v rodovom sostave ul’chej”. *Polevse Issledovanija Instituta Etnografii 1974.* M. 1975a.

_____. *Этнические процессы у народов Нижнего Амура и Сахалина середина 19~начало 20 вв.* М. 1975b. *Etnicheskie protsessy u narodov Nizhnego Amura i Sahalina seredina 19~nachalo 20 vv.* M. 1975b.

_____. *Традиционное хозяйство и материальная культура народов Нижнего Амура и*

Сахалина. М. 1984. *Traditsionnoe hozjajstvo i Material'naja kul'tura narodov Nizhnego Amura i Sahalina*. M. 1984.

Соколова З. П. & Туголуков В. А. "Старые и новые названия народов севера". *Советская Этнография* 1. М.: Наука. 1983. Sokolova Z. P. & Tugolukov V. A. "Starye i novye nazvanija narodov severa". *Sovetskaja Etnografija* 1. M.: Nauka. 1983.

Солярский В. "Современное правовое и культурно-экономическое положение инородцев Приамурского края". *Материалы по изучению Приамурского края*. Хабаровск. 1916. Soljarskij V. "Sovremennoe pravovoe i kul'turno-ekonomicheskoe polozhenie inorodtsev Priamurskogo kraja". *Materialy po izucheniju Priamurskogo kraja*. Habarovsk. 1916.

Сосновский В. И. "Сяньбийцы-эвенки". *Сибирская Живая Старина* 8~9. Иркутск. 1929. Sosnovskij V. I. "Sjan'bijtsy-evenki". *Sibirskaja Zhivaja Starina* 8~9. Irkutsk. 1929.

Спасский Г. "Тунгусы". *Сибирский вестник* 17. Типография департамента народного просвещения. 1822. Spasskij G. "Tungusy". *Sibirskij vestnik* 17. Tipografija departamenta narodnogo prosveshchnija. 1822.

Спафарий Н. Г. *Книга, а в ней описано путешествие через Сибирь от города Тобольска до самой границы с Китаем*. М. 1675. Spafarij N. G. *Kniga, a v nej opisano puteshestvie cherez Sibir' ot goroda Tobol'ska do samoj granitsy s Kitaem*. M. 1675.

_____. "Путешествие через Сибирь от Тобольска до Нерчинска и границ Китая русского посланника Николая Спафария в 1675 г.". *Записки Русского Географического Общества отделению этнографии* 10(1). СПб. 1882. Spafarij N. "Puteshestvie cherez Sibir' ot Tobol'ska do Nerchinska ii granits Kitaja russkogo poslannika Nikolaja Spafarija v 1675 g.". *Zapiski Russkogo Geograficheskogo Obshchestva otdeleniju etnografii* 10(1). SPb. 1882.

Спафарий Н. М. Сибирь и Китай. Кишинев. 1960. Spafarij N. M. Sibir' i Kitaj. Kishinev. 1960.

Спеваковский А. Б. *Традиционная и современная культура эвенов*. Автореферат диссерт. кандат. истор. наук. Л. 1981. Spevakovskij A. B. *Traditsionnaja i sovremennaja kul'tura evenov*. Avtoreferat. Dissert. Kandidat. Istor. Nauk. L. 1981.

_____. "Этнокультурные контакты тунгусоязычных народностей на Востоке Сибири (эвены и эвенки)". *Этнокультурные контакты народов Сибири*. Л. 1984. "EtnoKul'turnye kontakty tungusojazychnyh narodnostej na Vostoke Sibiri (eveny i evenki)". *EtnoKul'turnye kontakty narodov Sibiri.* L. 1984.

Степанов А. П. *Енисейская губерния* 1~2. СПб.: Альфарет. 1835. Stepanpv A. P. *Enisejskaja gubernija* 1~2. SPb.: Al'afaret. 1835.

Степанов Н. Н. "Русские экспедиции на Охотсом побережье в XVII в. и их материалы о тунгусских племенах". *Ученые Записки Ленинградского Государственного Пе дагогического института им. А. И. Герцена* 48(5). 1939a. Stepanov N. N. "Russkie ekspeditsii na Ohotskom poberezh'e v XVII v. i ih materialy o tungusskih plemenah". *Uchenye Zapiski Leningradskogo Gosudarstvennogo Pedagogicheskogo Instituta im. A. I. Gerchena* 48(5). 1939a.

_____. "Социальный строй тунгусов в 17 веке". *Совстский Север* 3. Л. 1939b. "Sotsial'nyj stroj tungusov v 17 veke". *Sovetskij Sever* 3. L. 1939b.

_____. "Тунгусы в XVII веке в Якутии". *Якутия в XVII веке.* Якутск: Якут. кн. изд. 1953. "Tungusy v XVII veke v Jakutii". *Jakutija v XVII veke.* Jakutsk: Jakut. kn. izd. 1953.

_____. "Русские экспедиции в XVII веке на Охотском побережье и их материалы отунгу сских племенах". *Ученые Записки Ленинградского Государственного Педагогичес кого института им. А. И. Герцена* 188. *Исторические Науки.* Л. 1959. "Russkie ekspeditsii v XVII veke na Ohotskom poberezh'e i ih materialy otungusskih plemenah". *Uchenye Zapiski Leningradskogo Gosudarstvennogo Pedagogicheskogo Instituta im. A. I. Gerchena* 188. *Istoricheskie Nauki.* L. 1959.

_____. "Хозяйство тунгусских племен Сибири в XVII в.". *Сборник Вопросы Истории Сибири.* Л. 1961. "Hozjajstvo tungusskih plemen Sibiri v XVII v.". *Sbornik Voprosy Istorii Sibiri.* L. 1961.

Стручков К. Н. *Социолингвистические проблемы обучения языкам коренных малочис ленных народов Севера: состояние и перспективы (на материалах эвенкийского языка)*. Диссерт. Кандид. Филолог. Наук. Барнаул. 2007. Struchkov K. N. *Sotsiolingvisticheskie problemy obuchenija jazykam korennyh malochislennyh narodov Severa: sostojanija i perspektivy (na materialah evenkijskogo jazyka)*. Dissert. Kandid. Fililig. Nauk. Barnaul. 2007.

Суворов И. И. *Эвенкийские сказки.* Красноярск. 1960. Suvorov I. I. *Evenkijskie skaski.* Krasnojarsk. 1960.

Суслов И. М. "Материалы по шаманству у эвенков бассейна р. Енисей". *Архив МАЭ*

РАН. Ф.К-1, оп.1, №58. Suslov I. M. “Materialy po shamanstbu u evenkov bassejna p. Enisej”. *Arhiv MAE RAN.* f.K-1, op.1, №58.

Таксами Ч. М. *Нивхи: Современное хозяйство, культура и быт.* Л. 1967. Taksami Ch. M. *Nivhi: Sovremennoe hozjajstbo, kul'tura i byt.* L. 1967.

_____. “Тунгусские народы Сахалина”. *Страны и народы Востока.* Вып.VI. М. 1968. “Tugusskie narody Sahalina”. *Strany i narody Vostoka.* Vyp.VI. M. 1968.

_____. “Медвежий праздник в традиционном мировоззрении народов Севера”. *Ранние формы религии народов Сибири: Материалы III советско-французского симпозиум а.* СПб. 1992. “Medvezhij prazdnik v traditsionnom mirovozzrenii narodov Severa”. *Rannie formy religii narodov Sibiri: Materialy III sovetsko-frantsuzskogo simpoziuma.* SPb. 1992.

Талько-Грынцевич Ю. Д. “К антропологии тунгусов”. *Труды Троицкосавско-Кяхтинск ого отделения Приамурского отдела Русского Географического общества* 7(3). Кяхта. 1904. Tal'ko-Gryntsevich Ju. D. “K antropologii tungusov”. Trudy *Trojtskosavsko-Kjahtinskogo otdela Russkogo Geograficheskogo Obshchestva* 7(3). Kjahta. 1904.

_____. “Древние аборигены Забайкалья в сравнении с современными инородцами”. *Труд ы Троицкосавско-Кяхтинского отделения Приамурского отдела Русского Географ ического общества* 7(1). Кяхта. 1905. “Drevnie aborigeny Zabajkal'ja v sravnenii s sovremennymi inorodtsami”. *Trudy Trojtskosavsko-Kjahtinskogo otdela Russkogo Geograficheskogo Obshchestva* 7(1). Kjahta. 1905.

Тихменев П. *Историческое обозрение образования Российско-Американской компани и* 2. СПб. 1863. Tihmenev P. *Istoricheskoe obozrenie obrazovanija Rossijsko-Amerikanskoj kompanii* 2. SPb. 1863.

Токарев С. А. *Общественный строй якутов в XVII~XVIII вв.* Якутск. 1945. Tokarev S. A. *Obshchestvennyj stroj jakutov v XVII~XVIII vv.* Jakutsk. 1945.

_____. “Проблемы изучения современного положения народов Австралии и Океании”. *Краткие Сообщения Института Этнографии* 7. 1949. “Problemy izuchenija sovremennogo polozhenija narodov Avstralii i Okeanii”. *Kratkie Coobshchenija Instituta Etnografii* 7. 1949.

Троицкая Т. Н. *Природа и развитие общества докапиталистических формаций.* Новоси бирск. 1989. Trojtskaja T. N. *Priroda i razvitie obshchestva dokapitalisticheskih formatsij.* Novosibirsk. 1989.

Туголуков В. А. “Охотские эвенки”. *Советская Этнография* 1. М. 1958. Tugolukov V. A. “Ohotskie evenki”. *Sovetskaja Etnografija* 1. M. 1958.

_____. “Эккондские эвенки”. *Современное хозяйство, культура и быт малых народов Севера.* М. 1960. “Ekondskie evenki”. *Sovremennoe hozjajstvo, kul'tura i byt malyh narodov Severa.* M. 1960.

_____. “Витимо-олекминские эвенки”. *Труды Института Этнографии Академии Наук СССР* 78(4). М. 1962. “Vitimo-olekminskie evenki”. *Trudy Instituta Etnografii Akademii Nauk SSSR* 78(4). 1962.

_____. *Следопыты верхом на оленах.* М. 1969. *Sledopyty verhom na olenah.* M. 1969.

_____. “Народ один-названий много”. *Советская Этнография* 5. М.: Наука. 1970. “Narod odin-nazvanij mnogo”. *Sovetskaja Etnografija* 5. M.: Nauka. 1970.

_____. “Эвенки бассейна рек Турухан”. *Социальная организация и культура народов севера.* М.: Наука. 1974. “Evenki bassejna rek Turuhan”. *Sotsial'naja organizatsija i kul'tura narodov severa.* M.: Nauka. 1974.

_____. “Конные тунгусы (этноческая история и этногенез)”. *Этногенез и этническая история народов севера.* М.: Наука. 1975. “Konnye tungusy (etnocheskaja istorija i etnogenez)”. *Etnogenez i etnicheskaja istorija narodov severa.* M.: Nauka. 1975.

_____. “Эвенки-ганальчи (к вопросу о существовании племени у тунгусов)”. *Советская Этнография* 4. 1979. “Evenki-ganal'chi (k voprosu o sushchestvovanii plemeni u tungusov)”. *Sovetskaja Etnografija* 4. 1979.

_____. “Этнические корни тунгусов”. *Этногенез народов Севера.* М.: Наука. 1980a. “Etnicheskie korni tungusov”. *Etnogenez narodov Severa.* M.: Nauka. 1980a.

_____. *Витимо-олекминские эвенки.* М.: Наука. 1980b. *Vitimo-olekminskie evenki.* M.: Nauka. 1980b.

_____. “Тунгусы среди татар и хантов на Иртыше и Оби в XVI~XVII вв.” *III Всесоюзная тюркологическая конференция. Литератураведение и история. Тезисы и докладов и сообщений.* 1980c. “Tungusy sredi tatar i hantov na Irtyshe i Obi v XVI~XVII vv.” *III Vsesojuznaja tjurkologicheskaja konferentsija. Literaturavedenie i istorija. Tezisy ii dokradov i soobshchenij.* 1980c.

_____. “Эвенки”. *Этническая история народов севера.* Институт этнографии им. Н. Н. Миклухо-Маклая АН СССР. М.: Наука. 1982. “Evenki”. Etnicheskaja istorija narodov severa. Instituta etnografii im. N. N. Mikluho-Maklaja AN SSSR. M.: Nauka. 1982.

_____. *Тунгусы (эвенки и эвены) Средней и Западной Сибири.* М.: Наука. 1985(1997). *Tungusy (evenki i eveny) Srednej i Zapadnej Sibiri.* M.: Nauka. 1985(1997).

Тураев В. А. *История и культура эвенов.* М.: Наука. 1997. Turaev V. A. *Istorija i kul'tura evenov.* M.: Nauka. 1997.

_____. *Дальневосточные эвенки: этнокультурные и этносоциальные процессы в XX веке.* Владивосток. 2008. *Dal'nevostochnye evenki: etnoKul'turnye i etnosotsial'nye protsessy v XX veke.* Vladivostok. 2008.

Туров М. Г. *Хозяйство эвенков таежной зоны Средней Сибири в конце XIX~начале XX в. принципы освоения угодий.* Иркутск:Иркут. ун-та. 1990. Turov M. G. *Hozjajstvo evenkov taezhnoj zony Srednej Sibiri v kontse XIX~nachale XX v.printsipy osvoenija ugodij.* Irkutsk:Irkut. un-ta. 1990.

_____. "К проблеме этногенеза и этнической истории эвенков". *Этнографическое Обозр ение* 3. М.: ИЭА РАН. 1998. "K probleme etnogeneza i etnicheskoj istorii evenkov". *Etnograficheskoe Obozrenie.* M.: IEA RAN. 1998.

_____. "Проблемы исторической прародины северных тунгусов и этногенеза эвенков". *Известия Иркутского государственного университета* 1(2). 2013. "Problema istoricheskoj prarodiny severnyh tungusov i etnogeneza evenkov". *Izvestija Irkutskogo Gosudarstvennogo universiteta* 1(2). 2013.

Убрятова Е. И. "О Языке долгана". *Языки и фольклор народов сибирского Севера.* М.—Л. 1966. Ubrjatova E. I. "O Jazyke dolgana". *Jazyki i fol'klor narodov sibirskogo Cevera.* M.-L. 1966.

Уварова Т. Б. *Нерчинские эвенки в XVIII~XX веках.* М. 2004. Uvarova T. B. *Nerchinskie evenki v в XVIII~XX vekah.* M. 2004.

Увачан В. В. *Обычное право эвенков в XVII~начале XX в.* М. 2001. Uvachan V. V. *Obychnoe pravo evenkov v XVII~nachale XX v.* M. 2001.

Увачан В. Н. *Опыт социалистического строительства на Енисейском Севере (Историч еский очерк).* М. 1971. Uvachan V. N. *Opyt sotsialisticheskogo stroitel'stva na Enisejskom Sevepe (Istoricheskij ocherk).* M. 1971.

Ульяницкий А. Албазин и албазинцы. *Записки Приамурского отделения Императорск ого общества востоковедения* 1. Хабаровск. 1912. Ul'janitskij A. Albazin i albazintsy. *Zapiski Priamurskogo otdelenija Imperatorskogo obshchestva vostokovedenija*

1. Habarovsk. 1912.

Ушницкий В. В. "Тунгусские роды Якутии XVII в.:Вопросы происхождения и этничес кой принадлежности". *Вестник археологии, антропологии и этнографии* 9. 2009. Ushchnitskij V. V. "Tungusskie rody Jakutii XVII v.: Voprosy proishozhdenija i etnicheskoj prinadlezhnosti". *Vestnik arheologii, antropologii i etnografii* 9. 2009.

Цинциус В. И. *Сравнительная фонетика тунгусо-маньчжурских языков.* Л.: ГЫПЭ. 1949. Tsinitsius V. I. *Sravnitel'naja fonetika tunguso-man'chzhurskih jazykov*. L.: GYPED. 1949.

Фишер И. Э. *Сибирская история.* М. 1774. Fisher I. E. *Sibirskaja istorija.* M. 1774.

Фридрих Г. М. *История Сибири* 1~2. М.-Л. 1937, 1941. Fridrih G. M. *Istorija Sibiri* 1~2. M.-L. 1937, 1941.

Хомич Л. В. *Ненецы.* Л.: Наука. 1976. Homich L. V. *Nenetsy.* L.: Nauka.

Чеканинский И. А. "Описание русских по притоку Ангары-Чуне. Следы шаманского культа в русско-тунгусских поселениях на реке Чуне в Енисейской губернии". *Этнографическое обозрение* 3~4. 1914. Chekaninskij I. A. "Opisanie russkih po pritoku Angary-Chune. Sledy shamanskogo kul'ta v russko-tungusskih poselenijah na reke Chune v Enisejskoj gubernii". *Etnograficheskoe obozrenie* 3~4. 1914.

Чекановский А. Л. "Письмо в секретариат Общества от 24 апреля 1875 г.". *Известия Русского Географического Общества* 11(5). 1875. Chekanovskij A. L. "Pis'mo v sekretariat Obshchestva ot 24 aprlja 1875 g.". *Izvestija Russkogo Geograficheskogo Obshchestba* 11(5). 1875.

Черский И. Д. "Естественно исторические наблюдения и заметки, деланные на пути от Иркутска до села Преобразженки на Нижней Тунгуске". *Известия Восточно-Сибирского Отдела Русского Географического Общества* 16(1~3). 1885. Cherskij I. D. "Estestveno istoricheskie nabljudenija i zametki, delannye na puti ot Irkutska do cela Preobrazzhenki na Tunguske". *Izvestija Vostochno-Sibirskogo Otdela Russkogo Geograficheskogo Obshchestba* 16(1~3). 1885.

Чтения в обществе истории и древностей российских. Отд. У. 1861. *Chetenija v obshestve istorii i drevnostej Rossiskih.* Otd. U. 1861.

Шавкунов Э. В. *Государство Бохай и памятники его культуры в Приморье.* Л.: Наука. 1968. Shavkunov E. V. *Gosudarstvo Bohaj i pamjatniki ego Kul'tury v Primor'e.* L.: Nauka. 1968.

Шатилов М. Б. "Тунгусы реки Демьянки". *Труды Томского Краевого Музея* 1. 1927. Shatilov M. B. "Tungusy reki Dem'janki". *Trudy Tomskogo Kraevogo Muzeja* 1. 1927.

Шашков С. "Исследования и материалы. Шаманство в Сибири". *Записки Императорсг ого Русского Географического Общества* . СПб. 1864. Shashkov S. "Issledovanija ii materialy. Shamanstvo v Sibiri". *Zapiski Imperatorskogo Geograficheskogo Obshchestba.* SPb. 1864.

Шерстобоев В. Н. *Илимская пашня* 1~2. Иркутск: ОГИЗ. 1949. Sherstoboev V. N. *Ilimskaja pashnja* 1~2. Irkutsk: OGIZ. 1949.

Шестин С. "Тунгусы, обитающие в верховьях р. Иро и ее притоков". *Записки Забайка льского Отдела Русского Географического Общества* 4(4). 1898. Shetin S. "Tungusy, obitajushchie v verhov'jah r. Iro i ee pritokov". *Zapiski Zabajkal'skogoo Otdela Russkogo Geograficheskogo Obshchestba* 4(4). 1898.

Шимкевич П. П. "Современное состояние инородцев Амурской области и бассейна Амгуни". *Приамур. ведомости.* Хабаровск. 12 марта 1895. Shimkevich P. P. "Sovremennoe sostojanie inorodtsev Amurskoj oblasti i bassejna Amguni". *Priamur. vedomosti.* Havarovsk. 12 03 1895.

Шренк Л. *Об инородницах Амурского края* 1~3. Петербург: Изд. АН СССР. 1883, 1889, 1903. Shrenk L. *Ob inorodnitsah Amurskogo kraja* 1~3. Peterburg: Iad. AN SSSR. 1883, 1899, 1903.

Штернберг Л. Я. "Путешествие на Крайний Северова Сахалина". *Сахалинский календ арь и материалы к изучению острова Сахалина.* 1895. Shternberg L. Ja. "Puteshestvie na Krajnij Severa Saharina". *Saharinskij kalendar' i materialy k izucheniju ostrova Sahalina.* 1895.

_____. *Гиляки, орочи, гольды, негидальцы, айны. Классификация, коренного населения Приамурского края.* Хабаровск: Дальгиз. 1933. *Giljaki, orochi, gol'dy, negidal'tsy, ajny. Klassifikatsija, korennogo naselenija Priamurskogo kraja.* Habarovsk: Dal'giz. 1933.

Шубин А. С. *Краткий очерк этнической истории эвенков Забайкалья (XVII~XX вв.).* Улан Удэ. 1973. Shubin A. S. *Kratkij ocherk etnicheskoj istorii evenkov Zabajkal'ja (XVII~XX vv.).* Ulan Ude. 1973.

Эргис Г. У. *Исторические предания и рассказы якутов* 1~2. М.-Л.: Изд-во АН СССР. 1960. Ergis G. U. *Istoricheskie predanie i rasskazy jakutov* 1~2. M.-L.: Izd-An SSSR. 1960.

Якубовский А. Ю. *К вопросу об этногенезе узбеков.* Ташкент. 1941. Jakubovskij A. Ju. *K voprosu ob etnogeneze uzbekov.* Tashkent. 1941.

Янчев Д. В. *Отражение этнокультурных контактов в промысловой деятельности неги дальцев.* VII Дальневост. конф. молодых историков. 13-16 мая 2002 г. Владивост ок: Изд. ДВГУ. 2002. Janchev D. V. *Otrazhenie etnoKul'turnyh kontaktov v promyslovoj dejatel'nosti negidal'tsev.* VII Dal'nevost. konf. molodyh istorikov. 13-16 Maja 2002g. Vladivostok: Izd. DVGU. 2002.

_____. *Хозяйство и материальная культура негидальцев: вторая половина XIX~XX в.* Диссерт. Кандидат. Исторических наук. Владивосток. 2006. *Hozjajstvo i Material'naja kul'tura negidal'tsev: vtoraja polovina XIX~XX v.* Dissert. Kandidat. Istoricheskih nauk. Vladivostok. 2006.

3. 인터넷 자료

http://www.blog.daum.net/salvia24/14616166

http://www.bsk.nios.ru/enciklodediya/priangarehttp://skzki.yxy./242.html

http://www.dic.academic.ru/dic.nsf/ruwiki/1061089

http://www.eastling.org.

http://www.egloos.zum.com/ragwangfal/v/1688423

http://www.folkler.ru/category/tschukchi_skazki/

http://www.freeworlamaps.net.

http://www.gks.ru/free_doc/new_site/perepis2010/perepis_itogi1612.htm

http://www.ko.wikipedia.org/wiki/%EC%8B%A4%EC%9C%84

http://www.mifolog.ru/books/item/f00/s00/z0000038/index.shtml

http://www.olletion-skzok./skzki-t22.html

http://www.perepis2002.ru/index.html?id=11

http://www.ru-skazki.ru

http://www.terms.naver.com/entry.nhn?docId=1130292&cid=40942&categoryId=316423.

http://www.vse-skzki./nodnie-skzkihttp://www.theni./folkloe/ss/index.htm

찾아보기

ㄷ

ㄹ

ㅁ

ㅂ

ㅅ

ㅇ

ㅈ

ㅊ

ㅋ

ㅌ

ㅍ

ㅎ